CB076675
9788527300889

De Maomé aos Marranos

Coleção Estudos
Dirigida por J. Guinsburg

Equipe de realização – Tradução: Ana M. Goldberger Coelho e J. Guinsburg; Revisão: J. Guinsburg e Plinio Martins Filho; Produção: Ricardo W. Neves e Adriana Garcia.

Léon Poliakov

DE MAOMÉ AOS MARRANOS

HISTÓRIA DO ANTI-SEMITISMO II

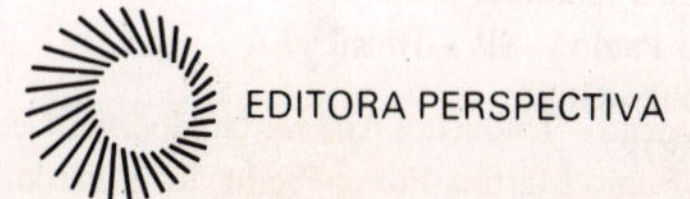

Título do original francês
De Mahomet aux Marranes

2ª edição

ISBN 85-273-0088-5

Direitos em língua portuguesa reservados à
EDITORA PERSPECTIVA S.A.
Av. Brigadeiro Luís Antônio, 3025
01401-000 – São Paulo – SP – Brasil
Telefone: (011) 885-8388
Fax: (011) 885-6878
1996

Sumário

E quando não houvesse mais do que a crença que tenho em Deus e em tudo que sustenta e crê a Santa Igreja católica e romana, além do que eu sou um inimigo mortal dos Judeus. . .

(SANCHO PANÇA, em *Dom Quixote,* Parte II, Cap. VII)

Que o ódio das nações seja muito apropriado para assegurar a conservação dos judeus é, aliás, o que demonstrou a experiência. Quando um rei de Espanha forçou os judeus a adotar a religião do Estado ou exilar-se, um grande número tornou-se católico romano e, a partir de então, compartilhando de todos os privilégios dos espanhóis de raça, sendo julgados dignos das mesmas honras, fundiram-se tão bem como os espanhóis, que pouco tempo depois, não susbsistia nenhum deles, nem mesmo em lembrança. Aconteceu coisa bem diversa com aqueles que o rei de Portugal obrigou a converter-se. Eles continuaram a viver separados porque estavam excluídos de todos os encargos honoríficos. Também atribuo tal valor a esse assunto do signo da circuncisão, que o julgo capaz de por si só assegurar a essa nação judia uma existência eterna; se os princípios de sua religião abrandarem seus corações, eu acreditaria sem reservas, conhecendo a mutabilidade das coisas humanas, que em alguma ocasião os judeus restabelecerão seu império e Deus os elegerá novamente.

(SPINOZA, *Tratado Teológico-Político,* Cap. II: "Da Vocação dos Hebreus")

Prefácio

Este volume exigiu cinco anos de trabalho para ser redigido: para estar à altura do assunto, teriam sido necessários quinze ou vinte anos, permitindo um estudo mais amplo das várias civilizações que aborda, sua vida social, religiosa e literária. Em si mesmos, os dois ensaios comparativos dispostos no final do livro teriam merecido, sem dúvida alguma, ser desenvolvidos em obras de profundidade. Mas cinco anos são um lapso de tempo suficiente para permitir uma revisão dos pontos de vista, uma maturação do julgamento: será que o autor pode dizer que, desde que terminou o volume precedente, seus pontos de vista modificaram-se quanto a um aspecto essencial de seu trabalho? Ao se dedicar à tarefa de escrever uma história detalhada do anti-semitismo, ele pensava dar uma contribuição útil à luta contra essa paixão doentia. Hoje, não está mais tão certo. Será que ele pode, neste prefácio, deixar de lado o historiador e, tomando uma posição filosófica em relação ao objeto de seu estudo, dizer em resumo por quê?

Escrever a história do anti-semitismo é escrever a história de uma perseguição que, no seio da sociedade ocidental, esteve ligada aos valores supremos dessa sociedade, pois foi feita em seu nome; dizer que os perseguidores estão errados, *pedir* (para retomar uma expressão de Mauriac) *contas à cristandade* é questionar essa sociedade e seus valores. (Esse questionamento também diz respeito aos próprios perseguidos, na medida em que fazem parte dessa sociedade, sem fazer parte inteiramente, pois é essa a condição marginal dos judeus; daí a faculdade que têm de ver as coisas ao mesmo tempo de dentro e de fora, e as conseqüências de todo tipo decorrentes desse fato; mas isso é uma outra história.) O historiador judeu torna-se então um denunciador, e nem as precauções que toma em nome das regras de sua arte, nem a afeição que termina sentindo em relação ao objeto de seu estudo, nem a justiça com que procura tratar todos os protagonistas em questão, nada mudam dessa postura fundamental. É por essa razão que se pode perguntar se um empreendimento que, com muita freqüência, assume ares de uma acusação não corre o risco, ao refazer o antigo processo, de reanimar surdas animosidades, se mesmo a lembrança do mal feito aos judeus não contribui para manter um clima que um dia poderia fazer surgir, queira Deus que não, novas ameaças?

O estudo da literatura carregada de emoções, dedicada a esse tema há dois milênios, desses rios de tinta que precederam ou se seguiram aos rios de sangue, com freqüência levou o autor a se perguntar se os escritos ou iniciativas em favor dos judeus não estariam concorrendo, ao final de contas, para a mesma finalidade que os escritos que os atacavam enquanto instrumentos de um imenso concerto que asseguraria a perenidade do anti-semitismo. De fato, sob esse ponto de vista, freqüentemente as apologias do judaísmo tiveram efeito contrário ao esperado por seus autores. Porém, na mesma medida em que suas defesas e sermões voltavam-se contra si mesmos, o ódio das nações assim estimulado contribuía, note-se bem, para a conservação do judaísmo. O que não é o aspecto menos fascinante do problema em seu conjunto.

O autor não é um judeu crente; hoje em dia, a maioria dos apólogos do judaísmo não o é; e isso não é novidade, conforme o leitor poderá ver no exemplo da Espanha medieval. Mas os capítulos deste livro que tratam da tragédia dos judeus espanhóis também descrevem como os pais descrentes contribuíram para precipitar as catástrofes que levaram os filhos de volta ao antigo Deus de Israel. Algumas vezes a espiral parece não ter fim: de acordo com os Profetas, foi assim desde os tempos bíblicos; e foi assim na época atual, quando a pior manifestação de ódio que o judaísmo jamais teve de enfrentar conduziu a sua notável renovação, em Israel e fora de Israel.

Para os rabinos, esses ciclos dramaticamente repetidos são apenas o reverso da Eleição, e a teologia cristã não fornece uma interpretação muito diferente; também se pode concluir que "a fé e o destino providencial dos judeus foi, para muitos deles, efetivamente estranho", conforme escrevi no prefácio do primeiro volume desta *História**. No fundo, porém, tem pouca importância saber se se trata de uma vontade superior ou da idéia que os homens têm dessa vontade; basta que – decreto da Providência ou mito – tenha sido a partir daí que se desenvolveu um processo multiforme, interessando todos os níveis da vida religiosa e cultural, social e econômica, a cuja descrição dedicam-se este volume, o volume precedente e o seguinte** Foi assim que, no mundo cristão, cumpriram-se as profecias, e que

* De Cristo aos Judeus da Corte, *São Paulo, Perspectiva, 1979. Estudos 63*

** De Voltaire a Wagner, *Estudos 65.*

os judeus contribuíram, por seu lado, para assumir o papel que esse mundo lhes reserva há dois mil anos. Nessa meada de inúmeros fios, existe um que está ligado de modo mais direto a este trabalho, pelo canal de um dos motivos que originalmente moviam o autor, segundo dissemos antes. De modo mais preciso, isso pode ser enunciado da seguinte maneira:

As perseguições, que aguçam o senso de justiça dos judeus, também os incitam a demorar-se nelas, algumas vezes mesmo comprazendo-se no papel de vítima, que historicamente foi seu papel de fato, e esse tipo de complacência estimula a tentação dos carrascos. Essa complacência manifesta-se de diferentes maneiras e em diferentes níveis, de modo que se pode falar de um verdadeiro complexo de cordeiro sacrificado no bode expiatório. Nos níveis mais profundos do espírito, a complacência corresponde sem dúvida alguma a um desejo inconsciente de identificação com a sociedade dominante, a dos carrascos. No nível consciente, ela pode querer ser recuperada por uma dicotomia sumária, traduzindo-se como: *Nós somos os Justos e eles os Injustos*, e pouco importa que isso seja em grande parte verdade (pelo contrário, pois quanto mais o judeu tem razão, menos ele tem razão aos olhos do mundo). Uma variante desse orgulho é a humildade extrema, que vem da mesma origem, mas que leva a uma identificação mais franca com o carrasco: então o judeu forma um todo com o anti-semita, presta testemunho contra si mesmo e suprime-se em pensamento ou até em ato; daí o tipo do judeu envergonhado, ou judeu que esconde o fato de ser judeu, muito difundido há mais de um século; mas veremos que já a Espanha da Renascença conheceu coisa semelhante. Esses jogos são de extrema sutileza, e uma humildade pior do que o orgulho pode coexistir com esse orgulho; poderá ser percebido, incidentalmente, o próximo parentesco psíquico entre o judeu exclusivista, para quem sua condição é de essência superior, e o judeu vexado, a quem ela desgosta ou aflige, pois tanto um quanto o outro estão como que fascinados por ela. De fato, tal condição é excepcional, nos pontos extremos ela se torna uma espécie de função, em conseqüência do papel duvidoso que coube aos judeus no seio da sociedade ocidental. Sob esse ponto de vista, não existe diferença entre o judeu praticante, fiel ao antigo Deus de Israel e à idéia de eleição, e o judeu de condição, o descrente que conserva com o judaísmo apenas vínculos de ordem irracional e sentimental, que talvez só se atenha a ele na medida em que inconscientemente aspira libertar-se dele, mas cuja sensibilidade judia está por isso mesmo ainda mais aguçada; ambos fazem parte do corpo vivo do judaísmo, cuja ingrata função social parece ser simbolizar, aos olhos do mundo que o cerca (e portanto aos olhos dos próprios judeus; podemos encontrar assim seu desdobramento), os grandes valores éticos, personificar as forças em conflito da vida moral (os mandamentos da consciência ou o Mal encarnado, conforme o caso) e os bodes expiatórios, servir de barômetro das tensões da sociedade cristã.

No volume anterior, procurou-se mostrar – entre outros, segundo o exemplo dos judeus da China e da Índia, dois pequenos povos com um passado sem história – que esse papel só pode ser exercido efetivamente no seio da sociedade ocidental, e que está ligado ao parentesco entre o judaísmo e suas religiões-filhas; o anti-semitismo não seria mais do que a projeção social da tensão muito particular que daí resulta. Este volume traz vários outros elementos em favor dessa tese. Disso ressalta que os judeus estariam marcados com um sinal especial somente nas regiões do globo onde sua fé num Criador transcendental, essa linha audaciosamente traçada na coerência do devir humano, foi avalizada, de um modo ou de outro, pelos povos no seio dos quais habitavam. Os sofrimentos dos judeus, assim como sua perenidade, seriam devidos, em última análise, ao fato de que o judaísmo e sua mensagem foram levados a sério pelas populações em questão. Essa tese, dando uma explicação "natural", baseada na psicologia religiosa, das particularidades do destino dos judeus, permite questionar, ao menos entre parênteses, as interpretações finalistas de toda ordem da história judaica, cujo curso pareceria solicitar a todo momento explicações sobrenaturais, e, portanto, ela me parece preencher o primeiro dever da ciência histórica, mesmo que essa explicação não esteja de acordo com os grandes esquemas interpretativos sócio-econômicos que predominam na historiografia contemporânea; mesmo que, pelo contrário, ela postule a inadequação desses esquemas; mas essa seria precisamente a originalidade da história judaica, da qual não só o ponto de partida, como também todo o desenvolvimento "antinatural" parecem ser uma tomada de consciência e uma escolha que precedem e determinam um modo de existência.

Partindo desse mesmo ponto de vista, pode-se perguntar também sobre o rumo que as coisas poderiam tomar numa sociedade descristianizada, ou em vias de sê-lo; imediatamente vem à mente o caso dos judeus dos países comunistas. Ora, hoje em dia, todos os esforços do comunismo para "resolver o problema judeu" parecem ter levado de novo ao resultado oposto, a novas tensões, a uma nova volta da espiral; pois, particularmente na União Soviética, manifesta-se uma nova tomada de consciência judia na mesma medida em que a condição dos judeus, convidados a "assimilar-se" e fundir-se na massa, permanece ambígua, na mesma medida em que, enquanto isso, eles são objeto de certas discriminações enquanto judeus*. À primeira vista, é tentador perceber nisso uma nova manifestação da perenidade do "Povo Eterno" de tormentoso destino. Isso seria esquecer que, até agora, quarenta anos de "campanhas anti-religiosas" não pesaram muito face a uma tradição de vinte ou trinta séculos; pois, na URSS, tudo se passa como se as estruturas mentais (judias, bem como cristãs) enraizadas nessa tradição, transcendendo as culturas ou ideologias de classe, não tivessem sido tocadas pela mutação revolucio-

* *Dentre as várias obras que tratam da condição dos judeus na URSS, a melhor e mais escrupulosa é o recente livro de FRANÇOIS FEJTO,* Les Juifs et l'Antisémitisme dans les Pays Communistes *(Paris, 1960).*

nária de 1917. O "grande cisma do Ocidente" parece não ter sido, ao menos nesse ponto, mais do que um cisma no sentido literal da palavra, deixando subsistir, no essencial, as tradições e crenças coletivas sobre as quais repousava, na Santa Rússia dos tzares, a antinomia judaico-cristã.

Também se poderia interpretar o atual estado de coisas à luz da última guerra e da ocupação nazista, cuja lembrança contribuiu, por diversas vias, para isolar, no seio das populações, as primeiras vítimas designadas pelo furor hitlerista e para fortificar sua consciência de judeus. Assim, seria ocioso admitir que as antigas estruturas fossem desmoronar num futuro mais ou menos distante, tornando possível uma des-judaização e uma des-cristianização totais; conforme os votos dos dirigentes e os preceitos da doutrina oficial. Mas, seja como for o futuro, no presente o caso dos judeus dos países comunistas não tem nenhum alcance real em relação a nosso tema. No máximo, vem lembrar oportunamente ao historiador as regras de seu ofício, que prescrevem que ele deve desconfiar dos julgamentos prematuros e das pseudoprofecias.

*

*   *

Num tema como este, várias outras regras correm o risco de ser atacadas a todo momento. Os limites espaciais e temporais da história judaica são, aproximadamente, os mesmos da história universal, e ela interessa, com exceção unicamente da história militar, a todos os domínios da erudição histórica clássica, ao que se soma uma rica história interna, que é principalmente a história de uma idéia e de uma fé vividas com intensidade sem par. Quer dizer que uma obra como esta sofre não apenas das incapacidades ao autor, de que este está muito consciente, como também das inevitáveis fraquezas técnicas inerentes a todas as tentativas de fazer um panorama histórico. Para remediar isso, na medida do possível, várias vezes pedi ajuda a colegas e amigos, a quem agora agradeço. Estou especialmente grato a Gaston Wiet, do Collège de France, que, com muita boa vontade, guiou-me através da história do Islã e dispôs-se a ler as provas da parte do livro que trata desse assunto; a Israel Revah, da École Pratique des Hautes Études, que fez o mesmo quanto à história da Inquisição portuguesa e dos marranos; ao Pe. Paul Démann e ao Rabino Charles Touati, que se deram ao trabalho de ler o manuscrito todo, e a quem devo inúmeras indicações preciosas; a Emmanuel Levinas, que, durante bate-papos amigáveis, forneceu-me uma visão global vertiginosa sobre tudo que ignoro da ciência talmúdica; a Louis Schoffman, do College of Modern Languages de Brooklyn, que pôs à minha disposição sua tese inédita sobre os judeus espanhóis na Idade Média com a maior boa vontade do mundo. Não fico devendo menos a três eruditos cujos trabalhos são citados nas notas com freqüência pouco usual: o Professor I. Baer, da Universidade de Jerusalém, prestigiado especialista da história dos judeus espanhóis, A. Dominguez

Ortiz, de Madrid, e Albert A. Sicroff, de Princeton, que se dedicaram a pesquisas pioneiras no campo praticamente virgem da condição dos "cristãos-novos" e de *la limpieza de sangre*. Também tenho uma dívida de outra ordem, uma dívida de amigo, para com Simone Planté, que durante meses entregou-se a pesquisas bibliográficas, estimulada unicamente pelo prazer de ler e conhecer, e que assim me permitiu enriquecer consideravelmente os últimos capítulos deste livro. Enfim, sem dúvida alguma, ele não poderia ter sido redigido sem o interesse benévolo que manifestaram por minhas pesquisas Fernand Braudel, presidente da VI seção da École Pratique des Hautes Études, e Ruggiero Romano, diretor de Estudos, e o encorajamento dado incessantemente por Raymond Aron, professor da Faculdade de Letras. Ficam aqui todos os agradecimentos que lhes devo.

Paris, 1955-1960

Livro I: O ISLĀ

1. Antes do Islã

Neste capítulo introdutório, examinarei apenas brevemente as origens de três colônias judaicas que, por motivos diversos, estarão destinadas a desempenhar um papel de destaque nos séculos seguintes.

Antiga pátria de Abraão, durante o primeiro milênio de nossa era, a Mesopotâmia tornou-se uma espécie de metrópole do judaísmo, onde foram definitivamente codificadas as regras normativas da vida em dispersão ("Talmud Babilônico"). Mais perto de nós, a Espanha, depois de um processo secular de interferências entre judaísmo, islamismo e cristandade, deu origem ao ramo dos sefarditas de gloriosa memória, cuja incalculável contribuição civilizadora para o impulso da Europa irá chegar ao ponto mais alto no tempo da Renascença e que, ainda hoje, constitui o segundo grupo judaico mais importante, depois dos *aschkenazim*. Enfim, os judeus da África do Norte, de história tão pouco conhecida e tão original, parecem estar atualmente destinados a um futuro excepcional, pois formam o último reduto do judaísmo tradicional no antigo continente.

Deixo fora dessa descrição o centro da Palestina, limitando-me a lembrar que, mesmo depois das ferozes repressões romanas de 70 e 135, subsistiu aí uma importante população judaica, cujo patriarca (Nassi) era oficialmente reconhecido por Roma. Por muito tempo ainda ali floresceram os estudos talmúdicos e, pelo menos duas vezes, em 352 e 614, os judeus fizeram novas tentativas desesperadas para recuperar o domínio do país. Mas não passavam de uma minoria, cujo prestígio e influência na dispersão diminuíam de geração em geração, e cujos contatos com a população não-judaica – objeto principal deste estudo – não apresentam um interesse especial.

1. BABILÔNIA

Dentre todas as colônias judaicas da dispersão antiga, nenhuma era mais antiga, mais estável e sem dúvida mais numerosa do que a da Babilônia. Como se sabe, num período de dez séculos, por duas vezes coube a ela desempenhar um papel de capital importância na história judaica. Suas origens remontam a tempos imemoriais, e, em todo caso, à primeira deportação organizada que os filhos de Israel sofreram, a das Dez Tribos, levadas em cativeiro pelo rei assírio Sargão II por volta de 720 a.C. (Numa inscrição nas paredes do palácio de Khorsabad, esse príncipe assinalou um total de 27 290 pessoas exatamente.) Bem depressa, perde-se qualquer traço das Dez Tribos; porém, algumas gerações mais tarde se uniram a elas, as duas tribos da Judéia, protagonistas dessa impressionante aventura espiritual que foi o Exílio Babilônico. Pode-se dizer que a história do judaísmo começa em 586 a.C., nas margens dos rios da Babilônia, e que foi preciso a separação forçada com a terra materna e o Templo para imprimir-lhe seu cunho de universalidade e espiritualidade. Com toda certeza, o papel do primeiro exílio teve importância capital na elaboração das principais tradições judaicas: lá é que nasceu a indefectível fidelidade a Sião e que foram extirpados os últimos vestígios da idolatria; e lá é que o *Pentateuco* foi redigido em sua forma definitiva; foi lá, principalmente, que os exilados tiraram uma lição de sua história, que conseguiram dar um sentido a suas provações e perpetuar esse sentido, que eles desenvolveram sua memória histórica particular de judeus. O que é ainda mais notável quando se pensa que, apesar das notas lancinantes do salmo 137 e das *Lamentações*, as condições materiais do exílio não estavam revestidas de nenhum aspecto trágico: muito pelo contrário. No Oriente antigo, as deportações dos povos conquistados eram uma medida política comum e, depois da operação realizada, os monarcas assírios, babilônios ou persas deixavam os deportados viver e trabalhar em paz, conforme seus usos ancestrais e sob a direção de seus chefes tradicionais. Os judeus não foram exceção à regra, e o *Livro dos Reis* nos conta que Joaquim, rei de Judá, "comeu da mesa real (da Babilônia) todos os dias da sua vida" (II *Reis*, XXV, 29); da mesma forma, os selos e tabuinhas babilônicas qualificam-no "rei da Judéia". Segundo a lenda, esse rebento de Davi deu origem à linhagem dos "exilarcas", "chefes do Exílio", que governarão sobre a colônia judaica da Babilônia nos séculos seguintes.

Foi nessas condições que os exilados, agricultores hábeis e laboriosos, logo tomaram pé nas férteis planícies da Mesopotâmia, "construindo casas e plantando jardins" de acordo com a recomendação do profeta, e os livros de Esdras e Neemias ressaltam claramente que só uma minoria destes exilados decidiu tomar parte na grande aventura do Retorno, que se tornou possível meio século depois graças à conquista persa. A maioria ficou na Babilônia e ali perpetuou-se. Durante alguns séculos sua história não é muito conhecida, mas sua presença é atestada pela descoberta (especialmente em Nipur) de tabuinhas cuneiformes e documentos de negócios contendo nomes judaicos. Por outro lado, não houve descontinuidade nos contatos intelectuais entre a colônia e a mãe-pátria; numerosos jovens babilônios vinham estudar na Palestina; dentre eles, no século I a.C., Hilel, que se tornou o mais ilustre dos sábios judeus. Mas foi somente no século II de nossa era, depois que as campanhas romanas de 70 e 135 semearam a desolação na Judéia, que a comunidade judaica da Babilônia surge em plena luz e torna-se o principal centro do judaísmo para os séculos vindouros.

Nessa época, a Mesopotâmia forma no lado ocidental a área fronteiriça do império parto, adversário encarniçado e tradicional de Roma. A comunidade judaica é ali constantemente aumentada pelos que fogem da Palestina: "É quase incrível a maneira como eles aí se multiplicaram", diz Josefo[1].

Algumas cidades, como Nehardéia, Pumbedita, Sura, Mahuza, são habitadas quase que exclusivamente por judeus. Segundo as melhores estimativas estatísticas atuais, no século III o número de judeus babilônios chegava pelo menos a um milhão[2]. Algumas vezes, ao sabor das reviravoltas políticas e também das conversões, surgem de modo fugaz entidades estatais judaicas: Adiabene, cujo Rei Izartés converteu-se ao judaísmo no começo do século I; o reino de salteadores fundado na mesma época pelos irmãos Asinaios e Anilaios e do qual, durante quinze anos, "dependeram todos os negócios da Mesopotâmia"[3]; três séculos mais tarde, um principado judeu em torno da cidade de Mahuza que, segundo o *Seder Olam*, livro de cronologia medieval, durou sete anos. Mas se trata de acontecimentos excepcionais: por mais numerosos que sejam, os judeus continuam sendo uma minoria, sem aliados externos e sem grande poder político. Igualmente, salvo algumas escaramuças eventuais e localizadas, os reis partos deixam-nos viver em paz, e sua condição contrasta favoravelmente com a dos cristãos, perseguidos a partir do século IV, enquanto agentes de Roma, inimigo hereditário.

Fato notável, o império parto (ou persa) adota o zoroastrismo como religião de Estado, ou seja, o único culto que, independentemente do judaísmo, conseguiu elevar-se lentamente à concepção monoteísta, à percepção de um único princípio moral a reger os destinos do mundo e dos seres humanos... Alguns trechos do *Zend-Avesta*, livro sagrado de Zaratustra, parecem de um despojamento e pureza admiráveis, e não é de espantar que (lidos à distância) tenham conseguido seduzir a imaginação de alguém como Nietzsche: a pergunta que então surge naturalmente é saber se houve interferências ou empréstimos, e quais, entre as duas tradições monoteístas.

Se no zoroastrismo existem certos aspectos bastante perturbadores para nosso entendimento judaico-cristão, tais como o culto do

1. JOSEPHE FLAVIUS, *Antiquités judaïques*, XI, 5; 2, 133.
2. Ver a nota detalhada de SALO W. BARON, *A Social and Religious History of the Jews*, 2.ª ed., New York, 1952, vol. I, p. 370-372.
3. JOSEPHE FLAVIUS, *Antiquités judaïques*, XVIII, 9, 4, 339.

incesto – o casamento entre mãe e filho ou entre irmão e irmã era considerado como obra particularmente pia – ou o abandono dos cadáveres, que não deviam ser enterrados nem incinerados, mas expostos aos abutres dos desertos, encontram-se também nas analogias notáveis com o judaísmo, principalmente com respeito ao ritual formalista e à procura lancinante da pureza:

> . . . A religião intervinha nos menores acontecimentos da vida quotidiana, e o indivíduo estava exposto, dia e noite, a incidir em pecado e em impureza pela menor desatenção. . . O crente precisava rezar para o sol quatro vezes por dia, precisava rezar à lua, ao fogo, à água, devia fazer suas orações ao se deitar e ao se levantar, ao se lavar e ao pôr o cinto, ao comer, ao fazer as necessidades, ao espirrar, ao cortar os cabelos e as unhas, ao acender lanternas etc. O fogo do lar não devia ser apagado, o sol não devia cair sobre o fogo, o fogo e a água não podiam estar em contato. As formalidades necessárias para afastar a impureza de quem tocasse um cadáver ou de uma mulher que estivesse com as regras ou de uma mulher no parto – principalmente se tivesse dado à luz um natimorto – eram extremamente cansativas e entediantes. . .[4]

Deve-se admitir que essa regulamentação lembra singularmente certos trechos do *Talmud* – esse *Talmud* que foi codificado precisamente nessa época, na Babilônia, em sua forma definitiva. Contudo, os melhores conhecedores da matéria[5] são da opinião de que o que os judeus tomaram de empréstimo às concepções ambientes limitam-se a certas superstições, frutos da luxuriante imaginação oriental, a algumas descrições barrocas de demônios ou anjos que se encontram na *Hagadá*, em nada influindo nas concepções religiosas e éticas propriamente ditas do judaísmo, e a justeza de suas concepções parece incontestável quando nos lembramos que o *Talmud* da Babilônia é apenas a codificação definitiva de um sistema de interpretação elaborado, em sua essência, sob os céus da Palestina. No máximo, as semelhanças, as analogias ocultas entre o ensinamento de Moisés e o de Zoroastro puderam contribuir, à falta de toda filiação direta (e, conseqüentemente, propícia a rivalidades), para uma compreensão recíproca que tornou a sorte dos judeus na Babilônia tão clemente e tão excepcionalmente invejável.

Assim, pois, rejeitando de pronto toda procura de sintomas de "anti-semitismo", de uma discriminação especial, resta-nos ver o que foi essa condição durante um período de importância capital para o futuro desenvolvimento do judaísmo na dispersão.

No seio do império parto, cuja população era estratificada em castas fechadas (clero, guerreiros, funcionários, povo), os judeus constituíam uma casta à parte, territorialmente agrupada, e que se entregava, nas regiões onde estavam instalados, a toda a gama de ocupações

4. ARTHUR CHRISTENSEN, *L'Iran sous les Sassanides*, Paris, 1936, p. 115.

5. Cf. I. SCHEFTELOWICZ, *Die altpersischte Religion un das Judentum*, Giessen, 1920, bem como A. MARMORSTEIN, "Iranische und judische Religion", em *Zeitschrift für die neutestamentische Wissenschaft*, Giessen, 1927, p. 231.

conhecidas na época, mas principalmente à agricultura. Tratava-se de uma verdadeira sociedade fechada, que se beneficiava de uma autonomia bastante acentuada. Era administrada por um chefe hereditário, o exilarca, que tinha em Nehardéia uma corte suntuosa e só era responsável perante o rei; sua ascendência era levada, como já se viu, até ao Rei Davi. O exilarca tinha o direito de exercer justiça em todos os níveis em relação a seus súditos, mas perante o rei comportava-se como sátrapa leal e obediente: na Babilônia é que foi forjada a tradicional máxima judaica: "A lei do país é *a* lei"*. Seu poder só era moderado pela autoridade tradicionalmente atribuída aos conselhos dos Sábios, dos *amoraim*, guardiães e dispensadores do ensinamento sagrado e codificadores do *Talmud*. Aliás, é o *Talmud* que constitui nossa principal fonte de informações sobre a história dos judeus na Babilônia: através das sutilezas de suas discussões jurídicas, através dos meandros caprichosos de suas lendas e parábolas, consegue-se chegar a inúmeros detalhes da vida quotidiana e dos costumes. Fica-se conhecendo a alta estima em que era tido, pelos Sábios de Israel, o trabalho manual, ocupação dominante na época e colocada bem acima do comércio; assiste-se à luta que travavam vitoriosamente pela pureza dos costumes familiais, embora votassem à mulher um desprezo oriental bem acentuado. É verdade que, na maioria dos pontos, pode-se extrair do oceano do *Talmud* pareceres bastante contraditórios (e que precisamente os doutores se compraziam em opor); entretanto, se há um aspecto sobre o qual reina a unanimidade, é o da primazia absoluta atribuída ao estudo. Como diz um texto de modo bem expressivo, "o mundo todo vive do alento dos estudiosos"; aliás, afirmava-se que, cada dia, só a vista que lhe oferecia os eruditos e os estudantes permitia desviar do mundo a cólera divina. Desde esses tempos a instrução judaica era obrigatória, gratuita e universal; desnecessário dizer que versava unicamente sobre os estudos sacros. Contudo, alguns talmudistas não desprezavam a "ciência grega", quando se tratava de ciências exatas, e praticavam a astronomia e as matemáticas.

No conjunto, porém, a população judia, densa e compacta, tinha poucos contatos com o mundo ambiente e, durante vários séculos, até a conquista árabe, conservou o aramaico tradicional como língua comum. A extraordinária solidez da implantação dos judeus na Mesopotâmia é ilustrada por algumas máximas do *Talmud*, a destoar singularmente das notas clássicas da dispersão, sobre a permanente nostalgia por Sião, e alguns doutores proibiam decididamente que se deixasse o país, mesmo que fosse para ir à Palestina: "Quem deixa a Babilônia pela Palestina infringe um mandamento bíblico positivo", afirmava Rabi Judah ben Ezequiel referindo-se a um versículo de Jeremias**.

* "Dina de malkhuta dina." *Esse princípio foi formulado pela primeira vez no começo do século III pelo reitor da Academia de Nehardéia, Mar Samuel.*

** *"Eles serão levados à Babilônia e ali ficarão até o dia em que eu irei procurá-los, diz o Eterno"* (Jeremias, *XXVII, 22).*

Esse sábio chegava mesmo a proibir que seus alunos estudassem com sábios da Palestina. Seus célebres mestres Rab e Samuel chamavam de "país de Israel" as regiões de Sura e Pumbedita onde ensinavam[6]. Pode-se dizer que existia um verdadeiro complexo de superioridade dos judeus babilônios, enraizado na antigüidade de sua instalação no país, bem como na superioridade de seu destino, e que se expressava em adágios como este:

Todos os países são como pasta quando comparados à Palestina; mas este o é em relação à Babilônia.

A Babilônia sempre é considerada pura, até que surja um motivo pelo qual ela deva ser declarada impura. Os outros países, pelo contrário, são considerados impuros até que surja evidência que permita declará-los puros.

Rabi Ismael bar Joseph perguntou a Rabi:

– Por qual boa ação Deus deixa viver os babilônios?
– Pelo estudo da lei, respondeu ele.
– E os palestinos?
– Pelos dízimos.
– E os habitantes dos outros países?
– Porque eles observam os sábados e as festas[7].

Os judeus babilônios vangloriavam-se de bom grado daquilo que consideravam como a pureza de sua linhagem, que afirmavam remontar exclusivamente ao primeiro Exílio e, conseqüentemente, a Abraão. Por outro lado, suas boas condições de vida explicam certas sentenças que soam à maneira de *ubi bene, ibi patria*.

Houve mesmo autores que entreviram no primeiro Exílio, não uma punição divina, mas uma espécie de benefício. Disso é testemunha o seguinte comentário:

Nossas academias de *Talmud* não foram perseguidas, e os judeus não foram acossados: não fomos dominados nem por Iavan (Grécia), nem por Edom (Roma). Deus concedeu um benefício a Israel quando, doze anos antes da destruição de Jerusalém, exilou o Rei Joaquim, acompanhado por homens ilustres, para a Babilônia, onde a *Torá* pôde desenvolver-se sem interrupção até nossa geração[8].

Outras entonações que parecem mais matizadas e mais profundas têm por autor um sábio palestino, Iochanan ben Zacai:

Por que foram os judeus exilados na Babilônia? – Porque seu antepassado Abraão veio dessa região. – É como se se tratasse de uma mulher que se comportou mal em relação ao marido. Para onde ela é mandada de volta? – Ela é mandada para a casa de seu pai[9].

6 Cf. S. BARON, *The Jewish Community*, Philadelphia, 1942, vol. I, p. 154.

7. *Talmud, Kidd*, 71 *a* e 71 *b; Men.*, 85 *b*. Cf. A. NEUBAUER, *La Géographie du Talmud*, Paris, 1868, p. 321-323.

8. Extraído do *Midrach Tanchuma*, seção Noah. Cf. S. DUBNOV, *Weltgeschichte des jüdischen Volkes*, Berlim, 1926, t. III, p. 471.

9. Cf. S. BARON, *A Social and Religious History of the Jews*, Philadelphia, 1952, vol. II, p. 204-209 ("Babylonian Supremacy").

Tal foi o oásis que abrigou, durante quase um milênio, o principal centro do judaísmo, onde foi codificado o *Talmud* em sua forma definitiva e cuja irradiação e prestígio eram incontestados através da Dispersão. A conquista árabe, como veremos, irá contribuir para aumentar ainda mais essa preponderância, e, embora as invasões dos turcomanos seldjúcidas tenham acabado com este centro três ou quatro séculos mais tarde, continua subsistindo uma importante comunidade judaica na Mesopotâmia até hoje, ou, mais exatamente, até o ano de 1950. De fato, nessa data, esta comunidade foi transferida em bloco para Israel, encerrando, desse modo, a dois milênios e meio de presença judaica ininterrupta na "pátria de Abraão".

2. ÁFRICA DO NORTE

Atualmente, a África do Norte é a única região do mundo onde ainda subsiste um judaísmo organizado segundo as formas tradicionais, levando uma existência quase medieval por trás dos muros dos *mellahs*. Reportagens pitorescas descreveram esses guetos semitropicais, com suas ruas estreitas, verdadeiras passagens onde formiga uma multidão miserável, com seus bazares onde, acocorados, comerciantes e artesãos vendem e fabricam de tudo que é possível imaginar; e, no Sul da Tunísia, existem até tribos de trogloditas judeus, morando em grutas cavadas no calcário. A miséria dos judeus da África do Norte impressionou todos os observadores; e, em relação a eles, os árabes demonstram aquela atitude de tradicional desdém que remonta à época do Islã conquistador, quando foi estabelecido o estatuto dos *dhimmis*, "protegidos" judeus ou cristãos, que têm direito à proteção dos Crentes, mas devem viver em posição inferior.

Contudo, os judeus da África do Norte tiveram seus momentos de glória. E sua história, tão pouco conhecida, tão diferente da história judaica em todos os outros lugares, vale a pena ser lembrada.

Ela remonta bem longe no tempo, à época proto-histórica em que os fenícios colonizavam a "Ifrikiya" e fundavam a cidade de Cartago. Esses acontecimentos deram origem a múltiplas lendas. Segundo Ibn Khaldum, o célebre historiador árabe, o povo berbere todo seria de extração palestina e teria tido como primeiro rei, Golias[10]. Segundo o bizantino Procópio, os berberes descenderiam de tribos amorritas e outras, que foram escorraçadas por Josué, filho de Nun[11]. Lendas, mas que expressam o fato certo de que, vários séculos antes de nossa era, colonizadores semitas, os mesmos que fundaram Cartago, impuseram à África do Norte sua cultura e sua língua, uma língua que

10. "Quando os berberes estavam na Palestina, tiveram Djalut como rei, que foi morto por Dawud. Eles emigraram então para o Ocidente e vieram até a Lúbia e Merakia. . ." (IBN KHALDUM, *Histoire des Berbères*, Argel, 1852, trad. de Slane, t. III, p. 301).

11. PROCÓPIO, *De Bello Vandalico*, 2, 10. Cf. E.-F. GAUTIER, *Le Passé de l'Afrique du Nord*, Paris, 1942, p. 141.

estava muito mais próxima do hebraico do que do aramaico ou do árabe[12]. Quanto à religião, sabe-se que os cartagineses adoravam o deus Baal: já foi observado que esse culto, com tudo o que comporta de humilde submissão à vontade da divindade, corresponde a um sentimento quase desconhecido pelos gregos e romanos e que anuncia o monoteísmo judeu[13]. Por mais ousada que possa parecer, a consideração merece ser objeto de reflexão, e, por outro lado, certos cultos locais da antiga África do Norte apresentavam-se literalmente impregnados de influências propriamente judaicas. Assim, foram descobertas (na antiga localização do porto de Hadrumeta) singulares tabuinhas mágicas com o nome de Jeová, ora invocado só, ora com outras divindades. Por exemplo, elas têm o seguinte teor:

> Eu te adjuro, espírito demoníaco que estás aqui, pelo nome sagrado, Aoth, Alaoth, o Deus de Abraão, o Iao de Isaac, Iao, Aoth, Abaoth, o Deus de Israel. . .[14]

É, portanto, infinitamente provável que, desde os tempos mais remotos, os judeus viessem instalar-se na África do Norte na trilha dos fenícios, preparando o terreno para a difusão do judaísmo. E, como conseqüência, para a do cristianismo; destarte pode-se compreender melhor por que, durante os primeiros séculos de nossa era, antes do Islã, "no período que vai de Tertuliano e Cipriano até Agostinho, a África do Norte instruiu toda a cristandade do Ocidente[15].

Nessas condições, quando os judeus começaram a dispersar-se em grande número através do mundo – e essa dispersão, ao contrário do que diz uma lenda que perdura de há muito, de modo que sempre é preciso lembrá-la, é bem anterior à guerra da Judéia e à destruição do Templo –, foi na África do Norte que encontraram acolhida mais favorável. Do mesmo modo, segundo uma tradição talmúdica, as Dez Tribos teriam sido transportadas para Afrike e Rabi Akiba depois teria visitado esse país demoradamente[16]. Por seu lado, os Padres da Igreja, como São Jerônimo, Tertuliano e Santo Agostinho, referem-se múltiplas vezes à antiguidade e prosperidade das comunidades judias da Mauritânia, da Numídia e da Líbia. Assim como em outras partes, nessas regiões o judaísmo desenvolveu-se tanto, se não mais, por proselitismo, quanto pela imigração; uma ascendência levada ao antepassado comum Abraão conferia-lhe, considerando as influências e sincretismos mencionados acima, ares de nobreza muito apreciados. É veros-

12. Cf. M. SIMON, "Judaisme berbère en Afrique ancienne", *Revue d'Histoire et de Philosophie religieuses*, 1946-1947, p. 20; S. GSELL, *Histoire ancienne de l'Afrique du Nord*, Paris, 1913, t. IV, p. 179.

13. S. GSELL, *op. cit.*

14. MONCEAUX, "Les Colonies juives dans l'Afrique romaine", *R. E.J.*, 1902, 44, p. 6.

15. H. LIETZMANN, *Histoire de l'Église ancienne*, Paris, 1937, t. II, p. 21.

16. Cf. A. NEUBAUER, *Géographie du Talmud*, Paris, 1868, p. 372, 402.

símil que o gradual e silencioso desaparecimento dos antigos colonizadores fenícios possa explicar-se justamente por sua conversão ao judaísmo[17].

Mas, se essas comunidades judias, numerosas principalmente nas cidades do litoral, quase não se distinguiam das comunidades da Ásia Menor, da Síria ou Alexandria, no começo de nossa era a África do Norte acolhe uma imigração judaica completamente diferente e bem mais interessante do ponto de vista que nos interessa aqui. É sabido que os zelotas, que opuseram uma resistência encarniçada a Vespasiano e a Tito em 69-70, não foram totalmente exterminados durante a guerra da Judéia: alguns grupos foram para a Cirenaica, onde, em 112, os judeus fomentaram uma nova rebelião ("último canto do mundo onde se vê o judeu com uma espada na mão", observou E. F. Gautier) e aprofundaram-se ainda mais para o Oeste. Conseguiram impor sua religião aos berberes nômades instalados nas orlas do deserto, guerreando contra Roma ao lado deles. Parece mesmo que conseguiram levar sua religião ainda mais longe, além de Tumbuctu, até os povos negros do Níger, os Peúls e os Foulbé; há mais de um século, a suposição sustentada pelos argumentos mais variados, arqueológicos ou lingüísticos, é debatida entre os antropólogos[18] e encontra hoje novos fatos corroborantes, extraídos de reminiscências ancestrais confusas que retornam à superfície à medida que esses povos tomam consciência de si mesmos. O caso dos Falachas, as tribos negras da Etiópia que conservaram intacto seu judaísmo, pode ser retido como indício suplementar.

Mas o que quer que se tenha passado outrora ao Sul do Saara e com os lendários reinos judeus que ali prosperaram, é certo que, no Norte, um grande número de tribos berberes acabou adotando o judaísmo. Para elas, o culto de Jeová constituía um forte fator de coesão e unificação, em face das lutas que as opunham ao império romano. Quando o cristianismo se tornou a religião oficial do Estado, a significação desse fator cresceu mais ainda, na mesma época em que as antigas comunidades judaicas do litoral, submetidas a inúmeras vexações e perseguições, estiolavam e desapareciam, assim como as várias seitas heréticas cristãs. De modo que, definitivamente, o judaísmo perpetuou-se na África do Norte não graças aos pacíficos estabelecimentos da dispersão, mas sim aos ferozes guerreiros do interior.

Quando o Islã conquistador começou a precipitar-se sobre essas regiões, o litoral cristão foi rapidamente submerso, enquanto que as tribos berberes judaizadas opunham aos árabes longa e tenaz resis-

17. É particularmente a tese desenvolvida por G. ROSEN (*Juden und Phönizier*, Tübingen, 1929). De acordo com M. SIMON (*op. cit.*, p. 27), ela teve uma acolhida bastante favorável entre os historiadores.

18. Ver, por exemplo, A. BEAUNIER, "Premier Établissement des Israélites à Tombouctou", em *Bulletin de la Société de Géographie*, Paris, abril-maio de 1870; M. DELAFOSSE, *Les Noirs de l'Afrique*, Paris, 1922, p. 35. Os argumentos de ordem lingüística foram longamente desenvolvidos por J. J. WILLIAMS, *Hebrewisms of West Africa*, New York, 1930.

tência. Seu principal apoio foi o maciço de Aurés, desde sempre propício aos refratários; eram comandados por uma mulher inspirada, rainha e profetisa, chamada Kahina. Segundo o historiador Ibn Adhari, o general árabe Hassan, após ter destruído Cartago, perguntou qual era o chefe mais poderoso da África:

É, disseram-lhe, uma mulher chamada El-Kahina, que mora nos Aurés; todos os *Roûm* da Ifrikiya a temem, e todos os berberes lhe obedecem; ela morta, todo o Maghreb se submeterá a ti e não encontrarás mais nem rivalidade nem resistência[19].

No ano 69 da Hégira (688), Hassan tentou investir contra os Aurés, mas foi rechaçado com pesadas baixas. Os árabes retiraram-se para a Tripolitânia, e, durante cerca de cinco anos, Kahina foi a rainha inconteste de todo o Maghreb. Ela governou, parece, com mão implacável; mas se sabe pouquíssimo sobre seu efêmero reinado. Os historiadores árabes nos fornecem detalhes bem maiores sobre sua morte. Em 693, as tropas de Hassan tomaram a ofensiva: um sonho profético informou a rainha judia que ela iria sucumbir na última batalha. Nem por isso deixou de travá-la, "pois abandonar seu país ao invasor seria uma vergonha para seu povo", e foi morta, depois de ter recomendado a seus dois filhos que se rendessem ao inimigo e adotassem a fé do Islã. Assim, segundo os historiadores árabes, terminou a dominação judaica na África do Norte.

Rapidamente todo o país foi islamizado. Quais foram as ilhotas judaicas que sobreviveram e em quais condições é impossível saber: segundo a expressão metafórica de E. F. Gautier, um dos maiores especialistas da questão, "todo esse período da história da África do Norte é um buraco negro, um vidro de tinta". Também foram muitos os judeus de origem síria ou iemenita que se instalaram na esteira dos invasores. A cidade de Kairuan, particularmente, na época um dos trevos do comércio mediterrâneo, abrigou uma próspera comunidade judia e foi sede de uma escola filosófica (os tratados médicos de Isaac Israeli, que aí floresceu no começo do século X, serão autoridade na Europa medieval)[20]. A seguir, vindos do Egito e sobretudo da Espanha, depois da expulsão de 1492, outros elementos judeus penetraram nessas regiões. Esses *forasteros* impuseram às comunidades locais dos *pelichtim* (autóctones, literalmente filisteus), sua cultura superior e seus ritos religiosos particulares. Mas, no essencial, os judeus da Tunísia, Argélia e Marrocos são de origem inteiramente autóctone e descendem de antigas tribos berberes de nomes sonoros: Djeraua, Fendelua, Mediuna, Botr, Branés. Chegou-se mesmo a escrever que "essa população amalgamada, que atingiu o apogeu com Kahina (que resume, só ela, a epopéia africana) é a mais autóctone, a mais africana

19. *Histoire de l'Afrique et de l'Espagne intitulée Al-Bayano'l-Mogrib*, Argel, 1901, trad. Fagnan, p. 25.

20. G. VAJDA, *Introduction à la pensée juive du Moyen Age*, Paris, 1947, p. 66.

de todas[21]. De resto, algumas dessas tribos judias conservaram sua independência até uma époba bastante recente: assim, nos Aurés, as dos Ulad Aziz[22]. Segundo uma lenda local, ainda no século XVII os judeus de Tilatu faziam com que as populações muçulmanas vizinhas lhes pagassem tributos[23]. Nos confins do Saara, o Estado judeu independente de Gurara se manteve até o fim do século XV[24]. Um tal passado, sem dúvida alguma explica o temperamento esquentado e freqüentemente briguento que ainda em nossos dias os judeus da África do Norte demonstram.

3. ESPANHA

Quantas especulações não houve a respeito da origem dos judeus espanhóis! Eles podiam legitimamente reivindicar gloriosos títulos de antiguidade; desde muito cedo aumentaram-na fazendo remontar essa origem ao começo dos tempos. Provar que seus ancestrais não haviam de modo algum se envolvido na Crucificação era por certo o principal móvel dessa pesquisa; a isso também devia se misturar o lancinante desejo de demonstrar que habitavam um país que era bem deles. . . Dizia-se que uma pedra tumular de Sagunto recobria o túmulo de Adoniram, lendário servidor de Salomão que veio em missão para esse país longínquo. Os nomes das cidades pareciam falar uma linguagem eloqüente: Escaluna não era a Escalon bíblica? Maqueda, Makeda? Jopes, Jope (Jafa)? E o próprio nome da capital, Toledo, não provinha de Toledoth (gerações)? Conforme uma etimologia ainda mais fantástica, de data recente (esses jogos jamais terminam), Andaluzia seria uma contração de (G)an-Eden e, portanto, significaria paraíso[25]. . . Essas lendas e centenas de outras similares foram diligentemente recolhidas em 1799 por um erudito da mui católica Espanha e publicadas pela Real Academia de Madrid[26], pois os judeus não foram os únicos a interessar-se por elas. Quanto aos fatos, eis como parecem ter sido:

Assim como ocorreu na África do Norte, é infinitamente provável que, na esteira dos colonizadores fenícios e cartagineses, judeus tenham vindo instalar-se na Espanha em épocas muito remotas, vários

21. N. SLOUSCHZ, *Judéo-Hellènes et Judéo-Berbères*, Paris, 1909, p. 251.

22. Tenente-Coronel DE LARTIGUE, *Monographie de l'Aurès*, Constantine, 1904, p. 328.

23. *Idem*, p. 315.

24. G.-H. BOSQUET, *Les Berbères*, Paris, 1957, p. 39 (Coleção "Que sais-je?").

25. Extraí essa construção de um artigo de D. V. de L. MILOSZ, "Les Origines ibériques du peuple juif", *Nouvelles littéraires* de 9 de julho e 10 de agosto de 1932.

26. F.-M. MARINA, "Discurso histórico-crítico sobre la primera venida de los Judios a España", em *Memorias de la Real Academia de la Historia*, Madrid, 1799, III, 317-469.

séculos antes de nossa era. Mas não existe nenhuma prova segura que o confirme. As alusões que se pensou encontrar no *Talmud* são imprecisas e contestáveis; parece ser mais claro o *Novo Testamento*, que nos informa (*Epístola aos Romanos*, XV, 24 e 28) que São Paulo visitou ou pretendia visitar a Espanha durante suas andanças: sabe-se que o apóstolo só levava a boa palavra aos locais onde havia judeus ou judaizantes. As judiarias da Espanha devem ter prosperado e se multiplicado no curso dos séculos seguintes, pois, por volta do ano 300, o Concílio de Elvira, "O mais antigo concílio da Igreja de que restam cânones disciplinares" (*Dictionnaire de Théologie Catholique*) contém estipulações numerosas e variadas acautelando os cristãos contra os judeus. Era proibido, sob pena de ser excluído da comunhão, comer junto com eles (cânone 50) e, sob pena de excomunhão, casar com eles ou fazer com que eles abençoassem as colheitas (cânone 49); disposições que serão retomadas pelo conjunto da Europa cristã nos séculos seguintes.

Nem a promoção do cristianismo à categoria de religião oficial do Estado, nem as transformações consecutivas à desagregação do império romano e das invasões germânicas puderam impedir a difusão do judaísmo na Espanha, já que, três séculos mais tarde, este é objeto de uma legislação bem mais severa e meticulosa – legislação que, também ela, constituirá um precedente e será retomada em outros países no curso dos séculos vindouros.

Os reis visigodos que governaram a Espanha a partir do começo do século VI inicialmente foram partidários da "heresia ariana" e bastante mornos, em geral, em matéria de religião. Mas, em 589, um deles, Recaredo, converteu-se ao catolicismo e começou a promulgar contra os judeus – bem como contra seus antigos correligionários arianos –, muitas leis, ampliadas por seus sucessores. Sobre essas leis, Montesquieu, no *Espírito das Leis*, emitiu um juízo peremptório:

> Devemos ao código dos visigodos todas as máximas, todos os princípios e todas as concepções da inquisição de hoje; e os monges nada mais fizeram senão copiar, contra os judeus, as leis feitas outrora. . . As leis dos visigodos são pueris, canhestras, idiotas; elas não atingem de modo algum o objetivo; cheias de retórica e vazias de sentido, frívolas nas bases e gigantescas no estilo[27].

Valha o que valha este juízo em seu conjunto, é certo que vários séculos mais tarde, a Inquisição, longe de realizar obra original, não fez mais do que lançar mão de um arsenal de textos elaborados por teólogos e juristas do século VII, mas extraordinários pela meticulosidade e engenhosidade absurdas. Trataremos deles na segunda parte desta obra, e, por enquanto, só nos interessam na medida em que provocaram, mil anos ou faltando pouco, antes de Torquemada, reações de "marranismo" precoce (ou seja, conversões fictícias, enquanto o judaísmo continuava a ser professado às ocultas) e um ressentimento anticristão tanto mais violento. (Quem estiver interessado

27. MONTESQUIEU, *L'Esprit des lois*, XXVIII, 1.

nessas leis pode consultar a obra mestra de B. Blumenkranz, *Juifs et Chrétiens dans le monde occidental, 430-1096*, que foi publicada quando a presente obra estava no prelo.)

Quanto às conversões simuladas, sua freqüência ressalta do exame dos textos editados para desmascarar esses falsos cristãos. Em particular, os ex-judeus deviam apresentar-se a seu bispo todos os sábados e em todas as festas judaicas, a fim de deixar bem claro que não as respeitavam. E se estivessem viajando? Nesse caso, o convertido devia apresentar-se a um eclesiástico em cada etapa e fazer com que lhe entregassem uma certidão da não-observância do Schabat, que o padre devia comunicar aos padres das paróquias vizinhas e cuja coleção completa devia ser apresentada pelo viajante a seu bispo quando voltasse[28].

Em caso de contravenção, a pena prevista era a da *decalvatio*, castigo cuja natureza exata os eruditos estão hoje tentando em vão estabelecer. Da mesma forma, é impossível saber se, no reinado de Ervígio, autor dessa lei, a Espanha do século VII contava com bastante eclesiásticos instruídos para manter em dia a papelada necessária... É bem provável que Montesquieu tenha razão quando fala de leis "vazias de sentido".

Quanto ao ressentimento, seus efeitos não demoraram em se fazer sentir. Também essa questão é objeto de contestações eruditas: mas é muito provável que sejam verdadeiras algumas dessas velhas crônicas (Roderico de Toledo, Lucas de Tuy) que afirmam que os judeus tomaram a iniciativa de "trair", ou seja, de revelar aos árabes as vias e os meios mais seguros para facilitar-lhes, em 711, a invasão da Península Ibérica e que, por ocasião da conquista, deram-lhes uma ajuda substancial[29].

28. *Mon. Germ. Hist., Leges Visigothorum*, XII, 3, 20. Ver também S. KATZ, *The Jews in the Visigothic and Frankish Kingdoms of Spain and Gaul*, Cambridge (Mass.), 1937, p. 58 e ss.

29. Ver a discussão dessa questão na obra *supra* de KATZ, p. 112 e ss.

2. O Profeta

Diz-se que existem tantas teorias sobre Maomé quantos biógrafos ele teve. Estes não concordam nem mesmo sobre o ponto que trata de saber junto a quem ele se instruiu em história sacra, se seus mestres foram judeus ou cristãos; pormenor que de pronto nos dá a conhecer a extraordinária penúria e imprecisão de nossos conhecimentos sobre as origens do Islã. No entanto, Maomé é o único grande fundador de religião a erguer-se perante nós em toda sua plenitude humana. Podemos seguir sua experiência religiosa passo a passo. Mas, infelizmente, o livro que nos legou, o *Corão*, não foi fixado por escrito senão bem depois de sua morte. Por que isso aconteceu? Por que esse homem, cuja genialidade de início foi compreender todo o poder que um Livro revelado outorga e que, isto agora parece comprovado, sabia ler e escrever[1], não mandou registrar por escrito em vida as revelações que recebeu? Terá sido por que, seguindo o exemplo dos primeiros cristãos, esperava a iminência do Juízo Final e, considerava portanto inútil transmitir sua mensagem a uma posteridade pouco provável?[2] Terá sido, mais simplesmente, por que esse grande intuitivo, que freqüentemente teve de acomodar suas instruções ao sabor das circunstâncias, evitou até o fim fixar-se definitivamente? Seja como for, a redação escrita do *Corão*, na forma como

1. Cf. os argumentos apresentados por R. BLACHÈRE (*Le Problème de Mahomet*, Paris, 1952, p. 32), bem como por VON GRUNEBAUM (*Medieval Islam*, Chicago, 1946, p. 98, n. 88).

2. Sobre esse assunto, ver a tese de P. CASANOVA (*Mohammed et la fin du monde*, Paris, 1911): "Maomé não achava que ia morrer e deixar sucessores; acreditava que o fim do mundo estava próximo e que ele o veria. Essa

chegou até nós, data de seu terceiro sucessor, o califa Otman e foi efetuada uns vinte anos depois da morte de Maomé, o que diminui singularmente seu valor como fonte histórica; já que, no ínterim, poderiam ter se produzidos acréscimos ou supressões. Entretanto o *Corão* continua sendo nosso principal fio condutor quanto a tudo que se refere ao nascimento do Islã.

Porém, embora a tarefa do orientalista seja assim bem árdua, o arqueólogo e o etnógrafo vêm oportunamente dar-lhe mão forte. Hoje em dia, estamos bastante bem informados sobre o estado da Arábia no começo do século VII. A orla dos grandes impérios bizantino e persa, esse deserto pontilhado de alguns oásis, era povoado por tribos beduínas, levando uma existência nômade e patriarcal, bastante semelhante à das primeiras tribos bíblicas e, tal como elas, praticando a circuncisão. Adoravam ídolos de pedra, sendo a pedra negra da Kaaba, em Meca, a mais conhecida.

Mas havia algumas grandes rotas de comércio passando pela região, ligando a Síria e o Iêmen, o Oceano Índico e o Mediterrâneo. Assim, nas encruzilhadas das rotas das caravanas, tinham surgido verdadeiras cidades, Medina e principalmente Meca, onde muitos chefes de clã, instalados no local, converteram-se em comerciantes prósperos, em contato com os funcionários e viajantes bizantinos e persas. Da mesma forma eram veiculadas as idéias e concepções elaborados nos países mais cultos. Desde tempos remotos, e com a ajuda do parentesco das línguas, os árabes nada ignoravam sobre certas lendas bíblicas e vinculavam-se voluntariamente à descendência de Abraão por intermédio de Ismael, lançado ao deserto. Em época mais recente, fugindo às perseguições de Roma e de Bizâncio, primeiro judeus, depois cristãos nestorianos vieram instalar-se entre eles, em número bastante apreciável. Tanto uns quanto outros entregavam-se a um proselitismo ativo[3]. Certas tribos, a dos Taghlib, a dos Najran, converteram-se ao cristianismo; outras, a dos Kainuka, a dos Nadhir, dos Kuraiza, ao judaísmo. Em ambos os casos, certamente tratava-se de uma religião adaptada às necessidades dos nômades, muito simplificada, amiúde reduzida a algumas práticas sumárias.

crença na proximidade do fim do mundo é propriamente cristã, e Maomé dizia ser o último profeta anunciado por Jesus Cristo como devendo completar e terminar sua doutrina. Ela foi a dos primeiros muçulmanos, como do próprio Maomé..." (p: 12). Igualmente (p. 4): "...A doutrina real de Maomé foi, se não falsificada, ao menos dissimulada com o maior cuidado. Razões muito simples... levaram Abu Bekr primeiro, Otman depois, a refazer de ponta a ponta o texto sacro..."

3. Nesse ponto, a afirmação peremptória de R. BLACHÈRE ("As comunidades judaicas... mantinham-se ativas e influentes; elas dão a impressão de praticar estritamente sua religião mas não fazem nenhum prosélito" [*op. cit.*, p. 25]) não é sustentada por nenhum argumento. Ver, no sentido contrário, MARCEL SIMON em *Verus Israel*, Paris, 1948, p. 354, e principalmente o longo texto dedicado ao proselitismo judeu na Arábia de CHARLES C. TORREY (*The Jewish Foundation of Islam*, New York, 1933, Cap. I: "The Jews in Arabia").

(Sem dúvida alguma, essa simplificação explica, digamo-lo desde logo, os extraordinários travestimentos com que iriam revestir, no *Corão*, certas concepções essenciais dos dois cultos.) É certo, também, que os primeiros apóstolos do monoteísmo na Arábia, fossem judeus ou cristãos, já propagavam entre seu rebanho esse ódio e suspeita ao concorrente que se cristalizara no curso de uma rivalidade já secular, principalmente no que se refere à doutrina cristã do Israel renegado.

Era essa a situação da Arábia quando nasceu em Meca, no ano de 570, a criança que iria revolucionar o mundo. Bem cedó órfão, o futuro profeta foi criado por seu tio, um rico comerciante, e provavelmente desde a infância pôde acompanhá-lo nas viagens, visitar países de uma cultura superior e, em particular, a Síria cristã. Mas também em Meca, centro comercial movimentado, podia ter numerosas oportunidades de encontrar cristãos ou judeus: sem dúvida jamais será resolvida de modo satisfatório a questão de saber como e graças a quem ele adquiriu seus conhecimentos sobre as Santas Escrituras judaicas e cristãs. Conhecimentos, aliás, conforme veremos, singularmente imperfeitos e maculados por lacunas extraordinárias.

Com vinte e cinco anos, o jovem Maomé desposou a rica viúva Khadija, quinze anos mais velha, e, a partir de então, passou a viajar com as caravanas de sua mulher. Assim, durante sua juventude, teve ampla ocasião para alargar seus horizontes, familiarizar-se com outros países e outros costumes. Ele já contava uns quarenta anos quando, em meio a terríveis angústias, teve as visões e revelações em cujo transcurso o arcanjo Gabriel lhe ordenava, em nome do Eterno, que levasse a seus concidadãos a mensagem de Alá, o único. Visões e revelações são descritas de modo bastante preciso no *Corão* e é possível reencontrar nelas muitos traços comuns às experiências religiosas descritas por outros grandes místicos.

Segundo a tradição muçulmana, o apostolado de Maomé primeiro foi exercido durante dez anos, de 612 a 622, em Meca; o profeta logrou aí pouco êxito, recrutou apenas algumas dezenas de fiéis e foi objeto de risos e até perseguições dos habitantes de Meca. Então decidiu transferir-se com seus adeptos a Medina (Yathrib), cidade situada algumas centenas de quilômetros mais ao norte e povoada em grande parte por tribos judaicas ou judaizantes. Ali seu sucesso afirmou-se, e rapidamente seus partidários aumentaram de número num solo já trabalhado pelo ensinamento monoteísta. (Embora essas questões sejam muito obscuras, seria oportuna uma comparação com os primeiros sucessos da prédica cristã, obtidos por meio dos *metuentes*, os "prosélitos da porta"*.)

Mas os judeus de obediência estrita, os doutores locais da Lei cuja caução e aprovação moral, conforme testemunham os apelos ardentes do *Corão*, pareciam-lhe tão essenciais, mostraram-se céticos e desdenhosos. Seguiram-se brigas e escaramuças; já bastante pode-

* *Sobre os* metuentes, *ver o tomo I de nossa* História do Anti-Semitismo (De Cristo aos Judeus da Corte), *p. 9.*

roso para fazer uso da força, o Profeta desiludido expulsou uma parte dos judeus e massacrou, com as bênçãos de Alá, o resto. Assim se explicam os contrastes do *Corão* quando trata dos judeus, glorificando-os em certos trechos (são então os "Filhos de Israel"), votando-os ao opróbio público em outros mais tardios (são então os *yahud*); assim se explicaria também a substituição de Jerusalém por Meca como lugar de orientação das preces (*kibla*) e a substituição do jejum do Yom Kipur pelo Ramadam[4].

Senhor de Medina e sua região, a seguir o Profeta empenhou-se em levar à composição Meca, sua cidade natal, e a tornar-se o chefe teocrático da Arábia (aliás, numerosos acentos do *Corão* permitem concluir que não tinha quase consciência de uma missão de caráter universal e que pretendia beneficiar com sua mensagem apenas a coletividade árabe[5]). Nesse empreendimento, que se estendeu de 622 até sua morte, em 632, ele demonstrou uma espantosa capacidade de condutor de homens e estrategista, atingindo os habitantes de Meca em suas linhas de comunicação com o exterior e reduzindo-os a sua mercê em 630. No curso dessas campanhas, teve de lidar dessa vez com tribos árabes cristãs e conseguiu submetê-las; também aqui ele se deparou com sua incompreensão ou até zombarias, e também nessa questão o *Corão* reflete a decepção de Maomé e manifesta uma gradual mudança de tom*.

Os últimos anos da vida do Profeta parecem ter sido calmos e serenos. Khadija morrera fazia tempo; por razões políticas, ele contraiu vários outros matrimônios. Dirigia paternalmente sua comunidade, simples, humano e de bom conselho, acessível ao último de seus fiéis. Preparava uma expedição contra a Síria quando faleceu subitamente em 632.

Tais são os elementos certos da biografia do Profeta que é possível extrair da leitura do *Corão*, livro tão perturbador para o entendimento ocidental. Sua leitura é indubitavelmente ingrata para nós,

4. Até que ponto os temas antijudeus do *Corão* foram influenciados pelas concepções cristãs clássicas? Sobre esse assunto, como sobre tantos outros, as opiniões dos orientalistas divergem radicalmente. Assim, Sir A. K. Gibb escreve: "Das tentativas de persuasão, o *Corão* volta-se para a denúncia e as ameaças, reproduzindo (de modo bastante estranho) globalmente muitos temas da antiga polêmica antijudaica dos primeiros escritores cristãos" (*Mohammedanism, an Historical Survey*, New York, 1955, p. 42). Em compensação, C. Torrey escreve: "Das teses polêmicas (contra os judeus, por exemplo) características daquela religião (cristianismo) mesmo em suas formas mais rudes, ele (Maomé) não tem qualquer suspeita" (*op. cit.*, p. 61).

5. Neste ponto, o consenso dos especialistas está em vias de ficar total. Cf. por exemplo GRIMME, *Mohammed*, I, p. 123; CAETANI, *Studi di Storia Orientale*, III, 236, 257; BLACHÈRE, *Le Problème de Mahomet*, p. 86, 118 etc.

* *Cf. especialmente a Surata 5, 76 e ss. "Thus the relationship with the Christians ended as that with the Jews has ended – in war" ("Assim, o relacionamento com os cristãos terminou como o relacionamento com os judeus – em guerra"), escreveu sobre isso R. BELL (*The Origin of Islam in its Christian Environment, *Londres, 1926, p. 159).*

e continua sendo verdadeiro para nós o juízo que Carlyle emitiu certa vez:

> Um emaranhado confuso, rude e indigesto. Só o senso do dever pode impelir um europeu a chegar até o fim do *Corão*.

Mas é igualmente verdadeira a segunda parte da proposição:

> Esse livro possui méritos que não são literários. Se um livro provém das profundezas do coração, atingirá outros corações; a arte e a perícia quase não contam.

Livro de autêntica inspiração religiosa, o *Corão* lembra o *Antigo Testamento* por seu aspecto de guia universal, que se estende a todos os domínios da existência. É verdade que sua composição é muito mais confusa e suas repetições propriamente intermináveis. (Mas, conforme observam seus comentadores, "Deus nunca se cansa de repetir-se".) E, assim como o *Antigo Testamento* foi completado pela tradição, primeiro oral, da *Mischná* e do *Talmud*, o *Corão* o foi pela tradição islâmica do *hadith*, que só veio a ser fixada por escrito bem tarde (século IX).

Se o gênio de Maomé foi o de fundir e transpor, a fim de torná-los acessíveis aos árabes, os ensinamentos de duas religiões rivais (Jesus, a quem concede um lugar eminente, é, para ele, o último dos grandes profetas), amiúde demonstra, como já o dissemos, ignorância sobre seu conteúdo exato. Assim, acredita que os judeus, partilhando a seu modo do erro cristão, tomam Ezra pelo filho de Deus; a Trindade cristã compõe-se, para ele, de Deus, o pai, Cristo e de Maria (para ele, os cristãos são politeístas) e, além disso, confunde Maria com Míriam, irmã de Aarão (Surata XIX, 29); algumas vezes, chega até a confundir ensinamento judeu com ensinamento cristão e exorta os judeus de Medina a seguí-lo em nome dos Evangelhos*. Ignorância que talvez constituiu sua força; talvez o velho Renan tivesse razão quando escreveu:

> Saber demasiado bem é um obstáculo para criar... Se Maomé tivesse estudado de perto o judaísmo e o cristianismo, não teria extraído daí nova religião; ele se teria tornado judeu ou cristão e ficaria impossibilitado de fundir essas duas religiões de uma maneira adequada às necessidades da Arábia...[6]

Por outro lado, quando procuramos determinar a parte do judaísmo e a do cristianismo nos ensinamentos de Maomé, convencemo-nos facilmente da influência preponderante daquele. Do ponto

* *Especialmente na Surata VII ("156... O Profeta dos Gentios que encontram anunciado entre eles na Torá e nos Evangelhos") e na Surata II (81... "É verdade, Nós demos a Escritura a Moisés e, depois de sua morte, Nós lhe demos como sucessores outros profetas. A Jesus, filho de Maria, Nós demos as Provas...").*

6. *Essai de morale et de critique*, ed. Paris, 1929, p. 58.

de vista transcendental, o monoteísmo rígido do *Antigo Testamento* é mantido e, se possível, reafirmado com mais energia ainda. "Não há divindade se não uma Divindade única." "São ímpios os que dizem: 'Alá é o terceiro de uma Trindade.' Como poderia Ele ter filhos quando não tem companheira, quando foi Ele que criou todas as coisas e é onisciente?" Incansavelmente, o *Corão* martela esse tema. Do ponto de vista dos ritos, a lei de Moisés, há muito lançada ao desuso entre os cristãos, ainda que abrandada por Maomé, permanece em vigor na maioria dos domínios do credo mulçumano, quer se trate de prescrições alimentares e da proibição da carne de porco*, das abluções e purificações e da regulamentação da vida sexual (considerada, assim como no *Antigo Testamento*, boa e necessária) ou do ritmo das preces quotidianas e dos jejuns. Dos cristãos, ele só toma emprestado o culto de Jesus e a fé em sua concepção virginal. Mas nega resolutamente a Crucificação**. Aliás, por que Jesus se teria deixado imolar? De fato, a noção de pecado original, apenas esboçada no *Antigo Testamento* e sobre o qual os Evangelhos colocam tanta ênfase, é praticamente ignorada pelo *Corão*. Vê-se, portanto, que o Islã tem muito mais afinidades com o judaísmo do que com o cristianismo. É verdade que, em muitos pontos, pode-se perceber a influência de antiquíssimas tradições comuns aos árabes e aos judeus, como é o caso da circuncisão (que o *Corão* não menciona explicitamente em parte alguma!).

Mas o Islã aproxima-se do cristianismo num outro ponto. Em analogia com um processo clássico dos Padres da Igreja, que procuraram e encontraram nos profetas bíblicos o anúncio da vinda do Cristo, Maomé atribui a esses mesmos profetas, mas sobretudo a Abraão e a Jesus, a anunciação de sua própria vinda***. Os teólogos muçulmanos aperfeiçoaram o método, referindo-se, por vezes, aos mesmos textos que os cristãos, textos que eles conseguirão ler de maneira

* *Em compensação, a carne de camelo, tão essencial para a alimentação dos nômades, foi autorizada. A proibição com respeito ao porco é reiterada pelo* Corão *em várias oportunidades; num dos contextos, a razão invocada deixa entender que o porco foi, na Arábia, uma divindade tribal (V, 4: "Ilícitas foram declaradas por vós... a carne de porco e a que foi consagrada a um outro que não Alá...".*

Sabe-se que o Deuteronômio *não fornece qualquer razão para a proibição à carne de porco.*

** *A Crucificação é uma fábula judaica, e os judeus são acusados precisamente de ter dito: "Nós matamos o Messias, Jesus filho de Maria, 'o Apóstolo de Alá!' ao passo que eles não o mataram, nem crucificaram, mas o seu sósia o substituiu diante de seus próprios olhos" (Surata IV, 156). Essa interpretação denota a influência do nestorianismo, com seus ensinamentos sobre as duas naturezas de Jesus Cristo, se não a de outras antigas heresias orientais (docetas, coríntios, saturnianos etc.) comportando diversas variações sobre o mesmo tema.*

*** Abraão, *Surata II, 120-123 (Abraão diz: "...Senhor! envia, entre os habitantes desta cidade, um apóstolo...").* Jesus: *Surata LXI, 6 (Jesus, filho de Maria, diz: "Ó Filhos de Israel, eu sou o Apóstolo de Alá enviado a vós (...), anunciando um apóstolo que virá depois de mim, cujo nome será Ahmad.").*

nova*. E se os "detentores das Escrituras" (cristãos, bem como judeus) não acham nesses textos nada parecido, é porque, tanto uns quanto outros são testemunhas infiéis, detentores de uma meia-verdade; pois "esqueceram uma parte" dela ou, o que é pior, "eles querem extinguir a luz de Alá com o sopro de suas bocas". São, portanto, falsários, "dissimulando uma grande parte da Escritura". Desse ponto de vista, inexiste qualquer diferença entre judeus e cristãos, mesmo se repetidas vezes Maomé ressalte sua preferência por estes; são situados no mesmo plano, e Alá, que até então sustentou os cristãos contra os judeus, agora os castigará da mesma maneira por sua infidelidade.

Os judeus e os cristãos disseram: "Nós somos os filhos e os amados de Alá". Que se lhes pergunte: "Por que Ele vos tortura pot vossos pecados?"

E o Profeta de uma certa maneira os põem fora lado a lado:

Os judeus disseram: "Os cristãos não estão com a verdade" e os cristãos disseram: "Os judeus não estão com a verdade". Ora, tanto uns, quanto outros recitam a Escritura, mas os pagãos tiveram uma língua parecida com a deles. Alá julgará entre todos eles. . .

Mas, se Maomé nega as duas religiões, a verdadeira filiação abrâmica ("Abraão não foi nem judeu, nem cristão, mas foi muçulmano e submisso a Alá"; III, 60), é notável verificar até que ponto ele se mostra respeitoso para com uma e outra. Será o político, que sabe levar em consideração as realidades? Ou será o inspirado, dando provas, nesse ponto, de sua particular genialidade? O fato é que inúmeras vezes o *Corão* proclama pateticamente tanto a liberdade de consciência –

("Nenhuma coação na religião!" Se teu Senhor o quisesse, todos os que estão sobre a terra, em sua totalidade teriam acreditado. Podes tu coagir os homens a serem Crentes, quando não é dado a uma alma acreditar senão com a permissão de Alá?)

– quanto o direito inalienável dos "Detentores da Escritura", ou seja, judeus e cristãos, de adorarem o Eterno à sua maneira muito imperfeita. Mas a injunção essencial é feita excepcionalmente nos mesmos termos em três vezes, em três suratas diferentes:

Os muçulmanos, os judeus, os sabeus e os cristãos – aqueles que acreditam em Alá e no Último Dia e realizam obra pia – não há nada a temer sobre eles e eles não serão entristecidos (II, 99; V, 73; XXII, 17).

Algumas vezes o Profeta, para expressar essa idéia, encontra entonações ainda mais comoventes:

* *Assim,* Habacuc, *III, 3-7;* Daniel, *II, 37-45:* Isaías, *V, 26-30, e* passim *e mesmo* Cântico dos Cânticos, *V, 10-16. Os Evangelhos são levados a contribuir da mesma maneira.*

> Não rejeites aquele que reza ao Senhor, de manhã e à noite, desejando ver Sua Face! Pedir-lhes contas não te cabe em nada e pedir-te contas não lhes cabe em nada. Repelindo-os tu estarias entre os Infiéis! (VI, 72).

Alhures, ele constata que, dentre esses Infiéis, existem bons e maus:

> Há judeus a quem podes confiar a soma de um talento, e ele te será fielmente devolvido; há outros, de cujas mãos tu só conseguirás arrancar a custo um dinar que lhes tenhas emprestado (III, 68).

Veremos mais adiante a aplicação que os téologos e legisladores muçulmanos fizeram destes preceitos fundamentais.

E o "matai os Infiéis onde quer que os encontreis; tomai-os, cercai-os": em suma, a Guerra Santa, o *jihad*, perguntar-se-á. Certo, isto também se acha no *Corão*, mas tais imprecações e violências são expressamente reservadas aos politeístas, aos idólatras árabes que não querem aceitar a ordem teocrática instituída pelo Profeta para seu povo (é só a partir das Cruzadas que a noção de Guerra Santa foi estendida à luta contra os cristãos). Para esses perturbadores, cuja oposição compromete sua obra, Maomé não tem misericórida: para o resto, o Islã é, por excelência, uma religião de tolerância. Nada mais falso do que vê-lo, segundo os lugares-comuns tradicionais, rompendo toda resistência a ferro e fogo. Mais geralmente, é uma religião à medida do homem, sabendo levar em conta seus limites e suas fraquezas. "Esta religião é facilidade", diz a tradição muçulmana; "Alá quer facilidade para vós e não quer problemas", diz ainda o *Corão*. Religião que não exige nem o sublime, nem o impossível, menos ardente que o cristianismo no elevar a humanidade a alturas inacessíveis, menos propensa, também, a mergulhá-la em banhos de sangue.

São esses os preceitos essenciais que constituem o ponto de partida de nosso estudo. Mas os mandamentos de ordem religiosa, seja qual for seu teor, chocam-se com os imperativos da vida em sociedade, com os costumes dos homens, suas técnicas, usos e necessidades. Esses mandamentos conhecem aplicações variadas, contraditórias e facilmente inesperadas. Agora seguiremos passo a passo a sorte dos judeus nos países islâmicos e algumas vezes a confrontaremos utilmente com a dos cristãos.

3. Os Califas

1. OS OMÍADAS

Guiberto de Nogent, cronista francês do século XII, ao comentar certas particularidades da religião muçulmana explicava-as pelas circunstâncias em que teria morrido o Profeta. A saber: um dia ter-se-ia embebedado, adormecido na estrada e teria sido devorado pelos porcos: em conseqüência disso, seus sucessores teriam proibido rigorosamente tanto beber vinho quanto comer porco. Segundo outros autores medievais, Maomé teria sido um bispo oriental que esperava subir ao trono de São Pedro; decepcionado por não ser eleito Papa, teria fundado uma seita herética própria. Mesmo que, hoje, os europeus estejam em geral um pouco mais informados quanto à história e características do Islã e seu fundador, não parece ser de todo inútil lembrar em linhas gerais a história da grande civilização oriental.

Depois da morte de Maomé em 632, seus sucessores, os califas Abu Bekr e Omar, conquistaram numa dúzia de anos uma grande parte de mundo antigo, destruindo o poderoso império persa e desalojando os bizantinos da Síria e do Egito; a seguir, como se sabe, a área de dominação do Islã estendeu-se dos Pireneus até o Industão. Uma expansão tão vertiginosa de algumas tribos obscuras assombrava já os contemporâneos e continua espantando os historiadores[1]: "o Islã conquistador" tornou-se uma locução proverbial. Para os muçulmanos ortodoxos, esses rápidos triunfos não passavam evidentemente da expres-

1. Cf., por exemplo, o estudo de G.-H. BOUSQUET, "Observations sur la nature et les causes de la conquête arabe", *Studia Islamica*, 1956, VI, p. 37-53.

são da ajuda que Alá concede aos verdadeiros Crentes; mas já no século XIV, o sagaz Ibn Khaldun, verdadeiro precursor da sociologia moderna, propunha outra explicação:

> Quando as duas partes são iguais em número e força, a que está mais acostumada com a vida nômade sai vitoriosa.

Superioridade militar dos nômades em relação aos sedentários – até hoje essa continuou sendo a grande explicação tradicional.

Entretanto, existe um outro aspecto que não é, em geral, suficientemente posto em evidência. Cristianismo, islã ou judaísmo, hoje em dia as distinções são claras e nítidas. Mas, para os contemporâneos, estava longe de ser assim. Precisamente nessas regiões clássicas de fermentação religiosa do Oriente Próximo, as seitas cristãs eram inúmeras: nestorianos, monofisitas, jacobitas, arianos, docetas, judaizantes de várias obediências e outros cujo nome não foi conservado; seitas às vezes toleradas por Bizâncio, e com maior freqüência duramente perseguidas por ela. Cada seita interpretava a sua moda o sóbrio relato dos Evangelhos. Em geral, as diferenças giravam em torno do dogma da Trindade e da verdadeira natureza de Jesus: homem-Deus em uma só pessoa? Ou em duas? Ou unicamente Messias?

E é o que explica por que o Islã no começo foi considerado, pelos cristãos – e também pelos pagãos –, simplesmente como uma nova seita cristã. Testemunham-no muitos escritos, tais como o *De Haeresibus Liber* de São João Damasceno, no qual "a superstição dos ismaelitas" é enumerada em meio a cento e duas diferentes heresias cristãs (e o sábio teólogo especifica que "o falso profeta Mamed, depois de embeber-se no *Antigo* e *Novo Testamento* e de manter colóquios com um certo monge ariano, criou sua própria seita"[2]. Tal concepção persistiu na Europa através de toda a Idade Média; encontram-se ecos dela na *Divina Comédia* de Dante, onde Maomé é tratado como "seminator di scandalo e di scisma"[3], bem como em várias lendas onde é apresentado como um cardeal herético, decepcionado por não ter sido eleito Papa[4]. Nessas condições, compreende-se melhor a acolhida entusiástica que os monofisitas da Síria, perseguidos por Bizâncio, e os nestorianos da Mesopotâmia, oprimidos na Pérsia, dispensaram aos conquistadores, que também eram seus irmãos ou primos de raça.

"A Síria toda deitou-se docilmente como um camelo", diz, parece, o general árabe Khalid, depois da conquista da província[5]. Umas após outras, as cidades capitulavam, pois os novos senhores

2. "De Haeresibus Liber", MIGNE, *P.G.*, t. 94, p. 763.

3. *Inferno*, XXVIII, 31-36.

4. Cf. A. D'ANCONA, "La Leggende di Maometto in Occidente", *Giornale Storico de la Litteratura Italiana*, Turim, 1889, t. XIII, p. 250.

5. Cf. DE GOEJE, *Mémoire sur la conquête de la Syrie*, Leyden, 1900, p. 124.

eram generosos e tolerantes, e sua chegada equivalia a uma libertação. Quando da tomada de Damasco, por exemplo, Khalid pediu tinta e pergaminho e escreveu:

> Em nome de Alá, o Compassivo e o Misericordioso. Eis o que Khalid concederá aos habitantes de Damasco quando ali entrar: ele promete lhes garantir a segurança de suas vidas, bens e igrejas. A muralha da cidade não será demolida; nenhum muçulmano será alojado em suas casas. Nós lhes daremos o pacto de Alá e a proteção de seu profeta, dos califas e dos crentes. Enquanto pagarem a capitação, nada de desagradável poderá lhes acontecer[6].

De modo ainda mais expressivo, Khalid firmou um acordo com os cristãos de Hira, pelo qual estes serviriam como "olhos" dos muçulmanos, isto é, como guias e informantes, nessa cidade persa[7].

Quanto aos judeus, parece que também se alinhavam de bom grado ao lado dos conquistadores, mas, pelo menos na Síria, eram pouco numerosos e pouco influentes nessa época. Mais adiante falaremos da Mesopotâmia, pois, durante o primeiro século do Islã (até o ano de 750), a primeira dinastia dos califas, a dos Omíadas, escolhera Damasco como domicílio; ela tinha o olhar voltado para o Ocidente, e a cultura nascente do Islã, seus costumes e suas tradições modelavam-se principalmente sob as influências gregas e sírio-cristãs.

Sem dúvida alguma, também fazia parte dessa herança a aversão já enraizada dos cristãos para com os judeus. Isso é comprovado pelo pacto de capitulação de Jerusalém. Durante os anos anteriores, a Palestina fora cenário de lutas sangrentas: os persas haviam atacado o país em 614, os judeus locais haviam feito causa comum com os persas e, por ocasião da reconquista bizantina em 629, os cristãos tinham-se vingado cruelmente. O Imperador Heráclio – o mesmo que teria pedido ao Rei Dagoberto que expulsasse os judeus da França – autorizou a população cristã a exercer, em relação a eles, justiça sumária e interditou-lhes a cidade de Jerusalém*. Essa mesma interdição teria sido renovada pelo califa Omar, quando, em 638, se apoderou por sua vez da Cidade Santa. Entre outras "seguranças" dadas aos cristãos – "eles não serão coagidos em matéria de religião e nenhum

6. *Kitab Futuh Al-Buldan*, de AL-BALHADURI, trad. P. Hitti, New York, 1916, p. 188.

7. Cf. *The Origins of Islam in its Christian Environment*, de R. BELL, Londres, 1926, p. 173 (segundo o *Kitab Al-Buldan* de AL-BALHADURI).

* *Segundo os cronistas bizantinos, como os judeus haviam feito uma carnificina com os cristãos quando os persas chegaram, os cristãos dispunham-se a fazer uma carnificina com os judeus com a chegada dos bizantinos. Heráclio, ignorando as atrocidades antes cometidas pelos judeus, primeiro teria jurado protegê-los; mas, com a insistência dos cristãos de Jerusalém, ter-se-ia desligado de seu juramento mediante um jejum de uma semana: "Pro juramenti transgressione per unam hebdomadam esse jejunandam" (GEORGIUS MONACHUS,* Chronicon breve; *MIGNE,* P.G., *110, 830). A história é decerto inverossímil (como o imperador poderia ignorar a tal ponto as atrocidades dos judeus?), porém é tanto mais característica do "anti-semitismo ingênuo" dos cronistas eclesiásticos orientais.*

deles terá o menor vexame a temer" –, o califa prometia "que os judeus não habitarão na cidade em conjunto com eles"[8]. Mesmo que o episódio seja lendário (conforme o consideram hoje em dia certos especialistas)[9], a lenda nem por isso é menos característica.

Paralelamente a tais concessões políticas, os muçulmanos tomavam de empréstimo às populações conquistadas e, singularmente, aos cristãos, muitas tradições e muitas lendas, que anexavam a seus próprios tesouros, como sempre se processa em casos semelhantes. Mais tarde voltaremos a tratar dessa herança, limitando-nos agora a citar uma clássica tradição muçulmana, que não passa do travestimento de um destes relatos com que os cristãos se compraziam em ornar a biografia de Jesus.

Segundo Ibn Ishak (o primeiro biógrafo de Maomé), o futuro Profeta estava acompanhando seu tio numa viagem pela Síria quando a caravana se deteve perto de uma ermida onde morava um pio e sábio monge cristão, chamado Bahira. O eremita convidou os viajantes para jantar. Tendo o jovem Maomé ficado de guarda junto aos camelos, o monge insistiu para que o rapazinho se juntasse a eles. A seguir, fez muitas perguntas ao tio sobre o menino, pois percebera sobre a nuca deste o selo da profecia. E, para concluir, disse ao tio:

> Regressa com esse menino para seu país, e, com respeito a ele, toma cuidado com os judeus, pois se eles o virem e reconhecerem nele o que eu reconheci, quererão fazer-lhe mal.

A mesma lenda, mas tendo o menino Jesus como herói, faz parte de um fundo de lendas orientais cristãs: reencontramo-la num "Evangelho da Infância"; aparece também num Apocalipse apócrifo, chamado *Apocalipse de Bahira*[10].

É interessante constatar que, depois, os cristãos foram juntados aos judeus enquanto futuros adversários do Profeta. No séxulo X, é assim que irá contar a lenda o célebre historiador árabe Maçudi:

> Bohaira, o monge. . . revelou a Abu Bekr e a Belal o que devia acontecer a Maomé, a quem pediu renunciar a essa viagem, acautelando seus parentes contra as tentativas dos judeus e dos cristãos. . .[11]

Assim evoluíam as versões, segundo o humor dos contadores e as disposições do auditório. Existe outra versão, em que o monge cristão pede, ao contrário, ao futuro profeta:

> Sê misericordioso com os cristãos quando tiveres alcançado o poder. . . não permitas que se lhes imponha nenhum tributo, nem qualquer taxa!

8. Cf. DE GOEJE, *op. cit.*, p. 152.

9. "This story. . . is completely untrue", escreve S. D. GOITEIN (*Jews and Arabs*, New York, 1955, p. 110).

10. Cf. R. BLACHÈRE, *Le Problème de Mahomet, op. cit.*, p. 30-31, nota 1.

11. MAÇUDI, *Les Prairies d'Or*, trad. Barbier de Meynard, t. I, p. 146.

Conforme uma variante, foram os pérfidos judeus que levaram Maomé a quebrar uma tal promessa! No caso, trata-se de uma lenda cristã segundo a qual, não tendo o Profeta mantido seu compromisso, os judeus mandaram assassiná-lo; ela também corre sob forma muçulmana, e sua origem perde-se na noite dos tempos[12]. Pode-se compará-la com a bem conhecida tradição segundo a qual Maomé morreu envenenado por uma judia.

Destarte, uma vez mais na história, os vencedores se impregnavam com os costumes, os modos de pensar e de sentir dos vencidos. Pois o que era o Islã nessa época e o que eram os muçulmanos? Uma tênue camada de dominadores, acostumados ao ofício das armas e dotados de um incontestável gênio político, mas que, quanto ao resto, preferiam confiar-se às capacidades técnicas e administrativas dos persas e sobretudo dos sírios conquistados. Esse estado de coisas é refletido por certos *hadith*, de acordo com os quais, uma vez consumada a conquista árabe, os lugares-tenentes de Omar o Implacável solicitaram-lhe de pronto que deixasse os especialistas cristãos no lugar. "O dinheiro aumentou tanto que só eles são capazes de contar", ter-lhe-ia escrito Abu Muça. "Tenho em minha província um escriba cristão, sem o qual não posso efetuar o recebimento do *kharadj*", ter-lhe-ia enviado Moawia[13]. É característico que, até 693, a língua administrativa oficial do califado omíada fosse o grego, e que este continuasse a cunhar em Damasco moedas com inscrições gregas. Também eram greco-sírios os principais funcionários e administradores, tais como os fornecidos pela rica família Mansur, cujo penúltimo rebento, Sargun Mansur, foi ministro das finanças de vários califas, e cujo último representante, jovem prodígio da ciência, iria ilustrar a Igreja oriental com o nome de São João Damasceno. A denominação de Chrysorrhoas continua vinculada a seu nome; não porque, como se diz comumente, sua palavra era um rio de ouro, mas porque sua família, entre outros cargos, possuía o do sistema de irrigação (Chrysorrhoas é o nome grego do Rio Barada, que corre perto de Damasco)[14]. Foram tais homens que asseguraram a transmissão ao Islã ao mesmo tempo da ciência e da filosofia gregas, cujo estudo irá florescer em Bagdá algumas gerações mais tarde, e das técnicas herdadas do império romano.

Outros empréstimos foram feitos pelos omíadas às sólidas tradições administrativas persas, como testemunha a etimologia, tanto no campo do sistema postal, quanto, e principalmente, no da organização fiscal: a própria palavra *kharadj*, imposto fundiário cobrado dos não-muçulmanos, é de origem persa e o *Talmud* babilônico já

12. F. MACLER, "Un document arménien sur l'assassinat de Mahomet par une Juive", em *Mélanges Hartwig Derenbourg*, Paris, 1909, p. 287 e ss.

13. "*Fetwa* referente à condição dos *dhimmis*", trad. de M. Belin, em *Journal Asiatique*, 1851, p. 428 e 429.

14. Cf. VON KREMER, *Culturgeschichte des Orients*, Viena, 1875, vol. I, p. 136.

conhecia a *karaga*. Da mesma forma, é de origem persa o costume de fazer com que os *dhimmis*, os protegidos, usassem uma roupa ou marca distintiva; no começo, era um selo colocado na nuca dos tributários que tinham saldado o imposto e, portanto, originalmente tratava-se de uma espécie de certificado de vida correta e bons costumes, mais do que de humilhação.

Todavia, enquanto a sede do califado permaneceu em Damasco, as influências cristãs foram predominantes. O grosso da população, as diversas confissões e seitas, continuavam a ser administradas por seus bispos ou seus patriarcas, que eram ao mesmo tempo chefes temporais; assim foi instituído o sistema de *millas*, de "nações confessionais", muito característico do Oriente ainda em nossos dias (e de que os judeus do Marrocos fornecem ainda o exemplo: cf. *mellah*!). Pela força da necessidade e, além disso, em conformidade com os ensinamentos de Maomé, os primeiros califas deram provas de uma tolerância religiosa de extraordinária amplidão. Em muitas cidades conquistadas, contentavam-se em reservar para si uma parte, o quarto ou a metade, conforme o caso, da igreja principal, para ali fazerem suas devoções; a outra parte do edifício continuava à disposição dos cristãos, e as preces eram praticamente realizadas em comum[15].

Mas tolerância talvez não seja a expressão exata. Ainda não se trata da compreensão ou mesmo do ceticismo de que o Islã, uma vez evoluído, o Islã requintado do período áureo, saberá dar muitas provas; trata-se mais de compromissos sumários, ao alcance de espíritos ainda pouco trabalhados pelos ensinamentos do monoteísmo. Os primeiros omíadas eram sobretudo *bons vivants*, ávidos de gozar as riquezas que se lhes ofereciam, amando a boa carne e a boa companhia, qualquer que fosse sua confissão. O califa Abd al-Malik, não satisfeito com rodear-se de ministros cristãos, tais como Sargun Mansur, tinha como poeta da corte o cristão Akhtal, afamado pelo amor que dedicava à divina garrafa; quando o califa lhe propôs abraçar a fé islâmica, ele vivamente lhe lançou na cara: "Jamais eu iria zurrar como um asno!"[16]

Não é da época dos omíadas que data o estatuto dos *dhimmis*, dos protegidos cristãos e judeus, tal como os legistas muçulmanos irão codificá-lo definitivamente um ou dois séculos mais tarde? Esses legistas gostavam de referir-se a avalistas antigos e veneráveis e atribuíam o estatuto em questão ao califa Omar, segundo sucessor de Maomé; na realidade, com certeza é bem posterior; seja como for, são os seguintes os termos e as condições, em número de doze, do célebre "pacto de Omar":

15. Cf. H. LAMMENS, "Le Khalife Walid et le partage de la mosquée des Ommayades de Damas", em *Études sur le siècle des Omayades*, Beirute, 1930, p. 269-302.

16. LAMMENS, "Un poète royal à la cour des Omayades", *op. cit.*, p. 235.

Seis condições são essenciais:

Os *dhimmis* não se servirão do *Corão* para ridicularizações, nem falsearão seu texto.

Não falarão do Profeta em termos mentirosos ou desdenhosos.

Nem do culto do Islã com irreverência ou derrisão.

Não tocarão em mulher muçulmana, nem procuração desposá-la.

Não procurarão, de modo algum, desviar um muçulmano de sua fé, nem atentarão contra seus bens ou sua vida.

Eles não darão socorro ao inimigo, nem darão abrigo a espiões.

A transgressão de uma única dessas seis condições anula o tratado e retira dos *dhimmis* a proteção dos muçulmanos.

Seis outras condições são apenas desejáveis; sua violação é punível com multas ou outras penalidades, mas não anula o tratado de proteção:

Os *dhimmis* usarão o *ghiyar*, uma sinal distintivo, normalmente amarelo para os judeus, azul para os cristãos*.

Não construirão casas mais altas do que as dos muçulmanos.

Não tocarão seus sinos e não lerão em voz alta seus livros, nem o que eles contam de Ezra e do Messias Jesus.

Não beberão vinho em público, nem mostrarão suas cruzes e seus porcos.

Enterrarão seus mortos em silêncio, e não deixarão ouvir suas lamentações ou seus gritos de luto.

Não usarão cavalos, nem de raça nobre, nem de raça comum; mas podem montar mulas ou asnos[17].

A essas doze condições – tão reveladoras da mistura de desprezo e condescendência que caracterizava a atitude dos muçulmanos para com os Infiéis –, é preciso acrescentar uma décima-terceira, absolutamente fundamental. Os *dhimmis* deverão pagar tributos sobre duas formas diferentes: o *kharadj*, imposto fundiário, já mencionado, e a *djizyia* ou *djaliya*, capitação a ser paga pelos homens adultos, "que têm barba". Também sobre ela, o célebre legista Mawerdi escrevia

> que é pedida com desprezo, porque se trata de uma remuneração devida pelos *dhimmis* em razão de sua infidelidade, mas que também é pedida com brandura, porque se trata de uma remuneração proveniente do quartel que nós lhes demos[18].

Desse modo, institui-se uma simbiose orgânica entre conquistadores e conquistados, que, salvo exceções passageiras, permitiu, até os dias de hoje, a existência de núcleos cristãos e judeus pacíficos e prósperos em todas as regiões do *Imperium* islâmico.

* *Deve-se observar que a cor amarela não tinha, entre os árabes, a conotação pejorativa que terminou adquirindo na Europa. Pelo contrário, ela era vista favoravelmente; sobre esse assunto, ver VON KREMER,* op. cit., *I, p. 177, nota 1.*

17. Segundo DE GOEJE, *op. cit.*, p. 139.

18. MAWERDI, *Les Statuts gouvernementaux*, trad. E. Fagnan, Argel, 1915, p. 298.

2. OS ABÁSSIDAS. O CALIFADO DE BAGDÁ

A dominação da casta árabe provocava nos países conquistados muitos ressentimentos, tanto mais virulentos quanto, de geração em geração, o Islã alastrava-se como uma mancha de óleo e os novos conversos, sobretudo quando eram funcionários ou técnicos, não se conformavam facilmente com o fato de serem relegados a uma situação de muçulmanos de segunda categoria. O assassinato de Ali, genro do Profeta, às vésperas do advento dos omíadas, dando origem ao cisma xiita, permitiu que o descontentamento se agrupasse em torno de uma ideologia e que os califas de Damasco fossem considerados usurpadores. Uma rebelião desencadeada no Irã pela família dos Abássidas, que se apoiava nos partidários de Ali, terminou com a derrota, em 750, do califa Merwan, morto no Alto Egito, e com o ascenso ao trono de uma nova dinastia. Esta não tardou em desembaraçar-se dos cismáticos xiitas, transferiu a capital do império para Bagdá, recém-fundada, e, durante dois séculos, deteve firmemente o poder.

Esses dois séculos são marcados por nomes tais como o do prestigioso Harun al-Rachid (786-809) e de Al-Mamun, amigo das ciências (813-833), mas, a partir do ano de cerca de 900, começou o desmoronamento progressivo do império dos Abássidas, demasiado vasto para resistir a longo prazo às incessantes rebeliões nas províncias e às ambições dos mercenários turcos. Cabe uma profunda significação à transferência da capital, de Damasco, cidade impregnada de influências bizantinas, para Bagdá, em antigo território persa, no centro da província mais rica do império, onde as influências persas e até hindus se exerciam de modo mais pronunciado, onde a corte dos califas passou a inspirar-se doravante em ritos e fastos asiáticos. Por outro lado, essa transferência coincide com a época em que o Islã se torna numericamente a religião preponderante, de modo que não há mais minoria guerreira a dirigir a maioria: Bagdá é o centro de um império ecumênico universal, unificado pela língua árabe e pelo *Corão*. Pouco importa até que a maioria das adesões ao Islã sejam por interesse e pouco sinceras; pouco importa que Al-Mamun possa exclamar, falando dos recém-convertidos:

> Sei que seus pensamentos íntimos são contrários ao que eles professam. Pois não entraram no Islã em conseqüência de um desejo sério por nossa religião, mas porque queriam ter acesso a Nós, e aumentar seu poder. Eles não têm convicções interiores, não procuram a verdade da religião para a qual entram. E, na verdade, eu sei que este e aquele eram cristãos e se tornaram muçulmanos, embora continuem contrários ao Islã, de modo que, de fato, eles agora não são nem muçulmanos, nem cristãos. . .[19]

Mesmo se os pais professassem o Islã da boca para fora, freqüentemente os filhos tornavam-se seus principais teólogos e intérpretes. E, durante os dois séculos do califado abássida, a civilização muçul-

19. Cf. *Apology of al-Kindy*, ed. William Muir, Londres, 1892, p. XII.

mana assume sua face definitiva, graças a um notável amálgama do legado técnico e intelectual antigo com a inspiração monoteísta corâmica.

Séculos que, para a História Universal, contam talvez tanto quanto a época de Péricles ou a da Renascença. Mas que, é preciso dizê-lo logo em seguida, ainda apresentam vários enigmas para o historiador: embora a história política e religiosa dos abássidas seja bem conhecida, a história social e econômica de seu tempo ainda permanece inteiramente como algo a ser feito*. No entanto, que perspectiva sobre a história de nossa própria civilização essas questões, uma vez esclarecidas, não nos poderiam dar, fazendo com que compreendêssemos melhor como nosso mundo tornou-se o que é! Pois essa época parece ter sido testemunha de gigantescas transformações, que um pioneiro neste domínio, o Prof. Goitein, recentemente qualificou de primeira "revolução burguesa" da História[20]. As origens do regime e das técnicas capitalistas, que antes eram situadas no século XVI para depois serem levadas mais longe, até a Itália ou a Flandres da Idade Média, talvez seja em Bagdá, a fabulosa, que um dia serão definitivamente situadas. Mais adiante apresentaremos alguns elementos, no momento desparelhados e fragmentários, que permitem adiantar estes pontos de vista. O que é certo é que as incessantes expedições militares, a administração de um império imenso, bem mais vasto do que o império romano, acarretaram o aparecimento de opulenta casta de financistas e de novas técnicas comerciais, ao mesmo tempo que os campos se despovoavam e que surgiam cidades tentaculares. Em primeiro lugar, Bagdá, que o "mestre dos correios" Yakubi descreveu da seguinte maneira:

> É a cidade mais considerável, que não tem equivalente nem no Oriente, nem no Ocidente... Nela, todos os países do mundo possuem um bairro, um centro de negócios e de comércio; daí por que nela encontramos reunido o que não existe em nenhuma cidade do mundo... as mercadorias são importadas da Índia, de Sind, da China, do Tibet, do país dos turcos, dos dailamitas, dos khazares e dos abissínios, em suma, de todas as partes, de tal forma que em Bagdá elas não mais se encontram com maior abundância do que em seus

* *"Seria de crer que o mundo muçulmano foi composto quase que exclusivamente por governantes, sábios e artistas! Longe de mim a idéia, que seria pecar pelo excesso contrário, de minimizar seu papel; porém, sem pretender reabrir aqui o eterno debate entre partidários e adversários do materialismo histórico, hoje em dia não se vê quase um historiador da Idade Média ocidental que não considere o estudo das estruturas econômicas e sociais como setor essencial de sua disciplina.*

"(...) O que sabemos nós da vida rural, das transformações introduzidas, se é que houveram, na vida dos camponeses, pela conquista árabe, e de seus desenvolvimentos posteriores? Sabemos algo sobre a passagem da cidade antiga à cidade medieval, algo sobre a sociedade urbana? Até no setor do comércio, que se crê, talvez, estar melhor explorado, quantas zonas escuras e ilusões de conhecimento ainda existem!" (Cf. CAHEN, L'Histoire Économique et Sociale de l'Orient Musulman Médiéval, *Islamica, 1955, IV, pp. 96 e ss.)*

20. S. D. GOITEIN, *Jews and Arabs*, New York, 1955, pp. 98 e ss.

países de origem... Todos os bens da terra dirigem-se a ela, todos os tesouros do mundo ali se reúnem, todas as bênçãos dos universo estão ali concentradas...[21]

Dos confins da Índia até os Pireneus, dezenas de outras cidades surgiam, ativas e populosas, possuindo cada uma seu *suq al Sagha*, mercado de dinheiro – não era preciso trocar os *dirhems*, moeda de prata em uso no leste do império, pelos *dinars*, moeda de ouro do oeste? – e seu *qaysaria*, mercado de estofos e mercadorias preciosas, que ousados comerciantes e navegantes iam procurar até a China e no coração da África. Cada cidade possuía também seu mercado de escravos, suas oficinas artesanais, o mais das vezes fundadas e mantidas pelo Estado, e abrigava uma inumerável hierarquia de funcionários e soldados.

No seio desses formigueiros humanos, que são evocados de modo tão colorido em certas narrativas das *Mil e uma Noites*, prosseguia uma atividade intelectual muito viva. Por analogia com o prodigioso trabalho feito outrora pelos Padres da Igreja, a fim de conciliar os dogmas da revelação cristã com as exigências da razão aristotélica, desta vez era preciso acomodar essa razão a uma nova revelação, polvilhada de influências gnósticas, mazdeístas e até mesmo hindus. Certos aspectos desse trabalho trazem claramente a marca da sutileza grega, que por vezes parece tão estéril: os debates encarniçados sobre a natureza do *Corão*, criado ou incriado, lembram indiscutivelmente as discussões sobre o sexo dos anjos... Seu resultado mais duradouro foi a elaboração de comentários exegéticos do *Corão*, os *hadith*, que permitem suprir as obscuridades e contradições do texto sacro. Esses comentários têm o aspecto de regras e ditados transmitidos, garantia-se, de boca em boca pelos companheiros de Maomé e seus sucessores, graças a uma "cadeia" oral remontando diretamente ao Profeta. Processo esse que não deixa de ter analogia com a *Michná* e o *Talmud*, como já o dissemos; quanto ao conteúdo dos *hadith*, não raro passa de uma transposição de textos tanto midráchicos, quanto evangélicos[22]. Também podem ser encontradas aí indicações diversas, aliás diferentemente interpretadas, como o desenvolvimento dos princípios assentados por Maomé sobre o tratamento dos *dhimmis*, os povos do Livro. Em geral, uma ampla tolerância a seu respeito caracterizava tanto a teoria quanto a prática, e chegava-se a ponto de fazer com que o Profeta dissesse: "Quem faz mal a um *dhimmi*, é como se fizesse mal a mim mesmo"[23]. Essa coexistência pacífica entre religiões rivais contribuía para o respeito da opinião alheia e algumas vezes levava também ao franco ceticismo.

Uma notável amplidão de pontos de vista é característica do Islã da época áurea. Por exemplo, sigamos o célebre historiador e

21. YA'KUBI, *Les Pays*, trad. de Gaston Wiet, Cairo, 1937, p. 1.

22. Cf. I. GOLDZIHER, *Vorlesungen über den Islam*, Heidelberg, 1925, pp. 36 e ss.

23. SUBKI, *Tabaqat al Chafi'iyya*, I, 268 (citado por GOLDZIHER, *op. cit.*).

geógrafo Maçudi através de suas *Pradarias de Ouro*. No primeiro volume ele relata, em sua linguagem florida, a história dos patriarcas bíblicos. Mas, de fato, qual era o filho que Abraão quis sacrificar a Deus, pergunta-se ele. E comenta: "Uns dizem que a vítima devia ser Isaac, outros nomeiam Ismael. . ." e dá os prós e os contras das duas teses, para dar a entender que, no fim de contas, a questão não tem tanta importância. Todavia, Maçudi estava longe de ser um ímpio. Mais adiante, no volume II, ele se compraz em relatar uma discussão religiosa que teria ocorrido no Egito (ver na nota o texto da anedota, que é divertida: na Europa, ela é conhecida por um relato de Boccaccio, mas na realidade remonta aos gregos de Alexandria*); e isto para concluir assim, a propósito de seu herói: "Esse copta, segundo o que sabemos de sua história e suas opiniões, arruinou o exame e a tradição, pondo todas as religiões numa mesma linha". Em outra obra, *O Aviso*, Maçudi fala com grande respeito dos sábios tanto cristãos, quanto judeus (particularmente de Abu Kathir, mestre do célebre *gaon* Saadia), com quem sustentou controvérsias teológicas, aparentemente um de seus passatempos favoritos.

Tais discussões, inevitáveis a partir do momento em que o Islã concedia sua tolerância e até sua proteção a quem pensava e rezava de modo diverso, contribuíam para desenvolver o espírito do livre exame, se não o espírito cético *tout court*. Em particular, as primeiras tentativas de crítica bíblica são bem anteriores ao "Século das Luzes", pois encontramo-las sob a pena de certos polemistas do Islã. Assim, no século XI, o poeta erudito Ibn Hazm punha em dúvida a idade dos patriarcas (se Matusalém tivesse vivido tanto tempo quanto garante a *Gênesis*, deveria ter morrido na Arca de Noé, observava ele). levantava várias outras contradições do *Antigo Testamento* e, assim como Voltaire mais tarde, arrolava o catálogo de suas obscenidades.

Atacar o próprio *Corão* de modo tão aberto equivaleria a blasfemar contra o Profeta; embora os pensadores árabes não tenham ousado fazê-lo ou não existam mais vestígios desses escritos, houve autores, e não dos menores, que se compraziam em compor imitações do *Corão*, cujo caráter iconoclasta fazia as delícias dos iniciados. Foi o que fez Mutanabi, freqüentemente considerado o maior dos

* *"Ahmed, filho de Tulun", conta Maçudi, "foi informado que existia em Said, nos confins do Egito, um copta com 130 anos de idade e cuja ciência era muito elogiada. O velho pertencia à seita dos cristãos jacobitas. Ahmed ordenou um dia que o copta fosse interrogado sobre as provas da religião cristã. Às perguntas que lhe foram colocadas, o velho deu a seguinte resposta: 'A prova da verdade do cristianismo eu encontro em seus erros e suas contradições, que repugnam a razão e revoltam o espírito, tão inadmissíveis e confusas elas são. A análise não pode fortificá-las, nem a discussão demonstrá-las; se a razão e o senso comum as submetem a um exame rigoroso, nenhuma prova estabelece sua verdade. Ora, já que tantos povos, tantos reis poderosos, distinguidos por seus conhecimentos e sabedoria, aceitaram e abraçaram a fé cristã, devo concluir que, se eles a adotaram apesar de todas as contradições de que falo, foi porque provas evidentes para eles, sinais e milagres brilhantes impeliram sua convicção para essa crença' " (*Prairies d'or, *t. II, p. 386).*

estilistas árabes, bem como o poeta cego Abul'-Ala, príncipe dos céticos do Oriente. A objeção a este último era que, parece, sua obra, conquanto bem feita, não produzia a impressão do verdadeiro *Corão*. "Deixem que o leiam durante quatrocentos anos nas mesquitas", replicava ele, "e depois vocês mudarão, me darão notícias"[24]. Em outra obra, Abu'l-Ala ataca toda religião em geral em termos muito violentos: "Acordem, acordem, pobres tolos, suas religiões não passam de um ardil de seus antepassados"[25]. Pode-se ver que a fórmula "religião, ópio do povo" possui antigos avalistas de qualidade. . .

Evoquemos também a figura de vivas cores, do célebre Al-Jahiz, talvez o maior prosador árabe da época clássica,

> . . .pronto a lançar a dúvida nos espíritos fracos. . . o último dos teólogos, o trocista dos antigos, o mais forte em suscitar provas, o mais fiel em aumentar o que é pequeno e tornar pequeno o que é grande[26].

Eis um exemplo de sua maneira de tratar as coisas da religião:

> No *Corão*, é dito: "Teu Senhor *inspirou* às abelhas. . ., então Ibn Habit e sufistas ignorantes pretenderam que havia profetas em meio às abelhas, porque Alá emprega a mesma expressão "inspirar" para elas e para os apóstolos de Jesus. E por que não, aliás? Não só deve haver profetas entre as abelhas, mas todas as abelhas são profetas, pois o *Corão* diz que Alá inspirou-as todas: ele não especifica se foram apenas as mães, ou as rainhas ou os machos[27].

Mas esse zombador também era um notável psicólogo. Numa epístola em defesa dos judeus, à qual voltaremos mais adiante, ele observa que,

> na verdade, o homem odeia a quem conhece bem, toma partido contra quem ele vê de perto, opõe-se a quem ele se parece, não ignora nada dos defeitos de quem ele freqüenta: de um grande amor e de uma grande intimidade nascem um grande ódio e uma grande rivalidade. . .

A título de outro exemplo do espírito de observação dos autores dessa época, deve-se citar esta surpreendente anotação do médico Ibn Botlan, autor de um tratado sobre as qualidades comparadas dos escravos de diversas origens: "Se um negro caísse do céu, ele o faria em mesura. . ."[28].

Em tal ambiente, não é de espantar que *dhimmis*, judeus ou cristãos, também se permitissem criticar vivamente os costumes e a

24. Cf. I. GOLDZIHER, "Abu'l-Ala als Freidenker", *Z.D.M.G.*, 1875, XXIX, p. 640.

25. Citado por A. MEZ, *Die Renaissance des Islams*, Heidelberg, 1922, p. 337.

26. IBN QUTAIBA (morto em 889), *Ta'wil Muhalataf Al-Hadith*, Cairo, 1925, p. 71.

27. *Kitab Al-Hayawan* de JAHIZ. Cf. J.-M. ABD-EL-JALIL, *Brève Histoire de la Littérature Arabe*, Paris, 1943, p. 278.

28. A. MEZ, *op. cit.*, p. 157.

religião de seus senhores. Abul-Aswad, o criador da gramática árabe, contava que um dia o exilarca da Babilônia o abordou nos seguintes termos:

Entre o Rei Davi e eu existe um intervalo de setenta gerações, e, no entanto, os judeus me testemunham grande respeito, reconhecem meus direitos de descendente real, e consideram um dever proteger-me. Entre vós e vosso Profeta, não há mais do que uma geração e vós já matastes o filho (o neto) desse profeta, Huseyn[29].

De um modo ainda bem mais agressivo, o apologista cristão Al-Kindi assim interpelava os muçulmanos:

Julgai, pois, por vocês mesmos se vosso mestre era um profeta como o pretendeis. Pois será próprio de profetas armar patrulhas e bandos para apoderar-se de bens pertencentes a outros homens? Por que vosso mestre não deixou este ofício aos ladrões e salteadores de estrada?[30]

Deve-se assinalar ainda que os contatos íntimos entre homens que praticam cultos diferentes suscitaram inevitáveis interferências entre esses próprios cultos, interferências que hoje são chamadas de "fenômenos de sincretismo". Mais adiante falaremos a seu respeito no que tange aos contatos entre o judaísmo e o Islã; indiquemos agora simplesmente que era tradição, entre os muçulmanos, tomar parte nas festas e nas peregrinações dos cristãos, visitar seus conventos, e que certos empréstimos persistiram ao longo dos séculos, exprimindo-se principalmente nas práticas das diversas ordem e confrarias muçulmanas. Também é característico que, em caso de seca ou outra calamidade ameaçadora, os próprios califas prescrevessem aos cristãos e aos judeus que misturassem suas preces às dos muçulmanos[31].

Da mesma forma, os primeiros grandes místicos, fundadores e animadores dessas ordens sufistas que desempenharão um papel tão importante na propagação do Islã, em sua implantação entre as massas populares, não raro manifestarão sua compreensão pelos outros cultos. Alguns deles vinham instruir-se em teologia nos conventos cristãos, ouvir os sermões dos eremitas. "Sermões de monges, relatos de suas ações, novas verídicas emanando de almas condenadas. Sermões que nos curam, pois nós os recolhemos. . .", escrevia Ibraim ibn al Jonayd (por volta do ano 900)[32]. Também se conta que um certo místico do século X, passando com seus discípulos perto de um cemitério judeu, exclamou: "Eis almas que foram recebidas no Paraíso, melhor do que o serão as nossas. . ."[33].

29. GOLDZIHER, "Renseignements de source musulmane sur la dignité de Resch-Galuta", *R.E.J.*, 1884, 8, p. 124.

30. Cf. *Apology of al-Kindy*, ed. Muir, p. 53.

31. Cf. especialmente A. MEZ, *op. cit.*, Cap. 4: "Christen und Juden".

32. Citado por L. MASSIGNON, *Essai sur les origines du lexique technique de la mystique musulmane*, Paris, 1923, p. 54.

33. Não consigo encontrar em minhas fichas a referência dessa citação.

Conforme escreveu o grande orientalista Snouck Hurgronje, "existe no Islã algo de inter-religional. . ."

Para essa originalidade básica do Islã pode-se facilmente encontrar explicações terra-a-terra e invocar as razões prementes que impeliam os conquistadores árabes a proteger as existências e os cultos dos *dhimmis*, laboriosos agricultores ou artesãos, pilares da vida econômica do califado: estado de coisas que acabou recebendo uma "consagração ideológica". Mas eu prefiro colocar a ênfase no outro aspecto da questão e que, talvez, recubra uma verdade mais profunda: a saber, que os doces preceitos de Cristo presidiram ao nascimento da civilização mais combativa, mais intransigente que a história humana conheceu, enquanto que os ensinamentos belicosos de Maomé fizeram nascer uma sociedade mais aberta e mais conciliadora. Tanto é verdade, ainda uma vez, que, à força de exigir demais dos homens, submetemo-los a espantosas tentações, e quem muito quer se fazer de anjo, faz-se de diabo. . .

Deixemos, porém, essas especulações. Agora é preciso examinar os destinos de fato das duas minorias religiosas, cristãos e judeus, doravante chamados a perpetuar-se à sombra protetora do Islã.

4. O Islã e os Infiéis

1. OS CRISTÃOS

Já vimos que, no começo da expansão árabe, os conquistadores não atribuíam qualquer valor à conversão dos povos subjugados. Pelo contrário: as leis que editavam iam a ponto de penalizar os recém-convertidos ao Islã, porque um *dhimmi* que se tornava muçulmano devia abandonar seus bens fundiários (os únicos que contavam nos campos), portanto sua *milla*, sua comunidade de origem, tornava-se proprietária. (O *hadith* correspondente fazia remontar esse princípio a uma decisão do califa Omar, que teria proibido que seu fiel Al Ash'ath aceitasse a herança de sua tia porque esta desposara um judeu[1].) Conclui-se daí que o patrimônio hereditário devia permanecer vinculado ao culto hereditário. De fato, a regra está de acordo com os hábitos inveterados dos conquistadores nômades, explorando e pressionando os sedentários subjugados por meio de impostos e exações mais do que pela apropriação direta de suas terras. Para que os *dhimmis* fossem de bom rendimento, era portanto preciso que eles permanecessem vinculados a suas glebas e a seus cultos. Por outro lado (e isso até os nossos dias!), eles eram dispensados de todo serviço militar, cuja grandeza era reservada unicamente aos Crentes. Administrando-se segundo leis próprias, as várias *millas* ou nações confessionais constituíam de fato "nações sem pátria" ou "religiões desenraizadas" (J. Weulersse), e esta é uma primeira analogia com o caso dos judeus.

1. Cf. A. S. TRITTON, *The Caliphs and their Non-Muslim Subjects*, Oxford, 1930, p. 136.

Nessas condições, como já foi dito, o cristianismo não sofreu nenhuma diminuição no começo da conquista árabe. A crer num observador arguto, continuava até mesmo a conquistar novos adeptos*. Então como se explica que tenha acabado por extinguir-se quase completamente através do vasto *Imperium* islâmico?

Para responder com alguma clareza a essa pergunta, sem dúvida alguma é preciso examinar separadamente o caso das cidades e o dos campos.

Nas cidades, praças fortes do Islã, os cristãos continuam fornecendo, durante várias gerações, os administradores, os técnicos e também os mestres intelectuais. No começo, os conquistadores manifestam por eles uma acentuada preferência em relação aos zeladores de outros cultos. Imediatamente abaixo dos verdadeiros crentes, constituem uma verdadeira aristocracia. O sutil Jahiz constata-o para com a Bagdá do século IX e examina com pertinência as razões[2]:

> Para começar, vou enumerar as causas pelas quais os cristãos são preferidos pela plebe aos magos, pelas quais são considerados mais sinceros que os judeus, menos pérfidos e menos infiéis. Para tudo isso, existem causas numerosas e evidentes, que aparecem aos olhos de quem as procura...

Jahiz percebe uma primeira causa no prestígio dos cristãos, que fundaram ou conquistaram vários reinos e deram ao mundo muitos sábios e estudiosos:

> A multidão constata que as dinastias cristãs permanecem no poder, que um grande número de árabes aderiu a sua fé: que as filhas de Bizâncio deram filhos aos chefes muçulmanos e que existem, entre os cristãos, homens versados em teologia, medicina e astronomia. Conseqüentemente, são tidos como filósofos e homens de ciência, enquanto as ciências não parecem ser quase cultivadas pelos judeus. A razão da ausência de ciência entre os judeus deve-se a que estes estimam que as especulações filosóficas conduzem ao ateísmo...

Por outro lado, prossegue Jahiz, a elevada posição social dos cristãos é um outro título que atrai a admiração do povo:

> ...Eles são secretários e servidores de reis, médicos dos nobres, perfumistas e cambistas de moeda, enquanto os judeus não passam de tintureiros, curtidores de peles, fazedores de consertos, açougueiros e sapateiros. O povo, comparando os ofícios dos judeus com os dos cristãos, conclui que a religião dos judeus é tão vil quanto suas ocupações e que sua infidelidade deve ser a pior de todas...

* *"Outra causa para o crescimento e expansão do cristianismo", escreveu JAHIZ em sua* Resposta aos Cristãos, *"é o fato de que os cristãos atraem conversos de outras religiões e não dão outros em troca; é o contrário que deveria ser verdade, é a religião mais nova que deveria tirar proveito da mais velha."*

2. *Réponse aux Chrétiens*, de JAHIZ. Cf. J. FINKEL, "A Risala of al-Jahiz", *Journal of the American Oriental Society*, 1927, vol. 47, pp. 311-334. Gaston WIET mostrou-me uma tradução francesa desse escrito, feita por J. ALLOUCHE em *Hespéris*, 1939/II; assim pude certificar-me da correção dos trechos retraduzidos por mim do inglês.

Terceira razão para a popularidade dos cristãos, o mimetismo social que, no dizer de Jahiz, eles praticam:

Sabemos que montam a cavalo e em camelo, dedicam-se a jogos e esportes, usam roupas de seda e têm muitos servos. Chamam-se de Hassan, Hussein, Abbas, Fadl e Ali. Só lhes resta chamar-se de Mohammed ou usar o prenome de Abul-Kasim. Eis por que são admirados pelos muçulmanos!

Essa análise perspicaz nos faz entrever uma primeira razão para o desaparecimento do cristianismo nas cidades, ao menos entre a elite. Uma espécie de esnobismo social incitava os cristãos a apostasiar com tanto maior facilidade quanto o ardor de sua fé resistia mal à prodigiosa fermentação intelectual que prosseguia nas grandes cidades. Na mesma época em que escrevia Jahiz, no outro pólo da civilização muçulmana, na longínqua Córdoba, o Bispo Álvaro deixava escapar as seguintes queixas:

Os cristãos admiram os poemas e os romances dos árabes, estudam as obras de teólogos e filósofos muçulmanos, não para refutá-las, mas para adquirir um estilo árabe correto e elegante. Onde se pode achar hoje em dia um laico que leia os comentários latinos ou as Santas Escrituras? Então quem, pois, estuda os Evangelhos? Os Profetas, os Apóstolos? Infelizmente! Os jovens cristãos mais dotados não conhecem outra literatura ou língua que não seja árabe; com avidez lêem e estudam os livros árabes; a um custo elevado, formam bibliotecas inteiras e colocam nas nuvens a tradição árabe. Em contrapartida, à menção das Santas Escrituras, replicam com desprezo que tais obras não são dignas de sua atenção. Que pena! Os cristãos esqueceram sua própria língua; com muito custo existe um em mil capaz de escrever em latim uma carta a um amigo. . .[3]

Por seu lado, os autores muçulmanos estigmatizavam os recém-conversos. "O cristão passa ao Islã por avidez e não por amor", cantava o poeta Abul'-Ala. "Ele procura a glória, ou teme o juiz, ou quer casar"[4]. Até altos dignitários da Igreja apostasiavam; os anais cristãos, siríacos ou outros consignaram os nomes de vários metropolitas ou bispos que se tornaram muçulmanos porque cometeram pecados carnais ou por razões inteiramente diversas[5].

As labaredas da perseguição, ateadas por califas pouco tolerantes, como Mutawakkil, "o odiador de cristãos" (847-861), e, principalmente, um século e meio mais tarde, pelo extravagante califa do Egito, Hakim (996-1021), acarretaram, por sua vez, conversões em massa. Mas os golpes definitivos só foram desfeixados nas cristandades orientais na época das Cruzadas. Antes delas, a degradação foi muito lenta e marcada sobretudo por uma baixa progressiva do estatuto social dos cristãos. Desde o século X, as observações de Jahiz sobre os respectivos ofícios de cristãos e judeus não parecem mais ser válidas, pois o viajante Moqadassi, visitando a Síria, constata:

3. ALVARO DE CÓRDOVA, *Indiculus Luminosus; P.L.* de MIGNE, CXXI, pp. 554-555.
4. Citado em A. MEZ, *Die Renaissance des Islams*, p. 29.
5. Numerosos exemplos citados na obra *supra* de A. MEZ.

...A maioria dos banqueiros, dos cambistas de moeda, dos tintureiros e dos curtidores de couro são judeus; a maioria dos médicos e funcionários são cristãos[6].

Eis, portanto, judeus e cristãos de uma certa forma em pé de igualdade na escala social: efetivamente, no começo do século X, a "firma" judaica ben Pinchas e ben Amram estava encarregada das operações financeiras dos califas (ver capítulo seguinte). Quanto à preponderância dos cristãos na administração, durará séculos a fio. Seus adversários garantiam que alguns deles chegavam a apresentar-se abertamente como "senhores do país"; e que, pilhando o tesouro público, pretendiam estar exercendo uma espécie de direito de recuperação*. Os ulemas queixavam-se amargamente dessa "invasão cristã"; ainda no século XV, um deles lembrava que

o exercício por estes cristãos de funções nas repartições oficiais é um dos maiores males, que tem como conseqüência a exaltação de sua religião, visto que a maioria dos muçulmanos tem necessidade, para o acerto de seus negócios, de freqüentar tais funcionários... eles se vêem obrigados a humilhar-se e se mostrar dóceis com estes, quer sejam cristãos, judeus ou samaritanos[7].

Durante a luta contra as Cruzadas, esses funcionários eram acusados de espionagem como coisa corriqueira.

Se apenas os príncipes muçulmanos tivessem tido ciência das traições cometidas pelos escribas cristãos! [vituperava um ulema]; se tivessem sido informados sobre a correspondência que mantêm com os francos, seus inimigos; dos votos que formulam para a ruína do Islã e seu povo; e se tivessem visto o esforço que fazem para atingir esse objetivo, decerto isso teria bastado para que os príncipes se vissem no dever de não mais admiti-los nas funções públicas e de afastá-los de suas pessoas...[8]

No final das contas, esse voto foi acolhido. Contra o pano de fundo dos ódios e dos motins anticristãos dos séculos XIII e XIV e

6. AL-MOQADASSI, *Descriptio imperli Moslemici*, ed. de Goeje, Leyden, 1906, p. 183.

* *Um polemista anticristão põe na boca do escriba Er Rahib, chamado "o monge" (começo do século XII), as seguintes palavras:*

"Nós somos os senhores desse país (o Egito) tanto no tocante à população, quanto às rendas fundiárias; os muçulmanos no-lo tiraram, dele se apoderaram pela força e pela violência, e foi de nossas mãos que eles arrancaram o Império. Ora, tudo que eventualmente fizermos aos muçulmanos vem como compensação daquilo que sofremos da parte deles; e, aliás, jamais poderá haver comparação entre o que se passa hoje e o massacre que eles cometeram contra nossos reis e nossas grandes famílias no tempo da conquista. Direi, além do mais, que todo o dinheiro que roubamos de seus reis ou de seus califas é legitimamente adquirido por nós, pois é apenas uma tênue parte do que nos pertence; e quando lhes fazemos algum pagamento é, de nossa parte, um favor pelo qual eles deveriam ficar agradecidos." ("Fetwa relatif à la condition des dhimmis", trad. de M. BELIM, Journal asiatique, *1851, p. 458.)*

7. Manuscrito inédito de Abu'l Mehasin (século XV?), citado por E. FAGNAN, "Arabo-Judaica", em *Mélanges H. Derenbourg*, Paris, 1909, p. 116.

8. "*Fetwa* referente à condição dos *dhimmis*", trad. de M. Belin, *Journal Asiatique*, 1851, p. 458.

de interdições agora eficazes, ocorreram depurações sistemáticas, especialmente no Egito. No dizer de um contemporâneo,

> os cristão, não tendo conseguido ser reintegrados em seus empregos... puseram-se a praticar externamente o islamismo e a pronunciar as duas fórmulas da lei muçulmana[9].

Essa época foi a das conversões em massa.

Por outro lado, durante os primeiros séculos da Hégira, os doutores do Islã continuaram mantendo relações com os pensadores cristãos, instruindo-se com monges ou ascetas sobre a teologia, da mesma forma como as massas muçulmanas continuaram participando das festas e de muitos rituais cristãos, das procissões e dos dias de júbilo instituídos por seus antepassados comuns, quer fossem cristãos ou pagãos... Através desse fundo comum, já o dissemos, foi propagado muito tema cristológico antijudeu.

Eis, por exemplo, uma apologia do Islã, o *Livro da Religião e do Império*, redigido no século IX pelo apóstata cristão Ali Tabari[10]. Um dos capítulos intitula-se "A Profecia de Cristo sobre o Profeta – que Deus os Abençoe e Salve a Ambos".

> É evidente [escreve Ali Tabari nesse capítulo] que Deus aumentou sua cólera contra os filhos de Israel, amaldiçoou-os, abandonou-os e disse-lhes que iria queimar o tronco a partir do qual eles se multiplicaram, que ele os destruiria ou os afugentaria para o deserto. Qual é meu espanto ao ver que os judeus continuam cegos a essas coisas e mantêm pretensões que os enchem de ilusões e erros. Pois os cristãos testemunham contra os judeus, da manhã à noite, de como Deus os destruiu completamente, apagou seus traços da face da terra e aniquilou a imagem de sua nação.

Que um tal apelo ao testemunho dos cristãos contra os judeus não devia estar isolado é confirmado, dentre outros, por Jahiz, que assim conclui seu texto citado acima:

> Os cristãos acreditam que os *magos*, os sabeus e os maniqueus, que se opõem ao cristianismo, devem ser perdoados enquanto não recorrem à mentira e não contestam a verdadeira fé, mas quando falam dos judeus, eles os estigmatizam como rebeldes renitentes e não apenas como pessoas a viver no erro e na confusão.

(Enquanto que nas terras do Islã as influências cristãs contribuíam para levantar os muçulmanos contra os judeus, na Europa, as perseguições anticristãs do Oriente eram atribuídas aos filhos de Israel – assim, as desencadeadas pelo califa Hakim, o qual, no entanto, perseguia todos os *dhimmis* com igual fervor. Ver p. 31 do vol. I.) Essa veia antijudaica de inspiração cristã ainda hoje tem prolongamentos inesperados entre alguns apologistas do Islã. É assim que um muçul-

9. Manuscrito de Abu'l Mehasin citado acima, p. 117.

10. *The Book of Religion and Empire*, de ALI TABARI, ed. Mingana, Manchester, 1922.

mano paquistanês, polemizando com um missionário protestante sobre o tema de Jesus, escreveu no começo de seu opúsculo:

Os judeus puseram Jesus na cruz, e é uma morte que, segundo o Antigo Testamento, é uma morte maldita. . .[11]

A recíproca era verdadeira: os judeus procuravam levantar, por sua vez, seus senhores muçulmanos contra os cristãos? Em algumas crônicas cristãs ou muçulmanas encontram-se descrições de motins que teriam sido provocados pelos judeus: mas, no plano do pensamento e qualquer que seja a razão para tanto, não se acha o vestígio, nos escritos dos muçulmanos, de propaganda anticristã de inspiração judaica.

Se, nas cidades, a condição dos cristãos se deteriorava apenas de maneira muito lenta, nos campos ela se agravou desde o começo da conquista. Em particular, esses antigos celeiros que eram o Vale do Nilo ou o Crescente Fértil passaram a ser duramente explorados pelos senhores muçulmanos. A primeira "revolução burguesa" da História, resultado do choque e da mistura entre conquistadores nômades e uma velha civilização sedentária, foi marcada pela deserção em massa do campo, pela ruína de culturas milenares. Para combater a fuga e a vagabundagem dos camponeses levados à extrema necessidade, já os omíadas haviam recorrido a medidas draconianas. Os deslocamentos de distrito para distrito foram proibidos, para fins de controle foram instituídos métodos de marcação corporal dos *fellahs* cristãos, geralmente uma marca na mão, bem como passaportes obrigatórios para os viajantes. Os contraventores tinham a mão decepada e multas coletivas foram impostas às aldeias despovoadas[12].

Mais tarde, principalmente durante o período de anarquia que assinala o declínio dos abássidas, bem como durante as invasões mongólicas, as guerras internas e as pilhagens vieram somar-se aos sofrimentos desses miseráveis servos. As poucas crônicas cristãs que evocam suas atribulações apresentam em certas passagens um tom estranhamente semelhante ao das crônicas judaicas da Idade Média cristã.

Uma das mais conhecidas, a do analista siríaco Bar Hebraeus, evoca, entre outros, um morticínio que ocorreu no Iraque em 1285. Um bando de curdos e árabes, contando alguns milhares de homens, projetou matar todos os cristãos da região de Macosil. Então estes

reuniram suas mulheres e filhos e foram procurar refúgio num castelo que pertencera ao tio do Profeta, chamado Nakib Al-Alawiyin, esperando que os salteadores respeitassem esse edifício e que suas vidas ficassem a salvo. Quanto ao resto dos cristãos, que não sabiam onde esconder-se porque não havia mais lugar no castelo, tremiam de medo e derramavam lágrimas ardentes por causa de sua

11. *Jesus in the Holy Quran* (resposta ao Dr. ZWEMER, *F.R.G.S.*) de DIN CHOWDHURY, B. A., s.l., n.d.

12. Cf. A. S. TRITTON, *op. cit.*, pp. 134 e ss., e S. D. GOITEIN, *Jews and Arabs*, New York, pp. 98 e ss., bem como o verbete "Monophysistes" no *Dictionnaire de Théologie Catholique*, t. X, p. 2251.

sorte funesta, embora, na realidade, tal sorte tenha golpeado primeiro aqueles que se refugiaram no castelo.

De fato, continua nosso cronista, apesar da santidade do lugar, os bandidos o tomaram de assalto e passaram os refugiados pelo fio de espada, chacinando a seguir os cristãos da cidade e depois atacando os judeus e até mesmo os muçulmanos[13].

Esse relato de Bar Hebraeus, suas queixas e imprecações lembram em muitos detalhes a crônica de Salomon bar Simeon, relatando como, em 1096, bandos de cruzados trucidaram os judeus de Worms que tinham se abrigado no palácio do Bispo Adalberto*.

Mas, afora alguns episódios isolados desse tipo, impossíveis de serem relatados sob forma de uma história coerente, não se sabe grande coisa acerca dos sofrimentos mudos dos cristãos orientais. Um cronista mais antigo, o "pseudo"-Denys de Tell-Maḥré, compilando os relatos de seus predecessores, constata:

> Quanto aos tempos duros e amargos que nós e nossos pais vivemos, não pudemos encontrar nenhuma crônica a esse respeito, nem sobre as perseguições e sofrimentos que nos atingiram por causa de nossos pecados... não pudemos encontrar ninguém que tenha descrito ou comemorado essa época cruel, essa opressão que continua ainda hoje a pesar sobre nossa terra...[14]

Em suma, se a pesquisa histórica dispõe de alguns elementos sobre a progressiva islamização das cidades, ignora as condições em que ocorreu a dos campos. Algumas vezes não se tem mais do que um ponto de partida e um ponto de chegada. Assim, na atual África do Norte, onde outrora vicejaram Tertuliano, Cipriano e Santo Agostinho, onde havia duzentos bispados no século VII, não sobravam mais do que cinco em 1053; acredita-se que, por volta de 1160, Abdelmumin tenha destruído aí os últimos vestígios da cristandade indígena[15]. No Egito, a descristianização foi mais lenta e só se acelerou como contragolpe à investida dos cruzados: grandes perseguições de cristãos, seguidas por conversões em massa, marcam, lá particularmente, o período do governo dos Mamelucos, a partir de 1250[16]. Hoje em dia, os coptas monofisitas formam um décimo da população do país. Uma lenta decadência do mesmo gênero deu-se na Síria, onde o número de cristãos de várias obediências é atualmente da mesma ordem de grandeza (em compensação, no Iraque, o cristianismo nesto-

13. *The Chronography of Bar Hebraeus*, ed. Budge, 1932, p. 475.

* *Ver nosso tomo I (*De Cristo aos Judeus da Corte*), pp. 37-38.*

14. *Chronicon anonymum pseudo-Dionysiam...*, ed. Chabot, t. II, p. 147.

15. Cf. *La Berbérie orientale sous les Hafsides*, de R. BRUNSCHVIG, Paris, 1940, p. 430.

16. "O governo dos mamelucos dará o golpe de graça à cristandade do Egito", escreve G. WIET (verbete "Kibt", na *Encyclopédie de l'Islam*, t. II, p. 1054). Houve grandes perseguições em 1279, 1283, 1301, 1321, 1354, 1419, 1422. Ver também RICHARD GOTTHEIL, "Dhimmis and Moslems in Egypt", em *Studies... in Memory of W. R. Harper*, New York, p. 367.

riano se esfarelou quase inteiramente no curso do primeiro século da dominação árabe)[17].

Não que a sorte concreta dos *fellahs* em terras do Islã tenha sido modificada no que quer que seja com sua passagem de uma religião a outra. Como recentemente escreveu um dos especialistas mais esclarecidos dessas questões,

> sem dúvida alguma, a História em todas partes tem sido dura para com as classes camponesas, mas em nenhuma outra civilização pode-se constatar, cremos, uma vontade tão enraizada, nem tão consciente, nem tão firme, de mantê-las à margem da cidade terrena, assim como à margem da cidade de Deus[18].

*

* *

O pesquisador que é levado a trabalhar nessas questões fica impressionado ao constatar até que ponto o mencionado campo de pesquisa foi negligenciado. Alguns artigos de enciclopédia serão seu magro viático; o estudo das antigas heresias cristãs, tais como o nestorianismo, continua sendo um setor reservado à erudição dos especialistas. E o que pois há de lembrar a palavra "nestorianismo" ao homem comum? No máximo, uma certa sátira pérfida de Evelyn Waughn ou alguns desenvolvimentos paradoxais de Toynbee.

Houve tempo, entretanto, em que o nestorianismo foi a forma sob a qual a mensagem dos Evangelhos era levada aos quatro cantos do mundo. Inspirados pelo exemplo lendário de São Tomé (que, segundo a tradição, teria ido evangelizar a Ásia Oriental), os missionários nestorianos, entre os séculos VI e XI, registram grandes êxitos nas Índias, no arquipélago malaio, na China, mas principalmente na Ásia Central e na Mongólia, onde muitas tribos guerreiras se convertem em massa. Em parte, a área de difusão do cristianismo nessas regiões coincide com a do judaísmo, mas se aquele conheceu no começo resultados mais amplos do que este, desmorona-se em seguida com rapidez tanto maior. Por quê? Um autor inglês, L. Browne, atribui tal malogro final dos nestorianos a um vício teológico, à concepção errônea que eles tinham da natureza divina de Jesus[19]. Um erudito francês, o Cardeal Tisserant, explica o fato de modo mais simples pela falta de padres instruídos; por outro lado, ele também acentua os sucessos do Islã, com sua "moralidade fácil", junto aos nômades mongóis, aderindo assim à tese muito difundida de que o Islã é por excelência a religião dos nômades[20].

17. Cf. o verbete "Église nestorienne" do Cardeal TISSERANT, no *Dictionnaire de Théologie Catholique*, t. XI, p. 187.

18. WEULERSSE, *Paysans de Syrie et du Proche-Orient*, Paris, 1946, p. 89.

19. Cf. L. E. BROWNE, B. D., *The Eclipse of Christianty in Asia*, Cambridge, 1933.

20. Cf. o verbete supramencionado do Cardeal TISSERANT no *Dictionnaire de Théologie Catholique*.

Porém é certo que, por ocasião dos primeiros contatos, no começo de nosso milênio, as simpatias mongóis iam para o cristianismo bem mais do que para o Islã. Em particular, os gengiscânidas, que haviam conquistado a Ásia até o Eufrates mas eram incapazes de forçar a resistência encarniçada dos mamelucos, procuraram celebrar alianças com a Europa cristã a fim de abater definitivamente o Islã. Em fins do século XIII, o *khan* Arghun enviou à Europa, com essa finalidade, embaixadores nestorianos e fazia também a oferta de tornar-se ele próprio cristão. Mas, na Santa Sé, bem como junto aos reis da França e da Inglaterra, tais emissários depararam com uma acolhida indiferente, se não desdenhosa. Pouco depois dessa decepção, seu sucessor Hulagu, alguns anos mais tarde, optou finalmente pelo Islã[21]. Essa conversão constitui um marco; a partir de então, tanto na Ásia quanto na África os progressos do Islã sempre foram mais substanciais do que os do cristianismo, principalmente depois que este se deixou levar pela vaga de expansão colonial e, conseqüentemente, passou a ser temido e odiado.

E aqui está mais um tema para meditação. Aproximadamente até fins do primeiro milênio, o cristianismo foi uma religião em contínua expansão. No intervalo de alguns séculos, a chama cristã propagara-se pacificamente através de todo o mundo antigo; após a queda do Império Romano e mesmo depois das invasões islâmicas, essa chama, de início, continuou a queimar aí com o mesmo ardor, enquanto que obscuros missionários pacíficos a levavam até o Cabo Norte e aos confins do Pacífico.

Contudo, já Carlos Magno, que se fizera coroar imperador em Roma, mandara evangelizar os saxões não pela palavra, mas a ferro e fogo. Quando o recurso ao "braço secular" implanta-se definitivamente nos costumes eclesiásticos, quando, principalmente depois do triunfo de Canossa, o papado prega a Cruzada e lança as tropas cristãs ao assalto da Terra Santa e do Oriente, então a marcha da evangelização se detém. Terão sido as cruzadas a grande traição dos clérigos? De fato, elas endureceram não só os corações dos judeus, chacinados aos milhares pelos bandos de cruzados, mas também os dos muçulmanos, pios adoradores de Jesus, atacados pelos encarniçados denegridores de Maomé*. Por repercussão, elas levaram à extinção quase completa do cristianismo em terras do Islã; elas marcam um apogeu a partir do qual a expansão cristã cede lugar a uma contração. Esse

21. Cf. meu estudo "Le Vizir Saad-ad-Daula", *Évidences*, Paris, março de 1956.

* *Vimos que a extensão aos cristãos da "Guerra Santa" data precisamente das Cruzadas. Quanto à deformação da figura de Maomé, o grande orientalista italiano F. Gabrielli evocou em algumas linhas "la deformazione odiosa, per quanto ingenua, che la leggenda medievale d'Occidente compì sulla persona di Maometto, con tratti che qui è superfluo rievocare, e che contrastono per un musulmano dolorosamente con l'aureola di rispetto e venerazione che ha recinto sempre, sulle orme del Corano, la pur alterata figura del Redentore cristiano. . ." (F. GABRIELLI,* Storia e Civiltà Musulmana, *Nápoles, 1947, p. 252.)*

processo, que também se estende por perto de dez séculos, parece irreversível, sobretudo depois que, aos recuos registrados nas frentes externas, vem somar-se, faz mais de um século, a retirada na frente interna, face ao que convencionalmente se resolveu chamar de a "paganização" dos europeus, intelectuais ou operários. Sobre o pano de fundo desse movimento de longa duração, as revivescências religiosas, de uma geração a outra, só surtem o efeito de pequenas reações sem conseqüência. À ofensiva do comunismo que, na Europa e na Ásia, abate sob nossos olhos paredes inteiras do edifício cristão, correspondem os incessantes progressos do Islã na África. Portanto, tudo se passa realmente como se o refluxo do cristianismo coincidisse com a preponderância da civilização ocidental, como se o paradoxo de uma mensagem evangélica apoiada na força revelasse ser a longo prazo aquilo que é: uma antinomia insustentável.

2. OS JUDEUS

Já dissemos que tanto as judiarias oprimidas e humildes da Síria, Palestina e Egito, sob império cristão, quanto o florescente centro da Mesopotâmia, sob dominação persa, acolheram com alegria os invasores muçulmanos. O mesmo ocorreu com o conjunto da população dessas regiões; mas, no caso dos judeus, acredita-se que é possível discernir um atrativo suplementar, freqüentemente levado em conta quando se fala de "parentesco" ou de "primos semitas".

Parentesco: a idéia merece um exame mais detalhado, pois contém uma forte carga emocional e, portanto, constitui um fator histórico ativo. Reportando-nos à época tratada, isto é, aos primeiros séculos da Hégira, nada permite dizer que os judeus estavam "aparentados" mais intimamente aos árabes que a seus vizinhos, os *fellahs* cristãos, ou que ao conjunto da população bizantina ou persa. De resto, um tal parentesco biológico ("racial"), mesmo que existisse, jamais poderia ser demonstrado. Na opinião dos especialistas, os povos contemporâneos representam, sob esse aspecto, misturas indefiníveis, e é mais do que provável que o mesmo ocorresse na Antiguidade. Em suma, entendida dessa maneira, a questão não tem sentido e, portanto, não oferece interesse. Mas lingüisticamente a língua árabe é da mesma raiz que o hebraico e o aramaico, *lingua franca* da época (são línguas "semitas", cuja estrutura particular infletia de maneira similar a orientação do pensamento*).

* *No passado, L. Massignon expôs como se segue o significado desse parentesco para o desenvolvimento do pensamento religioso: "As condições gramaticais gerais (léxica, morfológica, sintática) de nossas línguas indo-européias determinam uma apresentação da idéia de forma bem diferente daquela com que ela deve revestir-se nas línguas semíticas. A apresentação* ariana *da idéia. . . é perifrástica, é feita por meio de palavras de contornos instáveis e nuançados, de finais modificáveis aptos para as aposições e combinações; os tempos verbais logo se tornaram relativos ao agente, 'egocêntricos', 'politeístas'; enfim, a ordem das palavras é didática, hierarquizada em amplos períodos, graças a conjunções*

A tradição de uma origem comum entre judeus e árabes tem sua fonte, sabe-se, no livro da *Gênesis*: Ismael, primogênito de Abraão, expulso para o deserto com sua mãe Agar, teria sido o antepassado dos árabes (o patriarca também teria mandado "para oeste" os seis filhos que teve a seguir com Ketura, outra concubina: ver *Gênesis*, XVI, 10-12, e XXV, 6). Em *Isaías* (XXI, 13), as caravanas árabes são chamadas de "caravanas de Dodan": outra prova do parentesco, para os comentaristas, porque Dodan significa primo. Da mesma forma, nas fontes judaicas, os muçulmanos em geral são chamados de ismaelitas. Por seu lado, o *Corão* adota integralmente essa versão: ali, não só Abraão é o antepassado comum, como também ele e seu filho Ismael constroem juntos o Templo de Meca (Surata II, 121). Já se falou da veneração demonstrada pelo Profeta por aqueles que ele considerava como seus melhores correspondentes; além disso, são muitos os versículos do *Corão* consagrados à glorificação dos patriarcas e dos profetas:

> Entre os descendentes de Abraão, favorecemos com nossa luz Davi, Salomão, Jó, Moisés e Aarão. É assim que recompensamos a virtude.
>
> Zacarias, João, Jesus, Elias foram dos justos. Elevamos acima de seus semelhantes a Ismael, Eliseu, Jonas e Ló.

para citar um exemplo (*Corão*, VI, 84-86) entre muitos outros[22].

A seguir, a teologia do Islã foi elaborada principalmente em Bagdá, isto é, naquela Mesopotâmia que, fazia séculos, era a fortaleza da tradição judaica. Judeus convertidos ao Islã, tais como Abdallah ben Salem e Kaab al-Ahbar, contribuíram para determinar sua forma e métodos[23]: já assinalamos as analogias de construção entre o *Talmud* e o *hadith*. E o folclore religioso dos primeiros séculos do Islã alimentou-se abundantemente nas fontes judaicas, nas histórias maravilhosas da Hagadá sobre os patriarcas e os profetas; tais lendas, conhecidas pelo nome significativo de "Israyilli'at" conservaram sua popularidade até hoje.

graduadas. A apresentação semítica *da idéia é* gnômica, *recorre a palavras rígidas, de raízes imutáveis e sempre perceptíveis, admitindo apenas algumas nominalizações, todas internas e abstratas – consoantes interpoladas, para o sentido – nuanças vocálicas, para a acepção... Os tempos verbais, ainda, hoje, são 'absolutos', só dizem respeito à ação, são 'teocêntricos', afirmam a transcendência e a imanência do agente único; enfim, a ordem das palavras é 'lírica', fragmentada em fórmulas bruscas, condensadas, autônomas. Daí a falta de compreensão daqueles que, não sabendo gozar a concisão vigorosa e explosiva das línguas semíticas, dizem que elas são impróprias para a mística. Ao passo que elas são as línguas da revelação do Deus transcendente, as dos Profetas e dos Salmos". (L. MASSIGNON,* Essai sur les origines du lexique technique de la mystique musulmane, *p. 48.)*

22. Sobre esse assunto, além do trabalho clássico, porém já mais do que centenário de H. GEIGER (*Was hat Mohammed aus dem Judentum entnommen*), ver D. SIDERSKI, *Les Origines des légendes musulmanes*, Paris, 1933.

23. Cf. a tese de I. WOLFENSOHN, *Kaab al-Ahbar und seine Stellung im Hadit un in der islamischen Legendenliteratur*, Frankfurt, 1933.

Assim se afirmava, em vários domínios e de várias maneiras a consciência desse parentesco. Lembremos ainda que a barreira ciosa que se ergue entre circuncisos e incircuncisos ainda não exercia no caso presente seu papel indefinível, mas certo, e que as observâncias relativas ao puro e impuro eram semelhantes entre judeus e muçulmanos*. Todos esses múltiplos fatores contribuíam sem dúvida alguma para a elevação do prestígio e do *status* social dos judeus, tal como é refletido por muitos ditados e muitas lendas judaicas desse período.

Assim a lenda que relata como Bostanai, o primeiro exilarca da era muçulmana, teria sido solenemente entronizado pelo califa Omar, que teria feito esse descendente do Rei Davi casar com uma princesa persa cativa. Ou a profecia colocada nos lábios de Rab, o fundador (no século III!) da Academia de Sura: "Antes sob Ismael do que sob um estrangeiro!"[24] Ou, por volta de 750, um apocalipse, "as visões secretas do Rabi Simon ben Iochai", segundo o qual o "reino de Ismael está destinado por Deus a restabelecer a casa de Davi sobre seu trono, depois de ter vencido 'a dominação de Edom'" (ou seja, dos cristãos)[25]. Ou ainda essa proliferação de seitas judio-muçulmanas que serão vistas adiante.

Os poderes quase reais do exilarca, o prestígio de que gozava na corte dos califas, constituem outro testemunho do respeito que professavam os muçulmanos pela casa de Davi. Um talmudista do século X, Natan ha Babli, deixou a seguinte descrição sobre o assunto:

> Quando o exilarca deixa sua morada, viaja com um séquito soberbo, acompanhado por uma quinzena de pessoas e inúmeros escravos. Assim como os outros dignitários do palácio, jamais se locomove sem séquito. Se tem algum assunto a submeter ao califa, solicita uma audiência. Quando entra no palácio, os servos do califa precipitam-se a seu encontro e, enquanto eles o conduzem até os apartamentos reais, ele lhes distribui pecinhas de prata. Perante o califa, ele se ajoelha, mas o príncipe faz um sinal para que seus servos o ergam e o conduzam até a cadeira que lhe está reservada. A seguir, o califa se informa sobre a saúde do visitante e sobre o assunto que o fez vir. O exilarca pede, então, a palavra, saúda o califa de acordo com os usos antigos e, com eloqüência, procura convencê-lo, até que este concorde com o que pede. Feito isso, o exilarca despede-se do califa e volta a sua casa, com o coração leve e a fisionomia serena[25].

* *Eis a opinião de Louis Massignon: "...para o muçulmano, o judeu é canonicamente puro, sua carne* casher *é lícita, portanto é melhor deixar para ele o comércio da prata (e seu contato); enquanto o cristão comum, que come sangue e porco, que bebe vinho e cerveja, toca cadáveres e cachorros, é o pior das dez impurezas..." ("La* Futuwwa *ou "pacte d'honheur" artisanal entre les travailleurs musulmans au Moyen Age",* La Nouvelle Clio, *maio-outubro de 1952, p. 175, n. 1.)*

24. Cf. M. STEINSCHENEIDER, "Polemische un apologetische Litteratur... zwischen Muslimen, Christen und Juden", em *Abhandlungen für die Kunde des Morgenlandes*, Leipzig, 1877, p. 259.

25. Ver o estudo desse apocalipse feito por GRAETZ, em sua *Geschichte der Juden*, t. V, anexo, nota 16.

26. Citado em S. DUBNOV, *Weltgeschichte des jüdischen Volkes*, Berlim, 1926, t. III, p. 451.

Benjamin de Tudela, o célebre viajante do século XII, não fica menos maravilhado, em seu amor-próprio de judeu, com tal glória:

O Príncipe dos Crentes... ordenou, tanto aos judeus quanto aos ismaelitas, que se levantassem por respeito perante ele (o exilarca Daniel) e o saudassem. A mesma ordem é dada a todos os outros povos seja qual for sua crença. Quem fizer o contrário será punido com cem golpes de bastão! Quando esse Daniel sai para ir ver o rei, é acompanhado por um grande número de cavaleiros, tanto judeus, quanto gentios, que são encabeçados por um homem que grita: "Preparai o caminho para o Senhor, o filho de Davi, como é justo"[27].

Tendo visitado todos os países do Oeste e do Ocidente, Benjamin de Tudela menciona muitas vezes o bom entendimento judaico-muçulmano. Do califa Abaridas Achmed, ele diz que "esse grande rei... ama extremamente os israelitas; ele se dedica à leitura da lei mosaica, conhece muito bem o hebraico, que lê e escreve perfeitamente". Descrevendo o túmulo de Esdras (que, segundo a tradição, teria morrido na Pérsia), assegura que

os judeus edificaram na frente de seu sepulcro uma grande sinagoga, e também os ismaelitas construíram, do outro lado, uma casa de oração, pela grande veneração que eles têm por sua memória, o que é causa que os judeus sejam muito amados pelos ismaelitas que ali vão para rezar.

Tanto uns quanto outros rezam no túmulo do profeta Daniel; encontram-se também as significativas práticas de devoção em comum, já mencionada por nós, e que persistiram até a época moderna[28].

Documentos recentemente decifrados, descobertos no Cairo, permitem estabelecer que, no século XI, os califas do Egito da célebre dinastia dos fatímidas contribuíam regularmente com uma subvenção para a manutenção da academia rabínica que funcionava em Jerusalém![29] Os califas, que se rodeavam de ministros e conselheiros judeus, eram reputados por sua "judiofilia" a tal ponto que seus adversários, seguindo uma prática que não data de ontem, acusavam-nos (sem razão nenhuma) de serem eles mesmos de origem judaica[30].

Tudo leva a crer que, procedendo de um fundo cultural comum, uma condição tão favorável contribuiu para tornar receptivos, ao pensamento árabe, os pensadores e teólogos judeus. De fato, nesse plano, a íntima interpenetração judio-árabe manifestou-se por meio de influências que atuaram nos dois sentidos: se os judeus contribuíram para modelar a doutrina do Islã, a excessiva admiração dos pensadores árabes pelos estudos profanos, pelas "ciências gregas", suscita nessa época

27. *Voyages de Benjamin du Tudèle autour du monde, commencé l'an 1173*, Paris, 1830, p. 61.

28. *Idem*, pp. 55, 72, 74.

29. S. D. GOITEIN, "Congregation versus Community..." *J.Q.R.*, janeiro de 1954, vol. XLIV, p. 304.

30. B. LEWIS, "A Lenda sobre a Origem Judaica dos Califas Fatímidas" (em hebraico), *Melilah*, Manchester, 1950, III-IV, p. 185.

ecos profundos entre os judeus. Enquanto que os esforços de "helenização", um milênio antes, não tinham produzido resultados duradouros e haviam provocado, de outro lado, revoltas como a dos macabeus, sob o Islã o pensamento judeu abre-se amplamente ao racionalismo grego. Chegou mesmo a haver livres-pensadores judeus que propagaram abertamente concepções fortemente heréticas. No começo do século IX, um certo Hayawaih de Balkh não vacilava em duvidar dos milagres bíblicos e chegou até a insurgir-se contra a idéia de Povo Eleito:

> Como é que Deus pode dividir os povos em povo dele e povos estranhos e afirmar que só ao povo de Israel ele destina sua herança?[31]

A incredulidade judaica sempre foi fruto do meio ambiente: que Hayawaih não foi o único de sua espécie ressalta de outro manuscrito proveniente da mesma época, no qual essa "crítica bíblica" é levada ainda mais longe, em nome da própria moral do Decálogo: "Como", pergunta-se o autor anônimo, "o Eterno poderia ter ordenado a seu profeta Oséias que tomasse uma prostituta por esposa?" – e assim por diante[32]. Mas não passavam de alguns pensadores isolados, talvez mais influenciados pelo maniqueísmo ou o *zindikismo* do que pelo helenismo[33], ao passo que a corrente dominante da época conduziu a uma conciliação harmoniosa entre a revelação bíblica, interpretada alegoricamente, e a ciência e filosofia gregas; encetado pelo célebre *gaon* Saadia e outros talmudistas, esse esforço encontrou sua expressão definitiva, durante vários séculos, na obra monumental de Moisés Maimônides, cuja memória continua hoje em dia sendo reverenciada pelos teólogos judeus, cristãos ou muçulmanos.

Essa abertura do espírito, essa nova receptividade do judaísmo às influências externas de há muito impressiona os historiadores; estes deram explicações bem diferentes, sendo que todas contêm sem dúvida alguma uma parcela de verdade. O essencial pode ser resumido em poucas palavras: por causa de seu nível muito elevado, a civilização árabe tinha valores a oferecer aos judeus, e ela os oferecia elaborados e apresentados de um modo e numa linguagem que lhes eram acessíveis e familiares. O árabe, segundo Maimônides e muitos outros autores, não passava de uma forma derivada do hebraico[34]. Sabe-se, além disso, que a gramática e a sintaxe hebraicas, bem como a pontuação das vogais, datam dessa época, criação dos "massoretas" anônimos, que indubitavelmente operaram sob a influência e imitando a erudita filologia árabe. Por outro lado, tendo o árabe se tornado a língua usual dos judeus, mesmo os escritos de natureza estritamente religiosa eram amiúde redigidos nesse idioma. Algumas vezes, pode-se

31. S. DUBNOV, tomo *cit.*, p. 532.
32. *Idem*, p. 533.
33. Cf. G. VAJDA, *Introduction à la pensée juive du Moyen Age*, p. 42.
34. Cf. M. STEINSCHNEIDER, "An Introduction to the Arabic literature of the Jews", *J.Q.R.*, XIII, p. 308.

perceber algumas entonações islâmicas até mesmo em seu conteúdo. Assim, numa carta de exortação a seus irmãos perseguidos, o pai de Maimônides, ele mesmo talmudista de renome, falava de Deus e seu apóstolo (Moisés) em termos parcialmente tomados do *Corão* e designava Abraão pela expressão "Mahdi de Deus"[35]. Não há nisso nenhuma heterodoxia; do mesmo modo, a elevada cultura e a amplitude de espírito de seu ilustre filho não faziam com que ele se desviasse uma vírgula dos mandamentos tradicionais do judaísmo. É só ler seu *Igeret Teman* (epístola aos judeus perseguidos do Iêmen) e a maneira engenhosa e eloqüente como ele explica as perseguições passadas e presentes a que estão expostos os judeus por parte de "nações impelidas, movidas pela inveja e pela impiedade"*.

35. Cf. L. M. SIMMONS, "The Letter of Consolation of Maimum ben Joseph", *J. Q.R.*, 1889-1890, II, p. 65.

* *Este é o trecho em questão, que poderá dar uma idéia do poder dialético e da filosofia da história de Moisés Maimônides:*

*"Lembrem-se de que nossa religião é a verdadeira e autêntica religião divina, que nos foi revelada por Moisés, o mestre de todos os profetas, e pela qual Deus nos distinguiu do resto da humanidade, assim como está dito nas Escrituras: 'Entretanto o Senhor, se afeiçoou a teus pais para os amar; e, escolheu a sua descendência depois deles, isto é, a vós, dentre todos os povos, como hoje se vê' (*Deuteronômio, *X, 15). Isso não aconteceu por causa de nossos méritos, mas por um ato da graça divina, e por causa de nossos antepassados que conheciam a Deus... É por isso que todas as nações, impelidas pela inveja e pela impiedade, ergueram-se contra nós e todos os reis da terra, unidos pela injustiça e pela impiedade, dedicam-se a nos perseguir. Querem contrariar Deus, mas Ele não pode ser contrariado. Desde os tempos da Revelação, todos os déspotas ou escravos que hajam alcançado o poder, quer tenham sido violentos ou ignóbeis, tiveram como primeiro objetivo e como último fim a destruição de nossa Lei e abater nossa religião pela espada, violência e força bruta, tal como Amalek, Sisera, Senaqueribe, Nabucodonosor, Tito, Adriano, que seus ossos se reduzam a pó, e outros semelhantes. Tal foi a primeira categoria daqueles que tentaram desfazer a vontade divina. A segunda categoria foi a das nações mais inteligentes e mais cultas, tais como os sírios, os persas e os gregos. Também eles tentaram destruir nossa Lei e adulterá-la, mas com o auxílio de argumentos e controvérsias. Eles procuraram ab-rogar a Lei e apagar qualquer vestígio dela por meio de seus escritos polêmicos, assim como os déspotas querem chegar a isso pela espada. Mas nem uns nem outros hão de consegui-lo. Nós temos a garantia divina dada a Isaías, segundo a qual todo tirano que se erguer contra nossa Lei para destruí-la será abatido pelo Senhor, e da mesma forma Ele reduzirá a nada os esforços para derrubá-la com o auxílio de argumentos. Essa garantia está contida nos seguintes versículos: 'Não prosperará nenhuma arma forjada contra ti; e toda língua que se levantar contra ti em juízo, tu a condenará" (*Isaías, *LIV, 17).*

"Depois disso ergueu-se uma nova seita (isto é, o cristianismo e o Islã. N. do A.) que combinou os dois métodos de conquista e de controvérsia, julgando que tal método seria mais eficaz para apagar todo traço da nação e da religião judaicas. Ela decidiu apelar para a profecia e criar uma nova fé, contrária a nossa religião divina, pretendendo que também ela fora dada por Deus. Com isso, esperava semear a dúvida e introduzir a confusão porque, uma opondo-se à outra (isto é, judaísmo opondo-se ao cristianismo ou ao Islã – N. do A.) e ambas emanando supostamente de uma fonte divina, isso levaria à destruição de ambas as religiões. É assim que age um homem invejoso e briguento. Procura matar seu inimigo e preservar sua própria vida, mas quando vê que isso é impossível, adota um plano que faz perecer a ambos." (Traduzido do texto estabelecido por. B. COHEN, Moses Maimonides, Epistle to Yemen, *American Academy for Jewish Research, 1952, pp. ii-iii.)*

Contudo, em outra epístola célebre, *Igeret ha-Chemad* (carta aos apóstatas), o mesmo Maimônides absolve os judeus que, ameaçados de morte, aceitam o Islã da boca para fora. É meritório, diz ele em essência, salvar a vida num caso desses; mas de modo algum se trata de um mandamento imperativo. Em apoio a essa tese, constata particularmente que os perseguidores, no mais das vezes, contentam-se com fazer pronunciar uma breve profissão de fé, "Alá é um, e Maomé é seu profeta" e, quanto ao resto, deixam que os judeus vivam de acordo com seus costumes e pratiquem os mandamentos da *Torá*.

A seguir, um de seus epígonos do século XIV, Moisés de Narbona, chegou até a afirmar que a prece dos muçulmanos é perfeita, pois professam a unicidade de Deus e são circuncidados[36].

Dada tal lassidão dos mestres, não é de espantar que tão grande número de simples fiéis se dedicassem a seguir a lei de Moisés e a de Maomé ao mesmo tempo. Um cabalista espanhol, Josef ben Schalom, deixou uma descrição muito característica desse fato. Depois de constatar que "os cristãos são integralmente idólatras" e que "os muçulmanos. . . se entregam também a um culto idolátrico", esse rigorista, inimigo da filosofia, continuava assim:

> Considere-se atentamente a tolice de nossos correligionários que elogiam e exaltam a religião dos muçulmanos, assim transgredindo o preceito da Lei: "Não lhes encontre nenhuma graça". Não satisfeitos com isso, quando os muçulmanos professam sua fé na hora de sua reunião nas mesquitas, esses judeus pobres de espírito que não tomam parte da religião associam-se a eles, recitando por sua vez o *Ouve Israel*. A seguir, fazem os mais vivos elogios à nação desse indivíduo desprezível (Maomé). Essa atitude tem como conseqüência que eles se apegam, eles e seus filhos, aos muçulmanos, que vilipendiam a santa religião de Israel, renegam a Lei do Senhor dos exércitos e seguem o nada e a vaidade. Aliás, não fico espantado de ver os simples de nossa nação deixar-se levar a elogiar os muçulmanos; o que me desola é que aqueles mesmos que pretendem estar ao par da religião de Israel, quero dizer alguns notáveis de nossas comunidades, proclamem os louvores dos muçulmanos e testemunhem sobre sua fé unitária. . .[37]

Tais opiniões e práticas permitem esclarecer melhor a relação entre judaísmo e Islã e no que ela diferia das relações judio-cristãs da mesma época. Além das afinidades de língua e de cultura, o ensino propriamente religioso do Islã facilitava a coabitação dos judeus com os muçulmanos, a ponto de levar à conclusão de que, não tendo as duas religiões nada de incompatível, podia-se pertencer às duas ao mesmo tempo. No começo do Islã, houve uma verdadeira proliferação de seitas cismáticas judaicas (isawitas, judghanitas, muchkanitas etc.) que professavam que Maomé era um profeta enviado por Deus aos árabes ou mesmo ao conjunto do gênero humano, excetuando-se

36. *Commentaire à Ibn Tofeil*, 1349, f. 130 *b*. Cf. M. STEINSCHNEIDER, "Polemische und apologetische Litteratur in arabischer Sprache", *Abhandlungen für die Kunde des Morgenlandes*, 1877, VI, p. 366.

37. Cf. G. VAJDA, "Un chapitre de l'histoire du conflit entre ela Kabbale et la philosophie", em *Archives d'histoire doctrinale et littéraire do Moyen Age*, Paris, 1956, p. 135.

apenas os judeus. Os teólogos árabes não se iludiam com tais sutilezas. Um deles escreveu (por volta de 800):

> Hoje os judeus reconhecem nas regiões do Iraque que não existe Deus além de Alá e que Maomé é o enviado de Deus, mas pretendem que ele só foi enviado como profeta aos árabes e não aos israelitas... Portanto, se algum judeu reconhece que Maomé é um enviado de Deus, ele ainda não pode ser considerado muçulmano enquanto não declarar ter rompido com sua antiga religião e admitir claramente que adotou o islamismo... Assim, quando se trata deles, esse qualificativo que aplicam a si mesmos (o nome de *muslim*) não prova que tenham a verdadeira fé; é preciso que declarem ter repudiado sua antiga religião. Da mesma forma, se um judeu diz: "Abandonei o judaísmo" e não acrescenta: "Entrei para o Islã", ele não deve passar por muçulmano, pois, depois de sair do judaísmo, pode acontecer que haja entrado para o cristianismo. Declare ele, pelo contrário, que entrou para o Islã, somente então não haverá mais equívoco...[38]

O que foi dito deixa compreender como a tradição do *inuss*, de um judaísmo praticado em segredo, em caso de necessidade, sob a máscara da adesão ao Islã, foi uma verdadeira constante entre os judeus cuja história decorreu à sombra do Crescente, a ponto de fazer surgir, em seguida, um terreno novamente cristão, o extraordinário fenômeno do marranismo, modo de adaptação inteiramente desconhecido das judiarias puramente européias do Norte e Leste da Europa.

No capítulo dos movimentos sectários judeus, cumpre mencionar principalmente os caraítas, que rejeitavam o *Talmud* em bloco, estimando que sua interpretação tradicional do *Antigo Testamento* não era mais válida sob a era islâmica; sustentavam que os textos sagrados agora deviam ser interpretados de maneira diferente, graças a uma nova leitura atenta (daí o nome da seita, *karo* = ler). Também nesse caso, a influência da teologia muçulmana e de seu imenso esforço de exegese do *Corão* desempenhou um papel certo; por outro lado, pode-se comparar a posição dos caraítas e a dos reformados protestantes. O êxito dessa doutrina foi tanto que conduziu a um verdadeiro cisma, o único de sua história, no seio do judaísmo. Durante séculos, floresceu na Pérsia, na Palestina, no Egito; depois propagou-se pela Espanha e pela Polônia e ainda hoje preserva alguns guardiães.

*

* *

Toda essa fermentação não deixou de estar ligada às transformações que se verificaram, na época, no seio da massa dos judeus. Trata-se de um fato de importância capital de sua história. No começo, nas vésperas da conquista árabe, eles se concentravam na agricultura a tal ponto que a maior parte da legislação do *Talmud* foi elaborada em função de um povo de agricultores. Três ou quatro séculos depois,

38. AL-SCHEYBANI, em seu *Direito de Guerra Muçulmano*. Citado por I. GOLDZIHER, "Usages juifs d'après la littérature des Musulmans", *R.E.J.*, 1894, 28, p. 91.

ei-los transformados num povo de comerciantes e de artesãos, povo citadino por excelência. Trata-se de uma verdadeira mutação sócio-econômica, semelhante aliás, a outros exemplos que a História fornece, como a dos armênios, ainda agricultores e artesãos em fins da Idade Média, principais comerciantes do Império Otomano a partir da Renascença. Em última análise, é penoso tirar a claro as razões de tais fenômenos. No caso dos judeus, é preciso levar em consideração as mudanças econômicas acarretadas pela conquista árabe, a prosperidade das cidades e a miséria dos campos, a "revolução burguesa" do Islã. Por exemplo, no século IX, um jornaleiro agrícola ganhava em média seis peças de ouro (dinares) por ano e devia pagar uma capitação anual de uma peça de ouro[39]; medidas ferozes eram promulgadas para fazer barreira à deserção dos campos. Por outro lado, nessa época o comércio sofria o impressionante surto de que já falamos. Da Escandinávia à China, ousados viajantes árabes cruzavam os mares, subiam os rios, fundavam feitorias. No Islã, o comércio era considerado como uma das preocupações mais honrosas e até agradáveis a Deus; o próprio Profeta, bem como muitos de seus companheiros, não se lhe haviam dedicado? A plataforma giratória dessas atividades internacionais era Bagdá, no centro de uma região onde a população judia era densa. E nenhuma disposição legal, nenhuma barreira social impedia que os judeus se consagrassem ao comércio.

Conseqüentemente, pode-se dizer que, ao termo dessa evolução, a estrutura do judaísmo não deixa de ter analogias com a que conheceu na tolerante Europa do século XIX, por exemplo. As comunidades dispersas pelo Império Muçulmano são compostas por artesãos e pequenos lojistas, de um lado, de financistas e comerciantes com conexões internacionais, de outro. Por vezes, duas ou mais comunidades, a dos judeus locais e a de judeus originários de outras províncias, coexistem na mesma cidade: como informa a onomástica, esse período é marcado pela migração dos judeus do leste para oeste; muitos deles, no Egito ou na Barbária, têm nomes de cidades persas ou mesopotâmicas. Essas comunidades são dirigidas oligarquicamente. São os ricos, os grandes financistas, que exercem, via de regra de pai para filho, as funções de *naguid* ou príncipe dos judeus, encarregado das relações com as autoridades, e de "representante dos mercadores" (*Pekid-ha-Soharim*), espécie de cônsul encarregado de proteger os interesses comerciais dos judeus locais e estrangeiros (amiúde as duas funções são exercidas pela mesma pessoa).

Apesar da pobreza de documentos, às vezes é possível reconstituir o perfil de certos personagens. Eis o que ensinam as fontes árabes sobre os banqueiros Josef ben Pinchas e Aaron ben Imram, que prosperaram em Bagdá sob o califa Muktadir (908-939)[40].

39. Cf. S. D. GOITEIN, *Jews and Arabs*, New York, 1955, p. 97.

40. O que se segue baseou-se no estudo de W. FISCHEL, "Joseph b. Phineas and Aaron B. Amram" (em *Jews in the Economic and Political Life of Medieval Islam*, Londres, 1957), bem como no artigo de L. MASSIGNON, "L'influence de l'Islam au moyen âge sur la fondation et l'essor des banques

Ben Pinchas e ben Imram dirigem uma firma bancária e gozam de vasto crédito junto aos judeus ricos, bem como junto aos não-judeus, que lhes confiam seus capitais. De outra parte, o vizir deposita em suas mãos o montante das penas infligidas aos funcionários prevaricadores e que se enriqueceram demasiado depressa. Destarte, eles podem adiantar à tesouraria, no começo de cada mês, os trinta mil dinares de ouro necessários ao pagamento do soldo das tropas (trata-se de uma ordem de grandeza de centenas de milhões de francos). Nem sempre são reembolsados com exatidão; mas encontram-se em uma situação que lhes permite entregar-se a muitas outras operações e especulações frutuosas. Mantêm serviços regulares de caravanas entre as grandes cidades, através do deserto; organizam expedições marítimas para as Índias e a China; mandam filhar escravos negros nas costas orientais da África. Sabem tudo acerca da arte da arbitragem de câmbio, tendo em vista o fato fundamental de que o califado dos abássidas era bimetalista, pois as antigas províncias bizantinas permaneceram vinculadas ao padrão-ouro (dinares de ouro), enquanto que as províncias persas tinham conservado o padrão-patra (*dirhems* de prata); a relação entre as duas moedas, que variava entre um para quatorze e um para vinte conforme o ano, abria vastas possibilidades para uma verdadeira especulação na bolsa. A técnica financeira dessa época já conhecia não só o uso das letras de câmbio (*suftaja*), mas também a das promissórias (*sakk*, de onde provém etimologicamente a palavra cheque), que o cronista árabe evoca da seguinte maneira:

> O vizir Ibn-al-Furat tomou a pena e redigiu uma ordem a seu banqueiro Aaron ben Imram, pedindo-lhe que pagasse, por sua conta e sem outro aviso, 2.000 dinares a Ali ben Isa, a título de subvenção de uma pena que fora imposta a este. Também Muhassin al-Furat ordenou que o banqueiro pagasse a esse Ali ben Isa 1.000 dinares a serem debitados em sua conta no banco de Aaron ben Imram[41].

Reis da finança de Bagdá e banqueiros dos califas durante um quarto de século, ben Pinchas e ben Imram, se foram os primeiros, não foram os únicos. Outra crônica[42] informa que a maior parte dos mercadores de Tustar, na Pérsia, eram judeus. Em Isfahan, chamada "a segunda Bagdá" por causa de seu comércio próspero, o bairro dos *yahudiah* era o centro dos negócios. O govenador da província de Ahwaz também recorria aos serviços de vários banqueiros judeus (a fonte menciona Yakub, Israel ben Salih, Sahl ben Nazir). Siraf, o principal porto do califado no século X, parece que chegou até mesmo a ter um governador judeu chamado Ruzbah (o equivalente persa de Yom-tov).

juives" (em *Bulletin des Etudes Orientales*, 1931, t. I). As fontes árabes são as crônicas *Kitab al-Wuzara* de HILAL AS-SABI e *Nichdar al-Muhadara*, de AT--TANUHI.

41. W. FISCHEL, *op. cit.*, baseado no *Kitab al-Wuzara* de HILAL AS--SABI, Leide, 1904, pp. 306-307.

42. AL-MISKAWAIH, *Kitab Tajarib al-Umam*, Oxford, 1920, citado em W. FISCHEL, *op. cit.*, p. 32.

Mais para oeste, no Egito, como deixar de lembrar a carreira meteórica dos irmãos Banu Sahl, Abu-Saad e Abu-Nasr, favoritos dos califas fatímidas az-Zahir e al-Mustansir?[43] Sua prosperidade alimentou muitas lendas árabes. O palácio que Abu-Saad construiu no Cairo teria sido tão vasto que se pôde plantar trezentas árvores em sua varanda, dentro de vasos de prata. A viúva de az-Zahir teria recebido de presente dos irmãos uma barca de recreio em prata fina... De fato, essa viúva era uma antiga escrava negra que os irmãos haviam vendido a az-Zahir; ela se tornou sua esposa favorita; após a morte do califa, exerceu as funções de regente em nome de seu filho al-Mustansir e fez de Abu-Saad seu homem de confiança e vizir. Isso permitiu que os irmãos aumentassem prodigiosamente a fortuna. Mas também acarretou a perdição deles: a regente pediu que Abu-Saad recrutasse uma guarda pessoal para ela, composta de guerreiros negros, e pouco depois partido negro e partido turco confrontavam-se na corte; este acabou prevalecendo e os Banu Sahl foram assassinados em 1047.

Entretanto, de tudo o que precede, não se deve concluir que as finanças e o comércio em dado momento se haviam tornado monopólio judeu. Cristãos e muçulmanos continuavam a primar nesse campo, sem que seja possível, dada a pobreza e imprecisão das fontes, fornecer a menor indicação sobre a parcela relativa que cabe a uns e a outros. Além do mais, as fontes árabes só mencionam as figuras de maior projeção, quase nada informam sobre as atividades dos pequenos ou médios mercadores. Para dar uma idéia deste particular, recorreremos a uma fonte judaica, extraordinariamente rica para um caso desses (mas, infelizmente, a única), ou seja, a Gueniza (câmara secreta) da sinagoga do Velho Cairo.

De fato, conforme um antigo uso judeu, nenhum documento levando o nome sagrado de Deus – isto é, praticamente documento algum de qualquer espécie – deve ser destruído: por mais insignificante que seja seu conteúdo, ele é cuidadosamente conservado numa Gueniza, como a maioria das sinagogas possuía. Mas as variações do destino, guerras e perseguições, junto com a obra destruidora do tempo fizeram desaparecer esses preciosos arquivos, quando datavam de uma dezena de séculos, exceto os do Cairo, preservados graças ao clima seco do Vale do Nilo. Há duas ou três gerações, os eruditos dedicam-se a decifrar essa mina inesgotável de informações sobre a vida intelectual, social e econômica dos judeus – e dos não-judeus – dessa época[44].

Assim, fica-se sabendo que os mercadores judeus, grandes e pequenos, faziam circular dinheiro e mercadorias entre todas as cidades do imenso império islâmico e que sua atividade era exercida até mesmo bem mais além. Encontram-se em grande número em todos

43. O que se segue, segundo W. FISCHEL, *op. cit.*, pp. 68 e ss., *The Banu Sahl of Tustar.*

44. Tudo o que se segue foi extraído principalmente das pesquisas de S. D. GOITEIN e especialmente de *Jews and Arabs, op. cit.*

os portos da África Oriental, da Índia e do Ceilão, oriundos não só das grandes cidades da África do Norte, tais como Tânger, Kairuan, Trípoli ou Alexandria, mas também de humildes aldeias cujo nome foi esquecido. O que traficavam? Com a palavra, um especialista da Gueniza do Velho Cairo, o Prof. S. D. Goitein, de Jerusalém:

> Da Índia, importavam especiarias, aromatizantes, tinturas e plantas medicinais; ferro e aço; vasos de cobre. Quanto a esta indústria, tenho a impressão de que foi criada numa cidade hindu por judeus norte-africanos com auxílio de artesãos judeus do Iêmen, sendo as matérias-primas importadas da Índia do Oeste. Importavam também da Índia seda e outros tecidos; pérolas; conchas; âmbar; porcelana da China; frutas tropicais. . .
>
> Para a Índia, exportavam tecidos; artigos domésticos (panelas, mesas, tapetes); medicamentos; sabão; papel; livros; metais; coral (artigo muito importante); queijo, açúcar, óleo de oliva. . . A Índia e a África exportavam principalmente matérias-primas e metais, enquanto o Oriente Médio entregava sobretudo artigos industriais e bens de consumo, parcialmente para uso dos ocidentais instalados na Índia e na África. A situação não deixa de apresentar analogias com as relações da Europa com seus domínios de expansão colonial nos tempos modernos. . .[45]

Isto posto, tudo leva a crer que as antigas colônias judaicas da Mesopotâmia tinham-se tornado o centro de um comércio internacional tão próspero quanto as da África do Norte. Infelizmente, para elas não existe nenhuma fonte semelhante à Gueniza do Cairo. Esta ainda nos fornece muitos indícios preciosos sobre a vida e os costumes dos judeus desse tempo. Assim, fica-se sabendo, por exemplo, que, ao contrário das opiniões recebidas, a monogamia constituía regra entre eles e que era expressamente estipulada nos contratos de casamento: é característico do *status* elevado da mulher judia da época que muitos desses contratos contenham uma cláusula segundo a qual o marido não pode partir em viagem de negócios sem o consentimento da mulher. É verdade que, naquele tempo, as viagens eram um empreendimento arriscado e prolongado; talvez essa cláusula possa ser comparada a outra indicação, segundo a qual as jovens judias do Iêmen, reputadas por sua beleza, constituíam para muitos viajantes um atrativo suplementar. . . Em todo caso, isso permite concluir pela existência, entre esses judeus orientais, de um sentimento de amor romântico completamente ignorado na época nos guetos austeros da Europa. Além disso, outros documentos informam que eles tendiam a desprezar, a considerar de origem inferior, seus infortunados irmãos europeus. . .

*

* *

Do que precede, seria errado concluir que a sorte dos judeus no Islã sempre foi florescente. Na parte oriental do império, houve perseguições esporádicas, que, aliás, sempre visavam aos *dhimmis* judeus

45. "The Cairo Gueniza as a Source for the History of Muslim Civilisation", de S. D. GOITEIN, em *Studia Islamica*, Paris, 1955, III, p. 80.

e aos *dhimmis* cristãos ao mesmo tempo. A mais conhecida, e talvez a mais cruel, foi a do califa fatímida Hakim, que em 1012 mandou destruir, no Egito e na Palestina, todas as igrejas e todas as sinagogas e proibiu a prática de qualquer outra religião que não fosse o Islã. É significativo que os historiadores muçulmanos não tenham conseguido explicar essa decisão de outro modo senão atribuindo-a à loucura que subitamente se teria apoderado dessa califa. Na parte ocidental, onde o cristianismo desaparecera desde o século XII, ao passo que o judaísmo vicejava (disparidade de sorte que nos lembra quão mais que o cristianismo estava o judaísmo instrumentado para viver sob dominação estrangeira), houve, no século XII, no tempo da dinastia dos almorávidas primeiro, na dos almóadas depois, perseguições ferozes das quais, como será visto mais adiante, os judeus não raro escapavam refugiando-se por algum tempo em território cristão (entre outros, foi o caso de Judá Halevi e da família de Moisés Maimônides). A esse respeito observou-se que não se tratava de dinastias árabes, pois ambas eram de origem berbere e que sua intolerância não passava da expressão do zelo fervoroso de recém-convertidos. A explicação vale o que vale: interpretações desse gênero parecem mais válidas no caso de príncipes pertencentes à seita xiita, intolerante desde sempre e por doutrina. De fato, constata-se que muitas das perseguições conhecidas foram efetuadas pelos xiitas: assim, as do Iêmen (uma delas, por volta de 1172, incitou Maimônides a redigir a epístola mencionada acima) e as de caráter endêmico na Pérsia, em passado ainda recente, conforme será visto adiante. Porém, acima de tudo, o que conhecemos é sem dúvida alguma bem mais magro do que o que ignoramos. A propósito, é característica a seguinte frase lacônica do cronista judeu espanhol Ibn Verga:

> Na grande cidade de Fez, houve uma grande perseguição; mas como não encontrei a seu respeito nada de preciso, não a descrevi com maiores detalhes[46].

Parece que os judeus foram englobados nas perseguições anticristãs do Egito mencionadas acima (segundo uma crônica muçulmana que data dessa época, eles teriam chegado até a suplicar ao sultão: "Em nome de Deus, não nos queimeis em companhia desses cães cristãos, inimigos nossos, bem como vossos; queimai-nos em separado, longe deles")[47].

Mas, em todo caso, seja qual for o número e a intensidade dessas atribulações, não será seu rol cheio de lacunas, estabelecido ao sabor das crônicas, que nos irá informar algo sobre a atitude íntima das massas muçulmanas em relação ao Infiel judeu. A esse respeito, os ofícios e modo de vida dos judeus, tais como acabamos de apresentar,

46. *Chevet Yehouda* de IBN VERGA, § 43. Cf. M. KEYSERLING, "Une persécution des Juifs à Fez", *R.E.J.*, 1889, 39, p. 315.

47. GHAZI IBN AL-WAZITI, *An Answer to the "Dhimmis"*, ed. por R. GOTTHEIL, *Journal of the American Oriental Society*, 1921, vol. 41, parte 4, p. 451.

o amplo leque de suas profissões opondo-se a uma situação de casta relegada a um único e humilhante ofício, já fornecem um indício eloqüente. O estudo da tradição do Islã, de sua literatura, de seus apólogos, lendas e contos, será ainda mais instrutivo sob esse ponto de vista. É essa viagem encantadora que iremos empreender agora, a fim de concluir.

*

* *

Os "sabeus", bem como os idólatras, desapareceram com grande rapidez no império islâmico. Face aos verdadeiros crentes, não houve mais do que cristãos e judeus. Pode-se entrever uma nuança, e de que natureza será ela, entre os sentimentos que os muçulmanos manifestavam a uns e a outros?

São raros os orientalistas que se propuseram a pergunta e, quando o fazem, não dão a mesma resposta. É assim que, segundo Francesco Gabrieli,

> o nome de *yahudi* adquiriu em bocas muçulmanas o mesmo ar de hostilidade desdenhosa que o termo "judeu" possuía no mundo ocidental, mais hostil e mais desdenhoso que o do epíteto *nasrani*, pois o cristianismo, formalmente situado no mesmo nível do judaísmo no que concerne ao tratamento de duas religiões rivais, beneficiava-se de um matiz de menor animosidade, não devido à maior afinidade doutrinária, mas à atitude mais conciliadora de Maomé para com os cristãos seus contemporâneos, que lhe haviam dado bem menos problemas do que os judeus de Medina. . .

Em compensação, para von Grunebaun,

> a tensão entre cristãos e muçulmanos era mais marcada do que entre judeus e muçulmanos, sem dúvida por causa do apoio ocidental com que os cristãos podiam contar. *As Mil e uma Noites* descrevem com eloqüência o ódio suscitado pelas cruzadas. . . No começo, as relações entre muçulmanos e cristãos foram bastante satisfatórias e muito melhores do que entre muçulmanos e judeus[48]. Mas, progressivamente, a situação inverteu-se. . .

Voltemo-nos então para as fontes, guiando-nos por uma máxima do inesquecível Marc Bloch:

> Em toda literatura, uma sociedade sempre contempla sua própria imagem.

Comecemos pelas *Mil e uma Noites*. Esse ciclo imenso, com temas tomados a todos os folclores orientais, compreende, entre outros, um certo número de contos judeus. As personagens postas em cena praticam seu culto à maneira muçulmana, sem dúvida para a maior edificação do auditório; mas levam o nome de filhos de Israel, e a ação parece tirada de velhos *midraschim* esquecidos. Não podemos resistir

48. F. GABRIELI, *Storia e Civiltà Musulmana*, Nápoles, 1947, p. 266; G. E. VON GRUNEBAUM, *Medieval Islam*, Chicago, 1946, p. 181.

ao prazer de reproduzir um deles em nota*. Existem muitos outros na mesma veia, onde o judaísmo é compreendido como o cúmulo exemplar da fé, estando Israel destinado por essa virtude a permanecer como uma lição entre as nações. Abstraindo-se esse papel, que é uma

* *O conto que se segue, intitulado* Os Pios Esposos, *foi traduzido por Raymond Schwab; cf. "Cinq contes inédits des Mille et une Nuits",* Évidences, *Paris, n. 57, maio de 1956.*

"Havia, entre os filhos de Israel, um homem muito pio e tímido. Ele e sua mulher ganhavam o pão fabricando leques e esteiras. Uma vez terminada a obra, o santo homem a levava pelas ruas e pátios para achar um comprador, depois voltava a sua morada a fim de se dedicar, como sua mulher, às preces, em jejum.

Tendo um dia passado diante da casa de um homem rico e de posição elevada, o pio esposo, que ainda era jovem e de aspecto externo agradável, foi notado pela senhora da casa que se apaixonou perdidamente por ele. Um dia em que o marido estava viajando, a senhora saiu, chamou-o com o pretexto de comprar as mercadorias, levou-o para dentro de casa, fechou a porta e lhe declarou seu amor.

O honesto homem tentou debater-se, mas a senhora redobrou a insistência.

– Eu te peço uma coisa – disse ele então.

– Só tens de dizê-lo.

– Eu te peço um pouco de água pura e a permissão de ir para cima fazer minhas abluções.

A senhora mostrou o caminho e deixou-o sozinho com um vaso cheio de água.

O homem fez suas abluções e rezou. A seguir, olhando para todos os lados, viu que o apartamento onde estava era muito alto. Contudo, o temor de desafiar os ensinamentos de Alá e desobedecer suas ordens deu-lhe coragem. Assim, ele se jogou do alto do terraço, mas Alá enviou um anjo que o carregou nas asas abertas e o depôs são e salvo em terra, sem nada sofrer.

Depois ele voltou, de mãos vazias, para sua mulher, que o esperava impacientemente, e contou-lhe tudo o que acabava de acontecer.

Os esposos fizeram suas abluções e preces. . .

Mal tinham terminado, e o telhado da casa abriu-se de um só golpe e por ele desceu um rubi enorme que iluminou toda a casa.

– Louvado seja Alá, louvado seja Alá! – exclamaram, transbordando de alegria.

Como já era fim de noite, eles se deitaram. A mulher sonhou que estava no paraíso, onde via dispostas muitas cadeiras.

– Mas a quem pertencem? – perguntou.

– São os tronos dos profetas e as cadeiras dos companheiros e dos devotos – responderam-lhe.

– A cadeira de meu marido onde estará entre essas?

Mostraram-lhe uma cadeira com um furo.

– Mas por que está furada? – perguntou, tristemente.

– O furo estava tampado pelo rubi que desceu pelo telhado de sua casa – explicaram-lhe.

A mulher acordou nesse instante, com lágrimas nos olhos, triste porque a cadeira do marido era imperfeita em meio às cadeiras dos outros companheiros. Ela comunicou essa mágoa ao marido e incitou-o a pedir a Deus que repusesse o rubi no lugar, 'pois', disse ela, 'lutar contra a fome e a humilhação pelo resto de nossos dias é menos duro do que ter uma cadeira imperfeita no paraíso'.

O pio esposo ergueu os braços para Alá; o rubi subiu aos céus sob os olhos deles. E viveram na miséria e na piedade até o dia em que o Eterno os chamou para junto Dele."

espécie de exclusividade judaica, muitos judeus e muitos cristãos aparecem nos contos de pura diversão, sem objetivos edificantes. Seu tratamento é então variado, e essas personagens são ora boas, ora más, sem que seja possível concluir por um juízo de preferência. Há judeus usurários ou mágicos pérfidos, como há outros que são *bons vivants* ou vizinhos serviçais; há cristãos valorosos ou cristãs adoráveis, como há traidores e covardes, ou feiticeiras horríveis. (Cf. a "Mãe das Calamidades" que aparece em mais de cem noites consecutivas.) Certo número de histórias têm como pano de fundo as guerras do Islã contra Bizâncio ou as lutas contra os cruzados; evocam então os exércitos cristãos com seus reis e valentes cavaleiros, enquanto que nunca mencionam exércitos judeus; tal é a principal nuança, que é muito natural. Em outro ciclo célebre, o de Antar, os belicosos "judeus de Kheybar" são postos em cena (lembrança das lutas que Maomé teve de sustentar em Medina); embora pérfidos, não lhes falta coragem; aliás, são aliados dos cristãos de Bizâncio[49].

Esse fato é excepcional; e não lhe falta um requinte psicológico, no juízo de Jahiz Hayawan:

> Entre os povos fracos, o orgulho é mais forte e mais difundido, mas seu estado de aviltamento e fraqueza impede que o demonstrem (só os sábios o conhecem); é o caso de nossos súditos do Sind e dos judeus protegidos por nós[50].

Eis ainda o *Al Mostatraf*, vasta enciclopédia popular, espécie de quarto de despejo, que corresponde ao mesmo tempo aos "Mementos Práticos", "Regras de Conduta" e almanaques de nossa época. Em vários pontos mencionam-se os infiéis e suas artimanhas, mas sem excessiva maldade. Assim, somos informados que, para pregar uma peça aos muçulmanos, um "rei de Rum" cristão decidiu abater o célebre farol de Alexandria, de mil côvados de altura. Procedeu da seguinte maneira: enviou ao Egito padres que fingiam querer abraçar o Islã; estes, de noite, enterravam tesouros perto do farol, que desenterravam de dia; todo o povo de Alexandria correu para cavar a terra em volta, de modo que o farol acabou desmoronando. Em outro trecho, trata-se de um judeu que, para prejudicar um vizir, falseou sua assinatura e fingiu manter, com os príncipes infiéis, uma correspondência prejudicial aos interesses do Islã; desmascarado, foi decapitado.

O capítulo "Da Fidelidade à Fé Jurada" dá como exemplo o rei-poeta judeu Samawal, que já simbolizava essa virtude na poesia árabe pré-islâmica. Há adágios que previnem contra os *dhimmis*: "Não confies nenhuma função nem a judeus nem a cristãos; pois, por sua religião, são pessoas que aceitam mata-bucho. . ." (capítulo "Da Percepção dos Impostos"), ou os estigmatizam: "Em geral, a maldição

49. Cf. B. HELLER, "Youscha al-akbar et les Juifs de Kheybar dans le roman d'Antar", *R.E.J.*, 1927, 84, pp. 113-135.

50. A. S. TRITTON, "Islam and the Protected Religions", *Journal of the Royal Asiatic Society*.

é permitida contra aqueles que possuem qualidades desprezíveis, como quando se diz: 'Que Deus amaldiçoe os maus! Que Deus amaldiçoe os infiéis! Que Deus amaldiçoe os judeus e os cristãos!...'" (capítulo: "De Saber Calar-se"). O capítulo que trata dos epigramas contém o seguinte: "...é muito comum que um pedaço de madeira seja partido em dois: metade para servir a uma mesquita e o que sobra para ser empregado nas latrinas de um judeu!" Vê-se que existe de tudo nessa enciclopédia. Para terminar, eis uma história sumamente imparcial, no capítulo "Da Proibição do Vinho":

Um cristão e um doutor do *Corão* se achavam a bordo de um barco. O cristão, de um odre que levava, despejou vinho numa taça e o bebeu, depois despejou de novo e o ofereceu ao doutor, que o tomou de suas mãos sem pensar. "Que minha vida possa servir de resgate para a tua", disse-lhe o cristão; "cuidado, é vinho". "E como sabes que é vinho?" "Meu servo o comprou de um judeu que jurou que era vinho." Aí o doutor bebeu a taça e disse ao cristão: "Tolo que és! nós, tradicionalistas, consideramos como incertos os testemunhos de... (seguem-se os nomes de alguns companheiros do Profeta) e iríamos dar fé ao testemunho de um cristão que relata um fato sobre a autoridade de um judeu! Por Deus! só bebi a taça em consideração à pouca fé que se deve conceder a esse tipo de testemunho![51]

É visível a grande variedade de matizes e situações que se encontram no folclore muçulmano. Como já foi dito, o apego dos judeus à lei de Moisés não passava de modo algum despercebido. Os autores julgavam então o fato conforme suas preferências e temperamento. Assim, um poeta faz a seguinte comparação: "O aparecimento do sol encanta-nos tanto quanto a chegada do sábado alegra os judeus".

O teólogo Ghazali elogiava a piedade dos judeus:

Vêde os judeus e sua tenacidade na fé, que nem ameaças, intimidações, insultos, nem admoestações, demonstrações e provas podem abalar.

O poeta livre-pensador Abul'-Ala, já citado, era-lhes menos favorável:

Tudo o que dizeis de Deus não passa de contos, velhas fábulas, artificiosamente inventadas pelos judeus.

O teólogo Ibn Hazm, num trecho que demonstra um excelente dom de observação, ridiculariza os rabinos itinerantes judeus:

...Os judeus estão dispersos do leste a oeste e do norte a sul. Quando uma de suas comunidades é visitada por um correligionário que vem de longe, este manifesta uma observância rigorosa e faz exibição de um excesso de precauções cerimoniosas; se ele mesmo é um doutor da lei, começa a ditar seus preceitos e a proibir isto e aquilo. Quanto mais ele complica a existência dos outros, mais estes exclamam: "Na verdade, eis um verdadeiro sábio!", pois é quem lhes impõe as abstinências mais rigorosas que passa, entre eles, por ser o mais sábio...[52]

51. *Al-Mostatraf.* Coletânea de trechos escolhidos sobre todos os ramos do saber considerados atraentes, de AHMAD AL-ABSIHI, trad. de G. Rat, Paris, 1889.

52. Abu Abd el-Rahman, cf. *Description de l'Afrique Septentrionale*, de EL-BEKRI, trad. Slane, Paris, 1859, p. 158; Abul-Ala el Ma'arri, cf. *Studies*

Cabe assinalar ainda que, fiéis aos ensinamentos do *Corão* sobre a caridade, seus doutores prescreviam que ela devia ser estendida aos infiéis. Disso é testemunha o apólogo que ornamenta um tratado jurídico do século IX, o *Kitab-el-Kharadj* (*Livro do Imposto Fundiário*):

O califa Omar, passando pela porta de um grupo de pessoas, viu ali parado um mendigo, que era um velho muito idoso e cego; parado por trás deste, o califa tocou-lhe o antebraço e lhe disse:

– Quem és tu?
– Sou um adepto da religião revelada.
– E de qual?
– Sou judeu.
– E o que é que te força a fazer o que estou vendo?
– Estou mendigando o montante da capitação e com que prover minhas necessidades e minha alimentação.

Então, Omar, tomando-o pela mão, levou-o para sua casa onde lhe deu algumas pequenas coisas; depois, mandou a seguinte mensagem ao guardião do Tesouro Público: "Olha este homem e seus semelhantes! Por Deus, não somos justos em relação a ele; depois de termos beneficiado de sua juventude, nós lhes infligimos a humilhação no período da decrepitude. Faz com que lhe seja dado algo dos dízimos dos muçulmanos, pois ele é daqueles que Alá chama de indigentes ao dizer: 'As esmolas são apenas para os pobres e os indigentes' " (*Corão*, I, X, 60) . . .; "os pobres são muçulmanos, mas este homem figura entre os adeptos de religiões reveladas indigentes" e exonerou da capitação esse velho e seus semelhantes[53].

Sabe-se que a tradição cristão ocidental contém muitas lições inesquecíveis de piedade exemplar; mas seria em vão que se procuraria nela uma figura de judeu pobre e digno de comiseração.

in Islamic Poetry, de R. A. NICHOLSON, Cambridge, 1921, p. 175; Ibn Hazm, cf. J. GOLDZIHER, "Proben muhammedanischer Polemik gegen den Talmud", em *Jeschurun*, Bamberg, 1873, t. IX, p. 44.

53. ABU YUSOF YA'KUB, *Le Livre de l'impôt foncier (Kitab al--Kharadj)*, trad. por E. Fagnan, Paris, 1921, p. 194.

Livro II: A ESPANHA

Em 1941, quando estava no auge a tormenta européia, um centro de história judaica, o Instituto Arias Montano, era solenemente inaugurado em Madrid. A nova instituição queria ser resolutamente apolítica: não se tratava nem de esboçar um gesto de simpatia em relação ao judaísmo perseguido, nem de plagiar um desses "Institutos de Estudos de Questões Judaicas" que os alemães, aliados do momento, então implantavam em todos os países da Europa subjugada. Tratava-se, para aquela Espanha de Franco, de se debruçar sobre seu longínquo passado. Perto de meio milênio após sua expulsão, os *sefardís* – *nosostros judios*, como se expressam os historiadores espanhóis – tornaram-se um dos principais temas da pesquisa histórica da Espanha. Constituíam também uma espécie de pedra-de-toque: a expulsão de 1492 foi *justa* ou *injusta*? – tal é a pergunta que não deixa em repouso a honra espanhola e cuja resposta varia em função das ideologias e das orientações. "Foi uma infâmia que macula nossa história nacional", exclamava em 1935 o Presidente Alcala Zamora e, a seguir, muitos livres-pensadores espanhóis. "Foi uma necessidade, nem boa, nem má, mas simplesmente inelutável", replicam os adeptos da ortodoxia católica. O que importa nesse debate é que o fato judeu se encontra no próprio centro de toda interpretação da história espanhola, pois os rabinos e os sábios de Israel foram os primeiros artesãos da cultura e da língua do país de Cervantes, e poder-se-ia dizer que o vazio que os judeus deixaram atrás de si marcou a Espanha com a mesma força que sua presença. "Ao mesmo tempo, eles foram a Espanha e não o foram absolutamente", observa Américo Castro. "Eles deixaram uma Espanha muito judaizada e partiram muito hispanizados", exclama Salvador de Madariaga, também acentuando a extraordinária epopéia dos exilados. De fato, estes deram provas, para com a antiga pátria de onde foram expulsos, de uma fidelidade de que a história humana sem dúvida alguma não oferece outro exemplo e cuja melhor prova continua sendo a língua que falam, esse *ladino* que não é outra coisa senão o castelhano da Renascença, transmitido de pai para filho, em Salônica ou em Marrakech, durante uma vintena de gerações, e venerado quase tanto quanto a *Torá* e os profetas. É esse o extraordinário fenômeno humano de que os capítulos subseqüentes tentarão dar contas, que nos fazem penetrar, através do denso terriço cristão da Espanha até seu subsolo judeu e muçulmano.

Primeira Parte: A ESPANHA DAS TRÊS RELIGIÕES

5. A Espanha Muçulmana

Pode-se encontrar, nos antigos historiadores árabes, certas alusões ao auxílio que os judeus espanhóis teriam fornecido aos conquistadores muçulmanos, quando da invasão de 711. Segundo uma versão citada não sem complacência pelos cronistas cristãos como Lucas de Tuy, desde fins do século VII os judeus estariam conspirando para derrubar, com o auxílio do Islã conquistador, o regime dos reis visigodos. Dadas as perseguições de que eram objeto desde a conversão ao catolicismo da dinastia reinante, a coisa não parece nada inverossímil. De seu lado, o historiador Ibn Haiyan garante que os judeus teriam aberto, para o General Tarik, as portas de Toledo, capital visigoda, abandonada por seus habitantes; o que parece certo é que, à medida que avançavam, os conquistadores árabes confiavam-lhes a guarda das cidades de que se apoderavam.

Assim como no Oriente um século antes, a conquista foi rápida e de uma facilidade desconcertante (as tropas de Tarik teriam contado com apenas 7 000 homens!). Como no caso oriental, alguns historiadores bradaram "milagre histórico". Na verdade, a extirpação da heresia ariana não se efetuara sem problemas, e o catolicismo não tivera tempo de lançar na Espanha visigótica raízes vigorosas. As mesmas causas que atuaram no Oriente devem, pois, ter facilitado a conquista árabe, e tanto mais quanto a dinastia reinante estava dilacerada por rivalidades intestinas, por um conflito que eclodira entre dois pretendentes ao trono. Acima de tudo, a política tradicional do Islã, os métodos já comprovados de dominação tolerante, de benevolência ligeiramente desdenhosa para com os *dhimmis*, permitiram-lhe aliciar logo vastas camadas da população. A monarquia visigótica desmoronou como um castelo de cartas; foi apenas nas montanhas do norte da Península que subsistiram alguns principados cristãos, Navarra, Leão e Galícia. Esses ninhos de resistência, bases da futura *Reconquista*, foram negligenciados pelos invasores, apressados, uma vez alcançados os Pireneus, em prosseguir sua marcha à frente. Rechaçados da Gália sob os últimos merovíngios, continuaram a manter-se solidamente na Espanha, aí se instalando por vários séculos e marcando-a com um selo indelével.

Somente em nossos dias é que o verdadeiro alcance dessa islamização da Espanha começa a ser plenamente compreendido. Conhece-se agora o papel decisivo da cultura hispano-mourisca na formação da filosofia, da ciência, da poesia, de toda a cultura da Europa cristã. Sua influência atingiu até os cimos do pensamento medieval, até a *Summa* de São Tomás de Aquino e a *Divina Comédia* de Dante. "Vários séculos antes que a Renascença fizesse jorrar de novo as fontes meio secas, o fluxo de civilização que se derramava de Córdova conservava e transmitia ao mundo novo a essência do pensamento antigo"[1]. (Mais adiante veremos o papel que os judeus espanhóis desempenharam nessa iniciação.) Quanto à Espanha em si, seus historiadores e pensadores ainda não terminaram de efetuar o balanço de tudo aquilo que o caráter nacional do país e seu gênio devem ao passado muçulmano. Esse legado permanece vivo: basta pensar na arquitetura espanhola, na tradicional expunção da mulher; ou lembrar que a exclamação tão evocadora, tão tipicamente espanhola de "Olé!" não passa de uma transliteração de *Alá*. Da mesma forma, o *Cid*, o senhor glorioso, vem de *Sidi**. (As palavras têm sua história. A fortuna internacional de *amiral*, almirante, esse outro empréstimo do árabe, é bem conhecida; menos conhecido, é que *cordonnier* (sapateiro), testemunha o prestígio que gozavam outrora os couros de Córdova. . .)

Por curiosa reversão na mesma época em que a dinastia siríaca dos omíadas desaparecia no Oriente (onde as influências bizantinas cederam lugar, no califado, às influências persas), um de seus rebentos conseguia tomar o poder na Espanha. Fugindo das perseguições dos abássidas, Abd al-Rahman, um neto do califa Hicham, logrou, em 756, apossar-se de Córdova; outros proscritos o seguiram, e os antigos clãs sírios tornaram-se a nova classe dirigente da Espanha árabe, que politicamente se emancipou de Bagdá a partir de então. A supremacia cultural subsistiu por mais tempo, só se esfumando no século seguinte. Diz-se que em 822 Abd al-Rahman II conseguiu atrair para sua corte o cantor Ziriyab, árbitro da elegância de Bagdá. Este, ao mesmo tempo que criava um conservatório de música, ensinava à nobreza muçulmana da Espanha as disposições dos repastos e as sutilezas da gastronomia, as boas maneiras no mobiliar a casa, no vestir-se e até mesmo no maquilar-se[2]. Uma requintada vida mundana desen-

1. Cf. SANCHEZ-ALBORNOZ, "L'Espagne et l'Islam", *Revue Historique*, 1932, t. 169, p. 5.

* *Corneille estava bem a par disso. "Pois Cid na língua deles equivale a senhor. . ." (*Le Cid, *ato IV, verso 1223.)*

2. Sobre Ziriyab e sua influência, ver E. LÉVI-PROVENÇAL, *Histoire de l'Espagne musulmane*, Cairo, 1944, t. I, pp. 188-190.

volveu-se em Córdova; intelectualmente ela também começou a competir com Bagadá. Abd al-Rahman II fundou uma biblioteca que, no século seguinte, contava com quase quatrocentos mil volumes. Filologia e direito, poesia e teologia brilharam com notável fulgor a partir do século X, cujo fim viu nascer, em Córdova, o ilustre Ibn Hazm, ao mesmo tempo príncipe dos poetas do Islã e grande teólogo. Em 929, enfim, Abd al-Rahman III arrogou-se o título supremo, até então reservado exclusivamente ao califa de Bagdá, o de califa e comandante dos crentes. Nessa época, Bizâncio procura a aliança com a poderosa Córdova, e o Imperador da Alemanha envia-lhe seus embaixadores. É preciso ler, no relatório da embaixada de João de Gorze, a descrição dos fastos de Córdova e da audiência concedida pelo califa, reinando "como uma divindade, ou quase"[3]. Em seu longínquo monastério de Saxônia, a poetisa Hroswitha fala de Córdova como "o ornamento do mundo"[4].

Encruzilhada de civilizações, Córdova era então um mosaico de raças, religiões e idiomas. Embora o árabe fosse a língua erudita e administrativa, dialetos romanos continuavam sendo a fala vulgar da maioria dos habitantes; houve mesmo pios ascetas muçulmanos que ignoraram, até o fim de seus dias, a língua de Maomé[5]. Em geral, os cristãos sob dominação árabe, os *mozarabes* participavam plenamente da civilização ambiente. Enquanto uma parte se converteu ao Islã, outra se impregnou da cultura oriental, embora continuando cristã. Os moçárabes formavam uma proporção importante, talvez a maioria da população; haviam conservado suas antigas divisões sociais, classe servil, clero e classe nobre, reivindicando origem gótica. Em cada província, eram representados e dirigidos por um chefe eleito, o *kumis* (também chamado *comes*, conde), por vezes um descendente dos reis visigóticos. Parece que não eram obrigados a usar uma insígnia especial. Com exceção de uma série de incidentes trágicos em meados do século IX, quando clérigos ávidos de martírio se empenharam em profanar publicamente o nome de Alá[6], quase não se viram expostos a perseguições.

Ocorreu o mesmo, no que concerne aos judeus. É verdade que, até o século X, as informações a seu respeito não são muito abundantes. Viajantes árabes nos dão a saber que, nas cidades principais, Córdova, Granada, Toledo, existiam bairros judeus; que seu número aumentava graças ao afluxo de judeus da África do Norte; que eram viajantes e comerciantes ousados e serviam de escribas aos chefes muçulmanos. As menções a judeus de Saragoça nas antigas crônicas francesas permitem concluir pela existência, desde essa época, de importantes comunidades às margens do Ebro. Uma observação do geógrafo

3. *Vie du bienheureux Jean de Gorze*, de JEAN, abade de Saint-Arnulphe. (Cf. LÉVI-PROVENÇAL, *Histoire de l'Espagne musulmane, op. cit.*, p. 383.)

4. LÉVI-PROVENÇAL, *La Civilisation arabe en Espagne*, Paris, 1948, p. 114.

5. Cf. R. MENENDEZ-PIDAL, *Orígines del español*, §§ 87-88.

6. Cf. LÉVI-PROVENÇAL, *op. cit.*, pp. 158-168.

al-Makdisi, confirmada por uma alusão do bispo cristão Liutprando, nos informa que os judeus se dedicavam ao comércio de escravos e que a cidade de Lucena, povoada em sua maioria por judeus, era especialista na castração de futuros eunucos (porém, para maior edificação dos cristãos, esse aspecto das atividades dos judeus espanhóis depois foi grandemente aumentado)[7]. De seu lado, o poeta Sa'id Ibn Sina cantava a Andaluzia como "o país onde as crianças e os judeus são indistintamente honestos e polidos"[8]. Ao acaso dos manuscritos árabes, fica-se sabendo que um músico judeu, Abu Nasr Mansur, contribuiu ativamente para que Ziriyab, árbitro da elegância, viesse para Córdova. Outro manuscrito assegura que as conversões ao Islã entre esses judeus eram numerosas. Eis o essencial que se sabe sobre eles; só em meados do século X é que emergem dessa névoa graças ao ministro e médico Hasdai ibn Schaprut, personagem das mais coloridas, a quem coube tornar-se o organizador dos judeus espanhóis e permanecer como seu símbolo.

Nascido de uma rica família de Córdova, Hasdai ibn Isaac ibn Schaprut, o Abu Yusuf dos cronistas árabes, assimilou desde tenra idade as principais ciências profanas de seu tempo. Inicialmente sobressaiu-se como médico; foi o inventor do *al-faruk*, panacéia que lhe deu grande fama. Abd al-Rahman III, o príncipe que se arrogou o título de Califa e que, no curso de um reinado glorioso e longo, fez de Córdova uma metrópole do Ocidente, vinculou-o a sua pessoa, também utilizando, segundo o costume, o *savoir-faire* e o prestígio de seu médico para missões diplomáticas de confiança. Nessa qualidade, Hasdai ibn Schaprut imiscuiu-se nas discórdias dos reinos cristãos do norte da Península. É preciso ler, em Ibn Khaldum, a história das brigas entre Fernan Gonzalez, conde de Castela, e seu sobrinho Sancho I, o Obeso, rei de Leão, e a descrição da maneira como o diplomata judeu, depois de ter curado Sancho I de sua obesidade, o ajudou a abater seu inimigo jurado e fez com que prestasse homenagem de vassalagem ao califa, seu senhor[9]. Hasdai também estava encarregado de receber as missões estrangeiras e desincumbiu-se habilmente dessa tarefa: "Jamais vi nem ouvi homem mais avisado do que esse judeu chamado Hasdai", dizem que exclamava João de Gorze, enviado do Imperador Otão, depois de ter tratado com ele[10].

Uma situação tão eminente na corte assegurava a Hasdai o controle da comunidade judaica e o título honorífico de *Nassi*. Assim como seu amo se emancipara definitivamente da supremacia de Bagdá,

7. Salo W. Baron atribui esse aumento às "fulminations of the churchmen against (the Jews)". Ver a discussão da questão em sua *Social and Religious History of the Jews*, Philadelphia, 1957, vol. III, p. 196.

8. S. W. BARON, *op. cit.*, vol. III, p. 148.

9. Segundo LÉVI-PROVENÇAL, *op. cit.*, pp. 324-332, a anedota deve ser considerada autêntica.

10. "Judeum quendam cui nomen Hasdeu, quo nemimem unquam prudentiorem se vidisse aut audisse nostri testati sunt. . ." (Cf. LÉVI-PROVENÇAL, *Histoire de l'Espagne musulmane, op. cit.*, t. III, p. 230.)

ele também procurou tornar o judaísmo espanhol independente da preeminência tradicional dos *gaonim* da Babilônia. Estimulou os estudos talmúdicos e rodeou-se de gramáticos e literatos (Moisés ben Schanoch, Menachem ben Saruk, Donach ben Labrat), esses mesmos cujos escritos fazem doravante com que os judeus da Espanha saiam da penumbra histórica. Esse mecenato não era sem dúvida de molde a desagradar o califa, e cabe pensar que Hasdai, imitando-o, agia como ministro e cortesão zeloso; mas tais iniciativas, que chegam oportunamente, abrem uma nova era[11]. O judaísmo espanhol toma impulso e, por sua vez, se arroga a supremacia para os séculos vindouros, tanto em relação a outras judiarias em terras do Islã, quanto em relação às judiarias ocidentais nascentes.

O nome de Hasdai ibn Schaprut também permanece ligado a sua célebre correspondência com Josef, o rei judeu dos *khazars*. Tendo sabido que existia, nalgum lugar do Oriente, um misterioso reino judeu, Hasdai despachou um de seus amigos para procurá-lo. Na carta que remeteu a seu mensageiro, descreveu, tendo em vista o Rei Josef, o país que administrava e sua história, não deixando de mencionar sua posição eminente na corte: todas as rendas do país e todos os fios diplomáticos, especificava ele, passam por suas mãos. Mas seu coração de judeu ficaria feliz de saber que existe no mundo um Estado judeu independente e pede informações sobre suas origens, importância e glória. "Eu desprezarei então minhas honras, deixarei minha posição e minha família, atravessarei montes e vales, terras e águas, para vir inclinar-me perante meu rei. . ."

A resposta dada pelo rei ou *khagan* Josef – documento outrora controvertido, mas cuja autenticidade é geralmente reconhecida hoje – descrevia, por sua vez, os povos e a história do lendário reino judeu às margens do Cáspio. "Também eu", concluía o soberano, "gostaria de saber como te conhecer, a ti e a tua sabedoria. Se isso pudesse ser feito, se jamais eu pudesse falar-te face a face, tu serias meu pai e eu seria teu filho. . ."

Personagem ainda mais fascinante do que Hasdai ibn Schaprut, Samuel ibn Nagrela, ministro do Rei Habus de Granada, marca o começo da Idade de Ouro dos judeus da Espanha. Estamos bem informados sobre esse homem de múltiplos dotes, graças sobretudo aos poemas de caráter autobiográfico que ele deixou[12]. O retrato que daí emana faz pensar num príncipe da Renascença, assim como a Espanha árabe, com suas guerras e intrigas, seu fracionamento político e sua efervescência intelectual lembram, sob tantos aspectos, a Itália do *Cinquecento*.

11. Segundo o cronista árabe Ibn Sa'id, Hasdai conseguiu emancipar os judeus da Babilônia graças à "amável intervenção" do Califa, que o ajudou a obter as obras dos judeus babilônicos (Cf. o texto de Ibn Sa'id publicado por J. FINKEL, *J.Q.R.*, 1927, XVIII, 1, p. 51).

12. O que se segue baseou-se principalmente nos dois estudos recentes dedicados a Ibn Nagrela por J. SCHIRMANN (*Jewish Social Studies*, 1951, XIII, 2, pp. 99-128) e por S. M. STERN (em hebraico, *Zion*, 1950, XV, pp. 135-145).

Abu-Ibrahim Samuel ben Iosef Halevi ibn Nagrela, para chamá-lo pelo nome árabe completo, nasceu em 939, filho de uma rica família judia de Córdova. Recebeu excelente educação, ao mesmo tempo judaica e árabe, como de costume. Profundamente devoto, desde tenra idade, estava convencido de que a mão de Deus o havia designado para altos destinos. "Eu me aterei a Tua mensagem como a uma espada; face às espadas inimigas, eu me apoiarei na Tua. . .", exclama ele num de seus poemas. Depois de uma juventude obscura e cheia de aventuras, conseguiu atrair a confiança de Habus (segundo a lenda, graças a sua escrita caligráfica; de fato, era mestre na arte prestigiosa e florida do formulário diplomático árabe.) Fato notável, o rei encarregou-o de comandar suas tropas em várias companhas. Mas esse homem de guerra judeu também se destacou nas polêmicas religiosas. Redigiu em árabe uma dissertação enumerando as diversas contradições internas contidas no *Corão*. Assim provocou a cólera de seu antigo amigo Ibn Hazm, o célebre teólogo andaluz, que o atacou com furor:

> Um homem ergueu-se, pleno de ódio por nosso Profeta. . . Sua alma desprezível está orgulhosa de sua riqueza; o ouro e a prata que transbordam de sua casa excitaram suas paixões vis; ele escreveu um livro para enumerar as contradições entre as palavras de Deus no *Corão*. . . Que o rei se afaste dessas pessoas impuras, malcheirosas, sujas e malditas, a quem Deus infligiu um rebaixamento, uma infâmia, uma degradação e uma vileza tais que nenhum outro povo conhece. Sabei que as vestimentas com que Deus os veste são mais perigosas que a guerra e mais contagiosas do que a lepra. . .[13]

Tais incitações contribuíram possivelmente para as desordens antijudaicas que eclodiram em Granada uma geração mais tarde. Mas o clima de tolerância muçulmana, ainda mais marcado pela descrença na Andaluzia que no resto do Islã, nessa época, ressalta dos louvores com que outros autores árabes cobriam Ibn Nagrela. Um deles, seu cortesão Munfatil, exclamava:

> Em vez de procurar satisfazer Deus abraçando a pedra negra de Meca, (os muçulmanos) deviam beijar tuas mãos; pois elas trazem sorte. Graças a ti, recebi aqui embaixo tudo o que desejava, e espero que, graças a tua intercessão, meus desejos serão acolhidos no outro mundo. Quando estou contigo e com os teus, freqüentemente confesso a religião que prescreve a observância do Schabat; quando estou com meu povo, eu a confesso às ocultas[14].

Os poetas andaluzes tinham às vezes outros motivos para amar o sábado, através dos judeus. "O que me fez amar o sábado", cantava Ibn az-Zaqaq de Alcira, "é que é o dia em que me faz companhia aquele a quem eu amo (isto é, o favorito judeu do poeta). Não é uma

13. Cf. E. GARCIA-GOMEZ, "Polêmica religiosa entre Ibn Hazm e Ibn al-Nagrila", *Al-Andalus*, 1936, vol. IV, pp. 1-28.

14. DOZY, *Histoire des Musulmans d'Espagne*, Leyden, 1932, vol. III, pp. 20-21.

das coisas mais extraordinárias que, sendo muçulmano e *hanif*, o melhor dia para mim seja o sábado?"[15]

Sem dúvida, o leitor contemporâneo irá preferir, a az-Zaqaq, o poeta Ibn Alfaxa, que dedicou uma ode fúnebre ao filho de Ibn Nagrela: "Para mim, a fidelidade é uma religião, e ela me ordena que chore este judeu"[16].

Um judeu, ministro onipotente, que é ao mesmo tempo chefe guerreiro, é decerto um fato excepcional na história da Dispersão. Um dia, depois de ter escapado de um grande perigo, Ibn Nagrela fez o juramento de redigir, como reconhecimento, um novo comentário ao *Talmud*. Manteve a promessa, e esse tratado, *Hilkhata gibarvata*, constituiu autoridade por várias gerações. Outra dessas obras, o *Mebo ha-Talmud*, ainda hoje é incluído nas grandes edições do *Talmud* babilônico[17]. Mas, no curso de suas guerras e de suas lutas, esse erudito doutor da Lei deu provas da mesma astúcia e da mesma crueldade que seus adversários. Num poema que destinou à tradicional leitura do sábado e à edificação das crianças, ele exortava os coveiros a cavar um túmulo particularmente profundo para o inimigo que acabava de abater. Numa epístola dirigida ao filho, aconselhava:

Anunciar com boca graciosa boas novas a seu inimigo,
Mas sempre desconfiar dele,
Engolir as injúrias que ele inflige
E traspassá-lo com um só golpe de espada, no momento propício. . .[18]

Era esse o homem que, julgando o título costumeiro de *Nassi* ou chefe dos judeus como indigno dele, substituiu-o pelo de *Naguid* ou príncipe, e cuja autoridade, unanimemente reconhecida pelos judeus da Espanha, estendia-se além fronteiras. Ele mantinha correspondência com os sábios judeus da Babilônia e protegeu os rabinos mais apreciados de seu tempo, bem como o ilustre filósofo Ibn Gabirol. Falecido em 1058, seu filho Jossef ibn Nagrela sucedeu-o no cargo. Mas a fortuna dessa família judia suscitava de há muito o descontentamento dos invejosos. Êmulo de Ibn Hazm, o poeta Abu Ishak de Elvira exclamava:

O chefe desses macacos enriqueceu sua casa com incrustações de mármore; mandou construir fontes de onde corre a água mais pura e, enquanto nos faz esperar à sua porta, zomba de nós e de nossa religião. Se eu disser que é tão rico quanto vós, meu rei, diria a verdade. Ah! apressai-vos em esganá-lo e ofertá-lo em holocausto, sacrificai-o, é um carneiro gordo! Não poupeis tampouco seus parentes e seus aliados; também acumularam imensos tesouros. . .[19]

15. H. PÉRÈS, *La poésie musulmane en arabe classique au XI*[e] *siècle*, Paris, 1937, p. 268.

16. S. MUNK, *Notice sur Aboulwalid*, p. 105, em GRAETZ, VI, p. 59.

17. Cf. S. DUBNOV, *op. cit.*, vol. IV, pp. 241-242.

18. *Divan*, de SAMUEL HA-NAGUID, ed. D. S. Sassoon, n. 403, Oxford, 1934.

19. R. DOZY, em *Recherches sur l'histoire et la littérature de l'Espagne*, Leyden, 1860, t. I, p. 299.

Em 1066, durante uma breve insurreição popular, Jossef ibn Nagrela foi crucificado pela multidão enraivecida e grande número de judeus foram assassinados; parece que os sobreviventes tiveram de deixar Granada por algum tempo.

Os escritos judeus e árabes da época são ricos em detalhes sobre a carreira e feitos de heróis judio-muçulmanos como Hasdai ibn Schaprut ou os Ibn Nagrela, mas a vida social e econômica dos judeus da Espanha é menos conhecida. Por vezes, uma fonte rabínica vem projetar algum clarão instrutivo: assim, esse *Responsum* de Maimônides, de onde se depreende que existia, nalgum lugar da Espanha, uma mina ou fundição de prata pertencente a vários associados judeus e muçulmanos, cujos rendimentos ou proventos vinham, na totalidade, nas sextas-feiras aos sócios judeus e nos sábados aos muçulmanos[20]. A inesgotável *gueniza* do Cairo contém, entre outros, documentos referentes às relações comerciais entre os judeus do Egito e os da Espanha árabe[21]. É certo, de outro lado, que a proximidade da Europa cristã contribuía singularmente para a prosperidade desses intermediários naturais entre as duas civilizações, que eram os judeus. Também, desde o século IX, a comunidade judaica de Saragoça no Ebro, não longe da fronteira francesa, aparece em vários documentos históricos; por volta de 825, o Imperador Luís, o Pio, concede um privilégio ao mercador Abraham de Saragoça; em 839, é em Saragoça que se refugia e se faz circuncidar Bodo, o diácono do imperador, convertido ao judaísmo[22] (testemunho suplementar do prestígio social do judaísmo espanhol nessa época). Dois séculos mais tarde, após o desmoronamento do califado de Córdova, Saragoça e sua vizinha Tudela, igualmente no Ebro (cidade natal dos grandes pensadores Judah Halevi e Abraham ibn Ezra) tornam-se durante algum tempo as principais sedes da cultura judaica. O rei de Saragoça al-Muktadir tem como ministro o judeu Hasdai Abu Fadl, grande apreciador de filosofia e poeta eventual; versificava de preferência em língua árabe e, no fim, converteu-se ao Islã. Nessa época existia na cidade uma escola filosófica judio-árabe que surgiu sob a proteção de Iekutiel Hassan, um predecessor de Abu Fadl (no reinado de Mundir II). O cronista árabe Ibn Sa'id, chamado Said de Andaluzia (talvez um aluno de Ibn Hazm), enumerava, por volta de 1060, cinco pensadores judeus de Saragoça que ele achava dignos de menção, e seus comentários são um testemunho a mais da informação precisa e da clareza de opiniões de que deram prova tantos antigos autores árabes. Ele se expressa da seguinte maneira:

> ...A nação judia, excluindo-se todas as outras nações, é a morada do profetismo e a fonte do apostolado. A maior parte dos profetas – que Deus

20. *Responsa*, de MAIMÔNIDES, n. 134.

21. S. D. GOITEIN, "The Cairo Geniza as a Source for the History of the Muslim Civilisation", *Studia Islamica*, 1957, III, p. 77.

22. ARONIUS, *Regesten*, n.ºs 83 e 103. Sobre a conversão do diácono Bodo, ver meu volume anterior, *De Cristo aos Judeus da Corte*, p. 30

os abençoe e que a paz esteja com eles – dela saiu. Essa nação vivia na Palestina. Foi nesse país que viveram seu primeiro e seu último rei, até que foram banidos pelo imperador romano Tito, que destruiu seu reino e os dispersou em todas as direções, de modo que não há lugar do mundo habitado onde não se encontrem judeus, quer se trate do Leste, do Oeste, do Norte ou do Sul... Quando foram dispersados em todas as direções e começaram a misturar-se às outras nações, vários dentre eles dedicaram-se às ciências especulativas e deram provas de muito zelo pela pesquisa intelectual, de modo que alguns conseguiram coroar de sucesso suas pesquisas em vários domínios da ciência...[23]

Deve-se convir que essa descrição dos judeus feita por Ibn Sa'id continua plenamente válida!

Entre os pensadores judeus de Saragoça enumerados por esse contemporâneo sagaz, figura o ilustre Ibn Gabirol, autor do tratado filosófico *Mekor Haim* (*Fons Vitae*; chegou até nós em sua tradução latina). Suleiman ben Iahia para os muçulmanos, Ibn Gabirol tornou-se Avicebron para os cristãos e, com esse nome, influenciou profundamente a escolástica da Idade Média*. Considerando-se os pontos de vista reinantes entre os filósofos árabes da época, Ibn Gabirol pertencia à escola neoplatônica. Dentre os principais teólogos cristãos que se inspiraram nele, cumpre citar Guilherme d'Auvergne, que pensava ser ele cristão e o chamava de "príncipe dos filósofos"[24], bem como Duns Scotus. No pensamento judeu, em compensação, seu sistema, dificilmente compatível com as concepções fundamentais do judaísmo, devido ao panteísmo nele subjacente, não deixou traços, exceto entre certos cabalistas (tentou-se também achar ecos de suas idéias em Spinoza)[25]. Ibn Gabirol (que, aliás, compôs igualmente admiráveis poemas sinagogais) foi chamado, pelo historiador Gräetz, de "primeiro filósofo da Idade Média européia"[26]; em todo caso, foi o primeiro judeu do Ocidente a ser um filósofo na plena acepção da palavra e a elaborar um sistema original. Vê-se que, de um modo característico para a abertura de espírito do judaísmo espanhol, para a sua mentalidade de algum modo "moderna", o primeiro dentre seus filhos ilustres fecundou o pensamento universal, embora permanecendo estéril para o pensamento judaico, no sentido estrito do termo.

Seu contemporâneo, o médico Isaac ibn Saktar, chamado Itzhaki, submetendo as Escrituras à crítica da razão (pesquisa, como já vimos,

23. Ver o texto de Ibn Sa'id citado acima, *J.Q.R.*, XVIII, 1, p. 48; ver também SA'ID AL-ANDALUSI, *Livre des catégories des nations*, ed. R. Blachère, Paris, 1935.

* *Foi apenas por volta de 1850 que o orientalista Salomon Munk pôde estabelecer que ben Iahia, Avicebron e Ibn Gabirol eram um único personagem.*

24. "Unicus omnium philosophantium nobilissimus." "Eu acredito que Avicebron era cristão", escrevia Guilherme d'Auvergne, "pois a história nos ensina que, numa época bem recente, todo o Império dos Árabes esteve subordinado à religião cristã..." Cf. J. GUTTMANN, "Guillaume d'Auvergne et la littérature juive", *R.E.J.*, 1889, 36, p. 248.

25. Cf. J. MILLAS VALLICROSA, *Selomo ibn Gabirol como poeta y filosofo*, Madrid, 1945. p. 88.

26. GRAETZ, VI, p. 41, nota 1.

bastante freqüente nas terras do Islã), observou que o trecho do livro da *Gênesis* onde são mencionados os reis de Israel (36, 31) deve ter sido redigido por outra mão que não a de Moisés, o qual morreu muito antes; argumento que será retomado pelos primeiros "espíritos fortes" da Idade Moderna, quando abordarem as Santas Escrituras. Considerações da mesma ordem foram desenvolvidas no século seguinte pelo grande Abraham ibn Ezra, espírito universal, matemático e teólogo, poeta e astrólogo; ele foi o primeiro exegeta a dar a entender que o livro de Isaías é obra de dois autores diferentes. Esse espírito curioso, racionalista e místico ao mesmo tempo, desempenhou, na história do pensamento ocidental, um papel de primeiro plano. Com efeito, esse eterno errante, que passou a maior parte de sua existência na Itália, França ou Inglaterra, durante suas peregrinações ensinou matemática, exegese bíblica e ação oculta dos astros; de modo que seus tratados de astrologia, recopiados e traduzidos para todas as línguas, contribuíram para popularizar seu nome e para propagar na Europa os princípios da razão crítica[27].

Os autores judeus dessa época serviam-se de preferência do árabe para seus escritos filosóficos e do hebraico para os poemas; com exceção das artes plásticas, descuradas pelos judeus como o eram pelos árabes, em virtude da proibição bíblica, cultivavam todas as artes profanas. As correntes tradicionais do pensamento judaico encontraram, também elas, ilustres representantes. Assim, Alfassi (Isaac de Fez) compôs um manual de direito talmúdico que completou os trabalhos dos *gaonim* de Babilônia e que foi adotado por todos os rabinos da Espanha. Bahya ibn Paquda redigiu um célebre manual de ascese, o *Tratado dos Deveres do Coração*, calcado nos preceitos da mística muçulmana, "numa medida inédita mesmo na literatura medieval dos teólogos"[28], mas cujas repercussões alcançaram os judeus asquenazitas do Norte.

Constata-se assim, entre os judeus da Espanha, a coexistência de preocupações tradicionais com uma forte corrente universalista ou assimilacionista, aliás como aconteceu alhures nas terras do Islã. O polemista Ibn Hazm assegurava mesmo que, "embora estando convencidos da verdade do Islã, os chefes dos judeus não querem confessá-lo, por orgulho ancestral e por vontade de dominação temporal; eu o observei em muitos de seus grandes"[29]. Seja como for, o desdém pelo patrimônio próprio e a imitação servil dos árabes caracterizaram muitos letrados judeus. Testemunha-o o *Livro da Consideração e das Lembranças*, escrito em árabe pelo grande poeta Moisés

27. GEORGE SARTON, em sua *Introduction to the History of Science* (Washington, 1931), fazia remontar a Abraham ibn Ezra o período de predominância européia na história do pensamento exato.

28. G. VAJDA, *Introduction à la pensée juive du Moyen Age, op. cit.*, p. 86.

29. Cf. I. GOLDZIHER, "Proben muhammedanischer Polemik gegen den Talmud", *Jeschurun, Zeitschrift für die Wissenschaft des Judentums*, Breslau, 1871, vol. VIII, p. 78.

ibn Ezra, para lutar contra tais tendências[30]. Com razão, ele põe aí o acento no principal sintoma da assimilação, o abandono da *língua* hebraica. Ele verifica que "o hebraico foi esquecido, foi corrompido, porque seu emprego caiu em desuso", que "sua beleza desapareceu e que não é apreciado por causa de sua sobriedade e seu léxico sumário". Vê-se que a apologética de Moisés ibn Ezra permanecia bastante tímida. Sua conclusão, principalmente, é característica:

> Tudo que escrevi até aqui, eu o considero como uma introdução para deixar o leitor em condições de compreender o que vou dizer agora. As figuras de estilo de que falei se enquadram perfeitamente com o hebraico; mas também existem figuras que nossa língua não pode assimilar, ela não é capaz de fazê-lo e é por isso que não podemos imitar em tudo a literatura árabe...
>
> Que os árabes então não critiquem nossas Escrituras Sagradas; que não pensem que não levamos em conta as regras árabes; nem que só a língua árabe dispõe de frases e palavras admiráveis; nem que a língua hebraica é desprovida de todas essas coisas. Embora nossas Escrituras Sagradas não conheçam certas regras da poesia árabe, encontram-se nelas vários elementos que refletem a maioria dessas regras...

Citemos também essa bonita historieta que Moisés ibn Ezra relata em outra passagem de seu tratado:

> Uma vez, quando era jovem, em meu país natal, um dos mais renomados sábios muçulmanos (era um de meus amigos e benfeitores), grande conhecedor de sua religião, pediu-me que recitasse em árabe os dez mandamentos. Eu logo compreendi sua intenção, que não era outra senão rebaixar o seu modo de expressão. Eu lhe pedi portanto que recitasse em latim (que ele conhecia solidamente) a primeira surata do *Corão*. Ele tentou fazê-lo, e percebeu como um modo de expressão defeituoso desfigurava a beleza do texto. Então compreendeu a razão de meu pedido e não reiterou o seu.

Moisés ibn Ezra estava bem equipado para tornar-se o campeão do judaísmo junto às letras da época. Ele era, ao mesmo tempo, "grande erudito na Lei e nas ciências gregas"[31]; em seus escritos, cita com muita pertinência Sócrates e Platão, Diógenes e Aristóteles. Acima de tudo, foi, cronologicamente, o primeiro dos grandes poetas judio-espanhóis.

Deter-nos-emos mais longamente em seu ilustre amigo Judah Halevi, porque o homem simboliza seu tempo, porque sua vida e sua obra fazem ressaltar, com ainda maior clareza, a situação e os problemas vitais de um judeu espanhol da época áurea.

Nascido em Tudela[32] por volta de 1070 ou 1075, Judah Halevi levou uma existência aventurosa, sobre o pano de fundo das guerras e problemas de seu tempo. A primeira metade de sua vida transcorreu

30. O que se segue foi baseado principalmente em M. DIEZ MACHO, *Mose ibn Esra como poeta y preceptista*, Madrid, 1953.

31. ABRAHAM IBN DAVID, *Sefer ha-Kabbala*, ed. Neubauer, p. 176.

32. De acordo com a tradição, Judah Halevi nasceu em Toledo. As pesquisas de H. Schirmann mostraram que sua cidade natal era Tudela, devendo-se a confusão à semelhança das grafias e às longas estadias do poeta em Toledo.

nos reinos muçulmanos do Nordeste e do Sul da Península onde exerceu a arte médica; a invasão da Andaluzia pelos almorávidas vindos do Marrocos levou-o, no começo do século XII, a buscar refúgio na Castela cristã. Numa carta que data dessa época de sua vida, descreve os senhores cristãos, "gigantescos e duros", com quem lida: "Eu trato de Babel, mas ela continua enferma". De resto, são numerosas as elegias em que a alma sensível do poeta procurou interpretar as peregrinações de Israel através de sua própria vida errante. "Existe um único lugar, a leste ou a oeste, onde poderemos repousar nossa cabeça? . . .Quanto tempo ainda, meu Deus, serei devorado pelas chamas ardentes, entre Edom e Ismael, aos quais Tu fizeste meus juízes?. . ."

Nessa época, era protegido por Josef ibn Ferrusel, chamado Cidello (o pequeno Cid), ministro e favorito de Afonso VI de Castela, um dos primeiros dignitários judeus a tomar em mãos, como verdadeiros prefeitos do palácio, os destinos da Espanha cristã. Um poema bilíngüe que Halevi lhe dedicou, uma *muwaschaha*, tem o último verso em castelhano, mas transcrito em caracteres hebraicos:

Responde, mio Cidello! venid
con bona albixara
como rayo de sol exid
en Guadalajara*.

Assim, o príncipe dos poetas judeus é também o mais antigo poeta lírico espanhol cujo nome chegou até nós[33].

A seguir, talvez depois do assassinato, em 1108, de seu amigo Salomon ibn Ferrusel, o sobrinho do Cidello, voltou à Andaluzia muçulmana. Seu coração não parece ter lá encontrado paz. A busca mística que sustentava sua alma visionária inspirou-lhe enfim uma decisão tão insensata aos olhos dos que o cercavam, quanto plena de sentido para a posteridade distante; resolveu instalar-se na Terra Santa, que, fazia alguns anos, estava em mãos dos cruzados. Seus amigos, como filósofos esclarecidos, parecem que se esforçaram por dissuadi-lo. Ele apostrofava um deles:

Tuas palavras chegaram até mim (. . .)
Mas seu mel dissimula espinhos.
Tu dizes que nada temos a fazer em Jerusalém
que se encontra em mãos perversas e incircuncisas.
Não devemos reverenciar a casa de nosso Deus?
Devemos pois preocupar-nos apenas com nossos amigos e nossa família?
(. . .) Reflete, meu amigo, reflete e observa,
evita as armadilhas e as emboscadas,
não te deixes seduzir pela ciência dos gregos
que produz flores mas não dá frutos. . .

* *"Responde, meu pequeco Cid! vem/ com boas alvíssaras/ como raio de sol surgido/ em Guadalajara" (N. dos T.).*

33. Cf. R. MENENDEZ-PIDAL, "Cantos Romanicos Andalusies", em *Boletin de la R. Academia Española*, 1951, XXXI, pp. 187-270.

Ele partiu por volta de 1140. A viagem, os perigos do mar inspiraram-lhe alguns de seus mais belos poemas. Mas não parece que chegou a porto seguro. Sabe-se que ficou longos meses no Cairo e em Alexandria, festejado e mimado por seus admiradores. Em seguida, seu rastro se perde (a versão segundo a qual ele foi morto por um cavaleiro sob os muros de Jerusalém não passa de lenda).

A mensagem poética de Judah Halevi, e até sua própria biografia, foram, portanto, as de um porta-voz da aspiração milenar de Israel. Mas, por sua cultura e seu estilo, remanesceu um filho de sua época. Nada de mais revelador a esse respeito do que o grande tratado que redigiu para lutar contra os estragos da assimilação, intitulado em árabe *Livro da Prova e do Argumento para a Defesa da Religião Rebaixada*, porém mais conhecido pelo nome de *El Kuzari*.

Judah Halevi foi um contendor da filosofia escolástica; e um dos sábios exegetas contemporâneos do *Kuzari* H. Wolfson)[34] chega até a chamá-lo de precursor do pensamento contemporâneo. Outrora o alemão Herder comparou a obra aos diálogos platônicos. De fato, trata-se de um diálogo e não apenas do ponto de vista da forma, como também segundo o espírito que o anima. Os dois principais interlocutores, o *Haver*, o sábio judeu, e o rei dos *khazares* que deve ser convencido da excelência do judaísmo, falam a mesma língua, sua dialética é a mesma, como se tivessem sido alimentados pelos sumos da mesma cultura, a ponto de haver quem entrevisse na obra largos empréstimos de Santo Agostinho[35].

Discussão teológica, o *Kuzari* reflete naturalmente todos os debates que ocorriam nesse tempo, sendo possível discernir nele influências do pensamento grego e da teologia muçulmana, principalmente a do ilustre Shazali; ela gira longamente em torno da questão de saber se o universo foi criado ou se preexistiu desde sempre. Mas, uma vez prestado esse tributo aos grandes problemas filosóficos que preocupavam a época, o *Haver* faz-se historiador e apologista. Em particular, atribui ao judaísmo a supremacia intelectual em todos os domínios do conhecimento, na medicina e nas outras ciências da natureza, na astronomia e na música; repetidas vezes volta a isso; é por engano, insiste ele, que se atribui aos gregos e aos romanos a descoberta das leis e dos preceitos que o Rei Salomão já conhecia por sua virtude divina. (Um Flávio Josefo não raciocinava de outro modo; e, de maneira mais atenuada, certos apologistas modernos fazem o mesmo sob nossos olhos.)

Eis outros argumentos. Como conciliar, aos olhos dos céticos (judeus ou não-judeus), a eleição de Israel com sua dispersão e o

34. "O pensamento contemporâneo, todo o movimento pragmático, pode encontrar suas visões previstas nas discussões de Halevi..." (H. WOLFSON, "Maimonides and Halevi", *J.Q.R.* (N.S.), 1912, II, pp. 297-337).

35. Segundo I. Baer, o grande historiador do judaísmo espanhol, vários trechos do *Kuzari* foram emprestados da *Cidade de Deus*. (Cf. sua *Histoire des Juifs de l'Espagne chrétienne "Toldot ha-Ychudim bi-Sfarad ha-Notzrot"*), Tel-Aviv, 1945, pp. 53 e 313, nota 58.)

estado de rebaixamento que o Eterno impõe a seu povo há séculos? O *Haver* lembra que os triunfos terrestres não podem servir de critérios para a verdade, nem para cristãos, nem para muçulmanos, pois tanto uns quanto outros dedicam-se a glorificar a humildade (a paixão de Cristo ou a dos companheiros do Profeta) e acautelam contra o orgulho dos poderosos deste mundo. Do mesmo modo, eles detêm uma parcela de verdade. Quer dizer que, ao longo de toda a polêmica, que prossegue num clima de cortês honestidade intelectual, o *Haver* atribui o que é devido ao valor ético do cristianismo e do Islã. E a eleição de Israel, a seus olhos, é benéfica para os não-judeus, bem como para os judeus; pois, detentor da verdade revelada, Israel a irradia, de alguma forma, para todos os outros povos; sua dispersão

é um secreto e sábio desígnio de Deus; assim como a sabedoria oculta na semente enterrada no solo onde, invisível ao olhar, ela parece fundir-se com a terra e a água; mas, afinal, a semente transforma terra e água em sua própria substância, purifica os elementos e dá fruto... Assim, as nações preparam o caminho para o Messias esperado, que é o fruto, pois todos serão Seu fruto, e se elas O reconhecem, todas não serão mais do que uma única árvore... (IV, 23).

Esse é um dos aspectos mais interessantes de Judah Halevi, característico do pensamento judeu em geral, quando é elaborado no seio de um judaísmo amplamente aberto para o mundo externo; então a tônica é colocada mais no significado que "os sofrimentos de Israel" apresentam para todos os homens, na missão universal que incumbe ao Povo Eleito[36].

Concepções como essa amiúde anunciaram o dobre de finados desse judaísmo. Na Andaluzia, a idade de ouro não ia mais durar muito tempo. Em 1147, a região foi invadida pelos almóadas do Marrocos, intolerantes, sectários, impondo o Islã à força, e os judeus que não se resignaram à condição humilhada e perigosa da *Anussiut* tiveram de abandoná-la pelos céus mais clementes de Castela, Aragão ou Provença. Pouco se sabe quanto ao destino dos que ficaram; nenhum historiador se debruçou ainda sobre suas vicissitudes. Por um lado, segundo uma crônica árabe, eles desempenharam um papel de primeiro plano, quinze anos depois, no curso de uma insurreição abortada contra o regime dos almóadas. Por outro lado, Ibn Aknin (o discípulo preferido de Maimônides) assegura que despendiam grandes esforços para agradar aos almóadas e continuaram até mesmo a seguir os ritos do Islã quando a coação terminou; mas que, a despeito disso, menosprezados, não eram vistos com bons olhos pelos muçulmanos. Efetivamente, por duas vezes, no começo do século XII, esses conversos foram obrigados ao porte de uma insígnia distintiva[37]. Cabe supor que tenham constituído uma espécie de comunidade ao mesmo tempo judaica e muçulmana, semelhante às seitas des-

36. Cf. as considerações tecidas sobre esse assunto por H. J. ZIMMELS em seu estudo *Ashkenazim and Sephardim*, Londres, 1958, cap. "Difference in Weltanschauung", pp. 233 e ss.

37. Cf. *Jewish Encyclopedia*, verbete "Almohades", vol. I, p. 432.

critas no capítulo anterior. O que poderia explicar como Ibrahim ou Abraham ibn Sahl, de Sevilha, pôde ser, ao mesmo tempo, o chefe da comunidade judaica e um dos poetas árabes mais conhecidos e mais licenciosos de sua época[38].

Quando, no meio do século XIII, a queda da dinastia dos almóadas tornou inútil a dissimulação, não se acha traço de um retorno maciço ao judaísmo. Ibn Aknin comparava a *Anussiut* a uma doença incurável, continuando os judeus da Andaluzia contaminados por ela, vinculada a eles, "como a fumaça segue o fogo, como a sombra segue a agulha do mostrador solar"[39]. Mas uma comunidade judaica declarada se recompôs em Granada. No século XIV ali vicejou o médico Abraham ibn Zarzal, um amigo do ilustre Ibn Khaldum; a seguir ele passou para o serviço do Rei Pedro I, o Cruel, de Castela. Em 1391, durante os grandes morticínios que ensangüentaram a Espanha cristã, um certo número de judeus refugiou-se em Granada. Em 1465, um viajante egípcio mencionava, entre os homens eminentes que ali conhecera, o médico de Málaga, Moisés ibn Samuel ibn Iahudah, e elogiava sua sabedoria[40]. Málaga contava quatrocentos e cinqüenta judeus quando foi tomada, em 1487, pelos exércitos dos Reis Católicos; aprisionados, foram redimidos pelos judeus de Castela[41]. Em 1492, na capitulação de Granada, o pacto de rendição estipulava que os judeus poderiam exercer seu culto e gozar dos mesmos direitos que os muçulmanos. Mas três meses mais tarde, tiveram de seguir para o exílio definitivo com os judeus da Espanha cristã.

38. "Dabei war er wie ausdrücklich bezengt wird, Vorsteher der jüdischen Gemeinde von Sévilla. . ." (GRAETZ, VII, 98). Millas Vallicrosa descreve esse dignitário como um "impenitente cantor de efebos, al gusto arabo" (*Poesia Sagrada Hebraico-española*, p. 118, nota 3).

39. A. HALKIN, "A História das Apostasias na Época dos Almóadas" (em hebraico), em *Joshue Starr Memorial Volume*, Philadelphia, 1955, pp. 101-110.

40. G. LEVI DELLA VIDA, "Il regno di Granata nel 1465-1466 nei ricordi di un viaggiatore egiziano", *Al-Andalus*, 1933, I, p. 309.

41. I. BAER, *Die Juden im christlichem Spanien*, t. II, n. 367.

6. A Reconquista

As primeiras informações seguras sobre os estabelecimentos judeus na Espanha cristã do Norte remontam ao século IX[1]. Delas se depreende que os judeus ali gozavam do mesmo prestígio e da mesma situação privilegiada que na França carolíngia. Uma comunidade florescente já existia em meados do século IX nas fronteiras de Barcelona. Ela mantinha relações com o *gaon* Amram de Babilônia, que, por volta de 870 ou 880, mandou para a Espanha um *sidur* (ritual de orações) redigido por ele. Na mesma época, o Imperador Carlos, o Calvo, encarregava um judeu chamado Judas ou Judacot ("*Judas hebreus, fidelis noster*") de levar uma mensagem e uma soma de dez libras de prata ao Bispo Frodoíno de Barcelona. Os raros documentos e contratos dos século IX e X nos informam que nas Astúrias, em Leão e na Castela, bem como nas fronteiras dos Pireneus, os judeus se dedicavam ao comércio, vendiam e compravam terras e cultivavam-nas eles mesmos, em perfeito pé de igualdade com os cristãos. Sob esse aspecto, é característico um artigo do *fuero* (código de costumes) de 1020 do reino de Leão, segundo o qual, se um lavrador quiser vender uma casa que construiu em solo de outrem, a estimativa do preço deve ser feita por quatro avaliadores probos, sendo dois cristãos e dois judeus. Até na longínqua Coimbra encontra-se

1. As seguintes descrições da condição dos judeus na Espanha cristã da Idade Média basearam-se, em grande parte, nas pesquisas de Itzhak Baer e especialmente nas duas coletâneas de textos publicadas por ele (*Die Juden im christlichen Spanien*, t. I: *Aragon*, Berlim, 1929; t. II: *Castille*, Berlim, 1936), bem como em sua história (em hebraico) dos judeus da Espanha cristã (Tel-Aviv, 1945). De agora em diante, essas obras serão designadas respectivamente por BAER, I, BAER, II e BAER, *Toldot*. . .

menção, por volta de 900, de um judeu proprietário de uma aldeia (*curtis*). Como se verá adiante, o *wergeld*, o preço do sangue devido pelo assassinato de um judeu, algumas vezes era o mesmo que o estipulado pela vida de um cavaleiro ou clérigo. A partir da segunda metade do século XI, graças a essa cruzada espanhola *sui generis* que foi a *Reconquista*, a condição dos judeus na Espanha cristã fica ainda melhor, e o papel deles, longe de declinar, cresce de importância.

Enquanto que, na Europa propriamente cristã, as Cruzadas marcam o começo de uma degradação dos judeus e, de uma maneira bem imediata, contribuíram para tal degradação, numa Espanha fortemente islamizada, a *Reconquista*, durante um primeiro e longo período, favorece de fato um surto de judaísmo que não teve igual na história da dispersão. É que a *Reconquista*, que foi uma cruzada permanente de oito séculos, foi, ao mesmo tempo, principalmente no começo, coisa bem diferente. Assim, antes de abordar nosso assunto propriamente dito, é preciso esclarecer o pano de fundo, lembrar brevemente a epopéia milenar que, refrega surda e incoerente no começo, iria tornar-se a *gesta Dei per Hispanos*, a cruzada realizada em todos os seus objetivos (ao contrário das Cruzadas do Oriente; mas talvez seja a lógica interna de uma cruzada levada a seu termo, isto é, o paradoxo de uma busca saciada, que conduziu então à perseguição de uma parte da Espanha pela outra, como veremos mais adiante).

É costume datar o começo da *Reconquista* a partir da implantação do Islã na Espanha. Já se viu como, no curso de seu avanço rápido, os conquistadores deixaram subsistir enclaves cristãos no norte da Península. Ainda no século X, eles tratavam com desdém os habitantes desses reinos bárbaros: Ibn Hazm e Said de Toledo comparavam-nos aos negros do Sudão ou aos berberes, refratários a toda cultura. Mas admitiam que se tratava de rudes guerreiros. Durante as guerras obscuras e inúmeras que ensangüentaram os primeiros séculos da coabitação islamo-cristã, as alianças entre principados muçulmanos e cristãos eram feitas ao sabor dos interesses ou rancores do momento, às vezes degenerando em guerras de todos contra todos.

> Velhas mentiras, velhas concessões, velhas canalhices ligavam cada reino andaluz a cada reino do Norte. Cada príncipe muçulmano aliou-se algum dia a um rei cristão para pilhar os campos, surpreender a cidade, degolar os súditos de outro muçulmano, e vice-versa. . .

Seriam esses, descritos por um excelente conhecedor dos assuntos norte-africanos, os inícios da *Reconquista*[2].

Contudo, os cristãos da Espanha combatem sob a égide de um patrono tutelar, São Tiago, cujos despojos mortais teriam sido milagrosamente transportados da Palestina para Santiago de Compostela, no extremo noroeste da Península. Na malha de lendas tecida em torno da figura desse doce apóstolo, este torna-se ao mesmo tempo

2. J. BÉRAUD-VILLARS, *Les Touareg au pays du Cid*, Paris, 1946, p. 302.

o irmão mais novo ou mesmo um outro Jesus, e um cavaleiro de armadura branca, imitando, sem dúvida alguma, a figura guerreira de Maomé[3]. O santuário de Santiago de Compostela logo se converte em um dos principais centros de peregrinação para toda a Europa carolíngia, e, deste modo, as influências da jovem cultura cristã começam a contrabalançar as do califado de Córdova, ajudando as populações de Castela ou Aragão a tomar mais consciência de sua cristandade. Assim se enceta uma lenta evolução que transformará a refrega confusa em "guerra divina"* conceito que então será retroativamente projetado sobre o empreendimento inteiro, ao mesmo tempo que sua encarnação épica, o Cid Campeador, é promovido à categoria de paladino da Fé (coisa que sua biografia parece não confirmar**). Evolução para a qual contribuíram grandemente os monges (principalmente clunisianos) e os cavaleiros do além-Pireneus, que, no século XI, em número sempre crescente, vinham, uns, reformar a vida religiosa espanhola, outros, reforçar os combatentes ("As pré-cruzadas"). Mas sua influência demorou para exercer-se em profundidade. É característico que o ato que exprime por excelência o espírito das Cruzadas, o voto e a tomada da cruz, só penetrou relativamente tarde nos costumes dos cavaleiros espanhóis: torna-se freqüente apenas no começo do século XIII. Da mesma forma, foi só em 1212 que os reis cristãos da Espanha, passando por cima de suas velhas discórdias, lograram concluir uma aliança geral contra os muçulmanos: a vitória decisiva de Las Navas foi o resultado disso. E parece estar bem estabelecido que as grandes ordens militares que, mais tarde, desempenhariam na história espanhola um papel tão importante, as de Santiago, de Alcântara e de Calatrava, não foram de modo algum uma criação original, mas sim uma imitação das ordens da Terra Santa[4].

3. Sobre os elementos que a lenda de São Tiago tomou de empréstimo à lenda de Maomé, ver os sugestivos desenvolvimentos desse ponto, como de tantos outros, em AMÉRICO CASTRO, *La Realidad Histórica de España*, México, 1954, Cap. "La Creencia en el Apostol Santiago", pp. 136-162.

* *Parece que a expressão "guerra divina" aplicada à* Reconquista *foi empregada pela primeira vez por Dom Alonso de Cartagena, representante de Castela no Concílio da Basiléia (1434), procurando demonstrar a preeminência de Castela sobre a Inglaterra: "...mesmo se o senhor rei da Inglaterra faz a guerra, sua guerra não é divina, pois... ela não é feita nem contra os Infiéis, nem pela exaltação da fé católica, nem pela extensão dos limites da cristandade, mas sim por outras causas..."*

O fato de que esse primeiro ideólogo da Espanha militante tenha sido o filho do rabino Salomon Levi de Burgos, convertido ao catolicismo, é muito característico da história espanhola.

** *Apesar de todo o talento exibido por R. Menendez Pidal em seu brilhante ensaio de reabilitação (*La España del Cid*), R. Dozy, no século passado, parece-me ter dado provas, nesse ponto, de uma apreciação mais sadia da realidade histórica.*

4. Cf. o minucioso estudo de C. ERDMANN, "Der Kreuzzugsgedanke in Portugal", em *Historische Zeitschrift*, 1930, pp. 23-53, bem como A. WAAS, *Geschichte der Kreuzzüge*, Freiburg, 1956, pp. 106-108.

É verdade que, desde o século IX, obscuros religiosos de Navarra ou de Leão exortavam os cristãos a expulsar os sarracenos e a restabelecer a Espanha visigótica; mas na Espanha islamizada, na Espanha das três religiões, tais idéias não deitavam raízes. Foram precisos portanto séculos de cristianização em profundidade para que a Espanha tomasse consciência e se impregnasse das noções básicas da Europa cristã. Houve mais: tal como acabamos de entremostrá-las, essas idéias parecem ter-se tornado ainda mais atuantes quando os Infiéis a combatem, vencidos e eliminados, não representavam mais do que uma lembrança, mas uma lembrança obcedante, no solo ibérico. Foi então uma cruzada de Dom Quixote contra os moinhos de vento? Ou uma guerra santa contra cadáveres que era preciso matar? Na última parte deste volume deter-nos-emos com mais vagar nesse *imbroglio* trágico, em cujo transcurso a Espanha, que na Idade Média foi uma enseada de tolerância, transformou-se no país mais intolerante do continente.

* * *

O período decisivo da *Reconquista* durou dois séculos, de 1045 a 1250. O avanço dos cristãos desenvolveu-se em ondas sucessivas, alternando com as contra-ofensivas do Islã. Por duas vezes, cerca de 1085 e de 1145, os muçulmanos pediram socorro a seus correligionários da África do Norte, organizados em seitas guerreiras, tuaregues nômades (os almorávidas) ou berberes montanheses (os almóadas). De cada vez, estes obrigaram os cristãos a refluir para o Norte. Os almóadas sobretudo, já o dissemos, distinguiram-se por seu fanatismo e intolerância, e sua chegada levou muitos judeus a refugiar-se em países cristãos, Castela e Aragão (e, além dos Pireneus, no Languedoc e na Provença).

O reino de Castela, especialmente, que ao longo dos séculos sustentou o peso principal da luta, tornou-se o principal país de asilo. Uma vez efetuadas as conquistas, cumpria organizar e povoar os novos territórios, freqüentemente devastados e desertos (a região ao longo do Douro, uma zona assolada e quase inabitável, espécie de terra de ninguém, servia de tampão entre os dois adversários). Para garantir a *repoblación*, os príncipes concediam franquias e privilégios aos novos colonos, indo a ponto de apelar para criminosos de direito comum: teriam acolhido, escreve um historiador contemporâneo[5], o diabo em pessoa e, portanto (acrescenta ele), recebiam os judeus de braços abertos. Mas outras províncias caíram intactas em mãos dos conquistadores, com sua população variada de mouros, judeus e moçárabes cristãos, e o problema de sua administração e organização era mais premente do que o do repovoamento.

À medida que os reinos cristãos estendiam assim suas fronteiras, restabeleciam parcialmente a antiga organização social e econômica

5. C. SANCHEZ-ALBORNOZ, em *España, un Enigma Histórico*, t. II, p. 43.

das terras conquistadas, de modo que muitas instituições de origem muçulmana foram então adotadas, com ligeiras modificações, pelos soberanos da Espanha cristã. Essa adaptação se fazia essencialmente por intermédio dos judeus. Os príncipes da *Reconquista* encontraram neles auxiliares devotos e seguros, técnicos perfeitamente a par da situação e das possibilidades oferecidas pelas zonas reconquistadas, tendo mesmo algumas vezes exercido funções administrativas no tempo dos muçulmanos; peritos, em suma, cujo papel poderia ser comparado ao dos técnicos europeus nos países subdesenvolvidos, ou ao dos funcionários franceses empregados na Tunísia ou Marrocos, hoje em dia*. Porém, uma imagem ainda mais sugestiva é a que Américo Castro utilizou, quando comparou as terras e as cidades reconquistadas a uma Califórnia, a San Francisco, Los Angeles e San Diego que fossem reocupadas pelos mexicanos[6]... Quer dizer que o suntuoso *way of life* dos antigos senhores de Toledo, Córdova ou Valência não podia deixar de seduzir os conquistadores e impor-se a eles. Mais uma vez na história, os vencidos impunham seus costumes, sua maneira de viver, em suma, sua civilização, aos vencedores. Pode-se dizer que, em certa medida, a Espanha cristã reislamizou-se nessa época; tendo sido os judeus os principais agentes dessa transformação, também se pode dizer (como S. de Madariaga**) que ela se judaizou. Termos necessariamente vagos, mas que têm a vantagem de pôr em relevo a grande originalidade da história medieval espanhola, conduzindo diretamente à fisionomia tão particular da Espanha de hoje.

Os reis da Espanha intitulavam-se, quando da *Reconquista*, "reis das Três Religiões" (parece que o primeiro a empregar a expressão foi Fernando III de Castela), mas, em dadas circunstâncias, a condição dos judeus se elevava na mesma medida que a dos muçulmanos baixava. Por ocasião da capitulação de Toledo, em 1085, a imunidade de vidas e bens foi garantida aos mouros, mas, a seguir, a maioria teve de deixar a cidade. Na tomada de Toledo, em 1115, só os judeus, com exclusão dos muçulmanos, foram autorizados a permanecer no interior das muralhas da cidade. O mesmo aconteceu, três anos mais tarde, na tomada de Saragoça[7]. Em Tortosa, em 1148, pomares, vinhas e plantações de oliveiras abandonados pelos mouros foram distribuídos aos judeus[8]. A Carta de Cuenca (1190), promulgada doze anos após a conquista da cidade, ressalta a diferenciação com nitidez especial: seu texto, quando detalha as normas da vida econômica e social só aborda cristãos e judeus e não menciona os

* *A primeira edição deste livro data de 1961 (N. dos T.).*

6 A. CASTRO, p. 364 da obra mencionada na nota 3, acima.

** *"(*The Spanish Jews*) left a Spain very Jewish: they went away very Spanish" ("Os judeus espanhóis deixaram uma Espanha muito judia: foram embora muito espanhóis"), escreveu DON SALVADOR DE MADARIAGA em* Spain and the Jews, *Londres, 1946, p. 25.*

7. I. BAER, *Toldot*..., pp. 38 e 40.

8. Pelo Rei Ramon Berenguer IV; texto de sua carta em BAER, I, n.º 28.

mouros senão em algumas passagens de ordem geral[9]. De fato, tendo sido expulsa a classe dirigente muçulmana, os judeus haviam tomado parcialmente seu lugar, enquanto que os mouros, divididos segundo uma concepção tomada ao Islã em "mouros de paz" e "mouros de guerra", viam-se relegados ao ponto mais baixo da escala.

Juridicamente, os judeus dispunham dos mesmos direitos que os cristãos*. Na verdade, na escala social estavam situados logo depois do rei e dos senhores, categoria que lhe era assegurada pela extraordinária importância e variedade de suas funções sócio-econômicas. Segundo um geógrafo árabe, constituíam a metade da população de Barcelona no século XI; segundo um outro, Tarragona era "uma cidade judia"[10]. Comércio, indústria e artesanato estavam na maioria em suas maõs. A *Reconquista*, com suas devastações, trouxe consigo a ruína das manufaturas, o abandono das minas de prata e outros metais; eles as reergueram. Nos territórios conquistados, deram grande impulso à viticultura, tradicionalmente vista com maus olhos em terras do Islã. Proprietários de terras, eles mesmos zelavam por sua valorização[11].

Acima de tudo, formavam, nessa época, a armação administrativa da Espanha cristã. Diplomatas e financistas, eram os auxiliares indispensáveis dos reis. Inspiravam e executavam a política destes e forjavam moedas com inscrições em castelhano e árabe[12]. A perseguição dos almóadas constituiu-se numa garantia suplementar de sua fidelidade. Eles tomavam parte diretamente nos combates? Uma lenda árabe assegura que, na véspera da batalha de Zalaqa, foi acertada uma trégua de três dias, para que os muçulmanos pudessem celebrar a sexta-feira, os judeus o sábado e os cristãos o domingo[13]. Segundo um rabino da Alemanha do século XII, "é costume na Espanha, para os judeus, partir em campanha seguindo o rei"[14]. Parece, contudo, que não estavam adstritos a um serviço militar regular; mas apenas à defesa das cidades, e foi apenas enquanto voluntários que partiam em campanha[15]. Deve ter sido esse o caso dos judeus *Axicuri*, bes-

9. Ver a análise detalhada dessa carta por VALLECILLO AVILA, "Los judios de Castilla en la alta Edad Media", em *Cuadernos de Historia de España*, 1950, XIV, pp. 72-81.

* *Evidentemente não se tratava de uma "igualdade dos cidadãos perante a lei", pois as leis eram múltiplas: a dos cristãos, a dos judeus e a dos muçulmanos. Mas, coletivamente, a "nação" ou comunidade judia estava situada em pé de igualdade com os cristãos. Cf. BAER,* Toldot. . ., *pp. 61-62, e os vários textos que ele cita em suas duas coletâneas.*

10. Cf. S. BARON, *A Social and Religious History of the Jews, op. cit.*, t. III, p. 34.

11. Cf. BAER, *Toldot. . .*, pp. 56 e ss., bem como C. DUBLER, *Uber das Wirtschaftsleben auf der iberischen Halbinsel vom XI. zum XIII. Jahrhundert*, Genebra, 1943, pp. 10, 67, 83. Para o período posterior, *Toldot. . .*, p. 453.

12. C. SANCHEZ-ALBORNOZ, "L'Espagne et l'Islam", *Revue Historique*, 1932, t. CLXIX, p. 10.

13. Lenda citada pela maioria das obras de história medieval judaica (cf. S. BARON, *op. cit.*, p. 36).

14. Rabbi Eleazar bar Joel ha-Levi, citado por BAER, *Toldot. . .*, p. 315, nota 26.

15. É a opinião de I. BAER (cf. *Toldot. . .*, pp. 44-45).

teiro, e *Vellocid*, besteiro a cavalo, que participaram, em 1266, da partilha dos despojos andaluzes e receberam em doação as casas de Xerez de la Frontera, junto com outros noventa judeus[16]. Os favoritos judeus dos reis recebiam deles doações suntuosas, vastas terras *cum montibus et vallibus*, cidades inteiras com seus campos e pastos. Nas cidades, construíam, desprezando proibições que datam dos Padres da Igreja, sinagogas tão altas e belas quanto as igrejas cristãs. Em muitos lugares, conseguiram que lhes entregassem as mesquitas abandonadas, que consagraram ao culto judaico (e algumas das quais mais tarde se transformarão em igrejas; aliás, ainda hoje, uma sinagoga é, para a imaginação de certas crianças espanholas, "uma mesquita consagrada ao culto cristão"[17]; e, de fato, não incumbia aos judeus transmitir a herança árabe à Espanha cristã?).

Vejamos agora qual foi a atitude da Igreja cristã da época, face a uma ascensão judaica tão vertiginosa.

Os papas bem cedo começaram a preocupar-se. Já em 1081, Gregório VII pedia a Afonso VI de Castela "para não deixar os judeus dominar, em sua terra, os cristãos e exercer seu poder sobre estes"[18]; primeira manifestação de um sentimento de que encontraremos muitos outros exemplos. Mas, na Espanha mesma, parece que eclesiásticos, grandes e pequenos, acomodaram-se ao fato com muito realismo. O próprio arcebispo de Toledo (primaz da Igreja da Espanha) promulgou a igualdade de direitos entre judeus e cristãos em sua cidade de Alcalá de Henares, tomada aos mouros em 1118[19]. A posição econômica dos judeus era tal que também a Igreja espanhola dela extraía, direta ou indiretamente, a maior parte de seus recursos. Os reis lhe doavam amiúde os impostos devidos pelos judeus ou terras onde estavam instalados. Existiam estreitas relações de negócios entre a Igreja e os judeus, que administravam as propriedades eclesiásticas, cobravam os impostos ou os arrendavam, faziam até empréstimos, com penhor sobre os utensílios do culto e, em princípio, quando eles próprios eram proprietários, pagavam o dízimo e as demais taxas da igreja como os cristãos[20]. Os eclesiásticos espanhóis, portanto, tiravam partido de uma situação que justificavam, como o fez o arcebispo de Toledo, expondo que era essencial guardar os judeus em terras castelhanas, a fim de poder um dia convertê-los, como predisseram os profetas[21]. Entrementes, faziam-nos participar até das despesas do culto, tais como a iluminação dos altares[22]. As deliberações

16. BAER, II, pp. 58-59.

17. A anedota foi relatada pelo rabino H. EHRENPREIS, *Voyage d'un Juif en Espagne*, Paris, 1930, p. 29.

18. BAER, II, n.º 12.

19. *Idem*, II, n.º 20.

20. Ver a notável tese (inédita) de LOUIS SCHOFFMAN, *Studies in the Relations between the Church and the Jews in Spain during the Reconquiest*, Dropsie College, 1941, Cap.: "Business Relations between the Church and the Jews", onde muitos exemplos são citados.

21. M. VALLECILLO AVILA, *op. cit.*, p. 38.

22. *Idem*, pp. 38 e 42.

conciliares dedicadas aos judeus são raras antes do século XIV e as que ocorreram ocuparam-se principalmente da percepção de dízimos sobre as propriedades "que os judeus detestados e pérfidos compraram ou irão comprar dos fiéis de Cristo... pois seria injusto que a Igreja perdesse esses dízimos que percebia antes da chegada dos judeus..."[23]

Os eclesiásticos estrangeiros, sobretudo franceses, que nesse tempo afluíam para a Espanha, tinham aparentemente outras idéias sobre o tratamento a ser dado aos Infiéis. Um deles, Dom Bernard, um clunisino que foi o primeiro arcebispo de Toledo, não podendo admitir que a grande mesquita permanecesse consagrada ao culto muçulmano, como ficara estipulado quando da capitulação da cidade, transformou-a por iniciativa própria em catedral, contra a vontade do rei[24]. O mesmo acontecia com os cavaleiros que vinham combater os sarracenos. Repetidas vezes (em 1066, 1090, 1147, 1212), resolveram saquear, no meio do caminho, estimulados por sua santa cólera e sua avidez, as ricas judiarias espanholas; cada vez, a ordem foi restabelecida por uma população ainda estranha ao espírito da cruzada, que obedecia às ordens reais. Mas, desse modo, os cristãos espanhóis aprenderam que, além-Pireneus, as vidas judias não valiam muito; quanto aos judeus, reconheceram as ameaças familiares, "entre Edom e Ismael". Em 1066, aliás, o Papa Alexandre II felicitou o Conde Ramon Berenguer I de Barcelona "pela sabedoria que demonstrou preservando da morte os judeus de seus territórios, pois Deus não se alegra com a efusão do sangue e não tem prazer com a perdição de homens, mesmo malvados"[25].

Outras chacinas de judeus se verificaram no curso de levantes populares provocados por vacância do trono: assim, em Castela, em 1109, após a morte de Afonso VI; em Leão, em 1230, após a morte de Afonso IX; motins dirigidos contra o rei e o poder e contra os homens do poder, nos quais não se discerne ainda nenhum ponto especificamente antijudaico[26].

23. Cf. as decisões conciliares citadas na tese de L. Schoffman, e especialmente os dois Concílios de Gerona (1068 e 1078).

24. BAER, *Toldot...*, p. 38.

25. Texto em DUBNOV, *op. cit.*, IV, p. 131.

26. BAER, *Toldot...*, p. 64.

7. A Idade do Ouro

1. A ESPANHA DAS TRÊS RELIGIÕES

"Os tártaros. . . são homenzinhos de pele escura como os espanhóis", relatava a São Luís o monge Guilherme de Rubruquis, enviado pelo rei à Mongólia, para fazer uma aliança com o Grande Khan[1]. De fato, tudo leva a crer que o aspecto externo das populações espanholas se aproximasse, nos séculos XII e XIII, do aspecto das populações asiáticas e se destacasse singularmente do das populações da Europa medieval. Elas conservavam ou, melhor, haviam adotado, o vestuário dos muçulmanos: "Embora os espanhóis tenham reduzido, no século XIII, o poderio dos muçulmanos pelas armas", especifica a esse respeito a grande enciclopédia espanhola, "esculturas e miniaturas nos demonstram que haviam adotado de bom grado sua maneira de vestir-se"[2].

Sem dúvida alguma, houve diferenciações, de que não sabemos mais grande coisa, entre as roupas de cristãos, judeus e mouros. No tocante aos judeus, dispomos de algumas informações, pois em 1215 o IV Concílio de Latrão prescrevera o porte de uma insígnia distintiva para os judeus (e para os "sarracenos") vivendo em terras cristãs, precisamente para que fosse possível reconhecê-los como tais, e porque os judeus procuravam furtar-se a essa medida. Em Aragão, depreende-se de documentos que, tradicionalmente, já eram reconhecíveis, graças, parece, a seus capotes e que eles mesmos estavam muito ape-

1. *Épître de Guillaume de Rubruquis à Louis IX, roi de France*, ed. de 1830, p. 329.

2. *Enciclopedia Universal Ilustrada*, 1927, verbete "Traje", vol. 63, p. 628.

gados a essa distinção[3]. Em Castela, a insígnia parecia tanto mais necessária quanto uma distinção deste gênero era aí desconhecida[4], mas os judeus negaram-se a portá-la, não hesitando em recorrer a ameaças; de modo que a Santa Sé precisou curvar-se. É o que se depreende de uma carta do Papa Honório III ao arcebispo de Toledo (1219):

Os judeus conspiram e formam capelinhas, ameaçam partir para a terra moura, e o rei de Castela, cujas rendas são asseguradas em sua maior parte pelos judeus, sofreria grandes prejuízos e conheceria o escândalo em seu reino se se ordenasse que os judeus usassem a insígnia prescrita pelo concílio. . .[5]

Mais ou menos na mesma época, o Concílio de Valladolid (1228) pedia que se proibisse aos judeus castelhanos de usar capas semelhantes às dos clérigos,

em resultado do que sucede freqüentemente que estrangeiros e viajantes os consideram com uma reverência indevida e lhes prestam honras sacerdotais. . .[6].

Essa questão do vestuário já permite pressentir a fisionomia extraordinariamente original da "Espanha das Três Religiões", estruturada na Idade Média com base no modelo oriental, e cujos habitantes não deixavam de praticar essa espécie de confraternização de "nação" a "nação" que os reis exigiam deles em nome de imperativos econômicos e políticos. De seu bom entendimento, há exemplos muito diversos, tão curiosos quanto eloqüentes.

No plano da vida profana e política, em primeiro lugar. Por ocasião de uma vitória ou do advento de um novo rei ao trono, cristãos, judeus e muçulmanos manifestavam sua alegria em comum com procissões e hosanas ou "cantos de acolhida", de que se pode encontrar exemplos no século XI, bem como no século XV, literalmente na véspera da expulsão dos judeus. Assim, em 1139, em Toledo, quando da volta triunfal de Afonso VII depois de sua vitória sobre os almorávidas, "os três povos, cristãos, sarracenos e judeus, foram recebê-lo com alaúdes, cítaras, tímbalos e muitos outros instrumentos, cantando louvores a Deus e ao vencedor, cada um em sua língua, *unusquisque eorum secundum linguam suam*. . ."[7] Em 1414, em Saragoça, na coroação de Fernando de Antequera, o novo rei de Aragão, ". . .os judeus vestidos como os cristãos, dançando e brincando, com seus jograis à frente, percorreram as ruas, manifestando sua alegria e aca-

3. BAER, *Toldot*. . ., p. 124, e L. SCHOFFMAN, *op. cit.*, seção "Dress of the Jews".

4. ". . .los christianos et los judios. . . andan vestidos los unos asi como los otros", é dito no código *Las Siete Partidas* (ver mais adiante), no artigo que insinua o porte de uma insígnia distintiva (cf. BAER, II, p. 48).

5. BAER, II, p. 24.

6. Artigo 4 do Concílio de Valladolid de 1228, citado por L. Schoffman em sua tese *cit.*

7. R. MENENDEZ-PIDAL, "Cantos Románicos Andalusies", em *Boletin de la R. Academia Española*, 1951, XXXI, pp. 187 e ss.

baram por entrar no referido palácio do referido senhor Rei..."[8] Em 1497, portanto *após* a expulsão dos judeus da Espanha, a filha dos Reis Católicos que acabava de desposar o Rei D. Manuel não foi recebida de outro modo pelos judeus quando chegou a Portugal[9].

Mas um entendimento tão fraternal não se manifestava apenas em ocasiões excepcionais. Reencontramo-lo na vida quotidiana, às vezes até em certos domínios da vida íntima. Por exemplo, na higiene corporal.

A Espanha dessa época ainda ignorava o "horror dos banhos" medievais; herdara do Islã e conservou parcialmente até fins da Idade Média a instituição dos banhos públicos (embora certos reis castelhanos os julgassem debilitantes e perigosos)[10]. O uso desses banhos era regulamentado por *fueros* municipais. Em certas cidades, reservavam-se dias diferentes aos homens e às mulheres; em outras, tais como Zorita e Cuenca, segundas e quartas-feiras eram reservadas às mulheres, terças, quintas e sábados aos homens e as sextas-feiras e domingos aos judeus; em outras ainda, tais como Tortosa, cujos banhos eram célebres pelo luxo, não existia nenhum horário desse tipo[11], o que permite supor a inexistência de qualquer separação entre os sexos nem entre as religiões, homens e mulheres, circuncisos e incircuncisos se lavando juntos ali, com toda inocência, na mesma água.

Igualmente, o código geral de Castela, chamado *Las Siete Partidas* (mais adiante voltaremos a esse documento fundamental), opondo-se nesse ponto a uma liberdade de costumes que já havia preocupado os primeiros Padres da Igreja, estipulava "que ningunt judio non sea osado de bannarse en banno en uno con los christianos"[12]*. O fato de que uma tal proibição devesse ser renovada em Castela em 1309, 1412, 1465[13], dá a entender que ela não era mui escrupulosamente respeitada.

Ao costume dos banhos em comum corresponde o das refeições em comum. É verdade que, nesse ponto, os judeus, que em sua maioria respeitavam as interdições alimentares da *Torá*, não eram convivas fáceis de regalar. Acontecia então que seus amigos cristãos se cur-

8. Crônica de Alvar Garcia de Santa Maria, citada por F. VENDRELL DE MILLAS, *Sefarad*, 1957, XVII, 2, p. 383.

9. Romance judeu citado por R. MENENDEZ-PIDAL: "...Y me salen a encontrar-tres leyes a maravilla – los christianos con sus cruces – los mores a la morisca – los judios con sus leyes..." (*Poesia Juglaresca y Juglares*, Madrid, 1924, p. 410).

10. Segundo a *Crónica General*, Alfonso VI, atribuindo ao debilitante uso dos banhos a derrota de seu exército em Zalaca (1086), mandou destruí-los. (Cf. A. CASTRO, *op. cit.*, p. 117, nota 5.)

11. "Los Baños Públicos en los Fueros Municipales Españoles", em *Cuadernos de Historia de España*, 1945, III, pp. 15 e ss.

12. *Las Siete Partidas*, VII, 24, 8 (BAER, II, p. 47).

* *Aproximadamente, "que nenhum judeu tenha a ousadia de banhar-se junto com um cristão". (N. dos T.)*

13. BAER, II, pp. 114, 267, 330.

vavam a suas particularidades, tais como aquele senhor aragonês que, no casamento do filho, mandou abater uma vitela por um sacrificador judeu, a fim de poder mandar alguns pedaços escolhidos aos amigos que seguiam a Lei de Moisés. O caso não é único no gênero[14]. As boas maneiras da cortesia medieval evidentemente eram mais fáceis de observar no caso inverso, e os judeus não deixavam de enviar a seus amigos cristãos víveres e bebidas por ocasião de suas festas de família; ao que a Igreja se opunha, em virtude de uma tradição já antiga (e de que também se encontra menção em *Las Siete Partidas*)[15]; sob esse aspecto, nada é mais característico do que uma decisão sinodal da diocese de Valência (1263) que proibia aos membros do clero, sob pena de excomunhão, não só de receber a oferta de vinho feita por judeus, como também "de comprar propositalmente seus vinhos"[16], com exceção todavia "de uma situação de urgência", o que nos lembra que os judeus se dedicavam de preferência à viticultura.

Apesar dessas proibições, cristãos, judeus e mouros da Espanha das Três Religiões ultrapassavam em inesquecíveis ocasiões as barreiras de toda natureza em suas relações sociais. A freqüência e a severidade das penas impostas por causa de relações sexuais mantidas entre eles atestam que também essa última barreira era regularmente transposta; voltaremos a esse ponto.

Judeus ou judias presidiam, como padrinhos ou madrinhas, *compadres* e *comadres*[17], aos batizados cristãos e os cristãos, às circuncisões. Era até costume, na Nova Castela, convidar cantoras assalariadas judias para enterros cristãos a fim de recitarem as *endechas*, melodias fúnebres tradicionais[18].

Tais práticas já dizem respeito ao domínio da vida religiosa. Também nesse setor a população espanhola seguia usos que seu clero só conseguiu extirpar após uma luta secular (passado que ainda pesa sobre um presente que aquele permite compreender melhor). Assim, os cristãos espanhóis não se privavam de ouvir os sermões dos rabinos renomados pela eloqüência, até nas vésperas da expulsão de 1492[19]. O inverso também não era raro; existia até o uso de preces ou vigí-

14. Ver as *Responsa* de ISAAC BARFAT e de ASCHER BEN YECHIEL, citadas por L. SCHOFFMAN, em sua tese, p. 163, nota 4.

15. *Las Siete Partidas*, VII, 24, 8 (BAER, II, p. 47). Ver também a decisão do Concílio de Zamora de 1313 (BAER, II, p. 120).

16. O texto dessa decisão sinodal é citado por Schoffman (em anexo).

17. "... que judios... nin sean comadres nin conpadres de los christianos, nin los christianos e christianas dellos...". Artigo 4 dos "estatutos" de Valladolid de 1412 (BAER, II, p. 266).

18. Em 1344, a conta dos custos do enterro de Dona Mayor Ponce no convento das carmelitas de Toledo indica: "A las judias endicheras, 15 maravedis" (BAER, II, p. 162). Em 1347, os edis de Sevilha tentaram proibir esse costume (BAER, II, p. 160).

19. Quando a Inquisição tentou mover um processo contra um dos ouvintes, este fez a seguinte objeção, entre outras: "Bien saben vuestras mercedes que de solo oyr predicación de rabi y en su synoga precisamente ne se concluye heregia". Foi absolvido (BAER, II, pp. 520 e 524).

lias noturnas em comum, que uma decisão conciliar de 1322 descreve nos seguintes termos:

Um mal lançou raízes em certas dioceses; os infiéis misturam-se aos fiéis enquanto os ofícios divinos são celebrados nas igrejas, resultando daí que esses ofícios amiúde são perturbados e os fiéis são impedidos de fazer suas devoções... Nas vigílias noturnas que a piedade de certas almas simples introduziu nas igrejas, indizíveis ultrajes são cometidos sob aparência louvável. Por isso nós as proibimos estritamente. É condenável levar infiéis a essas vigílias e retê-los ali, ou levá-los a fazer tumulto com suas vozes ou seus instrumentos. Doravante, quem não levar em consideração, em suas relações com os infiéis, aquilo que precede ver-se-á proibido de entrar nas igrejas por toda a vida e ser-lhe-á negado um enterro cristão depois de sua morte...[20]

O processo movido em 1313 contra um judeu de Taust, em Aragão, que "assistia a uma vigília na Igreja de São Bartolomeu de Taust, junto com uma companhia de cristãos e de cristãos da cidade, que ali tocavam dançando uma dança, deu um pontapé no altar, vituperando e insultando a fé cristã..." permite ter uma idéia dessas vigílias noturnas. É característico que o delinqüente tenha sido denunciado ao bailio pelos judeus de Taust[21].

Mas parece que o costume das devoções em comum era inextirpável na Espanha medieval. Ainda em 1449, para conjurar uma peste que assolava a Andaluzia, os judeus de Sevilha, com a autorização do arcebispado, organizaram uma procissão solene dos rolos da *Torá* pelas ruas da cidade, em seqüência à procissão do Santo Sacramento cristão[22]. O fato, que suscitou a indignação do Papa Nicolau V, não parece ter sido único[23]. Em suma, vivendo em estreita comunidade, os espanhóis do passado estendiam suas boas relações com seus vizinhos ao deus desses vizinhos, o Deus comum de Abraão e o pai comum dos três povos.

Nada expressa melhor esse estado de espírito que uma crônica inédita de Afonso IX de Castela citada por Américo Castro, onde é relatada uma expedição infeliz dos filhos do rei, Dom Pedro e Dom Juan, contra os muçulmanos[24]. O rei de Granada firmara uma trégua com os cristãos e se comprometera a pagar-lhes tributo. Mas, por instigação do papa, os filhos do rei romperam o acordo e invadiram as terras mouras. Foram derrotados; o Infante Dom Pedro foi morto durante a batalha; e o cronista anônimo, depois de relatar os fatos, comenta-os assim:

20. Decisões do Concílio de Valladolid de 1322, artigo XXII (*apud* Schoffman).

21. BAER, I, p. 198, § 13.

22. BAER, II, p. 315 (segundo as *Urkundliche Beiträge* de M. STERN, I, p. 48).

23. A. Castro assinala a proibição de uma procissão semelhante feita em 1405 por Henrique IV de Castela (*op. cit.*, p. 99, nota 111).

24. A. CASTRO, *op. cit.*, Apêndice III ("Deismo en la Castilla del siglo XIV"), pp. 652-654.

...de tudo o que aconteceu a Dom Pedro, seus homens retiveram isto: ele rompeu o pacto que fora concluído com o rei de Granada e quebrara o juramento que Deus estabeleceu entre as gentes; e seus homens suspeitavam de que tal era a razão pela qual ele encontrara a morte... pois o Todo-Poderoso só conhece a verdade, e jamais faz justiça sem razão.

Pouco importa que os combatentes desleais sejam cristãos; pouco importa que tenham rompido a trégua por insistência do vigário de Jesus Cristo na terra: Deus, o pai comum de todos os justos, nem por isso os castiga menos, e concede a vitória aos muçulmanos.

Já vimos que essa amplitude de espírito, essa extraordinária tolerância decorria em última análise das necessidades de ordem pública nos países cristãos onde uma grande parte da população, compreendendo as camadas mais produtivas economicamente, não era cristã. As mesmas necessidades de ordem pública e estabilidade fizeram surgir certas barreiras singularmente incompatíveis com o espírito dos Evangelhos (e com sua letra): na Espanha das Três Religiões, onde todos os cultos eram respeitados, a passagem de um culto para outro era proibida ou muito dificultada, pois mesmo as conversões ao cristianismo de judeus ou mouros esbarravam em vários obstáculos.

O exercício de cada culto era oficialmente protegido pelo poder e até mesmo regulamentado por ele. No que se refere ao culto judaico, do código das *Siete Partidas* de Castela, por exemplo, depois de lembrar que era preciso deixar que os judeus vivessem em meio aos cristãos enquanto testemunhas da crucifixão, explicava que o nome de *judío* provinha da tribo de Judá, "a mais nobre e a mais poderosa de todas", aquela em cujo seio eram eleitos os reis e que, nas batalhas, atacava sempre em primeiro lugar (idéia cara aos corações dos judeus espanhóis: sem dúvida alguma eles devem ter dado a mão na redação do código, não obstante sua inspiração eclesiástica). Depois dessa exposição de motivos em que concepções muito espanholas estavam misturadas ao direito canônico, vinham as medidas de proteção.

Porque a sinagoga é a casa onde é louvado o nome de Deus, proibimos aos cristãos que a degradem ou saqueiem, ou tirem daí qualquer objeto pela força... que impeçam ou perturbem os judeus que aí vêm estudar ou fazer orações segundo sua lei... De maneira nenhuma, deve-se fazer uso da força para levá-los ao cristianismo, isso só pode ser feito com o auxílio de bons exemplos e das palavras das Santas Escrituras...[25]

Outras disposições, em outros códigos, propunham-se a fazer respeitar a Lei de Moisés pelos próprios judeus.

É proibido a todo judeu ler os livros que falem (mal) de sua lei, que são (dirigidos) contra ela; nem deve possuir tais livros; esses livros devem ser queimados diante da porta da sinagoga[26].

25. *Las Siete Partidas*, VII, 24, 1, 2, 4 (BAER, II, pp. 45-47). Sobre a participação dos judeus na redação dos códigos, cf. BAER, II, p. 39.

26. *El fuero real*, IV, 2, 1 (BAER, II, p. 40).

Pela vontade do rei e da lei cristã, os judeus eram obrigados à observar o *schabat* e suas festas:

E o judeu... que transgredir o sábado ou um dia santo pagará trinta soldos... E se no dia do sábado ele portar uma arma de ferro, deverá pagar vinte e dois soldos... E se um judeu monta a cavalo num dia de sábado ou num dia santo o cavalo será tomado pelo senhor e (o judeu) pagará trinta soldos por *schabat* ou dia santo em que houver montado a cavalo[27].

(Assim vemos esboçar-se uma silhueta do judeu espanhol, cavaleiro e ferreiro.) A multa era recolhida ao tesouro real; aliás, os protetores coroados da fé judaica mostravam-se muito zelosos de sua pureza. Foi assim que um rabino da cidade de Daroche, em Aragão, precisou pagar cento e cinco soldos de multa ao bailio por não ter afiado sua faca *segunt tachana* (regulamento) *de judios* no abate ritual de um animal (começo do século XIII)[28]. Mais grave deve ter sido o castigo daquele judeu de Mallorca, espírito forte que fosse, que *"en menyspreu* (menosprezo) *de la sante fe catholica et de la ley mosaica"* orara ao modo mouro com seus escravos, o que não o impediu de espezinhar a lei de Maomé, pois comia porco e bebia vinho cristão (fim do século XIV)[29]. Em 1294, por ordem do rei, o bailio de Valência mandava prender os judeus que haviam "desrespeitado a lei judaica" (ignora-se como) e que haviam encontrado abrigo "em casa de (cristãos) poderosos"[30].

Em tudo, o judeu devia comportar-se como bom judeu, sendo que até a Igreja espanhola o proibia de tornar-se muçulmano, assim como o inverso. Decisões conciliares dispunham-no expressamente; em Aragão, o Concílio de Tarragona decretava, em 1234, "que nenhum sarraceno, homem ou mulher, pode abraçar o judaísmo, e nenhum judeu ou judia pode tornar-se sarraceno; os que o fizerem, perderão sua liberdade"[31]. Em 1252, depois da conquista de vastos territórios na Andaluzia, essa disposição foi retomada por Castela[32].

No que tange às conversões ao cristianismo, a situação evidentemente era mais complexa. A Igreja espanhola não podia deixar de querer a conversão dos Infiéis, mas, ao menos antes do surto no século XIII das grandes ordens de pregadores franciscanos e dominicanos, e dos esforços desenvolvidos por estes em Aragão, ela quase não a procurava na prática. Como resultado, nada era feito para levar o judeu ao batismo, e muitas coisas contribuíam para afastá-lo deste. Em primeiro lugar, a miséria que o esperava, pois, em virtude de um antigo uso, suas posses seriam confiscadas pelo tesouro real. Foi só no século XIII que tal prática começou a ser questionada. Em 1242,

27. *Libro de los Fueros de Castilla* (BAER, II, pp. 34-39).
28. BAER, I, p. 194.
29. BAER, I, p. 646, § 7.
30. BAER, I, p. 152.
31. Texto citado por Schoffman (anexo).
32. Cortes de Sevilha de 1252 (BAER, II, p. 49).

Tiago I de Aragão fingiu renunciar a ela, declarando que nenhum converso perderia doravante seus bens ou sua herança, "pois, já que merecem a graça de Deus, merecem a Nossa, sendo Nosso dever o de imitar Sua mansuetude e Seu favor", motivo pelo qual ele foi altamente elogiado pelo Papa Inocêncio IV[33]. Mas, tratava-se apenas de um gesto sem alcance prático. Ainda em 1322, o Concílio de Valladolid descrevia a situação dos recém-convertidos de Castela como segue:

> Depois de serem batizados (eles) são geralmente obrigados a mendigar, por causa de sua miséria, e alguns abandonam por essa razão nossa santa fé. É preciso, portanto, muni-los do necessário nos hospícios e nas instituições de caridade... aqueles que poderiam ser capazes de aprender um ofício devem ser dirigidos aos reitores dos referidos hospícios para aprender os referidos ofícios, etc.[34].

A mendicância a que era reduzido o neófito era a consagração de sua situação de pária. Na Espanha das Três Religiões, o converso causava escândalo e se via exposto à franca hostilidade tanto de seus antigos correligionários, quanto dos novos. Renegado por uns, era *tornadizo* para os outros, estado de coisas também refletido em *Las Siete Partidas* que proíbem, aos judeus, matá-lo ou feri-lo e, aos cristãos, lembrar-lhe sua linhagem, concitando ao contrário que lhe fossem dados *"todos les oficios et las honras que han las otros christianos"*[35].

Outrossim, antes do século XIV, a conversão de um judeu era um fato bastante excepcional. Aqueles que enveredavam por esse caminho não raro nada mais tinham a perder. É o caso daquele judeu de Barcelona que, condenado em 1022 por ter fornicado com uma cristã, batizou-se no ano seguinte[36]. Os conversos letrados tornavam-se membros do clero e dedicavam-se a catequizar seus antigos correligionários; é característico que, por muito tempo, fossem os únicos a atrelar-se nessa tarefa ingrata: como Moisés Sefardi (o ilustre Pedro Afonso, ou Ildefonso; ver mais adiante) no começo do século XII ou, na mesma época, "Samuel, o Marroquino"[37].

Igualmente raras parecem ter sido as conversões, ao judaísmo, de cristãos, bem como as de mouros (neste caso, tratava-se em geral de escravos). Embora tais atos devessem necessariamente ser mantidos em segredo, alguns casos chegaram a nosso conhecimento. Um rabino de Aragão, enumerando as preces que deviam ser recitadas nessa ocasião, acrescentava: "Assim é a prática aqui"[38]. Pouco após a sua morte, o arcebispo de Tarragona movia um processo (em 1312)

33. A. A. NEUMAN, *The Jews in Spain*, Philadelphia, 1944, t. II, pp. 191 e 323, nota 67.

34. L. SCHOFFMAN (anexo).

35. *Partidas*, VII, 24, 6.

36. BAER, I, p. 2.

37. Cf. A. PACIOS LOPEZ, *La Disputa de Tortosa*, Madrid, 1957, onde (pp. 25 e ss.) o autor deixa bem evidente o papel exclusivo dos conversos judeus.

38. A. A. NEUMAN, *op. cit.*, t. II, p. 195.

contra vários judeus que, não contentes com desviar os neófitos cristãos do caminho reto, haviam ajudado cristãos vindos da Alemanha a serem circuncidados. No caso, os delinqüentes saíram-se do apuro pagando pesadas multas[39].

Em suma, a concepção medieval segundo a qual cada membro da sociedade devia permanecer em seu lugar era aplicado na Espanha à maneira muçulmana, quer dizer que se estendia ao campo religioso. No campo social e econômico, o lugar dos judeus situava-se (em termos de hoje) no "setor terciário" *grosso modo*; voltaremos a isso mais tarde; agora importa lembrar ainda sua extraordinária influência política.

Uma lenda célebre, que deu origem a muita literatura, relata os amores de Afonso VIII de Castela (falecido em 1214) com a bela Raquel, "La Fermosa", a quem permaneceu fiel durante sete anos, e atribui essa intriga ao poder e prestígio de que, na época, os judeus gozavam na corte castelhana. Mas os cortesãos judeus não precisavam de complicações tão romanescas, de uma espécie de Rainha Esther espanhola, para penetrar na intimidade dos reis. Quando os senhores castelhanos acharam ser boa política casar Urraca, a filha de Afonso VI (morto em 1109), com o rei de Aragão, submeteram esse projeto dinástico ao rei por meio de seu fiel Cidello, o ministro judeu já mencionado, em vez de fazerem eles mesmos a proposta. Dois séculos mais tarde, são estes os termos deferentes com que um rei de Aragão se dirigia a Josef de Ecija, ministro judeu de um rei de Castela:

> Dom Afonso, rei de Aragão, a vós Dom Josef de Ecija, *almoxarife* (ministro) do mui poderoso rei de Castela. Salve o homem que amamos e em quem confiamos. Levamos ao vosso conhecimento que, há alguns dias, tivemos um acidente de doença, mas, Deus seja louvado, estamos curados. Levamo-lo ao vosso conhecimento porque sabemos que vos preocupais com nossa saúde e nosso bem-estar. Como desejamos distrair-nos com os jograis do rei de Castela, os que são de Taragona, aquele que toca cítara e aquele que toca alaúde, rogamo-vos que peçais ao rei para enviar-nos os referidos jograis, e vos agradecemos muito por esse serviço[40].

Encarregados dos prazeres dos príncipes, assim como de seus negócios, os grandes judeus de Toledo e Barcelona desempenhavam a função de um *brain trust* permanente dos reis espanhóis, acompanhando-os em suas incessantes viagens. Em Aragão, esse papel dos judeus começa a esbater-se em fins do século XIII; em Castela, mais profundamente arabizada, continuou até o século XV. A ausência de uma verdadeira classe burguesa cristã ou a lentidão que levou para formar-se, bem como a desconfiança que os reis nutriam pelos nobres explicam a persistência desse estado de coisas, fato já compreendido por Juan Manuel, o sobrinho de Afonso X, o Sábio, e o primeiro pensador político de Castela; em seu *Libro de los Estados*, insistia muito na preferência que devia ser dada aos "mercadores" sobre os

39. BAER, I, p. 204.
40. BAER, I, p. 262. A carta é de 19 de outubro de 1329.

nobres e os membros do clero para conduzir os negócios do Estado[41]. Esse célebre príncipe, "o tipo mais consumado de espanhol do século XIV" (A. Castro), considerava seu médico, Dom Salomão, como seu único amigo autêntico, como diz abertamente em seu testamento e, de modo mais alusivo, em seu livro *De las Maneras del Amor*[42]. Ouvido e respeitado pelos poderosos, o médico judeu foi um dos principais traços de união entre judeus e cristãos.

Outro aspecto das atividades dos judeus de Castela foi seu papel civilizador e educador, igual ao exercido em outras partes da Europa pelo clero. Daí a substituição, desde o século XIII, do latim pela língua vulgar nos atos administrativos e jurídicos, pois os judeus tinham acentuada aversão pelo latim. Foram essas as origens do castelhano clássico[43].

Há um aspecto dessas atividades culturais que merece uma descrição mais detalhada, pois foi essencial para o florescimento da Europa cristã. Estamos falando do papel dos judeus espanhóis na transmissão dos conhecimentos do mundo antigo e oriental.

No perímetro do Mediterrâneo, houve outros pontos de contato entre Oriente e Ocidente, como a Sicília, também ela arabizada, ou Bizâncio. Mas foi a Espanha que serviu como a grande porta de entrada para as ciências e as artes, sem dúvida porque os principais intermediários, ou seja, os judeus, ali eram numerosos e instruídos. Nem sempre os muçulmanos viam com bons olhos esses empréstimos intelectuais. No começo do século XII, um muçulmano andaluz escrevia:

> Não se deve vender, nem a judeus, nem a cristãos, livros científicos, exceto os livros que tratam das leis deles, pois logo os traduzem e se fazem passar por seus autores, eles e seus bispos[44].

O trabalho de tradução prosseguiu sistematicamente por três séculos, sobretudo em Toledo. Uma primeira academia de tradução foi dirigida, de 1030 a 1070, pelo cônego Domingos Gonsalve, assistido pelo cronista judeu Abraham ibn David (Abendauth); eles mesmos verteram o *Tratado da Alma* de Avicena, tendo sido o texto primeiro transposto em castelhano vulgar pelo judeu e depois vertido para o latim pelo cristão. Outros filósofos antigos ou árabes foram traduzidos da mesma maneira, começando por Aristóteles; o *Corão*

41. *Libro de los Estados*, I, c. 93, em *Bibl. Aut. Esp.*, 151, pp. 337 e ss. (cf. BAER, *Toldot*. . ., pp. 84-85).

42. Cf. BAER, II, pp. 139-140. O grande historiador refere-se às pesquisas de Mercedes Gaibrois de Ballesteros, que publicou em 1931, no *Boletin de la Academia de Historia*, os testamentos do infante Juan Manuel, e que conseguiu descobrir "in schönem Verständnis der Möglichkeiten mittelalterrlicher Humanität", escreve Baer, o significado do trecho alusivo em *De las Maneras del Amor*.

43. O papel dos judeus que rodeavam Alfonso X para a adoção e desenvolvimento do castelhano foi recentemente evidenciado por A. CASTRO, *op. cit.*, pp. 451-468 (*Alfonso el Sabio y los Judios*).

44. Citado por A. CASTRO em *La Realidad Histórica de España*.

foi traduzido pelo judeu "*maestre* Pedro" de Toledo. O grosso das técnicas e ciências do mundo antigo penetrava na Europa do mesmo modo, bem como, parece, o sistema de numeração indo-arábico e o conceito de zero. O mesmo ocorreu com respeito aos escritos de ficção; uma coletânea de contos orientais, transposta no começo do século XII pelo converso aragonês Pedro Afonso, com o nome de *Disciplina Clericalis*, conheceu grande voga em toda a Europa, da Sicília à Islândia, fornecendo temas para o teatro popular inglês e para os fabulários franceses.

No século seguinte, sob o impulso de Afonso X, o Sábio, os trabalhos da escola toledana foram retomados por volta de 1260, revestindo-se no entanto de um caráter mais original. Assim, Isaac ben Said ou ben Cid, chantre da sinagoga de Toledo, foi encarregado de calcular as *Tabelas Astronômicas*, chamadas *Tabelas Afonsinas*, que constituíram autoridade até o século XVI e ainda eram utilizadas por Copérnico.

Outros autores foram encarregados pelo rei de redigir, em castelhano, uma *Grande y General Estoria.* É característico que, por ordem dele, a maioria desses trabalhos tenha sido traduzida, não apenas para o latim, como também para as principais línguas vulgares européias[45].

Na mesma época, teólogos cristãos e rabinos mantinham estreitas relações em Barcelona. Aluno do cabalista Abrão Abulafia, o erudito Armando de Villanova parece ter sido tão fortemente influenciado por aquele que o acusavam de ter-se tornado judeu em segredo[46]. O famoso franciscano Raimundo Lúlio fazia parte desse grupo. Foi encontrado um de seus manuscritos, dedicado aos principais rabinos da cidade, "ao Mestre Abram Denanet (= ben Adret), Mestre Aron, Mestre Salomão e aos outros sábios judeus que estão na *aljama*"[47]. Seu *Diálogo dos Três Sábios* (cristão, muçulmano e judeu), talvez inspirado pelo *Kuzari*, continua sendo o ponto mais alto, inigualável, do humanismo e da tolerância medievais.

Na mesma época, porém, e na mesma cidade, talvez com o concurso dos mesmos eruditos, os dominicanos criavam um "Instituto de Línguas Orientais", com vistas à conversão dos Infiéis, e Ramon Martin, que também tinha amigos rabinos, redigia seu *Punhal da Fé (Pugio Fidei)*, fonte de inspiração para os polemistas antijudeus, até o alvorecer dos tempos modernos.

Fenômenos estreitamente ligados, pressente-o o leitor, e que permitiram que o maior conhecedor dessas questões, I. Baer, escre-

45. O que precede foi extraído principalmente do ensaio de R. MENENDEZ-PIDAL, "España y la Introducción de la Ciencia Arabe en Occidente", em *España, Eslabon entre la Cristianidad y Islam*, Madrid, 1956.

46. Cf. o estudo de J.-C. ARTAU, em *Homenaje a Millas Vallicrosa*, Barcelona, 1954, t. I.

47. J. MILLAS VALLICROSA, *El "Liber predicationis contra Judeos" de Ramon Lull*, Madrid, 1957, p. 21.

vesse: "A Espanha cristã era, dentre os países europeus, o que se distinguia ao mesmo tempo pelo fanatismo religioso e pela tolerância religiosa"[48]. O primeiro termo, acrescentaremos, de nossa parte, decorre do segundo; tal foi a dialética particular da história espanhola.

2. A NAÇÃO JUDAICA DA ESPANHA

Ainda no século XII, houve na Espanha agricultores judeus estabelecidos em terras próprias e até mesmo colônias agrícolas judaicas, mas a maioria habitava nos *castels* ou burgos fortificados, sob a proteção direta do príncipe. Algumas vezes, as comunidades judaicas eram encarregadas de pôr o *castel* em condições, dos trabalhos de fortificação e até de sua defesa; as cartas os autorizavam a resistir com armas na mão a toda agressão, fosse qual fosse a religião. Muitas cidades espanholas, depois povoadas por burgueses cristãos, autóctones ou imigrados de além-Pireneus, devem sua origem a tais castelos. Nos arredores, os judeus ricos possuíam terras, *villae* de superfície às vezes muito extensa[49].

No interior, eles viviam livremente, misturados aos cristãos, e exerciam os mesmos ofícios que estes. No que se refere a seu número, toda avaliação é impossível para os séculos XI e XII; no máximo, pode-se dizer que, no começo, constituíam a maior parte da burguesia. A formação de uma burguesia propriamente cristã foi, na Espanha, tardia e lenta, e parece que seus primeiros elementos foram imigrantes de além-Pireneus. A seguir, as melhores estimativas calculam em perto de trezentos mil judeus no século XIV, ou seja, um quarto ou um quinto da população urbana global[50]. Assim como os artesãos e mercadores cristãos, os artesãos e mercadores judeus organizavam-se em guildas ou corporações para a defesa de seus direitos profissionais, sobretudo quando as corporações de ofício cristãs começaram a fazer-lhes concorrência; como estes, eles possuíam suas fundações pias e templos próprios, por exemplo um hospício dos alfaiates judeus em Perpignan ou uma sinagoga dos tecelões judeus em Calatayud. Essa "distribuição profissional" manteve-se até a expulsão de 1492, e um edito do Rei Dom João II, publicado em 1443, precisamente para proteger os artesãos judeus da inveja e concorrência dos cristãos, dá uma excelente idéia da diversidade da gama de ofícios judeus.

> Nada impede que os judeus – informava o rei de Castela – comprem, vendam ou troquem todo gênero de mercadorias com os cristãos; os ofícios e

48. BAER, *Toldot*. . . , p. 124.

49. *Idem*, pp. 56-58. Ver também os documentos publicados por ele. A carta dada em 1170 por Sancho II de Navarra aos judeus de Tudela (BAER, I, p. 923) é um bom exemplo.

50. Cf. *Historia Social y Económica de España*. . . , publicado em 1957 sob a direção de J. Vicens Vives (t. II). Ali Cespedes del Castillo calcula o número de judeus na Espanha, em fins do século XIII, em mais de 260 000 (pp. 45 e ss., pp. 407 e ss.).

comércios úteis não lhes são proibidos, tais como os de paneiros, ourives, marceneiro, barbeiro, sapateiro, alfaiate, caldeireiro, curtidor de peles, seleiro, cordoeiro, oleiro, trançador de cestos, trocador de moeda e todos os demais ofícios semelhantes, as artes mecânicas e as ocupações úteis em que se dedicam ao trabalho manual. . .[51]

Tais ocupações eram características sobretudo para as comunidades das pequenas cidades, longe das cortes dos príncipes e de suas especulações ou intrigas. Assim, em Talavera de la Reina, em Castela, cuja comunidade, no século XIII, contava com sessenta e oito membros, a especialidade judaica local era trançar cestos; havia além disso três ourives, dois lojistas, alguns médicos e granjeiros e muitos artesãos, ferreiros e seleiros, alfaiates e sapateiros. I. Baer, que, com base nos arquivos fiscais castelhanos, conseguiu reunir essas especificações, traçou outros quadros, semelhantes em tudo, para a maioria das outras judiarias espanholas[52].

Nessas condições, não é de espantar que os primeiros historiadores espanhóis do "Século das Luzes", procurando perceber as razões da decadência espanhola, atribuíssem-na à expulsão dos mouros e dos judeus, únicos na Espanha a cultivar as "artes" e ofícios[53].

A realidade foi por certo mais complicada: mas nem por isso é menos verdade que uma tal concepção pode atualmente ser esclarecida com o auxílio de certas cifras. Assim, em 1294, no reino de Aragão, só os judeus garantiam 22% das receitas e entradas fiscais do tesouro real. É certo que, em Castela (para a qual não se dispõe de números exatos), essa quota-parte era ainda mais elevada[54]. Lembremos que, na Paris de 1292, a quota-parte judia na talha não passava de 1% (cf. *De Cristo aos Judeus na Corte*, p. 65).

Essas entradas deviam-se aos impostos e taxas pagos pelos lares judeus ricos e pobres, e a grande maioria era de condição modesta, como já se pode perceber pelos ofícios exercidos por eles. Os financistas e usurários constituíam uma minoria ínfima, tanto mais quanto as condições econômicas da Espanha medieval eram menos favoráveis ao empréstimo a juros do que as da França ou da Inglaterra. Foi só a partir de fins do século XIII que as transações dessa espécie se tornaram comuns na Espanha. O enraizamento social dos judeus na vida espanhola ressalta também na estabilidade de sua residência; os nomes próprios levantados através dos séculos[55] permitem constatar que, de pai para filho, as famílias judaicas permaneciam na mesma localidade por longas gerações, em contraste com as incessantes peregrinações judias de além-Pireneus. Foi assim que, livres para "crescer

51. A. A. NEUMAN, *op. cit.*, t. I, p. 187.

52. BAER, *Toldot*. . . , pp. 137 e ss.

53. Em *España, un Enigma Histórico*, SANCHEZ-ALBORNOZ fornece alguns nomes desses tratadistas do século XVIII (t. I, p. 669).

54. BAER (*Toldot*. . . , pp. 122 e ss.) dedica um longo trecho ao papel econômico dos judeus em Castela e em Aragão no século XIII.

55. A constatação foi feita por BAER, *Toldot*. . . , p. 133.

e multiplicar-se", puderam alcançar e manter a densidade de sua população. Em outros lugares os judeus, falando em termos sociológicos, constituíam um grupo errante e marginal por excelência; na Espanha, formavam uma espécie de espinha dorsal da vida econômica e social. "Ao mesmo tempo, eles eram a Espanha e não a eram", observa de modo muito sugestivo Américo Castro[56].

De fato, os judeus não a eram e não podiam sê-la, na medida em que, de um Estado trinacional segundo o modelo oriental, sua pátria evoluía lentamente para um Estado cristão homogêneo, segundo o modelo de além-Pireneus. Mais adiante voltaremos a tratar dessa evolução da "nação cristã" da Espanha.

No que se refere à "nação judaica", com seu profundo enraizamento no solo ibérico, com sua "hispanidade", fazia par uma forte diferenciação interna, devida em primeiro lugar à diferenciação econômica. Em numerosas *aljamas* ou comunidades, os judeus (bem como os cidadãos cristãos) estavam estatutariamente divididos em três classes conforme o grau de fortuna, o *mans major*, o *mans mijana* e o *mans menor*. Além disso, havia certas famílias judias, dentre as mais ricas e as mais poderosas, próximas da corte real, que conseguiam o *status* de "livres" ou "franqueadas", espécie de judeus extraclasse subtraídos à jurisdição comunitária e ao pagamento das taxas. Algumas vezes, até, o rei instituía uma taxa comunitária especial em favor dessas famílias, proibindo por outro lado que as comunidades os perseguissem e excomungassem[57].

Assim surgiu uma oligarquia judia que não se embaraçava muito com os mandamentos da *Torá* e tratava de cima para baixo a comunidade de onde havia saído, a qual, por seu lado, cercava de todas as atenções correligionários tão influentes, seus protetores naturais. No século XIV, um rabino castelhano chegou até a redigir um tratado talmúdico especial para uso deles, onde muitas prescrições da Lei eram suavizadas ou simplificadas, já que dificilmente eram compatíveis com a vida de um cortesão[58].

Foi principalmente no seio dessa oligarquia que se perpetuaram os costumes herdados da época árabe e que se acentuaram certos traços de caráter que marcaram fortemente a fisionomia dos judeus espanhóis em seu conjunto. Costumes e traços de caráter que merecem ser examinados com algum detalhe, pois seu fascínio continuou a exercer-se durante séculos sobre os judeus expulsos, bem como sobre a Espanha, desjudaizada a custo de um trágico esforço.

Notemos primeiro que, sobretudo em Castela, a nação judaica permaneceu por longo tempo arabófona: mesmo quando o castelhano

56. A. CASTRO, *op. cit.*, p. 521.

57. A. A. NEUMAN, *op. cit.*, t. I, pp. 102 e ss.; BAER, *Toldot*. . ., p. 66.

58. Cf. H. J. ZIMMELS, *Ashkenazim and Sephardim*, Londres, 1958, p. 157. O autor do tratado em questão era o rabino de Toledo, Menahem ben Zerach (morto em 1385); ele tinha dado ao tratado o nome expressivo de Tzedah-la-Derech ("Provisões para viagem"). Ver também GRAETZ, VIII, pp. 30-32.

substituiu o árabe como fala comum, este continuou sendo a língua da cultura e da erudição que permitia o acesso à filosofia e às ciências. Para isso também havia uma razão prática: "Lembra-te que os grandes de nosso povo só chegaram à posição e categoria em que estão graças ao conhecimento da escrita árabe", escrevia a seu filho, por volta de 1190, Judah ibn Tribon (o antepassado de uma célebre dinastia de tradutores)[59]. O rabino alemão Ascher ben Iehiel, expatriado para Toledo mais ou menos em 1305, teve de aprender o árabe para poder exercer seu ministério[60]. Ao longo de todo o século XIV, atos administrativos e *responsa* rabínicos eram normalmente redigidos em árabe nas *aljamas* de Castela e Aragão[61].

Essa perenidade do árabe caminhava lado a lado, principalmente nas grandes famílias oligárquicas, com um orgulho tribal também herdado dos costumes orientais e deu origem a um exclusivismo específico judio-espanhol.

A ponto do legislador cristão admitir, como vimos, que os judeus espanhóis eram de extração ilustre. Segundo o sábio rabino Moisés de Arragel, que, no começo do século XV, traduziu o *Antigo Testamento* para o castelhano, os judeus espanhóis "são os mais sábios e os mais ilustres de todos os judeus que jamais viveram em dispersão; suas preeminências são quatro: em linhagem, em riqueza, em virtude e em ciência"[62]. Tais pretensões eram justificadas identificando-se a Espanha com o "país de Sefarad", no qual, de acordo com o *Antigo Testamento*, foram exilados os filhos de Jerusalém, a fina flor do judaísmo antigo. O judaísmo espanhol em seu conjunto supostamente era tudo como descendente quer dos judeus exilados por Nabucodonosor, quer dos exilados por Tito; em todo caso, escrevia o historiador Ibn Verga, era de extração real[63]. Quanto às grandes famílias de Toledo ou de Barcelona, pretendiam provir do Rei Davi em linha reta. Outrossim, essas famílias zelavam ciosamente por sua reputação e pela pureza de sua linhagem[64]. (Subseqüentemente, as apostasias em nada diminuíram esse orgulho tribal. Segundo os conversos, o batismo teria melhorado a nobreza de seu sangue*. O mais famoso

59. BAER, I, p. 9.

60. ZIMMELS, *op. cit.*, p. 23.

61. Ver o *excursus* de I. BAER, *Zum Urkundenwesen und Privatrecht der Juden in Spanien* (BAER, I, anexo 2, p. 1052).

62. Carta de Moise de Arragel ao grão-mestre da ordem de Calatrava, citado por A. CASTRO, *op. cit.*, p. 466.

63. Livro *Chevet Yehudá*, de SALOMON IBN VERGA, trad. Wiener, 1856, p. 76.

64. Tendo um caluniador afirmado que uma família honrada descendia de um escravo, o célebre rabino Ibn Adret julgou-o pior do que um assassino, "pois um assassino não degola mais do que duas ou três almas, enquanto que este difamou trinta ou quarenta almas, e a voz do sangue da família toda clama da terra. . ." (Fim do século XIII. Cf. A. A. NEUMAN, *op. cit.*, t. II, p. 7.)

* *Tal como Moisés Diego de Valera, cronista dos Reis Católicos, escrevendo: ". . .não apenas respondo que eles conservam sua nobreza ou sua* fidalguia *depois de se terem convertido, mas afirmo que a aumentam. . . falando dos*

deles, Salomão Halevi de Burgos, redigiu depois de sua conversão (1391) um *Discurso sobre as Origens e a Nobreza de sua Linhagem*. As conclusões que, por sua vez, daí extraíram os descendentes remotos dessas estirpes serão expostas mais adiante; de fato, certas variantes dessas histórias foram utilizadas pelos grandes da Espanha de origem judaica como diplomas *nec plus ultra* de fidalguia.)

Tais pretensões nobiliárquicas coroavam um estilo de vida radicalmente diferente do dos judeus de além-Pireneus, esses párias da sociedade cristã. Um episódio do romance de cavalaria *Amadis de Gaula* põe em cena um cavaleiro judio-espanhol enfrentando cavaleiros cristãos e muçulmanos[65]: os improvisos históricos de Heinrich Heine, portanto, não estavam destituídos de fundamento. Os judeus espanhóis, como vimos, portavam armas e sabiam utilizá-las, quando necessário, para tirar de um inimigo, fosse judeu ou cristão, uma vingança de sangue – conforme aprendeu às próprias custas Artuset, jogral catalão que, segundo o trovador Bertrand de Born, foi assassinado pelos amigos de um judeu que ele havia matado[66]. A história dos judeus espanhóis pulula de acontecimentos dessa espécie. Algumas vezes, tratava-se de motivos piedosos: em 1313, os judeus de Borja, em sua maioria artesãos, feriram a pedradas e golpes de espada dois franciscanos que levavam ao batismo um rapaz judeu[67]. Podia também ser o caso de um complô político: em 1380, vários notáveis judeus, invejando os favores que Henrique de Castela demonstrava a seu tesoureiro Josef Pichon, decapitaram este último em sua casa, para grande indignação do rei e dos cronistas da época[68]. No interior das *aljamas*, essa violência de costumes encontrava expressão no uso de castigos físicos cruéis e mesmo na pena de morte, apesar de severamente proibida pelo *Talmud**. Ela ia a par com uma notável falta de inibições em muitos outros campos. I. Baer cita o caso de um pai e um filho que disputavam os encantos de uma bela escrava mourisca; o filho irrompeu pela sinagoga de Figueras adentro, de espada em punho, e tentou abater o pai. Esses Karamazov da Espanha judaica estavam longe de ser únicos no gênero. O comércio sexual com as mulheres

judeus, o Deuteronômio *diz: 'Qual outra nação é tão nobre?'" (Epítetos de D. DE VALERA*, Bibliofilos Españoles, *XVI, pp. 206-212).*

65. Neste episódio, o "cavaleiro da floresta" Don Silves encontra três duelistas furiosos, um cristão, um judeu e um mouro (cf. E. HECHT, "Duell eines Juden", em *M.G.W.J.*, 1861, p. 275).

66. Cf. F. DIEZ, *Leben und Werke der Troubadours*, 1882. Bertrand de Born florescia em 1180-1195.

67. BAER, I, 264.

68. Sobre Joseph Pinchon de Sevilha, cf. BAER, II, 218-219; seu assassinato é relatado em todas as obras clássicas de história judaica.

* *Esse costume deixava muito espantados os rabinos de além-Pireneus. "Quando cheguei aqui", escrevia o rabino alemão Iehiel b. Ascher, "perguntei com estupefação sobre quais bases judeus podiam hoje em dia infligir condenações à morte, na ausência de um sinédrio. . . isso não existe em lugar nenhum, exceto aqui na Espanha. . ." (Cf. NEUMAN,* op. cit., *I, 138-139).*

cristãs ou mouras era tão freqüente (apesar dos castigos brutais impostos pelas *aljamas*, tais como a ablação do nariz), que os rabinos preconizavam, como mal menor, o recurso às prostitutas judias, e estas existiam em numerosas cidades espanholas[69]. Outros rabinos que, baseados no *Velho Testamento* se opunham a tais práticas, procuravam conter de outro modo os impulsos viris de suas ovelhas. A poligamia, que jamais fora proibida aos judeus da Espanha, era bastante difundida entre eles (assim, o mais ilustre talmudista espanhol, Hasdai Crescas, cuja primeira esposa era estéril, desposou piamente uma segunda)[70]. Mais ainda, o concubinato foi legalizado, e os rabinos chegaram até a diferençar duas espécies de concubina: a *hachuká*, a "desejada", concubina livre, e a *pilgechet*, a "amásia" a quem o amante se ligou por uma promessa de casamento[71]. Nesses pontos, os costumes dos judeus espanhóis não eram muito diferentes dos costumes cristãos medievais, para grande escândalo dos rabinos de além-Pireneus[72].

A descrença de muitos judeus espanhóis constituía um escândalo bem pior. Essa descrença era típica principalmente entre os grão-senhores judeus de Castela e da Andaluzia reconquistada, que tradicionalmente continuavam cultivando a filosofia greco-árabe e seguindo seus preceitos ou que, sem cultivar qualquer filosofia, abandonavam a religião e a moral judaicas no turbilhão da vida áulica e aventurosa que levavam.

A vasta corrente de idéias que confluiu com o nome de averroísmo (nos cristãos) ou de maimonismo (nos judeus) fornecia-lhes, quando preciso, as justificativas necessárias para espezinhar as observâncias. A idéia dominante foi de que a *Torá*, que pode ser tomada ao pé da letra pelos simples, não é mais do que uma alegoria para os verdadeiros sábios (o sistema da "dupla verdade"); estes, esclarecidos pelas luzes da divina razão, não se acham, portanto, adstritos a conformar-se aos ritos nem a abster-se de coisas proibidas. De interpretação em interpretação, muitos libertinos judeus dessa época, libertos em todos os sentidos da palavra, haviam rompido todo e qualquer vínculo com o judaísmo e só permaneciam judeus nominalmente porque achavam inútil ou pouco proveitoso batizar-se. Um poeta judeu que freqüentou muito tais meios, levando uma vida de festas e devassidão, mas que, em seus últimos anos, refletiu sobre seu passado, descrevia seus ex-amigos da seguinte maneira:

69. BAER, *Toldot*. . ., pp. 161 e 342, nota 44.

70. BAER, I, p. 711. Publicando o diploma real que autorizava Crescas a contrair um segundo matrimônio, esse historiador comenta: "Fälle von Bigamie bei den Juden in Spanien sind seit langem bekannt, und solche Ermächtigungen wie die obige sind. . . fust alltäglich und formelhaft".

71. H. J. ZIMMELS, *op. cit.*, pp. 254-257.

72. À censura de Yehiel ben Asscher, no começo do século XIV, corresponde a de Moise de Coucy, no começo do XIII (cf. ZIMMELS, *op. cit.*, p. 255 e NEUMAN, *op. cit.*, t. II, p. 11).

Esses renegados são numerosos
Eles pecam e se revoltam
São tomados por judeus
Mas sua religião é cristã
Caminham na escuridão
A religião e a Lei
De Moisés do Sinai
São estranhas a eles
Eles conspiram contra a religião
Passam por judeus
Mas são judeus cegos
Ignoram os mandamentos divinos
Consideram inútil
O estudo do Talmud
O alfabeto lhes basta
Na escrita assíria
Falam assim:
Não há nada de judeu em nós
Falai-nos em aramaico ou árabe![73]

Os estragos do ceticismo filosófico contaminaram até certos rabinos, como o citado por H. Graetz, que questionava publicamente a proibição de comer porco, já que a higiene não justifica essa interdição[74]. Mas, em geral, os rabinos lutavam quanto podiam contra o encantamento pela ciência grega e suas conseqüências, desastrosas do ponto de vista deles. Conforme um *herem*, uma excomunhão solene proclamada em 1305 pelo rabino Salomão ben Adret de Barcelona e depois estendida a todas as comunidades judio-espanholas, o estudo dos "livros gregos", com exceção dos tratados médicos, foi proibido aos judeus de menos de vinte e cinco anos, de espírito ainda demasiado maleável.

O saber do homem [proclamava ben Adret] não pode ser comparado à onisciência de Deus. Nascido do pó, o homem não pode ter a pretensão de julgar seu criador, de dizer: ele pode realizar isto, mas não pode realizar aquilo, pois, desse modo, seu espírito termina desviando-se inteiramente da fé[75].

Um século depois, num momento decisivo para o futuro do judaísmo espanhol, o grande Hasdai Crescas queixava-se de que ninguém ousava duvidar "dos argumentos do Grego (Aristóteles) que hoje em dia obscurecem os olhos de Israel"[76].

Os rabinos tinham certamente razão; o questionamento, pelos espíritos com tendência especulativa, dos mandamentos do Sinai levava outros espíritos, mais terra a terra, a tirar conseqüências práticas muito perigosas, facilitadas pela intimidade em que viviam judeus e cristãos.

73. Citado por BAER, *Toldot*. . ., pp. 160-161.

74. GRAETZ, VII, p. 254.

75. Citado por DUBNOV, V, p. 135.

76. Citado por JACOB GORDIN, no verbete "Crescas", *Encyclopedia Judaica*, t. V, p. 699.

Essa familiaridade estimulava especialmente a *denúncia* interessada de um judeu ou de uma comunidade junto às autoridades cristãs pelos motivos mais diversos: fraude fiscal, intriga política, contravenção da lei divina (judaica ou cristã) ou, ao contrário, aplicação muito ciosa da lei de Moisés (ferindo o sentimento cristão); os pretextos que a vida quotidiana fornecia eram numerosos. Os denunciantes, os *malsins*, apóstatas de fato, formavam legião; a luta contra eles foi uma preocupação permanente das comunidades judaicas, ela constitui uma trama essencial da história do judaísmo espanhol. As *aljamas* conseguiam obter privilégios reais que as autorizavam a açoitar os *malsins*, cortar-lhes os membros e a língua, executá-los. "Além disso, como certos judeus de mau comportamento e desregrados na fala, que misturam sua companhia à dos cristãos e dos mouros, aqueles que em hebraico são chamados de *malsins* causam grandes escândalos e males...", diz o texto de um desses privilégios do Rei Martim de Aragão, datado de 1400[77]. Os reis velavam com tanto mais boa vontade pela moral pública quanto estavam seguros de ganhar em todos os tabuleiros: a execução de um *malsin* era taxada (1 000 *sueldos jacqueres* no caso acima, por exemplo); o privilégio só era concedido mediante um presente substancial; uma denúncia fundada podia render ainda mais. Essas lutas deixaram vestígios até no espanhol moderno (*malsin* = quem fala mal dos outros, *malsinar* = espalhar mexericos etc.*).

As *aljamas*, portanto, tinham de lutar em várias frentes ao mesmo tempo, tanto contra os abusos da oligarquia liberta quanto contra os inimigos filosóficos do judaísmo e contra os renegados de fato. Esses conflitos internos revestiam-se de um caráter social e religioso ao mesmo tempo, pois, à oposição entre o relaxamento ou a indiferença religiosa e a piedade tradicional correspondia grandemente a oposição entre ricos e pobres. Enquanto as classes superiores permaneciam abertas à influência do racionalismo greco-árabe, as classes inferiores desenvolviam suas formas próprias de misticismo popular, paralelamente à difusão do misticismo cristão (e, talvez, imitando-o parcialmente); daí o impulso tomado pela Cabala e o êxito do livro *Zohar*. A eterna necessidade humana de elucidar as causas das misérias e das injustiças neste mundo terreno, de conciliá-las com a sabedoria divina, estimulava as especulações e os cálculos cabalísticos, a fé numa redenção próxima para a qual a piedade judaica devia concorrer. Os cabalistas denunciavam os costumes depravados dos ricos,

77. BAER, I. p. 763.

* *A situação não deixa de lembrar a da época moderna, onde os argumentos e fatos próprios para denegrir o judaísmo não raro foram extraídos de fontes judaicas, com o auxílio de judeus, convertidos ou não. Certas reações judaicas, reações de "judeus assimilados", foram as mesmas. Assim, igual aos rabinos reformistas alemães do século XIX, certos rabinos espanhóis aconselhavam a não recitar a prece* Kol Nidre *no dia do Grande Perdão, pois essa prece, dando absolvição aos perjuros, é adequada para lançar o descrédito sobre o judaísmo.*

"adoradores do bezerro de ouro e idólatras", "ortodoxos em idolatria... orgulhando-se de vir à sinagoga com a cabeça alta, o punhal na cinta, os bolsos cheios de dinheiro sonante..."[78] Consolavam os pobres prometendo-lhes que só eles teriam uma parte "no mundo que virá". Mas, até nesse domínio exclusivo, voltamos a encontrar a maneira segura do judeu espanhol, vivendo em pé de igualdade com o mundo cristão, e foi assim que, para apressar o fim dos tempos, o mais influente dos cabalistas espanhóis, Abraão Abulafia, não vacilou em ir, em 1281, até Roma para converter o papa ao judaísmo (e para acabar na prisão). Pois, ricos ou pobres, místicos ou libertinos, todos esses homens sentiam-se muito profunda e naturalmente espanhóis, em igualdade com os cristãos.

Antecipando o que vem a seguir, citemos aqui a réplica descarada de um marrano que voltou à Espanha após a expulsão de 1492 ao inquisidor que lhe perguntava por que havia emigrado:

> Se o rei, nosso senhor, tivesse ordenado aos cristãos que se tornassem judeus ou que fossem embora, uns ter-se-iam tornado judeus e outros teriam partido; e aqueles que tivessem partido, quando se vissem perdidos, ter-se-iam tornado judeus para poder voltar ao solo natal, embora continuassem cristãos de coração e de vontade e enganando seu mundo...[79]

3. A SUB-RECONQUISTA

De acordo com a ordem das coisas medievais, incumbia ao clero espanhol instruir o povo, explicar-lhe o mundo e ensiná-lo a amar o Bem e guardar-se do Mal, à maneira cristã. No começo da *Reconquista*, faltavam singularmente ao clero as qualidades necessárias para essa tarefa. Nos principados cristãos do Norte, os clérigos eram em geral incultos e rudes, às vezes até iletrados no sentido literal da palavra; por outra parte, durante as guerras contra o adversário muçulmano, não se contentando apenas com exortar seus fiéis a lutar, muitos deles davam o exemplo e combatiam à mão armada, contrariamente às exigências de sua condição[80]. (Daí, sem dúvida, a tradição combativa do clero espanhol, depois o cristianismo belicoso de São Domingos de Guzmán, de São Vicente Ferrer e de tantos outros campeões da Igreja conquistadora.) Quanto à parte da Espanha submetida aos muçulmanos, ali o clero cristão tinha seus próprios costumes, nascidos de uma servidão secular, e seguia um rito particular oriental (como na Síria e no Egito), o rito moçárabe.

É certo que, no começo da *Reconquista*, esse clero em seu conjunto se preocupava muito pouco com os judeus e não se sentia per-

78. Tratado "Reia Mehimna" (depois incorporado ao *Zohar*), citado por BAER, *Toldot*..., p. 243.

79. BAER, II, p. 545.

80. Cf. o que diz a esse respeito Sanchez-Albornoz, enumerando os muitos altos prelados espanhóis mortos nos campos de batalha (*España, un Enigma Histórico*, t. I, pp. 321-322).

turbado pela prosperidade e soberba do povo deicida, de resto um auxiliar útil na luta contra os mouros. Essa luta mobilizava todas as energias espirituais, polarizava os ódios sagrados; nesse ponto, como em tantos outros, o clero espanhol guardou por muito tempo suas tradições próprias. Roma estava longe e, de um modo geral, as influências culturais européias continuarão sendo desprezíveis por muito tempo.

Segundo historiadores espanhóis, foi em fins do século XI que a Espanha cristã, tomando consciência de sua própria vocação, desligou-se enfim da órbita cultural muçulmana e aderiu ao concerto das nações européias. Nesse acontecimento, parece que a crescente participação dos "francos" na luta contra o Islã desempenhou um papel determinante.

> É notório [escreve Sanchez Albornoz] que as imigrações maciças dos *ultramontinos*, príncipes, cavaleiros, monges, burgueses e trabalhadores, que inundaram a Espanha cristã no último terço do século XI e a intensificação paralela das peregrinações a Santiago de Compostela fizeram com que, nas terras espanholas, fossem adotadas as idéias, os sentimentos, as práticas, as instituições, os costumes, as formas artísticas e literárias, etc. de além-Pireneus. Junto com os imigrantes e os peregrinos, infiltravam-se nos espíritos espanhóis novas concepções religiosas, filhas da França. . .[81]

Na verdade, nessa época houve uma verdadeira reforma do clero espanhol, graças sobretudo ao trabalho metódico em profundidade da ordem de Cluny, cujos estabelecimentos então se multiplicavam na Península Ibérica. A Santa Sé, por seu lado, dedicava à Espanha um interesse crescente. Por insistência dela, o rei de Aragão, em 1071, mandou substituir, em suas terras, o rito oriental moçárabe pelo rito latino. Após a tomada de Toledo em 1085, o rei de Castela fez o mesmo. Assim começa a lenta assimilação do povo espanhol aos princípios e costumes da cristandade medieval, que A. Castro designou pelo vocábulo sugestivo de "reconquista interna" ou *subreconquista*[82].

Contudo, enquanto a *Reconquista* propriamente dita ia de vento em popa e o dispositivo militar cristão se apoiava numa intendência essencialmente judaica, ainda ninguém na Espanha das Três Religiões pensara em tocar nas estruturas tradicionais. Como o dissemos, do mesmo modo que os reis, os príncipes da Igreja e os chefes das ordens militares empregavam os judeus como administradores e como financistas e mantinham com eles relações as mais cordiais e variadas – tais como aquele inquisidor-mor de Aragão que, ainda no começo do século XV, fez com que os judeus de Saragoça pagassem sua viagem a Avignon onde receberia o título de doutor em teologia[83].

81. SANCHEZ-ALBORNOZ, *op. cit.*, t. I, p. 328.

82. A. CASTRO, *op. cit.*, p. 488, onde o termo empregado é *Reconquista interior*: o termo *subreconquista* figura na primeira edição da obra (Buenos Aires, 1948, p. 527).

83. BAER, I, pp. 755-756. O documento em questão é um apelo da *aljama* de Saragoça às outras *aljamas* de Aragão, pedindo-lhes que participem dos custos.

A Igreja exigia o dízimo, não apenas dos cristãos, mas outrossim dos judeus e dos mouros; ainda em 1359, o Concílio de Tortosa proibiu que os cristãos freqüentassem os judeus que se recusassem a pagá-lo (e só estes), excomungando-os assim de modo indireto. Porém, desde o início do século XIII, a Igreja de Castela impõe aos judeus uma outra taxa, uma capitação especial, curiosamente chamada de "Taxa dos Trinta Dinheiros" (como lembrança de Judas), embora seu montante, muito variável, nenhuma relação tivesse com o número trinta. Além disso, estabeleceu-se o costume de isentar certas *aljamas* de seu pagamento; parece que a poderosa *aljama* de Toledo tentou ficar isenta, sob o pretexto da antiguidade reconhecida de sua instalação, coisa que a eximia de qualquer responsabilidade na crucifixão; vê-se, portanto, que as lendas desse tipo não careciam de interesse prático[84].

Esse imposto e, acima de tudo, seu nome, são uma primeira prova do modo como a Igreja começou a curvar-se, nessa matéria, perante as concepções européias dominantes. Mas foi principalmente em Aragão que estas conseguiram impor-se muito cedo. Desde meados do século XIV, após a conquista de Valência e das Baleares, o clero estava seriamente preocupado com a conversão dos Infiéis. Em 1242, fortalecidos pelo apoio do Papa Inocêncio IV, dominicanos e franciscanos obtiveram do rei a autorização para pregar nas sinagogas. Nessas ocasiões, ali irrompiam bandos de cristãos, maravilhados com o espetáculo, e os sermões degeneravam quase sempre em escândalos e tumultos[85].

Já dissemos que a ordem dos dominicanos fundara em Barcelona um verdadeiro instituto missionário. Ramon Penaforte, seu antigo superior e confessor do rei, conseguiu organizar na cidade, em 1263, uma grande disputa pública judio-cristã, a exemplo daquela que ocorrera em Paris em 1240. Ao paladino cristão, o dominicano convertido Pablo Christiani, opôs-se o erudito rabino de Barcelona, Moisés ben Nachman. Ao término das discussões, que duraram perto de uma semana na presença do rei, os dois campos clamaram vitória; como conseqüência, o judeu, que havia demonstrado uma espantosa franqueza*, foi banido de Aragão e partiu como peregrino para a Palestina.

Baer acha que se tratava de Petrus de Fonte Luporum, inquisidor-mor de Aragão por volta de 1405-1412.

84. L. SCHOFFMAN, *tese cit.*, p. 30, e BAER, II, pp. 28, 54, 56, 103, 187, 220.

85. Cf. L. SCHOFFMAN, *tese cit.*, pp. 75-80.

* *Eis uma amostra da argumentação de Moisés ben Nachman: "...É certo que a doutrina em que acreditais e os dogmas de vossa fé são inaceitáveis para a razão. Eles são contrários à natureza, os profetas jamais disseram nada que pudesse apoiá-los. Que o Criador dos céus e da terra se recolheu às entranhas de uma certa judia, ali cresceu durante nove meses, veio ao mundo como recém-nascido e, adulto, foi entregue às mãos de seus inimigos que o condenaram à morte e executaram, depois do que, conforme dizeis, ressuscitou e voltou à terra – nem o espírito de um judeu nem o de qualquer outro homem podem conceber isso..." Dirigindo-se mais especificamente ao Rei, Moisés ben Nachman acrescentava: "Isaías disse: 'Com suas lanças, eles forjarão arados; uma nação*

Em Castela, onde os judeus eram mais poderosos, as ordens pregadoras não conseguiram complicar-lhes a existência com tais espetáculos. Ali o clero se contentava com lembrar, de tempos em tempos, as instruções pontifícias sobre o porte de uma insígnia distintiva, aliás sem resultado, e procurava impedir a promiscuidade entre cristãos e infiéis. À medida que se desenvolvia uma burguesia cristã, o problema da usura tornava-se outro campo de conflito. Foi assim que, em 1307, seguindo instruções dirigidas por Clemente V ao clero espanhol, certos clérigos e leigos de Toledo julgaram-se no direito de não pagar mais suas dívidas em atraso. Tendo sabido disso, o rei declarou que estava *maravilhado* com fato tão inaudito, tomou a defesa de seus judeus e ordenou que, no futuro, instruções e mensagens dessa espécie lhe fossem entregues em mãos[86]. Assim, vemos delinear-se dois campos: de um lado, o rei e seus indispensáveis judeus, do outro, a Igreja e o povo cristão das cidades.

O povo, entretanto, levou ainda mais tempo do que a Igreja para tomar conhecimento da natureza particular dos judeus. No século XII, nasceu a obra-prima da epopéia popular espanhola, a gesta do Cid. Num dos episódios, dois judeus fazem sua aparição, "Raquel" e "Vidas", em quem o bravo herói prega uma peça bastante maldosa: toma-lhes de empréstimo seiscentos *maravedis* e deixa em garantia duas caixas de jóias que, na realidade, estão cheias de areia. Financistas e usurários, Raquel e Vidas se vêem ridicularizados enquanto tais, mas em nenhum momento nota-se, em relação a eles, o despontar de qualquer animosidade especial religiosa ou mesmo "racial".

Pelo contrário, existem certas variantes da epopéia em que o Cid, voltando a uma situação mais afortunada, apressa-se em devolver o que deve aos "honrados judeus" Raquel e Vidas, perde-se em desculpas perante eles e cobre-os de flores. (Aliás, é só nessa ocasião que Raquel e Vidas são chamados de judeus; em todos os outros trechos ou versões do *Cid* onde aparecem, só são reconhecidos como judeus por causa dos nomes e da profissão.) Em suma, um tal enfoque, embora sendo realista, ainda não deixa transparecer qualquer traço de prevenção particular[87].

O mesmo não sucede no século seguinte, quando se desenvolve uma literatura menos espontânea e mais edificante. O Diácono Gonzalo de Berceo, o primeiro poeta castelhano cujo nome se conhece, evoca muitos judeus em seus poemas religiosos, sobretudo nos *Milagres da Santa Virgem*, seu poema mais popular. Descreve-os de maneira

não erguerá mais a espada contra outra e não se aprenderá mais a guerra'. Mas, desde o tempo de Jesus até os dias de hoje, o mundo tem estado cheio de violências e rapinas, e os cristãos derramaram ainda mais sangue do que os outros povos. E como seria duro para vós, senhor rei, e para vossos cavaleiros, se não devêsseis mais aprender a guerra". (Cf. O. S. RANKIN, Jewish Religions Polemic, *Edinburgo, 1956, p. 191.)*

86. BAER, II, pp. 110-113.

87. Cf. a tese (inédita) de SEYMOUR RESNICK, *The Jew as Portrayed in early Spanish Literature*, New York, 1951, pp. 1-29.

ainda nuançada; alguns, odiosos, permanecem fiéis ao *Talmud*; outros, virtuosos, convertem-se, o que quer dizer que o poeta os considera ainda "recuperáveis", de conformidade com os conceitos dominantes na época em toda a Europa*.

O mesmo se pode dizer das *Cantigas* do Rei Afonso, o Sábio, que datam da mesma época, e das quais umas quinze são dedicadas ao tema judeu. Embora se possa encontrar judeus aliados ao diabo e à prefiguração do tema do assassinato ritual (cuja ação é situada na Inglaterra, onde de fato nasceu a primeira lenda desse tipo), também se pode encontrar judeus muito simpáticos, cuja maioria, após muitas provas, terminam convertendo-se: uns, depois de se sair mal com bandidos cristãos, outros, depois de ter sido condenados à morte por sua *aljama*. Vê-se que o rei, com muita certeza ele mesmo o autor das *Cantigas*, sabia tomar seus temas à vida quotidiana e distribuía luzes e sombras de maneira bastante imparcial. Fazendo eco à lenda do assassinato ritual, Afonso o Sábio voltava a esse tema em seu código das *Siete Partidas* (VII, 24, 2).

> E porque ouvimos dizer que, em certos lugares, os judeus rememoravam e rememoram no dia da sexta-feira santa a paixão de Nosso Senhor Jesus Cristo, raptando crianças cristãs e pregando-as na cruz ou fazendo imagens de cera e crucificando-as quando não conseguem achar crianças, nós ordenamos que, se num lugar qualquer de nossas terras coisa semelhante acontecer, os culpados devem imediatamente ser presos e executados. . .[88]

"É porque ouvimos dizer. . ." A lenda nascida em Norwich, na Inglaterra, em 1144 (cf. t. I, p. 49), não deixara de cruzar os Pireneus; mas, embora fosse cochichada de boca em boca entre os cristãos espanhóis, é preciso esperar até fins do século XV para que um grande processo de assassinato ritual seja encenado em Castela, como prólogo

* *Dentre os temas abordados por Gonzalo de Berceo, o do prestamista ou usurário judeu, do futuro Shylock (personagem de uma peça de Shakespeare – N. dos T.), é particularmente rico em ensinamentos. Em Berceo, Shylock é representado por um rico judeu anônimo de Constantinopla (Abraão, em outros autores europeus da época), que, embora propenso a enganar os outros, no fundo não é ruim e que se converte no final da história (*Milagre *XXIII, "a dívida saldada"). A seguir, essa personagem ficará mais grave de versão em versão e de século em século, na medida em que aumenta o anti-semitismo cristão, para desembocar no implacável* Mercador de Veneza, *em que só o gênio de Shakespeare soube preservar, sob sua negrura, alguns traços de profunda humanidade. Na origem, contudo, na primeira versão cristã da lenda, que remonta ao começo do Império Bizantino, Abraão-Shylock era um homem de bem, um judeu íntegro e generoso cuja conversão final só vinha dar o último toque a suas múltiplas virtudes. Deve-se acrescentar que a lenda cristã primitiva não passa da adaptação de um* midrasch *talmúdico cuja personagem principal era o célebre sábio Rabi Akiba. "Foi assim que o ouro se transmudou em chumbo vil." No caso, é particularmente nítida a dialética do anti-semitismo cristão. (Cf. "The Legend of the Divine Surety and the Jewish Moneylender", de BENJAMIN NELSON e JOSHUA STARR,* in Annuaire de l'Institut de Philologie et d'Histoire orientales et slaves *(1939-1944), t. VII, pp. 289-335.)*

88. BAER, II, p. 45.

à expulsão de 1492 (enquanto que, em Aragão, casos assim surgem desde fins do século XIII).

Em 1309, um *fuero* promulgado pelo rei de Castela reflete à sua maneira os progressos da *subreconquista* e a degradação da condição dos judeus. Segundo esse *fuero*, não existe mais qualquer medida comum entre o preço da vida de um cristão e a vida de um infiel. De fato, um cristão que matou um infiel tem de pagar cem *maravedis* de multa. Um infiel que matar um cristão deve ser executado[89].

89. BAER, II, p. 115, n.º 125 ("Fuero de Sepulveda").

Segunda Parte: NO CAMINHO DA UNIDADE DA FÉ

8. O Declínio

1. O AUMENTO DOS PERIGOS

No curso do século XIV, os rancores antijudeus afirmam-se e aumentam na Península Ibérica: em fins do século, morticínios em grande escala são perpetrados na maioria das cidades espanholas. Ao pé dos Pireneus, a Catalunha e Aragão são o primeiro teatro de episódios sangrentos; em Castela, a explosão só tem lugar em 1391 e então o movimento se propaga através de toda a Península, mas sem atingir ainda, em sua extremidade, Portugal; prova suplementar, se fosse preciso, da importância que, no caso, tinham as influências e exemplos de além-Pireneus.

Em 1321, é em Navarra e Aragão que vem terminar a louca cruzada dos *Pastoureaux* da França; depois de chacinar os judeus de Jaca, Montclus e também de Pampeluña, eles foram dispersados pelas tropas aragonesas. Em 1348, durante a grande epidemia de peste negra, o povo de Barcelona e das cidades vizinhas lançou a culpa nos judeus e tentou passar as *aljamas* a ferro e fogo, a exemplo do que se passou na Alemanha e na França (enquanto que, em Castela, não houve nenhum problema desse gênero). Mas a ordem foi logo restabelecida pelas autoridades. A realeza protegia ao máximo os judeus contra os atos de agitadores que cada vez eram mais numerosos. Algumas vezes, obscuros documentos de arquivos permitem conhecer com detalhes como a agitação antijudaica continuou até que se ateou o incêndio em fins do século. Assim, tendo havido perturbações em Gerona na primavera de 1331, o rei ordenou que o bailio-mor da Catalunha efetuasse uma investigação e castigasse os culpados. Em seu relatório circunstanciado, o bailio informa que, na Quaresma, um bando de clérigos tonsurados e jovens escolares tinha tentado incendiar a *aljama*. Uma semana depois, "excitados pela música de um jogral tocando tambor" os escolares haviam apedrejado um enterro judeu. Na Páscoa, as coisas se agravaram. Na quinta-feira santa, uns trinta clérigos e escolares, conduzidos pelos cônegos Vidal de Villanova e Dalmacio de Mont, irromperam na *aljama* e tentaram quebrar o portal. O bailio de Gerona, acompanhado de alguns soldados, tentou restabelecer a ordem. Atacado a pedradas, prudentemente ele bateu em retirada e postou-se a alguma distância. Os arruaceiros juntaram gravetos ao pé do portal, regaram-nos com óleo e atearam fogo. Entretanto, enquanto judeus e soldados lutavam juntos contra o incêndio nascente, outro cônego conseguiu chamá-los à razão e os desordeiros acabaram dispersando-se, de modo que um massacre geral pôde ser evitado. O bailio-mor contava em seu relatório que os burgueses de Gerona que assistiam ao escândalo desaprovavam-no em voz alta; também notava que o bando de baderneiros compreendia vários jovens de doze a quinze anos, se não ainda mais moços; todos pertenciam ao capítulo de Gerona[1].

Um instantâneo desses, que reproduz fielmente os fatos e os gestos dos revoltosos e até seus gritos – sua palavra de ordem era proibir os judeus de circular livremente na cidade – faz surgir claramente o anti-semitismo quase funcional do baixo clero ou, para falar com maior exatidão, o papel fundamental que cabia, na agitação antijudaica, à numerosa arraia miúda que gravitava em torno das igrejas e conventos, jovens escolares ou seminaristas, servos e servidores humildes, se não jograis e mendigos.

O pretexto invocado pelos arruaceiros – proibir os judeus de circular na cidade e misturar-se aos cristãos – correspondia a uma das principais exigências formuladas na época pelos concílios eclesiásticos, exigências a seguir retomadas pelos porta-vozes da burguesia por motivos que eram tudo, menos teológicos.

A relação entre a depuração da fé e o interesse de classe ou de casta é particularmente nítido em Castela, onde, desde fins do século XIII, a burguesia montante adquirira voz no capítulo, tendo sido admitida a delegar representantes no Parlamento das *Cortès* e a autorizar os impostos. Em 1313, o Concílio de Zamora exigia que os judeus fossem obrigados a levar uma insígnia distintiva, que fossem proibidos de circular em público entre quarta-feira à noite e sábado de manhã e durante toda a semana santa, que fossem impedidos de trabalhar no domingo etc.; tais exigências foram retomadas pelas Cortes de Palencia seis meses mais tarde, reunidas em Burgos em 1315, pelas de Medina del Campo em 1318 e assim por diante, no decorrer dos anos[2]. A isso, as Cortes acrescentavam pedidos de interesse mais imediatamente prático, reclamando uma moratória geral para os empréstimos contraídos com judeus e já vencidos. O rei ora evitava

1. Cf. J. MILLAS-VALLICROSA e L. BATTLE-PRATS, "Un alboroto contra el call de Gerona en el año 1331", *Sefarad*, 1952, II, pp. 297-336.

2. BAER, II, n.os 133, 138, 142, 145.

responder a tais pedidos, ora prometia e não mantinha sua palavra. Como já dissemos, os grandes financistas judeus de Toledo e de Sevilha, que controlavam todos os circuitos financeiros do reino, continuavam sendo todo-poderosos na Corte de Castela. Seus nomes desfilam em rápida sucessão nas crônicas; alguns tiveram um fim trágico, pois viviam numa atmosfera de serralho oriental, de intrigas e conspirações, lutando ferozmente contra os favoritos cristãos quando não lutavam entre si.

De fato, a situação dos judeus só veio a ser afetada seriamente em Castela na segunda metade do século XIV. De 1355 a 1366, uma impiedosa guerra fratricida opôs o rei legítimo, Pedro, o Cruel, a seu irmão bastardo Henrique de Trastamara; este acabou vencendo. Tanto um quanto o outro apelaram para mercenários estrangeiros, as companhias do Príncipe de Gales para Pedro e as de Du Guesclin para Henrique (então a Guerra dos Cem Anos passava por uma trégua); um e outro, para fazer frente aos custos da guerra e pagar os soldos, tinham financistas judeus titulados. Mas, na grande maioria, os judeus castelhanos, legalistas por prudência bem como por tradição, permaneceram fiéis ao rei legítimo. Procurando o apoio do clero, Henrique utilizou esse fato para denegrir seu adversário como "rei judaizado", completamente submetido à influência dos judeus e seus objetivos, "descobrindo-lhes todos os seus segredos e não a seus amigos íntimos e parentes de sangue"[3]. Os mitos de guerra começaram a pulular; o "rei judaizado" transformou-se em "rei judeu", em judeu de origem colocado no lugar do infante legítimo quando este nasceu, portanto bem mais ilegítimo do que o Rei Henrique e que, ademais, teria mandado assassinar sua primeira mulher, uma princesa francesa, por seus amigos judeus.

Devastado pela guerra, o país aceitou de bom grado atribuir todos os seus males aos judeus. Além disso, essas histórias, transportadas pelos homens de Du Guesclin, também tiveram sucesso duradouro na França e foram incluídas em muitas crônicas e lendas, contribuindo para a versão, que ainda hoje merece crédito de alguns, segundo a qual o Rei Pedro foi um "rei depravado", enquanto que Henrique foi um "rei virtuoso". Sabe-se, porém, que na maioria das vezes são os vencedores que escrevem a história.

Virtuoso ou não, Henrique de Trastamara sabia levar em conta as realidades. Quando, após o término da guerra civil, as Cortes reunidas em Burgos reclamaram mais uma vez que se tomassem medidas contra os judeus e, em particular, que os impostos fossem agora cobrados por cristãos, o rei respondeu que daria-lhes de bom grado preferência, mesmo em condições menos vantajosas, mas que tais financistas ou peritos cristãos eram inencontráveis em seu reino. Por outro lado, as Cortes exigiram a evicção, da corte real, de todos os funcionários ou "familiares" judeus; o rei não negou que permitia

3. *Histoire de messire Bertrand Du Guesclin... nouvellement mise en lumière par Me. Claude Mesnard*, Paris, 1618, p. 155.

a alguns judeus "ir e vir em sua casa", acrescentando que não via razão nenhuma para separar-se deles, mas prometeu zelar para que os judeus jamais adquirissem um domínio demasiado grande sobre os cristãos[4].

O rei não fazia mais do que defender os privilégios e direitos antigos da coroa. De fato, a guerra civil assestara nas *aljamas* de Castela um golpe do qual nunca mais iriam reerguer-se. Em 1369, um edito real expunha suas dificuldades: "...Nossas *aljamas* são pobres e necessitadas, faz muito tempo, elas não puderam recuperar as somas que lhes são devidas..."[5] Algumas tinham sido passadas ao fio de espada pelos mercenários estrangeiros; quase todas haviam sido saqueadas e o populacho local, o *menudo pueblo*, tinha metido as mãos nisso; acima de tudo, o príncipe, protetor tradicional dos judeus, pela primeira vez parecia ter tomado partido contra eles, tendo sido levado ao poder na esteira da agitação antijudaica.

As Cortes, cuja influência aumentara ao fim da guerra, daí por diante fizeram da questão judaica um de seus grandes cavalos de batalha. Voltando à carga em Toro em 1371, descreviam como segue o principal mal de que, segundo elas, sofria o reino:

> ...Por causa da grande liberdade e poder concedidos aos inimigos da fé, especialmente aos judeus, em todos nosso reino, na casa real como na casa dos cavaleiros, dos escudeiros e dos nobres, e por causa das grandes funções e das grandes honras que gozam, todos os cristãos têm de obedecer a eles e temê-los e prestar-lhes a maior reverência, de sorte que os conselhos de todas as cidades e de todos os lugares e toda pessoa estão cativos dos judeus e sujeitos a eles, quer por causa das honras que lhes são prestadas na casa real e nas casas dos grandes, quer por causa das rendas e funções que detêm, razão pela qual os referidos judeus, homens malvados e temerários, inimigos de Deus e de toda a cristandade, causam impunemente inúmeros males e semeiam a corrupção, de modo que a maior parte de nosso reino se encontra espezinhada e arruinada pelos referidos judeus, com desprezo pelos cristãos e por nossa fé católica...[6]

Depois de pintar esse quadro sombrio, as Cortes de Toro reiteravam os pedidos habituais: nada de funcionários nem contratadores de impostos judeus; porte de uma insígnia distintiva; exigiam, ademais, que os judeus fossem proibidos de montar a cavalo, de vestir-se com luxo e que fossem obrigados a mudar de nome, se esse nome fosse cristão.

Esse último pedido, bem como o porte da insígnia, foram concedidos pelo rei. De fato, a própria veemência das reclamações das Cortes eram um indício do declínio do poderio judaico em Castela, após a desastrosa guerra civil. Antes dela, um tom tão exagerado sem dúvida teria sido inimaginável. De modo que o mito dos judeus ébrios de poder, com sede de sangue cristão, vulgariza-se e propaga-se na época mesma em que sua influência decresce e sua condição piora; sem

4. BAER, II, pp. 196-198.
5. *Idem*, II, p. 198, nota.
6. *Idem*, II, n.º 217.

dúvida *porque ela* piora, porque seu poder e seu orgulho acham-se agora suficientemente diminuídos para que eles possam ser doravante vilipendiados e odiados sem perigo.

O Chanceler Lopez de Ayala, que bem cedo abandonou o Rei Pedro e optou pelo Rei Henrique, retomou o tema dos *bebedores de sangue* em sua famosa e cruel sátira *Rimado de Palacios.*

Lá vem os judeus todos aparelhados
E apresentam seus escritos detalhados
Para beber o sangue das pobres gentes
Prometendo aos cortesãos jóias e presentes[7].

A degradação da condição judaica na época é refletida pelos *Proverbios Morales* do Rabino Santos (deformação de *Schem Tov*) de Carrion, uma das obras-primas clássicas da literatura medieval espanhola. O rabino poeta moraliza melancolicamente:

A rosa não tem menos aroma
Porque floresce nos espinhos
O vinho não tem menos sabor
Porque a vinha sai dos sarmentos
O abutre não vale menos
Mesmo que tenha nascido em ninho vil
Nem o bom preceito
Mesmo que um bom judeu o diga.

Note-se de passagem: o autor, embora ironizando, entra nos pontos de vista de seu auditório (judeu ou cristão), compara os judeus aos abutres "vis", também eles vítimas de um preconceito. . . Quer dizer que, nesse rabino, a cultura espanhola primava sobre a cultura judaica; com efeito, a língua do Cid era-lhe mais familiar do que a língua da Bíblia; grande poeta em castelhano, foi um versificador bem medíocre em hebraico[8].

A partir de 1370, as clássicas disposições antijudaicas da Idade Média, cuja aplicação fora adiada em Castela por tanto tempo, entraram em vigor em rápida sucessão. Particularmente cheia de conseqüências para as *aljamas* foi a supressão de sua autonomia judiciária (em 1380); o edito real lembrava que o cativeiro era o que cabia naturalmente aos judeus, desde que, com o advento de Jesus Cristo, eles haviam perdido a soberania; as liberdades que lhes tinham sido concedidas em Castela eram qualificadas de pecado e escândalo[9]. O direito de exercer justiça sobre seus membros era, portanto, retirado às comunidades judaicas; a chave de abóboda de seu poder desmoronava. Alguns anos mais tarde, o Concílio de Palencia, reunindo-se em presença das Cortes, assentava o princípio da habitação separada dos

7. SEYMOUR RESNICK, *tese cit.*, p. 201.

8. Cf. as opiniões de H. Graetz sobre Schem Tov Ardutiel, também chamado Santos ou Santob de Carrion: t. VII, pp. 345, 408-410. A. Castro chama Santob de Carrion de "grande pórtico de entrada do lirismo espanhol".

9. BAER, II, n.º 227.

judeus, ou seja, do gueto, princípio cuja aplicação não ia tardar[10]. Paralelamente, intervinham freqüentes anulações dos juros de dívidas, ou anulações parciais das próprias dívidas, em benefício dos burgueses cristãos grandes ou pequenos e em detrimento dos credores judeus.

Face a tais humilhações e misérias, o judaísmo espanhol reagiu de maneira bem diversa que o do além-Pireneus. Não se voltou para dentro de si mesmo, não transformou em barreira intransponível o muro dos guetos em que o relegavam. Longe de levar a um zelo religioso fanático, as perseguições tiveram como resultado abrandar esse zelo na maioria. O enraizamento dos judeus no país, sua familiaridade com os costumes e a cultura ambientes, bem como o ceticismo latente de inúmeros intelectuais, para os quais a segurança valia bem uma missa, tudo concorria para orientá-los rumo à cômoda solução do batismo. Para tanto, o conhecimento dos dogmas cristãos e muçulmanos contribuía tanto quanto a prática de uma reflexão filosófica que ensinava a relatividade de todas as coisas. Ibn Verga, um dos melhores analistas judeus desse tempo, a quem ainda tornaremos, faz com que uma de suas personagens fale assim:

> ...Todo mundo sabe que as diversas religiões só existem graças às representações que a gente faz delas. O judeu julga que não há ensino e religião melhores do que os seus e chama de imbecil a quem acredita noutra coisa. O cristão, em compensação, crê que o judeu não passa de um animal em forma de homem e que sua alma irá para a região inferior do inferno. Quanto ao muçulmano, este dirá que o inferno está repleto tanto de uns, quanto de outros...

Isso na pena de um polemista do judaísmo, ao qual suas personagens serviam mui claramente de porta-vozes![11]

Em definitivo, a promiscuidade entre cristãos e infiéis que tanto revoltava o clero espanhol irá doravante facilitar sua obra missionária. Por enquanto, ainda são casos individuais mais do que um movimento de massa. Mas esses casos tornavam-se cada vez mais freqüentes; os agentes da conversão, na maioria eles próprios judeus conversos, não mais pregavam no deserto. O mais eficaz de todos foi Abner de Burgos, médico culto que por muito tempo praticou o ceticismo filosófico, antes de tornar-se sacristão da catedral de Valladolid. Em seus numerosos escritos, ele soube então reunir os argumentos mais adequados para exercer impressão sobre seus contemporâneos, provas baseadas nas doutrinas filosóficas da época, ou concordâncias extraídas da Cabala; ele foi "o ideólogo-mestre da apostasia", ao mesmo tempo um cabeça de escola e um protótipo[12]

10. *Idem*, II, n.º 243.

11. *Chevet Yehudá*, de SALOMON IBN VERGA, trad. Wiener, Hanover, 1856, pp. 30-31. A esse respeito, A. A. Neuman observou: "Que as opiniões expressas através dos caracteres simbólicos são fundamentalmente as opiniões de Ibn Verga fica claramente demonstrado na última parte da obra, quando, abandonando os artifícios literários, o autor dá ampla vazão a seus sentimentos..." (A. A. NEUMAN, *Landmarks and Goals*, Philadelphia, 1953, p. 100).

12. Sobre Abner de Burgos (Alfonso Burgensis), ver BAER, *Toldot*..., pp. 213 e ss.

Os primeiros êxitos da propaganda cristã são atestados por vários depoimentos. Em Castela, durante a guerra civil, "foram muitos os que deixaram as fileiras de nossa comunidade, por causa dos sofrimentos que passavam...", notava o Rabino Samuel Sarsa[13]. Em 1380, uma petição das Cortes mencionava os "inúmeros judeus e judias que se voltaram para a verdadeira fé de Deus"... que se tratava de proteger contra os maus tratos de seus antigos ou novos correligionários[14]. No mesmo ano, o Rabino Schem Tov Schaprut constatava com tristeza: "Muitos de nossos correligionários abandonam nossas fileiras e perseguem-nos com suas polêmicas, procurando provar-nos a veracidade de sua (nova) fé com auxílio de versículos da Escritura Santa e do *Talmud*..."[15] Também é certo que esses apóstatas eram recrutados principalmente entre os judeus cultos ou ricos, enquanto que os simples e os pequenos, isto é, a maioria guardavam ainda intacta sua fé de humildes. Mas o saber e o prestígio social dos primeiros conversos ameaçavam tornar seu exemplo contagioso.

*

* *

Na extremidade da Península, só Portugal ainda ficava à margem da evolução geral. No século XIV, a situação dos judeus bem como sua organização comunitária permaneciam calcadas nos antigos modelos orientais: nomeado pelo rei, o grão-rabino e juiz supremo também estava encarregado de receber os impostos; verdadeiro príncipe dos judeus, algumas vezes ele exercia ao mesmo tempo as funções de tesoureiro geral do reino. O clero protestava contra a dominação judaica como nos outros lugares, e a população começava a murmurar, mas essa agitação permanecia muito aquém do nível em que ela se traduz na ação direta.

Por isso, Portugal iria tornar-se, no curso dos séculos subseqüentes, o país refúgio por excelência para os judeus espanhóis.

2. *VOX POPULI, VOX DEI*

Antiga capital romana, Sevilha, no fim da Idade Média, era de novo a mais populosa e mais rica das cidades espanholas. Os judeus, que haviam participado ativamente de seu repovoamento durante a *Reconquista*, tinham obtido aí posições singularmente fortes. Os mais ricos tomavam parte na administração municipal, fato excep-

13. BAER, II, n.º 209 ("Aufzeichnungen des Samuel Carça über die Leiden der Juden während des Kastilischen Bürgerkrieges").

14. BAER, II, n.º 228.

15. Citado por DUBNOV, t. V, p. 248.

cional até para a Espanha; muitos outros iam fazer carreira na corte real, nos negócios de Estado[16].

Desde 1378, o Arquidiácono Fernando Martinez de Ecija, ex-confessor da rainha-mãe, pregava em Sevilha contra os judeus e incitava contra eles o povo cristão, "pondo-os em horror junto às pessoas"[17]. Por sua própria iniciativa, arrogara-se o direito de resolver, como juiz eclesiástico, os litígios entre cristãos e judeus. Quando o rei, "temendo males e estragos para os corpos e as almas", mandou intimá-lo a cessar a agitação, ele não tomou o menor conhecimento do fato. Comparando-se aos profetas de Israel, a Isaías, Jeremias e até ao maior de todos, Moisés, que não temia desafiar a cólera do Faraó, replicou: "...Eu não posso me impedir de pregar e de dizer dos judeus aquilo que disse meu Senhor Jesus Cristo nos Evangelhos..." Além disso, ele estava convencido de que agia no interesse da coroa. Os judeus não desafiavam e não enganavam os reis e os príncipes da terra, assim como antes haviam desafiado Deus e mentido a Ele? A essas explicações que dava ao rei, Fernando Martinez, durante seus sermões anti-semitas, acrescentava outros comentários: "Um cristão que fizesse mal ou matasse um judeu", garantia ele, "não iria causar nenhum desprazer ao rei e à rainha, pelo contrário: ele o sabia de fonte direta e segura e, mesmo, podia garanti-lo... ("Vós que fostes nosso familiar", indignava-se o rei, "como ousais afirmar coisas semelhantes?")".

O fato é que, durante mais de doze anos, Martinez continuou impunemente sua agitação, pedindo que seu rebanho expulsasse os judeus das cidades e aldeias e demolisse suas sinagogas. Incapazes de detê-lo, a não ser talvez por meio de presentes e de modo intermitente (uma obscura querela sobre uma peça de tecido opôs, em 1388, Martinez e o porta-voz da *aljama*), os judeus temiam pelo pior. A fama do agitador começou a estender-se por toda a Espanha. Mas não parece que, antes do verão de 1391, sua pregação tenha acarretado excessos sangrentos. É verdade que os documentos de que dispomos só esclarecem alguns aspectos de sua campanha: e as lacunas fazem pensar; quais poderiam ser as proteções, ou cumplicidades, que lhe permitiam desafiar ao mesmo tempo seu rei e seu arcebispo?

Ambos, João I, rei de Castela, e Barroso, arcebispo de Sevilha, morreram no espaço de poucos dias em fins de 1390. Por muito tempo a sé arquiepiscopal permaneceu vacante; o sucessor do trono, Henrique III, tinha apenas dez anos. O agitador sevilhano aproveitou-se do interregno para decuplicar a violência de sua propaganda. Os resultados não se fizeram esperar: em 6 de junho de 1391, depois de algumas escaramuças, a multidão enraivecida precipitou-se para o bairro judeu; todos os judeus que não conseguiram esconder-se a tempo foram

16. Sobre a importância de Sevilha, ver *Historia Económia y Social de España...*, *op. cit.*, p. 293. Sobre a situação privilegiada dos judeus de Sevilha, ver BAER, *Toldot...*, pp. 202-203.

17. Sobre o Arquidiácono Martinez e sua agitação, ver os documentos publicados por Baer, II, pp. 202 e ss., de onde foram extraídas as citações acima.

obrigados a converter-se; a maioria apressou-se a beijar a cruz; o resto foi chacinado no local.

Como um fogo na floresta, o incêndio assolou nas poucas semanas daquele verão toda a Espanha, Castela e Aragão.

Partindo de Sevilha no começo de junho, a baderna alcançou, no mesmo mês, a maioria das outras cidades da Andaluzia e Castela[18]; a vez das cidades de Aragão chegou no mês seguinte; a das Ilhas Baleares e da Catalunha, em agosto. Como a chama se propagava? Tudo faz crer que os energúmenos a serviço de Martinez iam de cidade em cidade e excitavam o povo. De Sevilha, um barco transportando um bando de agitadores dirigira-se, de fato, sucessivamente a Valência e a Barcelona para dar o sinal do motim. Em Saragoça, o principal fomentador era o próprio sobrinho do arquidiácono. Este também espalhou o boato de que os reis e até mesmo o papa secretamente o apoiavam; a atitude ambígua de Clemente VII não era de molde a desmenti-lo. Em Valência, a multidão atacou a *aljama* aos gritos de: "Martinez está chegando! Para os judeus, a morte ou a água benta!" Em Barcelona, gritava-se: "Viva o rei e o povo! Os grandes querem destruir os pequenos!"

Nessas condições, o movimento logo assumiu o caráter de uma revolta popular, em que todas as camadas da população cristã acabaram participando. "A avidez de saquear os judeus crescia a cada dia", notava laconicamente o Chanceler Ayala. Crendo estar fazendo obra pia, agradável a Deus e ao monarca, os amotinados saqueavam e massacravam com toda tranqüilidade de coração. Em parte alguma, as autoridades conseguiram lançar as tropas contra eles; depois do fogo pegar, era impossível abafá-lo.

Em compensação, na maioria das vezes a comoção cessava por si mesma depois que os judeus de uma *aljama* apostasiavam "Que os judeus se tornem cristãos, e todo o tumulto terá fim", escreviam a João I de Aragão os edis de Perpignan. Por isso, era em vão que os reis dirigiam a suas cidades cartas cominatórias tentando salvar as *aljamas*. João de Aragão principalmente, príncipe sábio e amigo das letras, rodeado de excelentes conselheiros judeus e cristãos, sabia ver longe; suas mensagens dão provas não somente de um senso elevado de seus deveres reais, como também de uma teologia bem melhor do que a da maioria dos prelados espanhóis da época. Em cada mensagem, insistia no respeito devido ao "franco arbítrio" dos judeus e chamava os batismos forçados "de crime horrível"; "se eles não se converterem por sua plena vontade, o erro será pior do que antes", escrevia aos edis de Lérida; "nem o direito civil, nem o direito canônico admitem que alguém seja forçado a tornar-se cristão, é um perigo perante Deus e perante o mundo para aqueles que tomam parte nisso", escrevia ele aos de Perpignan[19].

18. Para descrever a propagação das revoltas, usei, além dos documentos publicados por Baer, relatórios originais de Hasdai Crescas e do Chanceler Lopez de Ayala. No que se refere a Aragão, o dossiê reunido por Baer (I, documentos 407 a 450) é notavelmente rico e eloqüente.

19. BAER, I, n.os 417 e 432.

Mas foi tudo em vão. Um furor sagrado apoderara-se da alma do povo, os vizinhos e amigos de ontem não passavam de infiéis; o espírito da *Reconquista* estava à solta. Em Cuenca, os edis mandaram tocar os sinos para dar o sinal do ataque[20]. Em Tortosa, esse sinal foi dado por um jogral tocando tambor[21]. As pessoas se precipitavam para as *aljamas* "como se partissem para a batalha, para uma guerra santa comandada pelo rei", notava uma testemunha cristã[22].

Um historiador de hoje entrevê nesses acontecimentos "a comunidade de sentimentos dos espanhóis, sintoma de unidade do povo hispânico"[23]. Tomada de consciência, por conseguinte, em favor do ódio ao judeu! Todavia, inúmeros judeus encontraram abrigo nas casas de burgueses cristãos. Grandes senhores permitiram que eles se refugiassem em seus castelos, mas mediante pagamento, "deixando-os muito pobres", notava Ayala, "pois tiveram de oferecer grandes donativos a esses senhores, para serem preservados de tão grande tribulação". Dádivas importantes também foram ofertadas pelos judeus ao papa de Avignon, Clemente VII, a fim de dissuadi-lo de dar sua bênção pública a Martinez (o que o pontífice estava a ponto de fazer, parece; pois, de seu lado, a rainha de Aragão conjurava-o a abster-se de todo gesto temerário, rescrito ou bula em favor dos baderneiros[24].) Quanto a fazer com que ele condenasse os morticínios, não era o caso absolutamente na época em que a cristandade estava dilacerada pelo grande cisma*.

Centenas de judeus souberam manter-se firmes face à provação e morreram "para santificar o Nome", segundo a tradição milenar: foi o caso, por exemplo, em Toledo, do talmudista Judah ben Ascher, neto do rabino alemão, e seus discípulos; em Barcelona, os judeus suicidaram-se às dezenas; como um só homem, os de Gerona recusaram-se a abjurar. Mas, na maioria das *aljamas*, o vento soprava a favor do pânico e da apostasia.

Aqueles que não conseguiam esconder-se ou fugir da Espanha aceitavam um batismo de que muitos rabinos deram eles mesmos o primeiro exemplo. Tomadas de um pânico de carneiros, as massas judias os seguiam. Essa traição dos letrados não tem nada de surpreendente. Séculos de reflexão e dúvida filosófica haviam passado por eles, abrindo as portas a conversões ditadas pela ambição ou pelo deses-

20. BAER, *Toldot...*, p. 366.

21. *Idem*, p. 373.

22. *Idem*, p. 374.

23. C. SANCHEZ-ALBORNOZ, *España, un Enigma Histórico*, *op. cit.*, t. II, p. 240.

* *É preciso lembrar que, entre 1378 e 1417, dois, e no fim três, papas dirigiam a cristandade, enfrentando-se numa rivalidade implacável. A Espanha reconhecia a autoridade de Clemente VII de Avignon, cujo braço direito era o cardeal espanhol Pedro de Luna: em 1394, ele sucedeu a Clemente VII com o nome de Benedito XIII. Então tornou-se ilustre na história das perseguições antijudaicas, trazendo à cena a grande "disputa de Tortosa" (ver mais adiante).*

24. BAER, I, n.º 415.

pero, pelo cálculo de interesse ou pela covardia. Mas motivos individuais de uma complexidade amiúde extrema conduziam todos ao mesmo resultado brutal e simples.

Os intelectuais judeus da época se davam perfeitamente conta dessa complexidade. Escrevendo a um amigo que se convertera, o médico Josué ibn Vives de Lorca enumerava quatro razões possíveis para a sua conversão:

A ambição e avidez de gozar todos os bens terrestres.
O ceticismo filosófico em relação às verdades do judaísmo e de toda religião revelada, daí a preferência concedida à religião mais confortável do momento.
A convicção do iminente desaparecimento do judaísmo, por causa das perseguições e do desespero.
A revelação da veracidade do cristianismo[25].

Por seu próprio turno, Josué de Lorca, depois de longos anos de hesitação, também acabou se batizando em 1412; apressando-se de imediato em fornecer a usual caução de sua sinceridade, tornou-se então, com o nome de Jerônimo de Santa Fé, o mais encarniçado agente da conversão de sua geração. Mais sutil foi a conduta de seu amigo e correspondente Salomão Halevi, que se deixou converter em 1391. A epidemia de conversões desse ano permanece dominada por sua figura singular e poderosa.

Ainda hoje, a memória de Salomão Halevi, rabino de Burgos, aliás Pablo de Santa Maria, bispo da mesma cidade, é abominada pelos judeus e venerada pelos espanhóis com igual fervor[26]; sem dúvida alguma, esse filósofo, senhor de sua sorte, teria sorrido desdenhosamente dos rancores de uns, bem como dos louvores pios dos outros... Nascido numa ilustre família de talmudistas e homens de Estado, Salomão Halevi, depois de sólidos estudos judaicos, desde cedo dera a volta completa em todos os conhecimentos de seu tempo; a escolástica cristã era-lhe tão familiar quanto a filosofia e a astrologia; homem universal, comprazia-se também nos jogos da política e foi conselheiro diplomático da Corte de Castela. Suas preferências, entretanto, iam para a especulação pura; de acordo com os preceitos de Aristóteles, procurava a felicidade na busca meditativa da verdade. Algumas de suas preocupações intelectuais parecem ressaltar da correspondência que trocou com Josué de Lorca.

Quer ele seja judeu, cristão ou muçulmano, não impõe a razão ao sábio [escrevia-lhe seu amigo] comparar sua religião com a dos outros? Mas como,

25. Cf. GRAETZ, VII, pp. 90-92.

26. Não existe tratado de história judaica que não dê um lugar a Salomão Halevi de Burgos, na qualidade de protótipo do renegado; somente I. Baer deu uma interpretação mais cheia de nuanças (cf. *Toldot*. . ., pp. 291-396). Segundo os historiadores espanhóis, sua vida foi exemplar e sua conversão, miraculosa. Ver especialmente CANTERA BURGOS, *La Conversion del célebre talmudista Salomon Levi* (Santander, 1933) e L. SERRANO O.S.B., *Los Conversos D. Pablo de Santa Maria y D. Alfonso de Cartagena* (Madird, 1942).

nessas condições, conhecer a paz da alma, se não está mais certo de ter escolhido o bom caminho para a salvação? De outra parte, a menos que seja basicamente injusto, Deus não pode proibir essas comparações e essas buscas, pois seria proibir, àqueles que nasceram em erro, de se lhe subtraírem e encontrar a verdade. . .

Cabe admitir que especulações como essas, freqüentes na época entre os judeus cultos, não eram de molde a firmar uma fé, fosse qual fosse.

Outras considerações devem ter cativado o espírito de Salomão Halevi durante o longo tempo em que esteve, na qualidade de diplomata, na França, onde pôde discutir à vontade com os teólogos cristãos. Pode-se admitir que a prova de Santo Tomás de Aquino baseada na permanência e no poderio da Igreja cristã causou-lhe impressão. O estudo de Aristóteles erguia diante dele o mesmo argumento sob outra forma: a saber, que um escravo não pode ser nem feliz, nem sábio. Tendo escapado, em 1391, aos massacres de Burgos, como uma pessoa desse calibre poderia ter feito outra coisa senão converter-se? Como homem prevenido, escolheu o nome de Paulo, em memória do apóstolo, e o sobrenome de Santa Maria, para melhor reivindicar um resplendente vínculo de parentesco, pois, enquanto membro da tribo de Levi, pretendia ser do mesmo tronco que a Santa Virgem[27]. Ele fez carreira longa e magistral, acumulando as honras do Estado e da Igreja, acabando por dispor à vontade da maioria das sés episcopais castelhanas e morreu em 1435 exalando santidade; seu túmulo foi lugar de peregrinação[28]. Durante várias gerações, seus numerosos descendentes brilharam, por sua vez, em todos os setores da vida espanhola[29]. Dentre os vários escritos que legou à posteridade, figura um tratado de polêmica antijudaica, *A Discussão entre Saul e Paulo sobre os Judeus*. Seus antigos correligionários viam nele o principal artesão dos editos antijudeus; o que não significa que favorecesse os conversos; pelo contrário, procurava evitar a promiscuidade de seus semelhantes, e esforçava-se para frear sua ascensão e para afastá-los da corte[30]. Também nesse ponto, esse homem excepcional enxergava longe.

27. Cf. CANTERA BURGOS, *Alvar Garcia de Santa Maria*, Madrid, 1952, p. 280.

28. Já em 1465, o Barão Leon de Rosmithal, que foi prestar suas homenagens perante o túmulo de Pablo de Santa Maria, relatava que este tinha morrido sendo considerado santo pelos espanhóis, e que sua família tinha origem na família da mãe de Deus (cf. "Viaje del noble bohemio Leon de Rosmithal", em *Viajes por España*, ed. Fabié, Madrid, 1879, p. 55).

29. Cf. a obra mencionada na nota 27, acima, do Prof. Cantera Burgos, que tentou traçar a grande árvore genealógica da família Santa Maria. Segundo o Prof. Sobregues Vidal, os Santa Maria foram o próprio tipo dos grandes capitalistas castelhanos. (*História Social y Económica de España*, Barcelona, 1957, t. II, p. 190.)

30. Segundo o cronista Garibay, "o grande prelado Don Pablo. . . aconselhou ao Rei Henrique IV, com boas razões, para não admitir nenhum judeu, nem nenhum converso, nem no serviço de sua casa real, nem em seu conselho, nem na administração do patrimônio real" (citado por GRAETZ, t. VIII, p. 89).

3. A DEBANDADA DAS *ALJAMAS*

É evidente que foram raros os judeus que se sentiram à vontade no difícil papel de cristãos à força. Para a grande maioria, repugnavam as missas e as devoções, "maus judeus, eles se tornaram cristãos ainda piores"*, uma parte continuou a judaizar em segredo, senão quase abertamente, pois a Inquisição castelhana ainda não existia. Por isso, ao sair da tormenta, reinava indizível confusão nas *aljamas*. O judaísmo espanhol via-se bruscamente cindido em dois campos inimigos. Para os judeus, os conversos eram renegados, traidores, a menos que se deixassem reconduzir ao redil do judaísmo; para os conversos, os judeus se revestiam de significados múltiplos e contraditórios, do qual o mais claro era o de uma censura encarnada, de uma lembrança permanente de sua apostasia passada e de sua hipocrisia presente, de sua situação duplamente ambígua.

Contudo, vínculos humanos dos mais sólidos – vínculos de família, de negócios ou de vizinhança próxima – subsistiam entre os membros dos dois campos. Os conversos continuavam naturalmente a exercer os mesmos ofícios e a morar nas mesmas casas que antes do batismo. Muitos divórcios ocorreram entre cônjuges agora de religiões diferentes. A situação era propícia para engendrar tensões extremas e semear o ódio. As conseqüências não se fizeram esperar. Em muitas cidades espanholas, os conversos tornaram-se, a partir do dia seguinte a seu batismo, os mais ardentes perseguidores de judeus.

> Sabei que os judeus de vossa *aljama* [escrevia em julho de 1392 Henrique III aos edis de Burgos] fizeram-me saber que, quando foram saqueados, eles deixaram, por medo da morte, suas casas e se refugiaram nas casas dos melhores dentre vós, onde vivem hoje sob vossa boa guarda, não ousando voltar a suas casas da *aljama*, por medo de que certos judeus, que agora se tornaram cristãos, persigam-nos e lhes façam muito mal. . .[31]

Ainda em 1394, os conversos de Perpignan excitavam a multidão contra os judeus e impediam que voltassem a suas antigas moradas[32]. Os conflitos de interesses aguçavam e decuplicavam esses ódios. Tendo uma *aljama* se cindido em duas após a conversão de uma parte de seus membros, a quem caberiam os bens comunitários? Obscuras tratativas e incríveis golpes de força ocorriam, sobre os quais documentos esparsos algumas vezes lançam luz. Assim em Jerez, onde parte dos chefes de família judeus (uns cinqüenta) haviam aceito o batismo em junho de 1391, esses conversos doaram a Fray Pedro, procurador do convento dos dominicanos, em 20 de agosto do mesmo

* *"Desses novos cristãos, a maioria judaizava em segredo; outros eram homens sem Deus nem lei: maus judeus antes, e cristãos ainda piores depois." (MENENDEZ Y PELAYO,* Heterodoxos, *t. I, p. 630).*

31. BAER, II, n.º 254. Sem dúvida, o rei referia-se aos sermões obrigatórios a que os conversos obrigavam seus antigos correligionários a assistir e que davam lugar a novos excessos.

32. BAER, *Toldot. . .*, p. 373.

ano, o cemitério judeu, "com todos os edifícios que aí se encontram. . . por causa das muitas benfeitorias que recebemos no passado e recebemos a cada dia de vós, que nos informais e nos instruís na santa fé católica, a qual assegurará a salvação de nossas almas. . ."[33] Operação semelhante ocorreu em Lérida, onde setenta e oito judeus foram assassinados no verão de 1391: enquanto o cemitério ia para os conversos, a sinagoga era transformada em igreja e consagrada à "santa Maria do Milagre"[34]. Contudo, tanto em Jerez como em Lérida, subsistia uma importante comunidade judaica. Ignora-se as condições exatas em que elas foram desapossadas de suas propriedades. Pode-se imaginá-las. Por toda a Espanha, as sinagogas, apesar dos protestos desesperados dos judeus, eram transformadas em igrejas (em Toledo, as de Santa Maria la Blanca e de Nuestra Señora del Transito ainda provocam a admiração dos turistas)[35]. Mas, se de um lado a Igreja ficava mais rica, de outro podia acontecer que ela se tornasse mais pobre. Assim, o Convento Santo Domingo de Madrid viu-se privado de uma renda anual de três mil maravedis que lhe pagava a *aljama* de Madrid, que fora inteiramente destruída[36]. Em Nova Castela, a confusão chegou ao máximo quando, em 1395, o arcebispo de Toledo quis nomear como juiz supremo dos judeus de sua arquidiocese seu médico particular, Maestre Pedro, um convertido; recusado pela maioria dos judeus toledanos, foi porém aceito por alguns deles, daí um violento tumulto na sinagoga. . .[37]

Os dias do judaísmo espanhol parecem estar contados. Sua reconstituição seria ainda possível? Dentre aqueles que não desesperavam e que tentavam conjurar o desastre iminente, o mais ilustre continua sendo o rabino de Barcelona, Hasdai Crescas, ao mesmo tempo homem de ação e grande pensador.

Com o apoio da Coroa de Aragão, Crescas tentou primeiro reconstruir as grandes comunidades destruídas. Em maio de 1393, o rei deu-lhe poderes excepcionais para estabelecer novas *aljamas* em Barcelona e em Valência, instalar sessenta famílias judaicas por cidade e dotá-las de dinheiro, recorrendo à força se fosse necessário. Ademais, em todas as cidades da Coroa de Aragão, os judeus foram isentados dos impostos e foi prometida anistia àqueles que se haviam refugiado clandestinamente no estrangeiro. Elaboraram-se novas constituições internas a fim de limitar, no interior das *aljamas*, os direitos exorbitantes dos antigos oligarcas, e de repartir as taxas de modo mais equitativo. Dando o exemplo, Crescas, cujo filho único fora chacinado em Barcelona, casou, nessa primavera de 1393, com autorização do

33. H.-S. DE SOPRANIS, "Contribucion a la Historia de la Juderia de Jerez de la Frontera, *Sefarad*, 1951, XI-2, pp. 349 e ss.

34. FR. PEDRO SANAHUJA, *Lerida en sus Luchas por la Fé (Judios, Moros, Conversos)*, Lerida, 1946.

35. Cf. E. LAMBERT, "Les Synagogues de Tolède", *R.E.J.*, 1927, 74, pp. 74 e ss.

36. BAER, II, n.º 251.

37. *Idem*, II, n.º 258.

rei, com uma segunda mulher, como símbolo de um novo crescimento e multiplicação dos filhos de Israel[38]. Atacando ao mesmo tempo o que, para ele, era a raiz do mal, redigiu alguns tratados onde demonstrava a impossibilidade de um conhecimento racional ou de uma intelectualização da religião, ou seja, o logro a que levavam as propostas filosóficas de Maimônides e seus sucessores; pouco a pouco, suas especulações sobre a criação do universo por Deus o conduziram a atacar violentamente a física aristotélica, com um vigor que, mais tarde, suscitou a admiração de Spinoza[39]. Procurando reanimar por todos os meios a chama do judaísmo, também redigiu em espanhol, tendo em vista as massas, um tratado de polêmica anticristã, do qual subsistem apenas fragmentos.

Mas os múltiplos esforços desse sábio não podiam infletir o curso inelutável das coisas. O homem de ação foi impotente para ressuscitar as *aljamas* de Barcelona e de Valência. O pensador não fez escola. Um contemporâneo relata que Hasdai Crescas teve de tratar na Corte de Aragão com Pablo de Santa Maria, que tentou arrastá-lo a uma discussão teológica: qual Shakespeare poderia pintar esse encontro entre o campeão da linhagem dizimada dos judeus de nuca rígida e o líder de seus sucessores de fato, os conversos de espinha flexível?

Depois da explosão popular de 1391, os judeus sobreviventes conheceram um período de repouso. Mas, doravante, o frenesi missionário estava, na Espanha, na natureza das coisas. Depois de ter recebido o encargo das almas destroçadas ou recalcitrantes dos conversos, a Igreja era atormentada pelo mau exemplo que davam a estes os judeus francos e declarados. Certos conversos, principalmente os que, como Pablo de Santa Maria, haviam entrado para a Igreja e ali feito carreira, empurravam a roda e multiplicavam as advertências. Tanto assim que, vinte anos mais tarde, chegou a vez do clero encetar o combate. E até mesmo aqueles religiosos que, mui cristãmente, condenavam os morticínios de 1391, logo suscitaram outros morticínios.

Foi o caso do maior pregador desse tempo, São Vicente Ferrer, cuja eloqüência inflamada então agitava todo o Ocidente. Em seus sermões, que todos os judeus eram obrigados a assistir, o santo não deixava de lembrar que Jesus fora judeu, assim como a Virgem Maria; que nada podia desagradar mais a Deus do que os batismos obtidos pela violência; que era vital para a Igreja converter os judeus, mas que só devia fazê-lo por meio da persuasão suave e das boas palavras. Ele exclamava de modo imaginoso: "Os apóstolos que conquistaram o mundo não levavam nem lança, nem faca! Os cristãos não devem matar os judeus com a faca, mas com seus discursos!" Entrementes, importava todavia mantê-los à distância e isolá-los nos guetos, por

38. *Idem*, I, p. 711.

39. Cf. "Réflexions sur quelques doctrines de Spinoza et de Hasdai Crescas", de A. GOLDENSON, em *Mélanges de philosophie et de littérature juives*, Paris, 1957, pp. 95-152.

temor de seu exemplo pernicioso[40]. Assim pregava o santo de cidade em cidade, através de Aragão, de Castela e da Gasconha, extasiando seus inúmeros ouvintes graças a seu *dom milagroso das línguas**, brandindo os raios da excomunhão contra quem não rompesse todas as relações com os judeus.

Na esteira de seus passos, o terror passou a reinar nas *aljamas*. Todos os meios de ação, prisão, fome, tortura, pareciam bons aos cristãos, siderados pelo verbo de Vicente Ferrer, a fim de obter a conversão dos judeus reticentes. Encarregado pelo rei de Aragão de esclarecer tais acontecimentos pouco acreditáveis, seu filho, após a verificação *in loco* dos detalhes, escrevia: "...que Vossa Alteza saiba agora o que foram essas perseguições, e a que meios se recorreu para poder proclamar que os judeus foram convertidos pela iluminação do Espírito Santo"[41] (o infante ficou ainda mais indignado porque seu próprio mensageiro quase foi despedaçado pela turba desenfreada). O próprio rei, grande admirador do santo, constatou que, depois das pregações de "Maestre Vicente", "alguns, inconsideradamente, tentam e cometem diversos malfeitos e tramam complôs contra os judeus..."[42] Finalmente, à simples notícia de sua chegada, comunidades inteiras refugiavam-se nas montanhas e nos bosques, enquanto outras optavam por converter-se em massa.

Em Castela, São Vicente Ferrer conseguiu impor, no começo de 1412, a publicação de um novo estatuto dos judeus, o estatuto de Valladolid[43], proibindo-lhes, entre outras coisas, vender ou oferecer produtos alimentícios aos cristãos, fazer com que estes lavrassem para eles os campos, usar o título de *Don* antes dos nomes, mudar de domicílio, cortar os cabelos e raspar a barba. Quanto a suas roupas, três artigos do estatuto eram a elas dedicadas: seu feitio devia ser humilde, de tecido grosseiro e comportar naturalmente um signo distintivo bem visível. Em todos esses pontos, Castela doravante nada tinha a invejar ao resto da Europa.

40. Cf. o resumo de um sermão proferido por São Vicente Ferrer em Valencia dado por J. MILLAS-VALLICROSA (*En torno a la predicación judaica de San Vincente Ferrer*, Madrid, 1958).

* *O dom milagroso das línguas de São Vicente Ferrer era parcial. Sem poder falar as línguas que não conhecia (como fizeram, por exemplo, os Apóstolos em Pentecostes), conseguia fazer ouvir perfeitamente sua própria língua (o catalão) a um auditório que a desconhecia totalmente. Isso de acordo com o* Dictionnaire de Théologie Catholique, *Paris, 1925, t. XV, c. 3.040. Evidentemente, pode-se admitir que, em tais condições, as intenções do santo nem sempre eram perfeitamente compreendidas por seus ouvintes e que eles interpretavam suas palavras à moda deles, tendo como única base a gesticulação. – Sobre São Vicente Ferrer, ver também o tomo I de minha* História do Anti-Semitismo, *pp. 123 e ss.*

41. BAER, I, p. 814.

42. Cf. FR. VENDRELL DE MILLAS, "La Actividad Prosélita de San Vincente Ferrer", *Sefarad*, 1953, XIII-1, p. 94.

43. BAER, II, n.º 275 (em nota, o grande erudito demonstra o papel determinante de São Vicente Ferrer na publicação do estatuto de Valladolid).

Vicente Ferrer, que fazia e desfazia reis, era, entre outras coisas, confessor de Benedito XIII. Esse pontífice, um dos protagonistas do Grande Cisma, encontrava-se em situação difícil. Dois outros papas se lhe opunham; o Concílio de Pisa o havia excomungado; seu feliz rival, Martim V, chamava-o de "filho do diabo". Em 1412, tomou a decisão de desfechar um golpe de repercussão e converter todos os judeus em bloco, demonstrando-lhes da maneira mais expressiva possível a inutilidade de sua crença. Essa demonstração ficou na História com o nome de Disputa de Tortosa[44].

A demonstração demorou perto de dois anos. O campeão do cristianismo foi o erudito médico do papa, o converso Josué de Lorca, mencionado mais acima. Os rabinos mais sábios de Aragão tinham sido convocados para enfrentá-lo e para reconhecer que o *Talmud*, desde que lido de modo correto e honesto, confirma que o Messias já aparecera na pessoa de Jesus. Josué de Lorca defendia suas glosas cristológicas com muito zelo; os rabinos, em número de quatorze, enfrentaram-no com valentia. Muita sutileza foi gasta de ambos os lados, mesmo se a discussão, relida hoje, desconcerte, pois, sobre uma matéria que continua séria, ela faz pensar nos debates sobre o sexo dos anjos*. Mas o verdadeiro espetáculo estava na sala. Entre mil e dois mil espectadores assistiam cada sessão. Alguns vinham de longe; era o caso principalmente dos visitantes judeus em serviço de encomenda que, ao fim de cada colóquio, se levantavam e declaravam que os argumentos do disputante cristão os haviam convencido e pediam para ser batizados ali mesmo. Depois do que eram mandados de volta a sua cidade de origem para aí plantar as boas sementes. Três mil judeus pelo menos, cifra estabelecida perante um notário, desfilaram assim nos batistérios de Tortosa entre janeiro de 1413 e novembro de 1414, principalmente depois que, em janeiro de 1414, dezoito membros da família de la Caballería, a mais ilustre família judia de Aragão,

44. Cf. A. PACIOS LOPEZ, *La Disputa de Tortosa*, Madrid, 1957, t. I, p. 48, nota 28.

* *Entre outras coisas, Lorca, a fim de demonstrar a messianidade de Jesus, recorria em larga medida aos métodos da exegese cabalística, baseados no valor numérico das letras do alfabeto hebraico e, de modo mais geral, no princípio segundo o qual cada vírgula e até mesmo certos erros ortográficos tradicionais dos textos sagrados, têm um significado oculto, que é preciso desvendar. Assim, por exemplo, Isaías (IX, 5-6) diz, a propósito do Messias: "Ele será chamado... para aumentar o Império e para dar uma paz sem fim ao trono de Davi". Aumentar (em hebraico:* lemarbê*) escreve-se com uma "concha" consagrada pela tradição:* o m (mem), *em vez de ser um* mem *aberto comum (valor numérico 40), é um* mem *fechado ou final (valor numérico 600). Lorca concluía daí que, primeiro, o fechamento desse* mem *simbolizava a virgindade da Mãe de Deus e, segundo, que seu valor numérico de 600 referia-se aos 600 anos que decorreram entre Isaías e Jesus. Cabe supor que ele mesmo não era o autor de tais interpretações ou especulações, que eram correntes nos meios conversos. Deve-se assinalar, incidentalmente, o parentesco entre tais métodos de exegese cabalística (a seguir cultivados na Europa Central) atribuindo um significado oculto a cada vírgula e cada* lapsus calami *do "discurso bíblico" e os métodos atuais das ciências do homem, particularmente os métodos psicanalíticos.*

converteram-se coletivamente. Na verdade, tratava-se de um espetáculo montado admiravelmente, cuja lembrança ainda faz parte das tradições locais[45].

Atormentados e ameaçados, a maioria dos rabinos submetidos a essa lavagem cerebral acabaram arriando bandeira e suplicaram humildemente, no verão de 1414, que lhes permitissem voltar para casa. Declararam-se "ignorantes, insuficientes, de ciência módica, incapazes de discutir mais a fundo o *Talmud* e seus santos e sábios autores"[46]. O Papa e Lorca clamaram vitória e fizeram constatar que os rabinos haviam "desaprovado o *Talmud*". O rumor corrente pretendia mesmo que eles teriam aceito o batismo, versão admitida pela maioria dos autores cristãos[47]. Contudo, dois rabinos, mais estóicos que seus colegas continuaram lutando passo a passo até o fim e voltaram às suas casas heroicamente invencidos.

Mas o efeito visado por Lorca e pelo antipapa foi alcançado em boa parte. Condenado pela cristandade no Concílio de Constância pouco depois, Benedito XIII podia pelo menos gabar-se de haver derrotado os judeus. De Perpignan a Cádiz, eles novamente se convertiam aos milhares. Comunidades seculares viam-se apagadas da face da terra, para júbilo dos corações cristãos. Apareciam signos no céu: o rei de Aragão em pessoa comunicava a São Vicente Ferrer que cento e vinte e dois judeus de Guadalajara, em Castela, tendo percebido nas nuvens uma cruz milagrosa, logo se converteram em março de 1414[48]. Talvez desta vez o número de "cristãos-novos" tenha sido maior do que em 1391; nas crônicas judaicas, 1391 ficou como "o ano das perseguições e da opressão" e 1413-1414 como "o ano da apostasia". "Na subsiste mais um em mil da raça dos judeus vindos de Jerusalém para a Espanha", exclamava o cronista Ibn Verga[49].

45. A. PACIOS LOPEZ, *op. cit.*, t. I, p. 46.

46. Sexagésima quarta sessão, em 7 de julho de 1414. Cf. A. PACIOS LOPEZ, *op. cit.*, t. II: *Actas*, p. 567.

47. Assim, em Fagés, *Histoire de Saint Vincent Ferrier*, Paris, 1901, p. 44: "Os quatorze rabinos abjuraram, menos Mestre Ferrer e Mestre Albo. . ., no final, a força da verdade teve a razão do maior número".

48. BAER, II, n.º 282.

49. IBN VERGA, *Chevet Yehudá*, § 49.

9. O Impasse do Marranismo

O brado de angústia de Ibn Verga, embora sendo evidente exagero, reproduz bem o pessimismo que reinava nas *aljamas* depois dos golpes que lhes foram assestados por Vicente Ferrer e pelo antipapa. Contudo, antes do desastre do fim do séuclo, os judeus espanhóis iriam conhecer um novo período de calma, mais longo do que o precedente. Terminado o Grande Cisma, o Papa Martim V lembrou, por duas bulas de 1421 e 1422, que um batismo forçado não é um batismo cristão e condenou severamente as perseguições; os reis de Castela e Aragão, por seu lado, retomaram, na medida do possível, a política tradicional de proteção ao culto judeu. Mas a situação tinha-se modificado radicalmente.

Antes de abordar o novo e desconcertante estado de coisas a que levaram os acontecimentos de 1391 e de 1410-1414, lancemos uma vista de olhos sobre o pano de fundo social e econômico daquele tempo. Nesse começo de século XV, a Espanha (excluindo-se os pequenos reinos de Granada e de Navarra) contava, segundo a estimativa mais qualificada, oito milhões e meio de habitantes. Destes, quase sete milhões de camponeses, dos quais meio milhão de "mouriscos" muçulmanos. A população urbana propriamente dita superava um milhão e meio, e compreendia (segundo o mesmo historiador espanhol Juan de Regla)[1] 10% de aristocratas e patrícios e 70% de povo miúdo (*pueblo menudo*).

Entre os dois, "esse vazio que existia entre a aristocracia e a plebe", constata esse autor, "estava de certo modo preenchido pelos

1. *Historia Social y Económica de España, op. cit.*, t. II, p. 412.

eclesiásticos e pelos judeus, os quais, com exceção de uma minoria de altos dignitários da Igreja e de um número sensivelmente mais alto de hebreus opulentos, constituíam uma verdadeira classe média...", por conseqüência a classe que, cristã nos outros países europeus, deu origem à burguesia moderna, tão mal e tardiamente desenvolvida na Espanha.

Falando dessa classe, o erudito autor não especifica se tem em vista os judeus e os conversos tomados em conjunto, ou apenas os "judeus declarados". E a proporção de uns e outros é tanto mais difícil de determinar quanto os limites entre as duas categorias haviam se tornado vagos: no caso, uma definição retrospectiva um pouco mais precisa do judeu parece impossível.

Na realidade, nas cidades de Castela e Aragão, os três cultos oficiais da Espanha das Três Religiões de outrora tinham sido substituídos por uma multiplicidade, se não de cultos claramente estabelecidos, ao menos de "situações existenciais", levando a uma variedade crescente de atitudes, práticas e ritos. Tentaremos passá-los em revista.

Comecemos pelos "judeus públicos" autorizados e tradicionais, o último reduto dos fiéis da Lei de Moisés. Principalmente em Castela, onde ainda conservavam uma parte de suas antigas atribuições[2], tentaram reorganizar suas comunidades e até extrair conclusões salutares das provações pelas quais haviam passado. Como judeus pios, não procuraram, assim procedendo, eludir suas próprias responsabilidades; como judeus culturalmente assimilados a seu ambiente, não se restringiram a pôr em causa a piedade insuficiente, os pecados para com Deus (como faziam, em provações semelhantes, seus irmãos da Alemanha ou da França do Norte); também punham em causa o comportamento diante dos cristãos, seus perseguidores. Redigida em fins do século XV, a crônica de Ibn Verga abunda em reflexões desse gênero (e, sob esse ponto de vista, não deixa de ter analogias com as autocríticas de certos judeus "assimilados", às vésperas da época hitlerista). Foi assim que Ibn Verga atribuía à personagem do filósofo Tomás o seguinte juízo:

> Jamais vi um homem razoável odiar os judeus, mas as classes inferiores odeiam-nos e têm motivos para isso, pois, primeiro, os judeus são altaneiros e aspiram dominar, esquecendo que são exilados e escravos... o segundo motivo do ódio pelos judeus é que eles chegaram pobres a este reino, enquanto que os cristãos eram ricos; hoje, as coisas estão invertidas, pois, quando persegue seu lucro, o judeu é inteligente e esperto...

Noutro trecho, Ibn Verga fazia um rei cristão enumerar "seis causas do anti-semitismo":

2. Em 1430, os judeus ainda garantiam em Castela o recebimento de dois terços dos impostos indiretos e dos direitos de alfândega. Em compensação, eles tinham sido tirados do recebimento dos impostos diretos, dos recebimentos de multas e da administração monetária, setores em que agora brilhavam os *conversos* (cf. BAER, *Toldot*..., pp. 454-455).

Por que os judeus ensinam canto a seus filhos, eles que devem chorar e ficar de luto a vida inteira?... Por que ensinam esgrima a seus filhos, eles que não vão para a guerra?... Por que usam vestes principescas, coisa que serve para provocar contra eles o ódio e a inveja?...

E assim por diante. Conformando-se com tal estado de espírito, os representantes das *aljamas* de Castela, reunidos em Valladolid em 1432, adotaram regulamentos muito severos, dispondo especialmente sobre uma separação estrita entre judeus e cristãos e declarando guerra ao luxo e à ostentação. É verdade que o curso tomado pelas coisas contribuía por si mesmo para essa austeridade: as grandes judiarias de Toledo e de Sevilha não existiam mais; o judaísmo mantinha-se sobretudo nas cidades médias e pequenas; de seu lado, as prefeituras cristãs de certas cidades agora juntavam os *judios publicos* às mulheres públicas, intocáveis, exceto em certas circunstâncias ou necessidades essenciais da existência; através de toda a Espanha, não havia pior insulto do que *judio*...

Isso não impedia que certos judeus, desligados da religião, recusassem converter-se por razões bem diversas das religiosas. De fato, a espécie dos espíritos fortes não desaparecera, e os recentes desastres de Israel não podiam deixar de firmá-los em seu ceticismo. Mas alguns desses filósofos libertos recuavam, parece, diante do batismo, por temor ao tratamento que a Igreja reserva aos descrentes. Estimando então que um judaísmo de fachada constituía para eles um perigo menor, continuavam judeus, não por religião, mas por irreligião[3].

Bem mais judeus de coração permaneciam os conversos que não podiam perdoar-se a fraqueza passageira e que aspiravam tornar-se de novo judeus integrais. No caso, ir para a África do Norte ou para Portugal era a solução mais satisfatória, a solução preconizada pelos rabinos. Mas ela não estava ao alcance de todos; o expatriamento continuava severamente proibido; além do mais, era dispendioso e arriscado. Os que se decidiam a tentá-lo eram os ex-judeus animados por uma forte energia religiosa e iam, de preferência – entrelaçamento histórico da religião com os negócios –, para lá onde a conjuntura econômica lhes era propícia, sua situação predispondo-os ao comércio internacional. Mais fracos, os outros ficavam na Espanha e judaizavam de pai para filho, ao mesmo tempo que se deixavam batizar de pai para filho: tais foram, portanto, as origens da linhagem dos *Marranos*. Estes mantinham-se afastados dos cristãos e freqüentavam, de preferência, os judeus declarados, seus verdadeiros diretores de consciência. Alguns faziam-se circuncidar na idade adulta. Antes do advento dos Reis Católicos, eles não corriam por causa disso riscos mortais. Os costumes desse tempo sendo o que eram, esses judaizantes achavam cumplicidade até no seio do clero espanhol: uma bula do Papa Nicolau V informa-nos de que certos padres, habituados ao tráfico de indulgências, não demoraram em aproveitar-se da

3. Cf. BAER, *Toldot*..., p. 459, citando o pregador R. Isaac Arama.

conjuntura e encorajavam os neófitos a judaizar mediante dispensas vendidas de antemão![4]

Certos acontecimentos vinham às vezes fortificar a determinação e as esperanças dos convertidos à força. Foi em especial o caso da tomada de Constantinopla pelos turcos em 1453. Em determinados meios marranos, essa vitória dos "ismaelitas", que provocou uma impressão prodigiosa através de toda a Europa, foi compreendida como o presságio da queda próxima de "Edom" e da iminente libertação de Israel (pense-se na impressão que causou em 1943 nos franceses sob a ocupação a vitória de Stalingrado). Um ativo conventículo de marranos em Valência, certo de que o Messias acabava de aparecer numa montanha perto do Bósforo, preparou-se então para emigrar para a Turquia:

> Os *goys* cegos não enxergam [dizia uma zeladora do grupo] que, depois de termos ficado submetidos a eles, nosso Deus fará de modo que nós os dominemos; nosso Deus prometeu-nos que iremos para a Turquia; ouvimos dizer que o Anticristo virá; dizem que o Turco é ele, que ele destruirá as igrejas cristãs e as transformará em estábulos para os animais, e que, aos judeus e às sinagogas, ele prestará honras e reverência. . .

Certos membros do grupo conseguiram chegar a Constantinopla e outros aprestavam-se a reunir-se a eles quando foram presos, em 1461, pela Inquisição de Aragão. Do processo, depreende-se que uns procuravam, primeiro, a salvação, enquanto que os outros procuravam, primeiro, a fortuna. Um dos acusados, a quem o tribunal perguntou se um de seus amigos tornara-se judeu (ou seja, se se circundara), respondeu: "Não, mas ele ficou rico!" e todos os co-réus caíram no riso. Visto em Veneza e no Cairo vestido com "roupas judaicas", outro acusado garantia que só o fizera tendo em mira o bom andamento de seus negócios[5].

Mas esse robusto otimismo comercial não passa de um só dos aspectos da complexa e fugidia fisionomia dos marranos. Praticado às escondidas, seu judaísmo adulterava-se: a obsessão do segredo, a duplicidade que lhes era imposta, levavam-nos a trágicos dilaceramentos. Uma prece marrana, de inflexões sincréticas judio-cristãs, descoberta nos arquivos da Inquisição, testemunha esse terrível sofrimento:

> Senhor, eu te falhei por minha pequenez e por minha indignidade, causadas contra minha vontade por minha maldade e minha traição; tu, cuja verdadeira justiça me visitou e me acalentou como se fosse teu filho, vê como caí numa tribulação tão grande e tão perigosa, de onde não posso me levantar, nem sair; sabendo que sou culpado, volto-me para ti, Senhor, arrependido, em suspiros e lágrimas, como um filho para seu pai, pedindo perdão a tua santa mise-

4. Nicolau V ao bispo de Tarragona, em 20 de setembro de 1453 (cf. M. STERN, *Urkundliche Beiträge über die Stellung der Päpste zu den Juden*, Kiel, 1893, n.º 56, p. 63).

5. BAER, II, n.º 392, pp. 437-444.

ricórdia, para que tu me livres do grande tormento e da grande atribulação em que tombei. . .

Grito de uma alma alquebrada, essa longa prece termina subitamente com uma invocação a Jesus de Nazaré, provavelmente para induzir em erro a Inquisição[6].

Adulterações de outro tipo consistiam em cerimônias odiosas e burlescas de "descristianização", em uso em certos meios conversos. Tais coisas só são conhecidas pelos arquivos da Inquisição, de modo que é impossível separar o verdadeiro do falso, quer dizer, a parte que cabe ao encarniçamento anticristão dos marranos e à imaginação desavergonhada de seus torturadores, porém, por mais que possam ser autênticas tais práticas, crucifixo aplicado no traseiro, fustigamento de uma figurinha de Jesus ou mesmo sacrifícios rituais, elas fornecem bom testemunho de um judaísmo adulterado pelo efeito da água batismal.

Segundo uma opinião então corrente nos meios marranos, nada convinha melhor a seu estado do que a paz dos monastérios, e eram numerosos os que se tornavam monges, sobretudo na Ordem de São Jerônimo, a mais rica da época na Espanha[7]. Outros iam judaizar na corte pontifícia, por exemplo, conseguindo ser delegados para lá por uma ordem monástica ou militar[8] (a opinião corrente do povo miúdo de Roma acabou por concluir que todos os espanhóis eram judeus). Chegamos assim à categoria dos grão-senhores marranos, de espírito cético e convicções mornas. Homem de Estado e jurista de renome, Pedro de La Caballería, um dos conversos de Tortosa, foi um espécime típico. Também ele acabou por testemunhar sobre a ortodoxia de sua fé e ciência teológica, e redigiu, em 1450, o tratado *Zelus Christi contra Judaeos, Sarracenos et infideles*. Com isso, ficou ainda mais à vontade para judaizar ocasionalmente, menos por convicção do que por sentimentalismo. A coisa começou a difundir-se após a sua morte; segundo os arquivos da Inquisição, ele se abrira a este respeito com um letrado judeu. Este lhe teria perguntado: "Senhor, como pudestes vos tornar cristão, vós que sois tão versado em nossa Lei?" E "Messire Pedro" respondeu:

Imbecil, com a *Torá* judaica, o que mais eu poderia ser além de um rabino? Ora, graças ao "pequeno enforcado" (Jesus), fazem-me toda espécie de honras, eu comando toda a cidade de Saragoça e a faço tremer. Quem me impede, quando tenho vontade, de jejuar no Kipur e de observar vossas festas? Quando eu era judeu, não ousava ultrapassar as barreiras do *schabat* e agora eu faço tudo o que me apraz fazer[9].

6. BAER, II, n.º 407, p. 480.

7. Cf. N. LOPEZ MARTINEZ, *Los judaizantes castellanos y la Inquisicion en tiempo de Isabel la Católica*, Burgos, 1954, p. 118 e BAER, II, n.os 405 e 407.

8. Cf. BAER, II, n.º 399 (processo do converso Juan de Pineda, que tinha representado a ordem de Santiago na corte pontifícia).

9. BAER, II, n.º 397, p. 463.

Eram principalmente homens assim que, naquele tempo, povoavam as cortes da Espanha e faziam com que suas filhas, com dotes muito grandes, casassem com senhores "cristãos-velhos".

Levando a irreligião ainda mais longe, outros conversos professavam um ateísmo agressivo. Alguns deles formaram um conventículo cuja existência é assinalada, por volta de 1460, em Medina del Campo. Dispunham de livros e "escritos hebraicos" desvendando "os segredos do passado, o que haviam sido Abraão, Jesus e Maomé, e qual espírito animava esses três impostores". Chegaram até a recrutar prosélitos a quem ensinavam que os Evangelhos não passavam de logro e fraude e que, fora do nascimento e da morte, não havia mais nada. "Neste mundo tu não me vês penar, no outro não me verás supliciado", tal era, parece seu lema[10]. Embora o ateísmo não fosse completamente desconhecido na Europa Medieval, sem dúvida alguma essa é a primeira menção histórica de uma "seita atéia" no seio da cristandade. A eles, os rabinos e os católicos autênticos votavam o mesmo ódio implacável.

Chegamos, enfim, aos conversos que, depois de uma ou duas gerações, se tornavam cristãos sinceros. Não é preciso dizer que também essa categoria contava inúmeros representantes, mesmo entre os bispos e outros altos dignitários eclesiásticos de origem judaica. Mas nada seria mais ocioso do que aventurar uma suposição quanto a esse número. Todavia, citemos a opinião de Fernan Perez de Guzmán, gentil-homem observador e meditativo, que tomou parte ativa na vida política da época. Ela merece ser lida por inteiro:

> Vou apresentar certas razões que vão de encontro à opinião daqueles que, sem distinção, nem diferença, condenam em termos absolutos essa nação dos Cristãos-Novos convertidos em nossos dias, dizendo que eles não são cristãos e que sua conversão não foi boa nem útil. E eu, com toda a reverência guardada para quem fala assim, digo que, por certo, pessoas que toda a vida viveram na outra Lei, nascendo sob ela e nela acreditando, e aqueles principalmente que foram submetidos à Nova Lei pela força, sem as devidas admoestações e exortações, não podem ser católicos tão fiéis quanto os que são cristãos de nascença. Por essas razões, cumpre não se maravilhar se alguns não são cristãos, especialmente as mulheres e os homens obtusos, grosseiros e ignorantes, pois o homem letrado e instruído é mais capaz de chegar à verdade do que o ignorante, que acredita somente na fé que herdou de seu pai, e por essa única razão (a de ser a fé de seus pais). Mas eu não penso isso de todos os cristãos-novos tomados em seu conjunto; creio que existem, entre eles, pessoas boas e devotas pelos seguintes motivos: primeiro, acredito na virtude da santa água batismal, que não pode ter sido espargida e espalhada sem fruto nenhum; segundo, conheci e conheço bons religiosos (conversos) que, por vontade própria, levaram uma vida austera nas ordens; terceiro, eu os vi, nos conventos, trabalhar e se consumir, reformando ordens dissolutas e corrompidas, e outros, como o honorável bispo (Pablo de Santa Maria) e seu honorável filho Dom Alfonso, bispo de Burgos, que elaboraram escritos de grande utilidade para nossa santa fé.

10. Cf. MARIO ESPOSITO, "Una manifestazione d'incredulita religiosa nel medioevo", em *Archivo Storico Italiano*, 1931, 89, p. 44 ("Diego Gomez e la setta di Medina del Campo").

E, se alguns dizem que essas obras foram feitas por temor dos reis e dos prelados, para obter graça aos olhos deles, eu respondo que, por nossos pecados, o rigor e o zelo por nossa fé não são tais hoje para que eles o tenham feito por essa razão, e que nos dias de hoje ganha-se o coração dos reis e dos prelados por meio de presentes e doações bem mais do que com devoções e virtudes...[11]

Esse juízo lembra-nos que muitos conversos tornavam-se gente da Igreja, estado que mais se aproximava do seu enquanto categoria social. Mas talvez na época não houvesse situação mais incômoda do que a dos conversos cristãos sinceros, onde quer que fossem refugiar-se. Objetos de suspeita em toda a parte, que podiam eles fazer para justificar-se? Houve os que procuraram eximir seus antepassados judeus; foi nessa época que surgiu a lenda de que os judeus da Espanha teriam tentado impedir a crucifixão[12]. Houve os que denegriram seus irmãos conversos: assim, os da Castela Velha admitiam que os de Andaluzia não passavam de judeus ou pior do que isso, mas reivindicavam para si a qualidade de bons cristãos...[13] É verdade que tais argumentos não eram necessariamente prova de fé cristã sincera: tratava-se principalmente da defesa de um interesse de grupo, de uma "luta contra o anti-semitismo" à moda da época.

Voltamos assim à questão da ideologia dominante entre os conversos. Embora não se disponha de nenhum dado preciso de ordem numérica, a impressão é de que, na maioria, não mais acreditavam no Deus de Israel e, sem grande convicção, praticavam alguns ritos cristãos, por superstição ou por prudência, misturando-lhes às vezes um resíduo de ritos judeus. Considerados como judeus pelos que os rodeavam, mas não acreditando muito nem em Deus nem no Diabo, estavam transformados em "judeus por acaso", "judeus alienados" por antecipação. A seus olhos, sua história não tinha mais nenhum sentido, nenhuma fé vinha aliviar ou enobrecer seus sofrimentos; sua culpa era sem pecado e sem redenção.

Subsistem testemunhos notáveis sobre essa situação sem saída, pois os conversos letrados desabafavam em poesias de circunstância, de conformidade com a moda literária daquele tempo[14]. Foi assim que um dos maiores poetas espanhóis do século, Antonio Montoro, escrevia à Rainha Isabel por ocasião de seu ascenso ao trono:

Eu rezei o Credo,
Eu adorei panelas de banha,
Eu ouvi missas e rezei
No entanto, não consegui matar
Este rosto de *confeso*...
Eu rezei com devoção

11. FERNAN PEREZ DE GUZMAN, *Generaciones y Semblanzas*, ed. Buenos Aires, 1947, p. 59.

12. Cf. BAER, II, n.º 116, referindo-se a R. Menendez-Pidal, ed. Crónicas Generales de España, 1918, p. 159.

13. DE PALENCIA, *Crónica de Enrique IV*, ed. Paz, III, p. 123.

14. Cf. a *tese cit.* de RESNICK.

E desfiei o rosário
Pensando apagar meu erro
Mas jamais consegui perder
O nome de velho, de vil, de judeu (*"de viejo puto y judio"*).

Sua falta era, portanto, ser de origem judia. Essa concepção de uma mácula original ressalta de modo ainda mais dramático em outro de seus poemas, escrito no dia seguinte a uma grande chacina de conversos em Córdova, sua cidade natal:

. . .(Nossos perseguidores) não recuaram
Perante os massacres, o roubo e o exílio
Porque eles querem (nossa destruição)
Pelo roubo, pelo sangue e pelo fogo. . .
E, apesar de nossas perdas e nossas tribulações,
Nossas injúrias e nossos exílios
Ficaríamos contentes
Se nos tivessem perdoado
Pois queremos pagar os impostos
Ser escravos e servir
Pobres infelizes e vis
Mas viver ao menos. . .[15]

Que ter sangue judeu era uma infelicidade e uma vergonha, todos os autores daquele tempo, cristãos-"velhos" ou "novos" o confirmam, e esse chega mesmo a ser um dos temas característicos das coletâneas de poesias líricas ou *cancioneros* do século XV. Os conversos assumiam atitudes variadas. Uns, quando era possível, ocultavam suas origens: fio assim que Gonzalo Davila e Anton de Moros, durante uma furiosa justa poética, chamavam-se mutuamente de judeus, cada um protestando por seu lado a pureza de sua linhagem cristã[16]. Outros não escondiam o que eram, sem dúvida porque não podiam proceder de outra maneira, e denunciavam em verso seus concorrentes, para grande divertimento de seus protetores e do público; era o que fazia, não sem dignidade, Antonio Montoro, escrevendo a Juan o Poeta: "Nós pertencemos à mesma raça; tu e eu somos judeus. As ofensas que fazem a ti são minhas; os danos que eu sofro são os teus. . .", e censurando Rodrigo Cota por servir porco no sábado a seus velhos pais[17]. Quanto aos poetas de cepa incontestavelmente cristã-velha, eles podiam entregar-se a tais denúncias de corpo e alma. Foi assim que o Conde de Paredes descreveu os efeitos perturbadores da presença de Juan o Poeta num perdão solene em Valência em 1470:

15. S. MITRANI-SAMARAN, "Le Sac de Cordoue et le testament d'Antonio Montoro", *R.E.J.*, 1907, 54, p. 236.

16. *Idem*, "Le Débat entre Anton de Moros et Gonzalo Davila", *R.E.J.*, 1906, 52, p. 151.

17. M. KAYSERLING, "Un Chansonnier marrane, Antoine de Mortoro", *R.E.J.*, 1901, 43, p. 263.

Desde que veio à catedral, as santas imagens e os santos ritos transfiguraram-se: as medalhas dos peregrinos tornam-se rodelas; a bula pontifícia, um rolo do *Talmud*. . .[18]

Vê-se até que ponto a opinião pública espanhola acabara por não mais fazer qualquer diferenciação entre conversos e judeus. Se havia diferença, agora ela dava vantagem ao judeu tradicional. Afinal, este era uma visão familiar, formava um só corpo com a paisagem espanhola desde a Antiguidade. O converso inquietava mais e exasperava mais; era a ele principalmente que o povo atribuía todos os seus males: a "esse gênero e estado abominado, danado e detestado dos judeus batizados e a sua linhagem danada", segundo um autor da época; segundo outro, era preciso mover-lhes uma guerra bem mais feroz do que contra os infiéis notórios e manifestos[19]. Tudo o que participava de uns e de outros sendo necessariamente mau, eles eram censurados até pelo modo de cozinhar. O Padre Andrés Bernaldez, capelão de um inquisidor-mor, resumia como segue esse ponto em sua célebre crônica:

. . .eles jamais perderam seu modo de comer à judaica, preparando seus pratos de carne com cebolas e alhos e refogando-a no azeite, que usam em lugar da banha, para não comer banha; e o azeite com carne é coisa que provoca um odor muito ruim no hálito; e assim suas casas e suas portas cheiram muito mal por causa desses pratos e eles mesmos atribuem a esses pratos seu cheiro judeu[20]

Sabe-se que, depois, a Espanha se acostumou com esse "cheiro judeu". Salvador de Madariaga, entre outros, considera que a cozinha no azeite é um legado de seu passado judeu[21].

Como conseqüência, começou a esboçar-se uma notável evolução teológica. O mais encarniçado detrator de judeus desse período, o franciscano Alonzo de Espina, reuniu em seu tratado *Fortalitum Fidei (Fortaleza da Fé)* o repertório de todos os vícios e de todos os crimes que então se censurava aos judeus, na Espanha e fora da Espanha. Entre outras, ele relatava a seguinte história de como os judeus foram expulsos da Inglaterra: o rei teria obrigado todos os judeus a converter-se; mas, nutrindo ainda dúvidas quanto à sinceridade deles, teria instalado seu trono à beira-mar, entre duas tendas das quais

18. S. RESNICK, *tese cit.*, p. 139 ("Coplas del Conde de Paredes a Juan Poeta en una Perdonança de Valencia").

19. N. LOPEZ MARTINEZ, *Los judaizantes castellanos y la Inquisición*, Burgos, 1954, p. 57.

20. BERNALDEZ, "Historia de los Reyes Católicos", em *Bibl. Aut. Esp.*, vol. 70, p. 599.

21. Cf. a conferência de S. de Madariaga publicada sob o título *Spain and the Jews*, Londres, 1946. "Bernaldez, um padre simples e bondoso, embora antijudeu, acusa os judeus de, entre outros crimes horríveis, cozinhar sua carne em óleo, mas, considerando que hoje, quatro séculos e meios depois da expulsão, toda a Espanha faz isso, parece que pelo menos na cozinha – indício não desprezível – a Espanha tornou-se judia."

uma abrigava a *Torá* e a outra a Cruz, e teria dito aos judeus que eles podiam penetrar na tenda que preferissem; os judeus ter-se-iam precipitado para os rolos da *Torá*; o rei teria então mandado degolar alguns e exilar o resto[22]. As conclusões que devem ser tiradas dessa história são evidentes: mais do que duvidar das virtudes da água batismal, cuja aplicação nas frontes judias ficava sem efeito, era preciso admitir que os judeus fossem maus por natureza, e não só por causa de sua crença. Como conseqüência, Espina estabelecia que havia dois tipos de judeus: os *judios publicos* e os *judios occultos*, ambos da mesma natureza. Assim, portanto, em virtude de uma dialética implacável, a má fama dos cristãos a contragosto ou por conformismo refluía sobre os judeus, aos quais os teólogos espanhóis dos séculos anteriores censuravam unicamente as convicções errôneas. A bola ricocheteando, novas acusações surgiam conseqüentemente contra o *Talmud* e as tradições judaicas; havia inquisidores que pretendiam que os judeus eram ritualmente obrigados a cometer perjúrio, a matar cada dia um cristão etc.[23]. Nesse estádio, as imaginações estavam suficientemente excitadas para que o mito de uma "conspiração mundial dos judeus" deitasse raízes.

No caso, pode-se ver com particular nitidez a passagem do ódio *confessional* para o ódio *racial*. Foi em vão que os soberanos pontífices da época e os prelados espanhóis sensatos acautelavam contra os atentados daí resultantes ao universalismo cristão; foi em vão que o Papa Nicolau V, em sua bula *Humani generis inimicus*, e o Bispo Alonso de Cartagena (o filho de Pablo de Santa Maria), em sua *Defesa da Unidade Cristã*, lembraram que a redenção está igualmente aberta a todas as almas humanas. O que podem os teólogos contra as paixões? Daí por diante as da Espanha iriam seguir seu curso implacável.

Nesse período anárquico da história espanhola, no fim do reinado de Juan II e sob Henrique IV, o ódio aos conversos levou a muitos excessos, assaltos e mortandades, como o de Córdova de que falou Antonio Montoro; os detalhes podem ser encontrados nos livros de História. Em seus bairros, os conversos defendiam-se de armas na mão e às vezes chegavam a tomar a iniciativa: para uma parte, tratava-se de uma luta entre dois campos ou facções políticas. Mas o que impressiona nessa luta feroz é a falta de decisão e até mesmo a passividade dos conversos, malgrado seu número e influência. Em nenhum momento, vemo-los organizar-se e agir segundo um plano conjunto, face ao perigo mortal. Outrossim, careciam, entre outras coisas, do estímulo de uma ideologia e de uma fé comuns. Espontaneamente, a ideologia e a vontade coletivas cristalizavam-se no campo de seus adversários. Após as primeiras matanças em termos cronológicos, a de Toledo, em 1449, os edis da cidade publicaram uma ordenação na qual, depois de enumerar longamente e descrever os crimes dos "conversos

22. BAER, *Toldot*. . . , p. 477.

23. BAER, II, n.º 410, p. 500 (memorial do "procurador fiscal", Petrus Perez).

de linhagem judaica" e lembrar especialmente que essa linhagem entregara a cidade aos muçulmanos fazia mais de sete séculos, decretavam:

> Declaramos que todos os referidos conversos, descendentes da perversa linhagem dos judeus... e em razão das heresias e outros delitos, insultos, sedições e crimes acima mencionados por eles cometidos até hoje, devem ser tidos de direito infames, inábeis, inaptos e indignos de ter qualquer função e benefício público e privado na dita cidade de Toledo e em suas terras, ...a dar testemunho e fé como escrivãos públicos ou como testemunhas... a ter senhoria sobre os cristãos-velhos na santa fé católica...[24]

O racismo espanhol estava em marcha.

24. BAER, II, n.º 302, p. 317.

de linhagem judaica" e ressaltar especialmente que essa linhagem entregava a cabeça aos muçulmanos [illegible] de seu [illegible], [illegible].

Declaramos que todos os referidos cônegos, descendentes da perversa linhagem dos judeus, [illegible] e em razão das heresias e outros delitos, insultos, sedições e crimes acima mencionados por eles cometidos até hoje, devem ser tidos [illegible] como infames, inábeis, incapazes e indignos de [illegible] qualquer função e benefício público e privado na dita cidade de Toledo e em sua terra, [illegible] e da mesma maneira como escrivães públicos ou como testemunhas, e [illegible] na [illegible] católica [illegible].[74]

O racismo espanhol estava em marcha.

74. BAEP, G., n.º 382, p. 81.

10. A Hora da Inquisição

Sabe-se que Maquiavel, em *O Príncipe*, designava o Rei Fernando o Católico como o monarca ideal.

> Em nosso tempo [escrevia ele] temos Fernando de Aragão, que bem pode ser chamado de príncipe novo, pois, de pequeno rei, ele se tornou, por glória e fama, o primeiro rei da Cristandade: de quem, se considerarmos os feitos, verificaremos que são todos muito grandes e alguns até extraordinários. . . Enquanto se preparava para maiores empreendimentos, para se servir sempre da religião, ele se pôs a praticar uma santa crueldade, escorraçando os marranos de seu país e despovoando-o deles: e não se poderia dar exemplo de piedade mais digno, nem mais singular.

(Estará Maquiavel aludindo aqui ao sangue judeu que corria nas veias do rei?[1])

Com efeito, Fernando e sua mulher, Isabel de Castela, os Reis Católicos, haviam unificado a Espanha, ao mesmo tempo que a tiravam da anarquia e a transformavam, pouco depois, no país mais poderoso da Europa. Tinham restabelecido a ordem, suprimido o banditismo, reconquistado Granada (último enclave muçulmano na Península) e empreendido a colonização do Novo Mundo. Haviam, enfim, ao expulsar os judeus, realizado a unificação religiosa do país, graças à Inquisição espanhola que ainda hoje marca a Espanha com seu cunho. No capítulo anterior, vimos a gravidade do mal; veremos agora o horror do remédio.

1. MAQUIAVEL, *Oeuvres complètes*, ed. La Pléiade, p. 356. Sobre a ascendência judaica de Fernando de Aragão por parte de sua mãe, cf. A. CASTRO, *op. cit.*, p. 586.

A Inquisição, é preciso lembrar, não é uma criação espanhola. Já se pode encontrar para ela uma espécie de justificação prévia em Santo Agostinho, segundo o qual, uma "perseguição moderada (*tempereta severitas*)" era lícita para reconduzir os heréticos ao caminho reto[2]. De fato, foi fundada pela Santa Sé no século XIII, e foi principalmente na França, durante a luta contra os albigenses, que ela desenvolveu grande atividade. Fato que explica uma espécie de mal-estar com que seus historiadores franceses a tratam, ainda que dêem mostras normalmente de uma objetividade louvável. Instituída em Castela dois séculos mais tarde, com vistas aos conversos suspeitos de judaizar, a Inquisição ali funcionou, portanto, segundo princípios e uma técnica já comprovados. Mas os inquisidores espanhóis distinguiram-se por sua ferocidade particular e transformaram seu instrumento num Estado dentro do Estado, que só foi suprimido no século XIX. Sua abolição foi lamentada pelos conservadores de toda a Espanha: "Foi a Inquisição que salvou a Espanha, foi a Inquisição que a imortalizou!", exclamava então Joseph de Maistre[3]. A Inquisição castelhana contribuiu fortemente para modelar a vida e os costumes espanhóis, sua sombra ainda plana sobre o país, seus apologistas de além-Pireneus continuam a falar dela com saudades.

Nossa geração teve o desagradável privilégio de assistir ao desenvolvimento de outras *polícias de almas* do mesmo gênero, nos Estados chamados totalitários. As condições históricas em que elas surgiram não são as mesmas e os princípios em que se baseiam não se assemelham; mas os processos não mudaram muito. E, de fato, não se trata, além da evolução das instituições e das estruturas, da relação psicológica mais elementar que existe, que leva a uma confrontação de homem para homem?

A esse respeito, pode-se observar que o comunismo é uma fé mais universalista que o cristianismo. "Fora da Igreja não há salvação"; aqueles que não foram batizados são, em princípio, almas perdidas, sem ter cometido qualquer falta; um judeu ou um muçulmano é, portanto, coisa bem diversa de um cristão, enquanto que todos os homens dotados de razão são igualmente redimíveis para o comunista, mesmo se o proletário está mais predisposto a isso por sua "consciência de classe". Mas o judeu batizado, o converso, para a Inquisição, era um cristão herético e não um judeu e, por isso, a comparação é plenamente válida.

Um grupo de homens duros e decididos, convictos de deter a verdade revelada e dispondo do poder coercitivo procura obrigar a testemunhar em favor de sua crença outros homens que se prendem igualmente a suas convicções, mesmo que estas não passem de negativas. ("Não acreditamos numa palavra do que dizeis; a salvação eterna

2. *Ep.* XCIII, n.º 10 (cf. E. VACANDARD, *L'Inquisition*, Paris, 1907, p. 19).

3. J. DE MAISTRE, *Lettres à un gentilhomme russe sur l'Inquisition espagnole*, Lyon, 1837, p. 38.

não existe.") Além da vontade de poder, de eliminar uma heresia perigosa para as bases do poder ou mesmo do vulgar motivo de lucro, é nesse confrontamento, na tentativa de violar os segredos da alma de um adversário desarmado, que se deve procurar o núcleo da tragédia; de uma tragédia para a qual talvez venham contribuir as dúvidas inconfessáveis do próprio Inquisidor, que ele procura exorcismar fazendo-se justificar por seu antagonista, convertendo para sua fé o duvidador franco e reconhecido. É a partir daí que se elabora uma técnica da *lavagem cerebral*, por meio da "conjunção da coação com a persuasão"; ela é sensivelmente a mesma em todas as épocas e em todas as latitudes.

Fazendo o adversário sofrer, debilitam o seu poder de resistência, degradam-no, reduzem-no a um estado próximo ao infantilismo: é a coerção; depois de torná-lo, por esse meio, sugestionável e receptivo, catequizam-no com suavidade, fazem brilhar à sua frente a esperança de uma libertação: é a persuasão. Se necessário for, recomeçam tudo; levam-no a languescer na dúvida meses a fio; enredam seus parentes e seus amigos para testemunhar contra ele (e vice-versa). E é assim que se consegue quebrá-lo, obrigá-lo a adorar os deuses de que outrora ele se mofava, na verdade convertem-no em outro homem, um homem "novo".

Nem sempre a operação dá certo. Segundo um célebre dito, as religiões são como pregos: quanto mais se bate, mais penetram. Mas se se bater demais, o prego desaparece na parede – e acontece até que a parede rache. No caso que nos interessa, a Inquisição espanhola, chegamos a ela agora, pois enquanto quebrava alguns, aumentava a força de resistência dos outros. E todo o edifício do que foi o glorioso império espanhol acabou por desmoronar sob o efeito dos golpes desferidos no judaísmo, que se propagaram pouco a pouco, de um ponto a outro.

*

* *

Uma das primeiras preocupações dos Reis Católicos, que chegaram ao trono em 1474, foi remediar o relaxamento geral dos costumes e a anarquia religiosa. O clero reclamava o estabelecimento da Inquisição, que jamais existira em Castela e que, em Aragão, não manifestava ardor excessivo. Os conselheiros judeus e conversos de Fernando e Isabel, alguns dos quais haviam participado das negociações que precederam o casamento dos reis, tentaram desfazer os planos do clero espanhol e intervieram junto à Santa Sé, com o auxílio de suas relações ou de seu dinheiro; só conseguiram ganhar alguns anos. Em 1478, foi promulgada a bula pontifícia instituindo a Inquisição castelhana; em 1480, o primeiro tribunal começou a funcionar em Sevilha. Ao mesmo tempo, tomaram-se medidas para impor uma rigorosa separação entre os conversos e os judeus declarados, considerados como corruptores daqueles; sendo a Andaluzia o principal foco do marranismo, todos os judeus foram de lá expulsos em 1483.

Como dissemos, a Inquisição funcionava segundo princípios de há muito comprovados, mas que, de súbito, foram aplicados aquém--Pireneus com uma crueldade especial (tratava-se, segundo o historiador do catolicismo L. Pastor, "de uma questão de vida ou morte para a Espanha católica"[4]. Estabelecido numa cidade, o tribunal inquisitorial primeiro convidava os heréticos a se denunciarem a si mesmos: era o "prazo de graça", fixado o mais das vezes em trinta dias. Aqueles que se apresentavam para confessar que tinham judaizado deviam denunciar todos os judaizantes que conhecessem e eram tratados como "suspeitos de primeiro grau" ou "leves"; eram-lhes poupadas a tortura e a prisão: seus pecados eram redimidos mediante flagelações e humilhações públicas (o uso do infamante e grotesco *sambenito*) e o confisco parcial de seus bens; ademais, por toda a vida, não podiam exercer nenhum ofício ou profissão honrados, nem vestir-se com algum aparato.

A seguir, o tribunal convidava os bons católicos a denunciar os suspeitos dentre os que os rodeavam: um cristão devia denunciar até o pai e a mãe, e a impunidade lhe estava assegurada, pois os nomes das testemunhas eram mantidos rigorosamente em segredo. Um edito especial enumerou trinta e sete pontos pelos quais se podia reconhecer os hereges: celebração de festas judaicas, ou costumes alimentares ou outros, ou consumação de carne na quaresma, ou omissão da fórmula: "Glória ao Pai, ao Filho e ao Espírito Santo" no final de um salmo. A partir daí, os fiéis competiam para ver quem era mais fiel, e uma "espionite" crônica, de forma religiosa, começou a grassar na Espanha. Entreabramos os arquivos da Inquisição. A chamada Aldonça de Vergas sorriu ao ouvir menção do nome da Santa Virgem? Ela é, portanto, uma conversa e uma herege. Blanca Fernandez ouviu algumas vizinhas conversando entre si sem compreender o que elas diziam? Então era hebraico; ela as denuncia. Cozinhar com azeite, comumente considerado como um índice infalível de judaísmo, era o motivo de denúncias talvez o mais freqüente. A vilania ombreava com a obsessão do pecado; a seguir principalmente, quando a Inquisição se integrou por inteiro na vida espanhola, pode-se encontrar em seus arquivos depoimentos do seguinte gênero:

> Juana Perez, mulher de Zeoai Bernal, depõe que, depois de ter ouvido o decreto sobre as pessoas que comeram da cozinha judaica, seu marido lhe disse que, quando era criança, um judeu lhe deu um pedaço de bolo que ele deu a uma outra criança que o comeu. Seu marido se recusando a prestar ele mesmo testemunho sobre o assunto, ela se apresentou, para não ser perturbada por escrúpulos.
>
> (Inquisição das Ilhas Canárias,
> 26 de fevereiro de 1578[5])

4. LUDWIG PASTOR, *Geschichte der Päpste*, Freiburg, 1925, t. II, p. 624.

5. *Jews in the Canaries Islands*, de Lucien Wolf, Londres, 1906, p. 108. Os exemplos dados acima também foram extraídos dessa coletânea de documentos provenientes da Inquisição das Ilhas Canárias.

Denúncias desse tipo permitiam processar aqueles que, "suspeitos de segundo e terceiro graus", não tinham querido passar eles mesmos a corda no pescoço. Era preciso pois forçá-los a fazê-lo; como toda polícia espiritual, a Inquisição e todo seu procedimento eram concebidos em função desse momento supremo que é a confissão (procedimento inquisitório, em oposição ao procedimento acusatório); "sendo a heresia um pecado da alma, a única prova possível a seu respeito é a confissão", escrevia Eymerich, autor do manual inquisitorial mais conhecido. Quem confessava tinha a vida salva, quem negava até o fim ia para a fogueira, e um comentarista do século XVI, Francesco Pegna, chegava até a elogiar a execução do inocente condenado por engano:

Se um inocente é condenado injustamente, ele não tem de se queixar da sentença da Igreja, que está baseada numa prova suficiente, e ele não poderia julgar aquilo que está oculto. Se falsos testemunhos levaram a que fosse condenado, deve receber a sentença com resignação e alegrar-se por morrer pela verdade.

Penetramos destarte no domínio reservado da hipocrisia eclesiástica, para quem a promessa da salvação eterna abria possibilidades ilimitadas, justificando as torturas e os autos-de-fé. Contudo, a Igreja insistia em proclamar seu horror pelo sangue ("Ecclesia abhorret sanguinem"), e é por isso que os hereges impenitentes eram queimados, pois assim o sangue não corria; e, para manter as suas mãos ainda mais puras, para não maculá-las na hora do suplício, ela encarregava desta execução o "braço secular", que abandonava ou "relaxava" (*relajado*) os condenados. Competindo entre si no recurso aos textos, os glosadores chegaram a justificar a Inquisição e suas fogueiras com as palavras proferidas por Cristo segundo o Evangelho de São João*. Cumpre admitir que as polícias espirituais de nossos dias não contam mais com recursos desse tipo.

Para arrancar a confissão, a Inquisição aplicava a tortura, das quais a da água era a mais empregada, embora existissem muitas outras, sendo uma delas a privação do sono. A tortura alternava-se com as boas palavras, também elas destinadas a convencer o acusado a confessar e denunciar seus cúmplices. Os catecismos *sui generis* que eram os manuais inquisitoriais prescreviam que se dissesse:

Tenho pena de ti, que vejo tão maltratado e cuja alma se perde... Então não assumas o pecado dos outros... confia-me a verdade, pois, como vês, eu já conheço o caso todo... Para que eu possa perdoar-te e libertar-te logo, dize-me quem te induziu nesse erro.

* *"Eu sou o cepo, vós sois os sarmentos... Se alguém não ficar em mim, ele é lançado fora, como o sarmento, e seca; depois os sarmentos são recolhidos, lançados ao fogo e queimam"* (S. João, *XV, 5-6), de onde Henri de Suse e Jean d'André concluíam que o herege que não fica na Igreja deve ser queimado. Quanto a Santo Tomás de Aquino, ele comparava os hereges, corruptores da fé, aos falsários, corruptores da moeda, e exigia para eles os mesmos castigos.*

Se isso ainda não bastasse, se o acusado ainda resistisse, os juízes apelavam para terceiros, os eternos delatores das prisões ou ainda as "pessoas honradas" do exterior, almas caridosas encarregadas de visitar os detidos e de reconfortá-los, a fim de captar sua confiança.

Deve-se dizer, todavia, que a Inquisição castelhana da primeira época (a de Torquemada) em geral ignorava tais requintes, pois funcionava em série, sendo os inquisidores um punhado e os suspeitos uma legião; o número de seus tribunais não ia além de uma dezena, e sua justiça só podia ser sumária. Entre os justiciáveis, é preciso contar também os mortos, qualquer que fosse a data de seu falecimento; seus esqueletos eram submetidos a julgamento e suas ossadas queimadas; pois, se eles não podiam mais depor, seus descendentes podiam fazê-lo por eles – e ser despojados da herança, se houvesse condenação póstuma. No caso, o intuito de lucro passava evidentemente para o primeiro plano; para justificar os confiscos, os inquisidores referiam-se ao *Antigo Testamento*: como castigo por sua desobediência, Adão e Eva, os primeiros hereges do gênero humano, não haviam sido expulsos do Paraíso, bem como seus descendentes, e isso não era um confisco? (Aliás, o *sambenito* era comparado às peles de animais com que aqueles se vestiram depois de sua queda, quando souberam que estavam nus; de onde se vê que, para os teóricos da Inquisição, pecado original e heresia acabavam sendo a mesma coisa.)

Somando os números dos heréticos queimados, que, no tocante à Inquisição de Torquemada, são da ordem de um a dois milhares, houve quem dissesse que o Santo Ofício foi bem menos sanguinário do que as polícias das almas do século XX. E, de fato, só acabavam na fogueira os prisioneiros que tiveram a força espiritual necessária para dizer "não" a seus carrascos até o fim, para recusar a confissão, bem como os relapsos ou reincidentes impenitentes da heresia, e isso explica por que a proporção das execuções jamais ultrapassou uma pequena percentagem. A grande maioria deixava-se *reconciliar* com a Igreja e era condenada à prisão perpétua ou temporária, após intermináveis processões e humilhações públicas, bem como ao confisco de todos os seus bens. Junto com a degradação material, a degradação moral se transmitia aos descendentes do condenado: seus filhos e netos também caíam sob a interdição de portar ouro ou prata e de ocupar funções públicas e benefícios eclesiásticos. Vemos assim esboçar-se uma discriminação hereditária legal, que, sob o nome de *estatuto da pureza do sangue*, estender-se-á, no século seguinte, a todo espanhol possuidor de uma gota de sangue judeu (ou supostamente judeu). Cabe acrescentar que, em diversas ocasiões, a Santa Sé tentou refrear os excessos da Inquisição castelhana, mas sem grande êxito. Desde o começo de 1482, o Papa Sixto IV escrevia aos Reis Católicos que as atividades do tribunal de Sevilha eram com demasiada freqüência ditadas "não pelo zelo pela fé e pelo cuidado com a salvação das almas, mas pela cobiça e espírito de lucro"[6]. Mas o papado perdeu

6. DUBNOV, V, p. 39.

rapidamente o direito de examinar essas questões. Os inquisidores eram funcionários reais, nomeados pela Coroa; o grande conselho da Inquisição, ou *Suprema*, tornou-se um mecanismo da vida interior espanhola.

Como já dissemos, o tribunal de Sevilha foi o primeiro a ser estabelecido, no centro do principal foco de marranismo. Ibn Verga conta que, ali, um inquisidor dizia um dia ao governador da cidade: "Senhor, se queres saber como os conversos festejam o sábado, sobe comigo na torre". Quando subiram, o inquisidor disse:

> Ergue os olhos e olha todas essas casas habitadas pelos conversos; por mais frio que faça, jamais verás, no sábado, a fumaça saindo de suas chaminés porque, nesse dia, os conversos não acendem fogo[7].

Ibn Verga também conta que um de seus parentes, o cabalista Judah ibn Verga, quando ficou sabendo que a Inquisição fora estabelecida em Sevilha, colocou sob a janela de sua casa três pares de pombos: um, depenado e morto, levava o letreiro: "Estes partirão por último"; o segundo par, depenado mas vivo, levava o letreiro: "Estes partirão em segundo lugar"; o terceiro par, que conservava sua plumagem, levava o letreiro: "Estes partirão em primeiro lugar"[8]. Quem conhece a sorte das migrações políticas de nossas épocas deve convir que a anedota nada perdeu de sua atualidade.

Os conversos de Sevilha não se empenharam muito em defender-se: uma conspiração por eles esboçada foi denunciada, segundo o cronista Bernaldez, pela própria filha de um dos principais conjurados, apaixonada por um cristão-velho[9]. A maioria deles esforçava-se para dispor favoravelmente os inquisidores, prodigalizando-lhes os sinais de fervor cristão, presentes e doações, como o rico converso Mesa, que mandou ornamentar com quatro estátuas de profetas o *quemadero* ou local de expiação de Sevilha, o que não impediu que, mais tarde, ele ali fosse queimado[10]. A depuração grassou durante sete anos na cidade. Cinco mil conversos acabaram por aceitar que os "reconciliassem", depois das penas e humilhações usuais. Setecentos inflexíveis e relapsos foram entregues ao fogo[11].

Em 1483, Tomás Torquemada era nomeado inquisidor-mor para toda a Espanha. Enquanto a inquisição sevilhana prosseguia sua obra, estabeleciam-se tribunais em outras províncias espanholas. Em Aragão, seus excessos levaram a um começo de sublevação popular em Valência e Teruel, do qual participaram muitos cristãos-velhos, e a uma conspiração de conversos em Saragoça, que assassinaram o cônego-juiz Arbues de Epila (depois canonizado). Seguiu-se o con-

7. *Chevet Yehudá*, § 64.
8. *Idem*, § 62.
9. *Histoire de Rois Catholiques*, de BERNALDEZ, Cap. XLIV.
10. Segundo DUBNOV, V, p. 392, nota 1.
11. BAER, *Toldot*. . . , p. 499. A. Dominguez Ortiz cita um documento de 1515, que calcula 6 000 "reconciliados" e 600 queimados (*La Clase Social de "los conversos" en Castilla*, Madrid, 1957, p. 62).

traterror intensificado. A que extremos chegava a Inquisição aragonesa pode ser ilustrado pelo processo de Brianda de Bardaxi, uma rica conversa de Saragoça, católica pia, mas culpada de ter observado um jejum judaico quando era criança, de não gostar de banha e de ter dado uma vez uma esmola de quatro soldos a um mendigo judeu, o que bastou para justificar uma detenção de sete anos, inúmeras torturas a fim de fazê-la confessar mais e o confisco de um terço de sua fortuna. Seus principais acusadores eram seus locatários Beatriz e Gilabert Desplugas, também eles conversos; a mulher foi queimada como herege em 1486, o marido, como relapso, em 1502[12].

A vez de Toledo chegou em 1486; ao todo, 4 850 *reconciliações* ocorreram ali em quatro anos; o número de conversos queimados não passou de duzentos; na capital, a Inquisição teve a mão menos dura[13]. Sem dúvida havia considerações políticas e econômicas que intervinham no caso, pois, a partir de um determinado nível de riqueza e influência, um converso podia contar com a proteção dos reis e da Santa Sé e tornava-se inatacável. Um caso muito característico nesse sentido foi o de Alfonso de La Caballería, vice-chanceler do reino de Aragão, filho do alto funcionário mencionado mais acima, e bem mais vinculado ao judaísmo e aos judeus do que seu cético pai; malgrado os esmagadores depoimentos recolhidos contra ele pela Inquisição de Saragoça, seu processo, depois de arrastar-se por quase vinte anos, terminou em 1501 pela absolvição por ordem do comissário pontifício[14]. Mas não passavam de casos individuais, e, assim como Goering exclamava que cabia a ele decidir quem era ariano, os reis católicos se arrogavam o direito de dizer quem era cristão. Enquanto homem de Estado, Fernando seguia uma política ruinosa para a Espanha, e isso tão mais alegremente quanto os confiscos lhe garantiam o dinheiro fresco necessário para a guerra de Granada. Aos edis de Barcelona, que se queixavam da crise econômica provocada pelo terror inquisitorial, o rei respondia:

> Antes de permitir o estabelecimento da Inquisição nas cidades de nosso reino, refletimos bem sobre os prejuízos que poderiam resultar para o artesanato e o comércio. Mas, em nosso grande zelo por nossa santa fé, colocamos o serviço do Senhor bem acima de todos os nossos outros interesses, sejam quais forem[15].

Assim, o zelo cristão dos Reis Católicos permitia-lhes financiar uma política de glória a curto prazo (rouba-se melhor, quando se rouba com a consciência tranqüila; assim como as peregrinações judaicas representam um entrelaçamento de religião e negócios, as perseguições

12. H. C. LEA, "Brianda de Bardaxi", em *Chapters from the Religious History of Spain*, Philadelphia, 1890, pp. 469-479.

13. BAER, *Toldot*. . . , pp. 509-510.

14. BAER, II, pp. 449-467 (cf. a coleção Llorente na Biblioteca Nacional de Paris).

15. J. VICENS I VIVES, *Ferran II: la ciutat de Barcelona*, Barcelona, 1936, p. 376.

antijudaicas constituem um entrelaçamento de religião e banditismo). As perturbações da vida econômica acarretadas pela Inquisição eram, na época, de notoriedade pública, e os embaixadores estrangeiros não deixavam de assinalá-las*. Em nossos dias, quase todos os historiadores espanhóis estão de acordo em considerar que foi a Inquisição que provocou na Espanha o malogro da "revolução burguesa"**.

Ela também contribuiu – ao menos nos primeiros anos – para aproximar os conversos do judaísmo. Em sua aflição, apelavam para Deus, um Deus que não podia ser o Cristo em cujo nome eles eram queimados, que só podia ser o antigo Deus de Israel. "Sêde batizados e ide ver como se queima os cristãos-novos!", ironizava nos cárceres da Inquisição um velho judeu que se convertera quarenta anos antes***. Houve espíritos fortes, que, no tempo da tolerância, quase não se preocupavam com o judaísmo, a recitar agora na fogueira o *Schemá Israel* em sinal de supremo desafio. Houve bons católicos que se tornaram judeus por ódio à Inquisição (o neto de Jerônimo de Santa Fé foi um deles)[16]. A lavagem cerebral é uma arma de dois gumes e também estimula a rebelião da alma que procura sufocar; a Inquisição precisou de longas gerações para extirpar do solo espanhol todo traço de judaísmo e só conseguiu fazê-lo a custo de um ruinoso esforço.

Nessas condições, ela teve de repente de preocupar-se com os judeus autorizados a continuar judeus, os chamados judeus públicos, que entravavam sua ação de diferentes maneiras. Em primeiro lugar, apenas pelo simples fato de estarem presentes, o que acrescentava uma nota de absurdo suplementar à interdição feita aos "judeus ocultos" de duvidar do mistério da Trindade ou de comer carne na Quaresma. Mas é evidente que, além de sua presença muda, os judeus não podiam deixar de desempenhar um papel ativo na tragédia dos conversos. Quanto mais odiavam os renegados, mais se sentiam próximos de seus irmãos que se debatiam nas malhas da Inquisição e que maldiziam o cristianismo. Os arquivos da época estão cheios de processos movidos contra os judeus que tentavam reter outros no seio do judaísmo e que ajudavam os conversos a judaizar. Desse modo, também

* *Em 1523, Andres Navajero, embaixador de Veneza junto a Carlos V, depois de visitar Granada, observava o seguinte: "Quando os Reis Católicos conquistaram esse reino, prometeram aos mouriscos que a Inquisição não entraria ali... mas, na véspera de minha chegada, ela foi estabelecida; o que pode facilmente arruinar a cidade, pois, devido ao privilégio de não ter a Inquisição, durante quarenta anos ali se instalou todo tipo de gente para viver em segurança, e agora isso será muito prejudicial à beleza e ao crescimento da cidade, pois as pessoas construíram belas casas e são mercadores muito ricos".*

** *"A falta de capitais, agravada sobretudo pela expulsão dos judeus e pelo êxodo causado pela Inquisição, impediu que a industrialização progredisse... O vazio causado no domínio das grandes atividades mercantis pelo êxodo de capitais em conseqüência do estabelecimento da Inquisição e pela expulsão dos judeus não pôde ser preenchido pela população indígena..." (*Historia Social y Económica de España, op. cit., *t. II, pp. 474 e 475).*

*** *Benito Garcia, no processo de La Guardia (ver mais adiante).*

16. BAER, *Toldot...*, p. 526.

eles se tornaram presa do Santo Ofício. Além do mais, a Inquisição castelhana não tardou em impor aos judeus o dever da delação sagrada: os rabinos foram obrigados a incitar seus fiéis, sob pena da excomunhão mais solene, a denunciar aos inquisidores todos os conversos judaizantes que conhecessem. "Essa espada da excomunhão, que catástrofe foi para os judeus espanhóis!", exclamava um contemporâneo.

Para qualquer lado que se voltassem, penas e desventuras os espreitavam. Graças a essas acusações, o rei de Espanha mandou queimar milhares de marranos, confiscando suas fortunas e utilizando-as para fazer a guerra contra Granada[17].

É de imaginar os casos de consciência perante os quais os judeus viam-se colocados, atados como estavam por juramentos e deveres contraditórios. Às vésperas da expulsão de 1492, o rabino de Saragoça, Levi ibn Santo, apresentou-se aos inquisidores e revelou-lhes as confidências que um de seus fiéis lhe fizera alguns anos antes sobre o comportamento herético de Alfonso de la Caballería, o protetor secreto dos judeus de Aragão. Não obstante a solene excomunhão que ele próprio pronunciara, havia ordenado então a seu confidente que guardasse silêncio,

pois, se a Lei de Moisés manda dizer a verdade e observar a excomunhão, a lei do *Talmud* dispensa da obrigação de fazê-lo, quando se trata de salvar uma comunidade ou um povo em perigo de perdição, e sabendo ao certo que a vida dos judeus dependia do referido Micer Alfonso, ele tinha desligado seu confidente do juramento de revelar tudo à Inquisição. Mas agora que a sorte dos judeus estava selada com o decreto de expulsão e o confidente, no intervalo de tempo, havia morrido, ele vinha... depor, por desencargo de consciência e que todas as maldições caíssem sobre ele, se o fazia por ódio ou por vingança e não por preocupação com a verdade jurada[18].

Algumas semanas mais tarde, o Rabi Ibn Santo tomava o caminho do exílio e refugiava-se em Portugal[19].

Outros rabis eram acusados de terem contribuído ativamente para a volta dos conversos ao judaísmo. Foi o caso de Abraão Alitenz, de Huesca, processado por mandar circuncidá-los, no curso de cerimônias de "descristianização", e condenado à fogueira em 1490. Um memorial que apresentou em sua defesa diz muito das teses propagadas pela Inquisição, às vésperas da expulsão dos judeus espanhóis.

O procurador fiscal [escrevia ele] fez duas espécies de acusação. Uma é universal, diz que os judeus em geral sempre foram malvados e perversos, entregando-se às práticas maléficas contra Deus e contra o mundo; a outra, particular, diz respeito aos crimes de que sou acusado e principalmente ao crime de descristianização. Quanto à primeira qualidade, não é minha intenção replicar

17. Manuscrito contemporâneo em hebraico, citado por A. A. NEUMAN, *The Jews in Spain, op. cit.*, t. I, p. 58.

18. BAER, II, p. 451.

19. BAER, II, p. 458.

a ela, visto que fomos provocados inúmeras vezes a esta querela e sempre soubemos responder a isso de modo satisfatório. Responderei portanto apenas e humildemente à segunda...

E, apoiando-se no *Talmud* e em Maimônides, o rabino demonstrava que a tradição judaica não conhecia práticas anticristãs, "essas coisas que nasceram abusivamente nas imaginações dessas testemunhas que depuseram contra mim..."[20].

A crise tornara-se inextricável. Mais uma vez em sua história, os judeus, contra a vontade, jogavam o jogo da Igreja, assumindo, no plano *político*, o papel de tentadores e inimigos jurados da fé, que a *teologia* cristã lhes designara, desde seus começos balbuciantes. Agora incumbia à Inquisição, para ganhar o combate, demonstrar de um modo impressionante que "os judeus em geral sempre foram maus e perversos, entregando-se às práticas maléficas contra Deus e contra o mundo", a fim de fazer com que fossem expulsos do solo espanhol. O procedimento escolhido para a demonstração foi o processo espetacular; também neste sentido, as técnicas das polícias das almas não mudaram.

Em fins de 1490, seis judeus e cinco conversos de La Guardia, perto de Toledo, foram acusados de tentar perder a cristandade por meio de operações de magia negra, onde intervinha uma hóstia consagrada e o coração de uma criança crucificada. Conforme especificava o libelo acusatório de um deles, Yucé (José) Franco:

...A alma depravada e cheia de fel, ele foi, em companhia de vários outros, crucificar uma criança cristã numa sexta-feira santa, do mesmo modo, com a mesma animosidade e crueldade que fizeram seus antepassados com nosso Redentor Jesus Cristo, dilacerando sua carne, batendo nele e cuspindo-lhe no rosto, cobrindo-o de injúrias, cumulando-o de golpes e pondo em ridículo nossa santa Fé... Ele misturou seu coração com uma hóstia consagrada. Dessa mistura, Yucé Franco e os outros esperavam que a religião cristã seria derrubada e destruída, de modo que os judeus possuíssem todos os bens que pertencem aos católicos, que sua raça crescesse e se multiplicasse enquanto que a dos fiéis cristãos seria extirpada definitivamente...[21]

As atas do processo de La Guardia fornecem curiosos detalhes sobre a maneira como os advogados eram encarregados de espionar e provocar os acusados e sobre os vários procedimentos que levavam estes a fazer depoimentos ruinosos uns contra os outros*. No final de um ano desse tratamento, todos, parece, haviam feito confissões

20. BAER, II, p. 501.

21. Segundo as atas do processo de La Guardia, publicadas em 1887 pelo Padre F. Fita e traduzidas por E. DE MOLÈNES (*Torquemada et l'Inquisition*, Paris, 1897, p. 17).

* *Os advogados nomeados ex-ofício deviam prestar juramento de revelar aos inquisidores todas as confissões e delações que seus clientes lhes fizessem e de guardar segredo. Na prisão, além do método usual dos alcaguetes, os inquisidores tentavam engenhosamente facilitar as comunicações entre os detidos, a fim de poder surpreender suas conversas.*

satisfatórias, com exceção do indomável converso Benito Garcia, que afirmava que "depois que lhe jogaram água nas narinas, ele estava totalmente descristianizado" e que, embora convindo que os judeus que se tornavam cristãos eram uns anticristos, proclamava, em plena sala de audiências, que Torquemada era o anticristo maior[22]. Mas, se os inquisidores não pouparam esforços para obter confissões espetaculares, foram particularmente negligentes no capítulo das provas materiais: a vítima supostamente crucificada não possuía nome, nem rosto, nenhuma testemunha havia assinalado o desaparecimento de uma criança, seu corpo não foi encontrado (embora as confissões contivessem a descrição do local onde fora enterrado) e nenhuma tentativa foi efetuada para identificá-lo. Foi na qualidade de uma anônima "santa criança de La Guardia" que esse ectoplasma se tornou mais tarde objeto de um culto devoto e que foi celebrado por numerosos poetas e pensadores (entre eles Lope de Vega). O que não impede que, ainda hoje em dia, certos historiadores católicos espanhóis afirmem a materialidade desse crime[23].

O veredicto foi proferido a 15 de novembro de 1491; todos os acusados foram condenados e queimados no dia seguinte. Cópias da sentença foram enviadas a todas as cidades espanholas; em Barcelona, elas foram traduzidas para o catalão. A ignomínia congênita dos judeus estava demonstrada judicialmente. Agora viria o último ato da tragédia.

*

* *

Em 2 de janeiro de 1492, Fernando e Isabel, os Católicos, entravam solenemente em Granada; a *Reconquista* estava completa. Em 31 de março do mesmo ano, assinavam o decreto de expulsão dos judeus da Espanha. O decreto tinha uma longa exposição de motivos:

> ...Fomos informados pelos inquisidores e por outras pessoas que o comércio dos judeus com os cristãos acarreta os piores males. Os judeus esforçam-se ao máximo para seduzir os (novos) cristãos e seus filhos, fazendo com que tenham os livros de orações judaicas, avisando-os dos dias de festa judeus, fornecendo-lhes pão ázimo na Páscoa, instruindo-os sobre as comidas proibidas e persuadindo-os a seguir a Lei de Moisés. Como conseqüência, nossa santa fé católica encontra-se envilecida e rebaixada. Chegamos, portanto, à conclusão de que o único meio eficaz para pôr fim a esses males consiste na ruptura definitiva de toda relação entre judeus e cristãos e isso só pode ser alcançado com a expulsão daqueles de nosso reino[24].

Dava-se um prazo de quatro meses para que os judeus liquidassem seus negócios e vendessem seus bens móveis e imóveis; mas a

22. DE MOLÈNES, *op. cit.*, p. 86.

23. Tal como, faz bem pouco, N. LOPEZ MARTINEZ, professor de teologia no seminário de Burgos, em sua tese de doutoramento *Los judaizantes castellanos y la Inquisicion*, Burgos, 1954.

24. BAER, II, pp. 404-408.

exportação de dinheiro e metais preciosos lhes era interdita. Tinham pois de partir antes de 31 de julho. (Em 2 de agosto, as três caravelas de Cristóvão Colombo largavam para a descoberta da América; os três acontecimentos mais importantes da história espanhola sucediam-se no espaço de alguns poucos meses.) Os judeus, que ainda contavam na corte com representantes poderosos, tentaram naturalmente obter a revogação do edito ou conseguir uma prorrogação do prazo; mas foi em vão que ofereceram ao tesouro imensas somas de dinheiro. Um batismo de última hora era o único expediente que permitia remanescer no solo da mãe pátria. Durante as semanas que precederam o êxodo, o clero espanhol entregou-se a uma ativa propaganda missionária, amiúde coroada de sucesso. Segundo uma testemunha cristã, em Segóvia

> ao aproximar-se a data final, os judeus deixaram suas casas e espalharam-se pelos campos, esperando um prolongamento. O campo do Ossário (onde se achavam as sepulturas judaicas) estava cheio desses miseráveis. Algumas pessoas de nossa cidade, preocupadas com a salvação de suas almas, aproveitaram a ocasião para pregar-lhes sermões e demonstrar-lhes sua incredulidade cega, face a tantas evidências e tantos séculos de calamidades. Alguns se converteram, e o acontecimento deu seu nome ao lugar, que ainda hoje se chama o *Prado Santo*; os demais saíram do reino[25].

Segundo uma testemunha judia,

> muitos judeus, grandes e pequenos, e até mesmo rabinos, ficaram na região, preferindo trocar sua Lei pela do Deus do país. Encabeçando-os estava o Rabi Abraão Senior, rabino de todas as comunidades espanholas, com seus filhos e todos os seus parentes e muitos milhares de outros judeus. Só uma parte dos rabinos espanhóis preferiu o martírio e partiu. . .[26]

Mas o exemplo assim dado pelo judeu situado na posição mais alta da Espanha, o "rabino da corte" Abraão Senior, cujo batismo foi celebrado em 15 de junho na presença real, só foi parcialmente seguido; além do mais as imaginações férteis transformaram logo sua apostasia em martírio; contava-se que a Rainha Isabel havia jurado batizar à força todos os judeus se seu favorito se recusasse a converter-se[27]. As estimativas mais sérias dão a entender que quase cento e cinqüenta mil judeus aceitaram o exílio (a maioria foi para Portugal) e que apenas cinqüenta mil preferiram uma conversão de última hora[28] Dez anos de terror inquisitorial fizeram mais para reavivar a fé judaica do que todas as exortações dos rabinos dos séculos ante-

25. COLMENARES, *Historia de Segovia*, Segóvia, 1637, cap. XXV.

26. Abraham ben Salomon Ardutiel, citado por BAER, *Toldot*. . ., p. 581, nota 109.

27. Cf. BAER, *Toldot*. . ., p. 555.

28. Numerosas tentativas foram feitas para avaliar o número de exilados de 1492; nenhuma é muito satisfatória (cf. BAER, *Toldot*. . ., p. 582, nota 110; cf. também o velho artigo de J. LOEB, "Le Nombre des Juifs de Castille et d'Espagne au Moyen Age", *R.E.J.*, 1887, 14, pp. 161-183).

riores; um verdadeiro êxtase apoderou-se dos corações, a provação era comparada à saída do Egito; ela seria seguida, dizia-se, de uma terra prometida de glória e de honras; outros acrescentavam que a Espanha não tardaria em chamar de volta seus filhos, de modo que certos exilados, depois de terem vendido seus bens, enterravam o dinheiro no solo da mãe pátria[29]. Assim se explica a atmosfera da grande partida, que Bernaldez descreve da seguinte maneira:

> Em alguns meses, os judeus venderam tudo o que puderam; davam uma casa em troca de um asno, uma vinha por um pedaço de tecido ou tela. Antes de partir, casaram entre si todos os seus filhos de mais de doze anos, para que cada menina tivesse a companhia de um marido. . . Depois, entregando-se às vagas esperanças de sua cegueira, puseram-se em marcha, deixando a terra natal, pequenos e grandes, velhos e jovens, a pé, a cavalo, em lombo de burro ou em charrete; muitas desventuras aguardavam-nos no caminho, uns caindo, outros levantando-se, uns morrendo, outros nascendo, outros ainda ficando doentes, e não houve cristão que não os lamentasse, e todos os incitavam a batizar-se, e alguns o fizeram; mas muito poucos; pois os rabinos os encorajavam, mandavam as meninas e os meninos cantar, ao som dos tamborins e das flautas, para encorajar as pessoas, e foi assim que eles saíram de Castela[30].

Parece realmente que a grande maioria da população cristã não se comoveu muito com a partida dos judeus. É verdade que são raros os depoimentos a esse respeito; uma espécie de terror silencioso pairava sobre o país; a sorte dos judeus era um tema sobre o qual era preferível não falar demais. A exceção de Bernaldez, que, deve-se lembrar, era o capelão do inquisidor-mor, os cronistas espanhóis da época apenas mencionam o assunto e não deixam transparecer seus sentimentos[31]. Quatro anos mais tarde, Juan del Encina, pai ancestral do drama espanhol, escrevia num poema: "Já não se sabe mais neste reino o que são os judeus (*qué cosa séan judios*). . .."[32].

As decepções e sofrimentos dos exilados são um tema clássico da historiografia judaica. Não nos estenderemos sobre isso. Basta um único instantâneo. Eis como um cronista genovês, Bartolomeu Seneraga, descrevia os carregamentos desesperados de judeus que se expatriavam por mar:

> Era um espetáculo triste de ver. A maioria estava esgotada pela fome e pela sede. . . Dir-se-ia que se tratava de espectros: pálidos, emaciados, os olhos revirados, poder-se-ia pensar que estavam mortos, se não fizessem um movimento de vez em quando. Grande número morreu sobre o cais, num local que fora reservado para eles, não longe do mercado. . .

E eis a conclusão que daí extraía o cristão:

29. Ainda no século XX, foram descobertos, durante uma dragagem, tesouros escondidos nas vésperas da expulsão (cf. H. SANCHO, "La Juderia del Puerto de Santa Maria", *Sefarad*, 1953, XIII, p. 322).

30. *Histoire des Rois Catholiques*, de BERNALDEZ, ed. Seville, 1870, t. I, pp. 339 e 341.

31. Ver, a esse respeito, as reflexões de BAER, *Toldot*. . ., p. 556.

32. JUAN DEL ENCINA, *Egloga Quarta* (cf. MENENDEZ Y PELAYO, *Antologia de Poetas Líricos Castillanos*, 1912, vol. VII, p. 47).

> Seus sofrimentos pareciam louváveis, no que se refere a nossa religião, mas não careciam de crueldade, se os considerarmos não como animais, mas como seres humanos, criados por Deus a sua imagem. . .[33]

De fato, essa era a sensibilidade da época, mesmo numa Itália esclarecida da Renascença, onde pessoas como Maquiavel e Guichardin se expressaram quase da mesma maneira.

*

* *

Entrementes, o epílogo do drama era representado no Portugal vizinho.

O Rei D. João II tinha admitido os exilados, mediante uma taxa de oito cruzados por cabeça e sob a condição de que, dentro de oito meses, deixariam o país nos navios que ele se comprometia a colocar à disposição deles. Efetivamente, uma parte chegou a embarcar para a África; mas a maioria não pôde ou não se resolveu a fazê-lo. Escoado o prazo, o rei começou a vender esses judeus como escravos. Seu sucessor, D. Manuel I, ordenou que eles fossem libertados; mas, pouco depois, um projeto de casamento entre o jovem rei e a infanta da Espanha tomou corpo; ora, os Reis Católicos punham como condição para tanto a cristianização total de Portugal. Uma expulsão teria sido um desastre imediato para a vida econômica do pequeno país. O batismo forçado era a única solução compatível com as ambições políticas portuguesas. Na Páscoa de 1497, as coisas se precipitaram. As crianças foram arrancadas de seus pais e levadas às pias batismais; os pais que não as seguiram de vontade própria foram arrastados à força, em número de vários milhares (inclusive os judeus portugueses) durante algumas semanas. No caso dos imigrados da Espanha, tratava-se de uma seleção de fiéis da Lei de Moisés. Os suicídios foram pois numerosos, bem como outros incidentes atrozes. Certos eclesiásticos portugueses desaprovavam tais medidas.

> Eu vi [relatava trinta anos mais tarde o bispo de Algarve] as pessoas serem arrastadas pelos cabelos até as pias batismais. Eu vi de perto pais de família, com a cabeça coberta em sinal de luto, conduzir os filhos ao batismo, protestando e tomando Deus por testemunha de que eles queriam morrer juntos na Lei de Moisés. Coisas ainda mais terríveis foram feitas então aos judeus, que eu vi com meus próprios olhos. . .[34]

"Farça sacrílega, motivada pelos interesses materiais dos mais vis e dos mais sórdidos" – essa foi a opinião de Menendez y Pelayo no século XIX.

De fato, sem dúvida alguma não existe outro exemplo na história cristã (a menos que se remonte a Carlos Magno e à conversão

33. B. SENERAGA, *De Rebus Gennensibus Commentaria*, XXIV, 8, 24, 25.

34. GRAETZ, VIII, p. 392 (cf. A. HERCULANO, *History of the Origin and Establishment of the Inquisition in Portugal*, Stanford, 1926, p. 254).

dos saxões) de um achincalhamento tão completo do sacramento do batismo. O Papa Alexandre Bórgia esforçou-se para limitar os estragos e o ouro dos emissários dos judeus estimulou seu zelo. Como conseqüência, última homenagem prestada ao livre-arbítrio, um notável compromisso foi adotado em Lisboa: ao contrário da estratégia seguida na Espanha, os judeus batizados tiveram, em Portugal, plena licença para continuar a levar uma vida de judeus, a ponto de poder reunir-se para celebrar seus ofícios; de poder também enriquecer se possuíssem algum gênio comercial*: solução das mais vantajosas para o tesouro real, permitindo extorquir-lhes contribuições a toda hora. Esse estado de coisas durou meio século, para a irritação de toda a população portuguesa; *pogroms* furiosos ocorriam de tempos em tempos; o de Lisboa, de 1506, causou mais de um milhar de vítimas. Finalmente, uma Inquisição copiada do modelo espanhol foi introduzida em Portugal, de conformidade com um breve pontificial de 1536, e começou a grassar com a mesma implacabilidade de seu modelo.

O intervalo paradoxal dos "marranos públicos" portugueses teve várias conseqüências notáveis que abordaremos mais adiante. Permitiu que as comunidades marranas se adaptassem à máscara cristã, de tal modo que essa máscara foi leve de carregar, e permitiu que adquirissem uma vitalidade sem par; os longos anos de penumbra em que foram toleradas parecem ter constituído, para elas, um tônico sem igual, a ponto de as tradições criptojudaicas ainda persistirem, como veremos, no Portugal contemporâneo do século XX.

A comparação entre o caso da Espanha e o de Portugal presta-se a algumas reflexões. Com uma grande rigidez de princípios, os Reis Católicos ofereceram aos judeus a escolha entre o judaísmo no exílio ou o cristianismo na Espanha. A escolha foi cruel; mas os reis demonstravam, à sua maneira, respeito pela crença dos outros. Hoje em dia, a acha de guerra ainda não está inteiramente enterrada entre os judeus e a Espanha; e esse ressentimento mesmo forma uma ligação por trás da qual se crê entrever, de ambos os lados, uma espécie de amor desiludido. Igualmente cruel, a política portuguesa mostrou-se, ademais, pérfida e isenta de princípios: tal como foi, não parece ter deixado vestígios particulares na prodigiosa memória histórica dos judeus.

* *O informe de um embaixador veneziano descrevia essa situação, em 1564, da seguinte maneira:*

"Faz uns sessenta e cinco anos, o Rei D. Manuel de Portugal converteu os judeus de seu reino à nossa santa fé católica: estes, sendo judeus, eram pobres e, depois de feitos cristãos, tornaram-se ricos, pois, graças ao benefício da fé, tornaram-se médicos, cirurgiões especializados, e começaram a traficar com todas as mercadorias como os outros cristãos; de modo que o crescimento de suas riquezas e de sua incredulidade nata fizeram com que voltassem ao judaísmo, observando secretamente em suas casas todas as cerimônias judaicas, educando seus filhos no judaísmo e mantendo, na cidade de Lisboa, uma sinagoga, onde celebravam seus ofícios como fazem em Roma, não obstante confessando-se e conformando-se com os costumes dos cristãos."

Segundo Graetz (t. IX, anexo 5), o autor desse relatório foi G. Soranzo. Quem quer que tenha sido, confirma a sagacidade dos embaixadores venezianos.

11. A Espanha ao Cumprir o seu Destino

1. A CIDADELA DA FÉ

O que a Espanha perdeu com a expulsão dos judeus? A emigração dos huguenotes da França, com que pode ser comparada, não teve conseqüências desastrosas, nem a curto nem a longo prazo, embora se possa relacioná-la a certas morosidades no desenvolvimento da economia francesa. Na Espanha, talvez o fator de estagnação ou de decadência tenha sido menos a expulsão do que a condição imposta aos conversos e seus descendentes. E a atuação desse fator só se fez sentir passado muito tempo, estamos perante uma evolução de longa duração por excelência.

De início, a partida dos judeus não pareceu mudar nada na vida espanhola. É claro que, hoje em dia, os historiadores espanhóis julgam a questão de outra maneira.

> A expulsão [escreve Vicens Vives] eliminou da vida social os únicos grupos que poderiam ter desenvolvido em Castela o primeiro impulso do capitalismo; ela minou as bases da prosperidade de muitas cidades e mobilizou uma quantidade enorme de riquezas, cuja maior parte serviu para o financiamento da política externa dos Reis Católicos e cujo resto se dissipou nas mãos da aristocracia[1].

Na época, porém, mesmo observadores tão realistas quanto Maquiavel e Guichardin consideravam que os Reis Católicos tinham feito uma obra eminentemente útil para seu país. A partir de então, por quase um século, a Espanha marcharia de triunfo em triunfo;

1. J. VICENS VIVES, *Aproximación a la Historia de España*, III, p. 12.

o ouro das Américas iria afluir para seu tesouro, maravilhando a Europa; Carlos V cingiria a coroa imperial; e o sol brilharia dia e noite no Império espanhol, como lembrava uma orgulhosa divisa. 1492, o ano da expulsão dos judeus, marcava o solar da grandeza espanhola.

Dentre as instituições nacionais que datam dessa época, a Inquisição, encarregada de reprimir todas as formas possíveis "de heterodoxia", tornar-se-ia uma das mais características – e das mais populares. Há meio século atrás, a discussão dos seus historiadores girava em torno da questão de saber se ela era um instrumento real ou um instrumento eclesiástico. Ela não foi nem um nem outro ou foi ambos ao mesmo tempo: acima de tudo, foi profundamente espanhola. Ela foi uma espécie de ponto de convergência das ambições e dos fanatismos, era um meio de governo e servia de regra moral. Inspirava terror, mas o espanhol comum considerava esse terror bom e salutar; grandes e pequenos, nobres e mendigos acorriam aos autos-de-fé, e instituiu-se o costume de fazer coincidir essas dramáticas lições de verdadeira fé cristã com as solenidades da corte, com as coroações ou os casamentos dos príncipes. A esse respeito, deve-se observar que os hereges não eram queimados nos autos-de-fé propriamente ditos: a cerimônia, às vezes aberta pelo próprio rei, consistia num desfile de centenas de condenados (de "penitentes"), armados de um círio, em seus grotescos *sambenitos*, rumo ao local do auto-de-fé (em Madrid, a "Plaza Mayor"), onde os veredictos eram lidos em alta voz: durava da manhã à noite e continuava, se necessário, nos dias seguintes. As fogueiras eram armadas em outro lugar, em geral num subúrbio da cidade, num local chamado *quemadero*; mas também o suplício era público e atraía multidões, felizes por serem edificadas. É preciso ler a descrição, num manuscrito da época, da consternação que se apoderou, em 1604, do povo de Sevilha quando um auto-de-fé foi cancelado pelo rei no último momento:

> Um sentimento geral apoderou-se de todos, uma tristeza interior, como se cada um tivesse sido lesado; pois a causa de Deus possui tal força que cada um queria defendê-la; ficou-se conhecendo, nessa ocasião, o amor, o respeito e também o temor que se tem pela Inquisição[2].

(Como os inquisidores protestaram, o auto-de-fé teve lugar, apesar de tudo, alguns dias mais tarde, "para grande alegria de toda Sevilha e de sua província".)

Essa afeição que o povo espanhol dedicou durante séculos a sua Inquisição permite compreender melhor por que ainda, em nossos dias, ela encontra defensores além-Pireneus. É claro que mesmo o mais zeloso deles manifesta algum espanto ao constatar que os processos de certos judaizantes duravam dezenas de anos*, e pode-se achar

2. Esse manuscrito, publicado em 1924 por Menendez y Pelayo, é citado por DOMINGUEZ ORTIZ, em sua obra, a que logo faremos referência, *La Clase Social de "los conversos" en Castilla en la Edad Moderna*, Madrid, 1957, p. 86.

* *O Professor Lopez Martinez, autor do estudo já mencionado sobre os judeus castelhanos, uma apologia da Inquisição recheada de profissões de fé*

ainda mais singular as opiniões de um bispo do século XVI, segundo o qual a fogueira era o único castigo que convinha aos hereges sem fortuna, "pois eles não conhecem a vergonha e não se lhes pode confiscar nada"[3], mas isso mesmo nos lembra que não se deve medir a Espanha triunfante da Renascença com o metro do século XX.

A Inquisição espanhola, encarnação da crueldade absoluta? Constata-se, porém, que, normalmente, suas prisões estavam longe de ser masmorras, as *in pace* da lenda; prisioneiros ricos eram acompanhados por seus servos, prisioneiros pobres cozinhavam eles mesmos sua comida e às vezes podiam até trabalhar de dia nos campos; ricos e pobres podiam receber visitas, e ler e escrever se eram alfabetizados. Quando os detidos ficavam muito apertados na prisão, às vezes os inquisidores alugavam uma casa na cidade para abrigá-los. Os condenados à prisão perpétua, se pertenciam ao clero, no mais das vezes eram confinados em seus monastérios; laicos, algumas vezes purgavam sua pena a domicílio[4].

Contudo, o regime dependia muito da gravidade da acusação ou do delito, e os "judaizantes" deviam esperar pelo pior – assim como, no século XX, os judeus nas prisões ou campos nazistas.

Nem todos os acusados eram torturados. É verdade que, quando o eram, o tormento dos inocentes era pior do que os dos culpados, pois todo o sistema inquisitorial repousava sobre as confissões livres e espontâneas; daí a desgraça dos inocentes que nada tinham a confessar. Já mencionamos acima a singular problemática da confissão, de que agora daremos um exemplo concreto.

O que segue foi extraído da *audiência de tormento* de Elvira del Campo, uma boa cristã segundo todas as testemunhas, mas acusada de não comer porco e de vestir roupas limpas no sábado (Toledo, 1568):

> Ela foi levada à câmara de tortura e convidada a dizer a verdade; ela declarou que nada tinha a dizer. Mandaram-na tirar as roupas e ela foi novamente admoestada, mas ela guardava silêncio. Depois de tirar as roupas, ela disse: "Senhor, eu fiz tudo aquilo de que sou acusada e deponho por perjúrio contra mim mesma, pois não posso suportar o estado em que estou; pelo amor de Deus, eu não fiz nada". Dizem-lhe para não testemunhar contra si mesma, mas dizer a verdade. Seus braços foram amarrados... Foi dada uma volta na corda e ela foi incitada a dizer a verdade, mas ela disse que nada tinha a dizer. Depois, ela gemeu e disse: "Dizei-me o que quereis de mim, pois eu não tenho nada a dizer..."

A ata da *audiência de tormento*, protocolo redigido por um notário, prossegue, minuciosa e inflexível; *as voltas da corda* nos braços podiam ir até dezesseis, conforme o regulamento:

*anti-semitas, cita o caso de um processo movido no tribunal inquisitorial de Toledo de 1485 a 1537, e escreve a esse respeito: "Existem casos que não podemos mais compreender nos dias de hoje". (*Los judaizantes castellanos y la Inquisición en tiempo de Isabel la Católica, *p. 328, nota 130.)*

3. Citado por ERNST SCHÄFER, *Beiträge zur Geschichte des spanischen Protestantismus und der Inquisition im sechszehnten Jahrhundert*, Gutersloh, 1902, t. II, p. 363.

4. Sobre esse assunto, ver E. SCHÄFER, *op. cit.*, t. I, pp. 86-91 e 163-166. Deve-se notar que se trata de um historiador protestante.

Outra volta foi dada e ela disse: "Soltai-me para que eu possa me lembrar do que tenho de dizer; eu não sei o que fiz, . não comi porco porque fico doente; eu fiz tudo – soltai-me pois já não me lembro do que fiz, soltai-me e direi a verdade". Outra volta da corda foi ordenada... disseram-lhe para relatar os detalhes do que ela tinha realmente feito. Ela disse: "O que é preciso que eu diga? Eu fiz tudo – soltai-me porque não me lembro do que fiz – não vêdes que sou uma mulher fraca – oh! meus braços, meus braços!..."

Depois da décima sexta volta de corda, outra tortura foi administrada:

Então ela foi posta sobre o *potro* (quadro). Ela disse: "Senhores, por que não me dizeis o que é preciso que eu diga? Eu não disse tudo o que fiz?" Pediram-lhe detalhes. Ela disse: "Não me lembro. Soltai-me. Eu fiz tudo o que as testemunhas dizem de mim..." Ela diz: "Senhores, lembrai-me as coisas que ignoro – tende piedade de mim – deixai-me partir". Ela diz: "Eu não sei como dizer – não tenho memória – Deus é testemunha de que se eu pudesse dizer outra coisa eu o diria – não posso dizer mais do que disse e Deus o sabe..." Ela diz: "A Lei de que falam as testemunhas, não me lembro mais qual lei era, maldita seja a mãe que me gerou!... Oh! estão me matando, se me dissessem aquilo que tenho de dizer. Oh! Senhores! Oh! meu coração!" Ela pediu para se confessar, dizendo que morria. Disseram-lhe que a tortura iria continuar até que ela dissesse a verdade e foi incitada a dizê-la, mas, apesar das perguntas que lhe eram feitas, ela continuava guardando silêncio. O inquisidor, vendo que ela estava esgotada pela tortura, mandou suspendê-la[5].

Na audiência de tormento seguinte, a infeliz conversa admitiu que sua respulsa pelo porco não era fortuita, que tinha o sentido de um rito judaico; o inquisidor admitiu que ela não sabia mais nada sobre a lei judaica; de modo que ela se livrou com a vida salva e as penitências de costume.

O símbolo por excelência da Inquisição continua sendo suas fogueiras; os milhares de seres humanos queimados vivos porque negavam a divindade de Jesus ou porque se afastavam num ponto qualquer do dogma católico (tal como a existência do purgatório). Que as fogueiras fossem armadas nos subúrbios das cidades e não na praça central não tornava o suplício menos cruel (embora certos apologistas modernos insistam muito nesse ponto). Que a grande maioria dos condenados fosse estrangulada (garroteada) antes de ser queimada, favor que deviam a uma abjuração *in extremis*, também é, num debate de ordem moral, um argumento bem singular – a menos que nos lembre que se tratava, para os carrascos, de poupar a suas vítimas, além das chamas da fogueira, as chamas eternas de um inferno no qual eles mesmos acreditavam intensamente. Mas qual foi, entre 1480 e 1834 (data em que a Inquisição foi definitivamente abolida) o número total de execuções na fogueira? Llorente, inquisidor renegado que a este respeito podia saber mais do que qualquer outra pessoa (pois

5. Esse documento foi reproduzido *in extenso* por HENRI CHARLES LEA em sua obra clássica *A History of the Inquisition in Spain* (tradução alemã: *Geschichte der spanischen Inquisition*, Leipzig, 1912, t. II, pp. 173-176).

teve sob sua guarda os arquivos intactos da Inquisição)[6] assinalava o número de trezentos e quarenta e um mil e vinte e uma. A precisão do número é suspeita; efetivamente, conforme o demonstrou o luterano Schäfer, cuja erudição se recusava a tomar partido, tratava-se de uma extrapolação superficial e, segundo Schäfer, cumpre abater pelo menos dois terços[7]. Portanto, a cifra real dos supliciados teria sido da ordem de cem mil, e seu número, depois das hecatombes do começo, foi decrescendo; a maioria, independentemente do delito, era de descendentes de judeus bem ou mal batizados.

O "crime contra a fé", assim como o "crime político" de hoje, mostrou ser uma idéia muito elástica, e logo a Inquisição tomou conhecimento de assuntos muito diversos. Antes de examiná-los, levantemos alguns outros aspectos da polícia espiritual espanhola.

Em primeiro lugar, as técnicas da espionagem e da informação. Para isso, a Inquisição estabeleceu uma rede de "familiares", homens de bem, às vezes pertencentes aos maiores nomes da aristocracia espanhola e cujo total, no século seguinte, era avaliado em mais de vinte mil[8]. Eles não eram remunerados; uma medalha ou placa servia-lhes de sinal de reconhecimento; essa distinção era muito procurada, pois constituía, ao mesmo tempo, um atestado de "raça pura" espanhola; além disso, os "familiares" estavam acima da justiça e da polícia ordinárias, não podendo ser justiçados, quaisquer que fossem seus crimes, senão pelos tribunais da Inquisição. "De uma certa forma", escrevia um historiador do século passado, "eles haviam dividido a nação em dois campos: os denunciadores e os denunciados"[9]; cumpriria ainda especificar que os denunciados ou, mais exatamente, os denunciáveis, considerava normal e até salutar esse estado de coisas.

Tais agentes externos facilitavam o trabalho do aparelho da Inquisição propriamente dito, que um viajante francês descreveu, em 1603, da seguinte maneira:

> O procedimento é convidar as pessoas, por meio de recompensas e do terror da excomunhão, a entregar aqueles que souberem dizer alguma coisa contra a fé. . . e lançar nos campos uma enorme quantidade de esbirros e espiões que estão em toda a parte e coletam o que ouvem e vêem a esse respeito, relatando-o a esses senhores para pôr a mão no delinqüente, se o caso o merecer, ou escrevê-lo em papel vermelho e obstruir suas ações, se ele continuar.
>
> Porque se ele fugir e for pessoa de qualidade, cujas conseqüências são de temer, as informações sobre sua altura, cabelo, idade e cor e pessoa são dadas pelo país e um dos mestres-esbirros é posto em seu encalço, que o achará sem falta, onde quer que ele tenha ido[10].

6. Antigo secretário da Inquisição, Juan Antonio Llorente aliou-se aos franceses em 1808 e foi encarregado da administração dos arquivos inquisitoriais, numa época em que eles estavam quase intactos. Em 1817, publicou em Paris sua *Histoire critique de l'Inquisition d'Espagne*, que hoje em dia continua sendo uma fonte insubstituível, graças à riqueza de sua documentação.

7. E. SCHÄFER, *op. cit.*, pp. 24-27.

8. É a cifra dada por DOMÍNGUEZ ORTIZ, *op. cit.*, p. 196.

9. E. DE MOLÈNES, *Toquemada et l'Inquisition, op. cit.* p. 66.

10. "Voyage de Barthélemy Joly en Espagne (1603-1604)", ed. Barrau--Dihigo, *Revue Hispanique*, 1909, XX, p. 120.

E, de fato, um herege, principalmente se era de marca, era perseguido onde quer que fosse. Servet, o ilustre antitrinitário espanhol que descobriu a circulação do sangue, foi seguido pela Inquisição até a França; então ele se refugiou na Genebra de Calvino (e foi assim que sua fogueira foi acesa pelos reformistas). O nobre Alonzo Diaz, cujo irmão se tornara luterano, foi encontrá-lo na Alemanha, e o matou com as próprias mãos, "a fim de impedir, a custo de um crime, prejuízos numerosos e piores"[11].

Vejamos agora os arquivos da Inquisição. Evidentemente, ela não dispunha dos fichários sinaléticos, classificadores ou computadores de que se servem as polícias de hoje. Mas utilizava-se, além dos dossiês dos processos e dos relatórios de seus informantes, das listas genealógicas das famílias dos conversos e famílias aliadas, todos suspeitos *a priori*. Em princípio, uma *visita del partido* ou inspeção do distrito ocorria todos os anos: acompanhado de um notário, um inquisidor devia visitar cada localidade, proclamar o "edito de graça", completar as listas genealógicas e verificar o estado dos *sambenitos*[12]. De fato, a roupa da vergonha, ao mesmo tempo que servia para a edificação das multidões, teve o singular destino de se transformar numa espécie de instrumento de trabalho, em peça de arquivo *sui generis*.

Essa peça de tecido grosseiro e resistente, ornamentada com emblemas diversos (na maioria das vezes, a Cruz de Santo André; mas no caso dos condenados à morte, os diabos do inferno), devia ser usada pelo penitente "reconciliado" em determinados dias ou toda a vida, conforme a pena. Ela indicava que ele devia ser vigiado pela multidão; às vezes, impedia que o seu portador achasse pão e trabalho[13]. Após a morte do usuário, o *sambenito* era exposto na igreja da paróquia onde residira, a título de aviso perpétuo, a fim de que as crianças do local e os filhos destas soubessem que ele fora infame e que sua linhagem continuava reprovada e suspeita. Algumas vezes, a exposição não era fixa, mas ambulante: os *sambenitos* tinham de circular por todas as igrejas da diocese[14]. Deve-se dizer que houve cidades que pediram que se suspendesse a ronda ou onde se deixava apodrecer os *sambenitos* em vez de renová-los, pois as famílias suportavam durante séculos as conseqüências das opiniões "heterodoxas" de um antepassado[15]. Mas ainda havia alguns em fins do século XVIII; o

11. Segundo MARCEL BATAILLON, "Honneur et Inquisition; Michel Servet poursuivi par l'Inquisition espagnole", em *Bulletin Hispanique*, 1925, XXVII, pp. 15-17.

12. Segundo E. SCHÄFER, *op. cit.*, t. I, p. 68.

13. *Idem*, t. I, pp. 125 e ss.

14. Eis como a Inquisição justificava a exposição ambulante dos *sambenitos* no caso de um antecessor de Luís de Leon (ver mais adiante): ". . .que se comece a colocar os *sambenitos* em outras cidades deste distrito antes de Belmonte [cidade onde vivia a família do condenado], para que pareça que é uma medida geral e igual, e que ninguém possa dizer que estão se comportando mal com ele, que é injusto. . ." (ADOLPHE COSTER, "Luís de Leon", *Revue Hispanique*, 1921, LIII, p. 35, nota 2).

15. E. SCHÄFER, *op. cit.*, t. I, p. 20, nota 2.

inglês Clarke os viu expostos no claustro da Catedral de Segóvia[16]. O uso da língua quis que, depois de haver designado a roupa da vergonha, a palavra *sambenito* fosse estendida ao homem que a usara e a seus filhos. Se eram bons espanhóis, nessa Espanha tão preocupada com sua honra (e estamos chegando às páginas onde se tratará do vínculo entre o orgulho espanhol e a infâmia de ser aí judeu), a infelicidade desses rejeitados era sem limites.

> Os *Sambeniti* [relatava em 1602 o embaixador veneziano Sorranzo] são uma espécie de homens que nutrem um indizível ódio particular pelo rei, pela coroa, pelo governo, pela justiça e por todos indiferentemente. São aqueles que descendem de pessoas condenadas pela Inquisição... Essa condenação, recaindo sobre sua posteridade, faz com que estes, sem cometer qualquer falta, mas por causa do pecado de outrem, vejam-se não só excluídos dos benefícios ou vantagens concedidas aos outros, como também marcados e notados por uma infâmia perpétua. Eles vivem atormentados pelo desespero e pela raiva; assim como os marranos e os mouriscos, eles são movidos por esse desespero que mesmo nas almas vis e abjetas suscita um espírito de furor e de ardor; eles estão prontos a qualquer rebelião... mas o rigor mui severo da justiça e da Inquisição lhes torna impossível toda manifestação, seja qual for[17].

Em compensação, um verdadeiro criptojudeu, um marrano português por exemplo, podia tratar com desprezo aquilo que para ele não passava de macaquices cristãs. Uma testemunha relatava com indignação como, num auto-de-fé em Valladolid, um "português" vestido do *sambenito* ornado com a cruz de Santo André, caminhava "sem alteração nem dor", clamando aos quatro ventos: "Santo André não é tão honrado quanto São Tiago? Por que esta roupa iria pesar-me mais do que a outra?"[18] Um judeu podia pelo menos confessar bem alto sua verdade. Dentre as vítimas da Inquisição, não foram os desdenhadores de Cristo que conheceram toda a gama dos tormentos que sua engenhosidade mantinha em reserva; certas variedades requintadas de sofrimento moral lhes foram poupadas.

De fato, um bom católico acusado de heresia, se protestava até o fim sobre a pureza de sua fé e negava sua culpa, tornava-se um *negativo* e era queimado; mas, se cedia e admitia uma falta imaginária, sua vida lhe era salva – ao preço de um falso testemunho e da desonra para a sua família. Pela boa teologia, só a primeira solução assegurava a salvação de sua alma, e os arquivos da Inquisição deixam entrever esses indizíveis martirológicos*, assim como contêm muitas confissões de pecados imaginários cometidos por marranos, fabricados por ela.

16. DOMINGUEZ ORTIZ, *op. cit.*, p. 152, nota 41.
17. *Idem*, p. 180, nota 56.
18. *Idem*, p. 83, nota 3.

* *"Aqueles que ficavam firmes até o fim", escrevia Lea, "e subiam à fogueira dando manifestações de sua fé católica, eram, sem dúvida alguma, bons cristãos, que preferiam sofrer uma morte atroz a confessar que eram hereges e abjurar as heresias que jamais haviam cometido. Pois, se fossem verdadeiramente hereges, teriam ganho mais sob todos os aspectos, proclamando esse fato em vez de negá-lo. Tais casos não eram raros... a Igreja jamais saberá quantos mártires dessa espécie a Inquisição acrescentou à lista de seus santos não canonizados..." (H. C. LEA,* Geschichte der spanischen Inquisition, op. cit., *t. II, p. 156.)*

> É preciso achar um remédio eficaz [escrevia um inquisidor corajoso] ao logro em que vive (sem querer) a Inquisição, pois vemos numerosos malvados ser absolvidos e numerosos bons ser condenados pela malícia das testemunhas, e outros, em grande número, fugir porque sabem que testemunharam contra eles ou porque temem que isso seja feito. . .[19]

As confissões dos acusados eram devidamente registradas perante um notário, e a perfeição da forma supria os erros que formigavam no fundo; pois é preciso dizer, para terminar este capítulo, que o procedimento da Inquisição espanhola, o formalismo minucioso da instrução, a precisão e a minúcia das atas também levam a pensar no pedantismo burocrático das polícias totalitárias de nossa época. *Summa injuria, summum jus* pode-se dizer: pois o terror engendra uma admirável exatidão.

Vejamos agora os inimigos e as vítimas da Inquisição.

No curso de aproximadamente meio século, suas atividades limitaram-se quase que unicamente à luta contra o judaísmo. Pois é evidente que a expulsão dos judeus não bastou para transformar todos os conversos em bons cristãos. Por volta de 1500, movimentos messiânicos propagaram-se na Andaluzia, apesar do terror inquisitorial ou como conseqüência desse terror; mas tais manifestações de marranismo só facilitavam a repressão. Em Córdova, o inquisidor Lucero aproveitou para decuplicar o terror e para atacar mouriscos e cristãos-velhos, de quem confiscava os bens e cujos cargos distribuía a seus amigos; ele acabou acusando o próprio arcebispo de Granada, o venerável Hernando de Talavera. A nobreza andaluza ameaçava rebelar-se; depois de muitas intrigas, o grande inquisidor, Cardeal Cisneros, demitiu Lucero de seu posto (1508)[20]. Os tempos do incorruptível Torquemada estavam longe; no espaço de uns poucos anos, a Inquisição andaluza convertera-se numa oficina de extorsões e roubos.

Isso não impediu que seus excessos desferissem grandes golpes no criptojudaísmo; por volta de 1530, à falta de judaizantes, os autos-de-fé espaçaram-se. Durante esse segundo quarto de século, novas categorias de inimigos da fé retêm cada vez mais a atenção dos inquisidores. São, na base da escala social, os mouriscos de Granada e de outras partes, batizados inicialmente à força; são, no alto, os "luteranos" e outros adeptos da Reforma. Estes, embora pouco numerosos, são tidos como particularmente perigosos; nessa época, a Espanha torna-se o bastião do catolicismo militante, e, aos olhos da Inquisição, os reformados não estão longe de representar uma espécie de judeus revestidos de uma nova máscara. Esse ponto merece um exame mais detalhado.

É preciso não esquecer as ligações da Reforma com o movimento humanista, a volta às fontes antigas, o primeiro impulso da

19. Cf. Ortiz, citando um memorial de 1633 do licenciado Juan Bautista de Villadiego, secretário da Inquisição de Llerena ("El proceso inquisitorial de Juan Nuñez de Saravia", *Hispania*, 1955, XV, p. 577).

20. Segundo H. C. LEA, *op. cit.*, t. I, pp. 116 e ss.

filologia e as traduções da Bíblia. Antes do cisma protestante, as elites intelectuais da Espanha participavam com ardor desse movimento e ninguém menos do que o grande inquisidor Cisneros reuniu uma equipe de hebraístas e de helenistas que, por volta de 1515, forneceu o texto da célebre *Bíblia Poliglota*. Tratava-se, segundo o próprio Cisneros, de "corrigir os livros do *Antigo Testamento* com base no texto hebraico e os do *Novo Testamento* a partir do texto grego, de modo que cada teólogo pudesse abeberar-se nas próprias fontes", ou, como diziam mais simplesmente outros humanistas, "procurar as verdades hebraicas"[21]. Mas logo Lutero iria mostrar ao mundo as conseqüências que se podia tirar da interpretação dessas verdades; parece também que certos judaizantes se serviam das traduções castelhanas da Bíblia para educar seus filhos na Lei de Moisés. Essas traduções foram, portanto, proibidas e colocadas no *Index*; a rigorosa censura dos livros tornou-se uma das tarefas principais da Inquisição; nesse ponto, ela demonstrou tal eficácia que, segundo um inquisidor de fins do século XVIII, a Bíblia tornara-se objeto de horror e de desgosto para os espanhóis*.

Nessas condições, todo esforço de reflexão sobre os textos sagrados foi proibido, e o mero desejo de lê-los podia de pleno direito ser considerado como judeu, pois que os textos o eram; daí se vê uma vez mais como a revelação feita no Sinai, depois de tornar-se o patrimônio comum de todo o Ocidente, contribuía para as perseguições e o denegrimento do nome judeu. E foi assim que, quando começaram as perseguições aos humanistas na Espanha, o filho do grande inquisidor Manrique escrevia a seu célebre amigo Luís Vives:

> Agora, está bem entendido na Espanha que não se pode ter uma certa cultura sem estar repleto de heresias, de erros, de taras judaicas. Assim impõe-se silêncio aos doutos, inspirando-lhes um grande terror. . .[22]

Mas foi principalmente com o advento de Filipe II, em 1558, que as coisas se agravaram e que a Espanha se tornou uma espécie de país totalitário. Perseguições de terrível severidade ocorreram então contra os protestantes (dois pequenos agrupamentos foram descobertos em Sevilha e Valladolid). O arcebispo de Toledo, Carranza, foi perseguido e morreu na prisão porque havia publicado um "comentário ao catecismo", onde alguns trechos pareciam discutíveis. A importação e a posse de livros proibidos passaram a constituir crime passível de morte. Todos os estudantes espanhóis foram chamados

21. Cf. o estudo citado na nota 14 de A. Coster sobre Luís de Leon.

* *Esse inquisidor, Villaneva, escrevia em 1791: "O zelo com que o Santo Ofício procurou retirar a Bíblia das mãos do homem vulgar é bem conhecido; com o resultado de que o mesmo povo que antes a procurava, hoje a olha com horror e a detesta; são muitos os que não se preocupam com ela, a maioria não a conhece". (Citado por H. S. LEA,* Chapters from the Religious History of Spain, *Philadelphia, 1890, p. 56; ver também p. 44, Cap. "The Scriptures".)*

22. Cf. MAURICE BATAILLON, *Érasme et l'Espagne*, Paris, 1937, p. 528.

das universidades estrangeiras e tiveram de apresentar-se perante a Inquisição. Esta ficou igualmente encarregada de vigiar todos os estrangeiros que vivessem na Espanha, para saber se iam à missa, se se confessavam, se sabiam as orações e se comportavam como bons católicos. "Dir-se-ia", escreveu Marcel Bataillon, "que a Espanha inteira se une por trás de uma espécie de cordão sanitário para escapar de alguma epidemia terrível" – cujo vírus principal é o vírus judeu. O ilustre teólogo Santotis defendeu, no Concílio de Trento, na mesma época, a tese segundo a qual o protestantismo não passava de uma volta ao judaísmo; outros teólogos iam mais longe e afirmavam que o judaísmo se encontrava na base de todas as heresias, inclusive o Islã*. De onde os inquisidores tiravam as conseqüências, procurando as ascendências judaicas das heresias luteranas e outras, e imputando-lhes tais origens a título de circunstância agravante.

Leia-se o trecho que segue da sentença de morte pronunciada contra Pedro de Cazalla, chefe da agremiação luterana de Valladolid:

> ...o referido Pedro de Cazalla, descendente da linhagem e da casta dos judeus convertidos, por seu pai de todos os lados, e por sua mãe, Dona Leonor de Vivero, por parte da mãe desta, era de opinião de que, pela paixão e méritos de nosso Redentor Jesus Cristo, todos os pecadores encontram-se justificados sem que seja necessária nenhuma obra, ou nenhuma penitência, etc.[23].

O teólogo Luís de León, uma das glórias imperecíveis da Espanha, por volta de 1570 teve um entrevero com a Inquisição porque manifestara dúvidas quanto à infalibilidade do texto da *Vulgata* de São Jerônimo. A esse respeito, uma de seus qualificadores inquisitoriais escreveu: "Que o acusado não tenha a audácia de dizer... que o Espírito Santo revelou a ele, que não é nem santo, nem mesmo cristão-velho, aquilo que ocultou do glorioso São Jerônimo"[24]. De fato, ocorreu que um trisavô judeu de Luís de León, nascido por volta de 1375 e falecido octogenário, converteu-se em 1415; em 1491, a Inquisição descobriu que ele havia judaizado posteriormente a seu batismo, condenou-o *post mortem* e mandou queimar sua ossada. Daí uma cascata de aborrecimentos para seus filhos, que repercutiram no destino de Dom Luís, que nada sabia disso tudo; mas a Inquisição mantinha cuidadosamente em dia suas fichas genealógicas. Um caso desses ilustra bem a confusão da Espanha, matizada de judeus e de mouros, e onde se admitia em geral, como veremos logo, que o vírus judeu se transmitia hereditariamente (que se tratava, em termos de hoje, de uma espécie de gene patológico).

Mas essa própria convicção, essa suspeita que pairava sobre as cabeças dos cristãos-novos, mesmo quando não eram *sambeniti* no

* *Ver (anexo II) a filípica do bispo de Segóvia contra os mouriscos da Espanha, esses não-circuncidados "piores do que os judeus", que "conservam e guardam a Lei de Moisés, vivendo e perseverando na seita de Maomé" (cf. também LOPEZ MARTINEZ,* op. cit., *p. 204).*

23. E. SCHÄFER, *op. cit.*, t. I, p. 433.
24. A. COSTER, *op. cit.*, p. 429.

sentido literal da palavra, predispunha-os à amargura e à dúvida, de modo que, efetivamente, sua ortodoxia tendia a ser menos segura do que a dos cristãos-velhos; citadinos, e em geral letrados, eram duplamente receptivos às idéias novas; desse modo, formava-se um círculo vicioso, que sustentava a idéia recebida da nocividade do sangue judeu.

Quanto aos verdadeiros criptojudeus, os marranos espanhóis, o terror inquisitorial os rarefizera a tal ponto que, por volta de 1570-1575, essa espécie havia desaparecido quase inteiramente. Mas, em 1580, um acidente histórico contribuiu para recolocar em primeiro plano, entre as preocupações da Inquisição castelhana, a luta contra o marranismo, e veio reforçar o ódio espanhol ao judeu.

Em 1580, após a derrota e morte em Marrocos de Dom Sebastião, Portugal foi unido à Espanha. A Inquisição portuguesa, em atividade fazia uns trinta anos, redobrou de ardor, enquanto que a passagem da fronteira espanhola foi muito simplificada; de modo que os marranos portugueses, tão endurecidos quanto os conversos espanhóis na prática do criptojudaísmo, distribuíram-se em grande número por toda a Península. Superiormente treinados na luta contra a Inquisição, mantinham em Roma uma espécie de *lobby* permanente que, mediante contribuições substanciais à tesouraria pontifícia, obtinham perdões coletivos, que beneficiavam principalmente os judaizantes de fortuna, enquanto que eram queimados os pobres e desafortunados; como conseqüência, o povo espanhol começou a crer que português e judeu eram sinônimos. O que nos leva a abordar a questão não desprezível de saber o que se pensava, na Europa da Renascença, dos espanhóis, dos portugueses e dos judeus.

*

* *

Se há um termo cuja origem foi muito controvertida durante os séculos é *marrano*; a palavra deixava intrigado, assim como a coisa deixava perturbada a Europa cristã. A partir de 1637, o religioso espanhol Jerônimo de la Cruz discutia longamente todas as etimologias possíveis[25]. Em 1925, numa publicação que marcou época entre os eruditos, o filólogo italiano Farinelli decidiu a questão ("marrano" vem do castelhano antigo *marrano*, porco, que por sua vez vem do árabe *mahram*, proibido) e, enquanto fazia seu trabalho de erudição, interessou-se por certas opiniões reinantes na época[26]. Daí veio a relevo que, no século XVI, o século da preponderância espanhola na Europa, suspeitava-se que os ibéricos eram mais ou menos judeus, segundo a opinião pública da época, principalmente nos numerosos países dominados pela Espanha. Era especialmente o caso da Itália, cujos

25. Ver a tese inédita, que nos foi singularmente útil, de ALBERT A. SICROFF, *Les Statuts de pureté de sang en Espagne aux XVIe et XVIIe siècles*, Paris, 1955, pp. 477-478.

26. ARTURO FARINELLI, *Marrano (storia di um Vituperio)*, Genebra, 1925.

habitantes tinham algumas boas razões para chegar a conclusões que tanto feriam o amor-próprio espanhol. A primeira e mais clara dessas razões era a própria existência de uma Inquisição cuja fama terrificante desde cedo conseguira franquear as fronteiras. Se, num país cristão, é preciso lutar com tanta ferocidade pela pureza da fé, é que essa fé é aí assaz claudicante; e foi a partir desse raciocínio que, já em 1506, o embaixador veneziano Querini podia escrever que a Inquisição "é bem mais do que necessária, pois se judaíza em Castela bem como em toda parte na Espanha; um terço dos cidadãos e dos comerciantes de lá são marranos"[27]. Além disso, como espanhóis, muitos italianos desse tempo só conheciam refugiados marranos ou judeus, a menos quando tivessem tido contato com tropas espanholas em campanha, às quais a nação subjugada logo estendera a suspeita infamante[28]. E os panfletários italianos lamentavam-se do destino de seu país, subjugado pela odiosa seita marrana. Já em 1500, o epíteto era aplicado ao Papa Alexandre Bórgia, de origem espanhola; meio século mais tarde, o Papa Paulo IV clamava contra os espanhóis, "esses hereges malditos por Deus, sementes de judeus e de marranos"[29]; no final do século, o prelado italiano Camillo Borghèse justificava a severidade da Inquisição espanhola com "a mistura nesse reino de mouros, judeus, cristãos-novos e velhos"[30]. E a falta de fé ou uma fé pouco segura era qualificada de *pecadilho da Espanha* na fala popular italiana; em suma, o povo pensava que todos os espanhóis eram judeus, assim como, no século XIX, pensava que todos os ingleses eram turistas.

Mas não foi só o caso da Itália. Durante o século, a Espanha tornou-se o inimigo número um da França. Quando, por volta de 1590, a fobia antiespanhola atingiu o ponto culminante, inúmeros panfletos (dentre os quais a célebre *Satire Ménippée*) porfiavam em vilipendiar o vizinho demasiado poderoso. *O Anti-Espagnol*, um dos panfletos mais populares, invectivava os espanhóis da seguinte maneira: "...patifes de Castela, católicos bastardos, meio-judeus e meio-mouros apenas tirados da sinagoga e do *Alcorão*"[31]. Segundo as memórias de Vincent Carloix, "os espanhóis foram primeiro marranos do que cristãos"[32]. Segundo Bonaventure des Périers, "o marranismo está

27. Relatório de Vicenzo Querini, em C. VON HÖFLER, *Depeschen der venezianischen Botschaft*, Viena, 1884.

28. Um resumo magistral do estado de espírito popular e dos motivos pelos quais suspeitava-se, na Itália, que os espanhóis judaizavam foi feito por BENEDETTO CROCE, em *La Spagna nella vita italiana durante la Rinascenza*, pp. 214-216.

29. FERNAND BRAUDEL, *La Méditerranée et le monde méditerranéen à l'époque de Philippe II*, p. 761, citando o relatório do embaixador veneziano Bernardo Navagero.

30. "Relation de voyage en Espagne de Camille Borghèse", em *L'Espagne aux XVIe et XVIIe siècles*, ed. Morel-Fatio, Heilbronn, 1878, p. 183.

31. Citado por FARINELLI, *op. cit.*, p. 54, nota 1.

32. FARINELLI, p. 54.

tão em voga que quem gosta de banha de porco deve fazer uma grande provisão, pois um dia destes ela será proibida"[33]. Em *Gargantua*, Pantagruel adolescente não recebe armas espanholas porque "seu pai odiava todos esses *hidalgos, bourrachons* (bêbados), marranizados como o diabo"[34]. Sem afirmar que todos os espanhóis eram de raça judia, a maioria dos franceses da época atribuía-lhes origens ao menos dúbias. Ainda em 1680, pode-se encontrar no *Dictionnaire Français* de Pierre Richelet a seguinte definição: "Marrano: termo insultante com que chamamos os espanhóis e que significa maometano (é um marrano)".

Através de toda a Europa, país por país, seria fácil multiplicar os exemplos. É Erasmo escrevendo a seu amigo Capiton: "Se os judeus abundam na Itália, na Espanha, é porque existem poucos cristãos...[35] Ou é Lutero exclamando: "Prefiro ter turcos como inimigos do que os espanhóis como suseranos; a maioria são marranos, judeus convertidos"[36]. A seguir, a partir do século XVII, a suspeita, que originalmente estendia-se a todos os ibéricos indistintamente, visa de modo mais especial aos portugueses, e a malícia das nações estava bastante certa no caso, como veremos mais adiante. Por volta de 1700, diversos autores lusos testemunharam sobre essa aflitiva situação, desde o padre jesuíta Antônio Vieira: "Português e judeu tornaram-se sinônimos", até o rabino de Livorno, Pinhas Nieto: "A maioria dos europeus confunde português e judeu, e o reino encontra-se assim desacreditado..."[37].

Mas aquilo que, para o pequeno Portugal, não era mais do que a picada de um espinho, era uma imputação intolerável para a grandeza espanhola, na época em que o culto da honra, o furor da fidalguia e a obsessão pela "limpeza do sangue" tornam-se as principais características do estilo hispânico de vida. Surge por si mesma a suposição de que poderia haver uma ligação entre o frenesi que os espanhóis punham para cultivar sua nobreza, para glorificar o esplendor de suas origens e a má reputação que tinham no estrangeiro. Eles mesmos não o ignoravam de modo algum e se queixavam amargamente do fato. Escrevia Diego de Hermosilla:

> Eu não sei que infelicidade é esta da nobreza espanhola, tão altamente qualificada e tão pouco considerada, por causa do nome ignominioso de marranos, que as outras nações aplicam de boca cheia aos espanhóis[38].

33. BONAVENTURE DES PÉRIERS, *Discours non plus mélancoliques*, Cap. IX.

34. RABELAIS, *Oeuvres complètes*, ed. La Pléiade, p. 50. Ver também pp. 415 e 923.

35. "Épîtres", ed. Allen, citado por M. BATAILLON, *Érasme et l'Espagne*, p. 83.

36. *Colloquia latina*, ed. Bindseil, t. I, 377.

37. Cf. EDWARD GLASER, "Referencias Antisemitas en la Literatura Peninsular de la Edad de Oro", *Nueva Revista de Filologia Hispánica*, 1954, VIII, p. 41, nota 5.

38. Citado por FARINELLI, *op. cit.*

Da mesma forma, Fernandez de Oviedo:

Os estrangeiros não têm nenhuma razão em chamar de marranos a todos os espanhóis. . . pois de todas as nações cristãs não existe uma onde a origem de nobres de casta boa e pura seja mais conhecida, nem que seja tão ciosa de sua fé; todas essas coisas que ficam ocultas nas outras nações[39].

Por seu lado, dentre os autores espanhóis aqueles que preconizavam o abrandamento dos estatutos da "limpidez do sangue" insistiam no mal que estes causavam à reputação nacional, dando uma publicidade desagradável ao próprio mal que se tratava de limitar. Segundo o dominicano Agustin Salucio, a Espanha era considerada um país de marranos, cujos habitantes deviam ser ou infames, ou loucos, para desonrar-se de tal forma[40]. Segundo um de seus êmulos, os estatutos eram causa de riso das outras nações, sendo realmente devido a eles que os espanhóis eram chamados de marranos[41].

É preciso crer que os defensores dos cristãos-novos não estavam inteiramente enganados e que o encarniçamento com que os espanhóis perseguiam os vestígios de seu passado judio-muçulmano contribuía para a reputação prejudicial que haviam adquirido. Mas, na realidade, estamos em presença de uma evolução social muito complexa. De um lado, no zelo do eliminar de seu seio todos os heterodoxos, a Espanha católica não tardara em adquirir muitos traços de um país totalitário, *avant la lettre*. De outro, as perseguições deram nascimento, além dos hereges confessos, a uma categoria de suspeitos de ofício, que englobava os conversos, seus descendentes e, de modo mais geral, os espanhóis de sangue "impuro" ou presumidos como tais, a quem se imputava uma tendência irresistível à heresia, devido à sua ascendência. Uma legislação de discriminação racial – pois os estatutos da *limpieza de sangre* não passavam disso – foi estabelecida tendo-os em vista, primeiro exemplo na história de um racismo organizado. Para esclarecer a relação entre as perseguições inquisitoriais, a obsessão nacional de um sangue "límpido" e as particularidades da vida social e econômica da Península, nada melhor se pode fazer do que esboçar a história dos referidos estatutos. Certas conclusões hão de impor-se por si mesmas.

2. O CULTO DA PUREZA DO SANGUE OU O RACISMO IBÉRICO

Já vimos que os primeiros decretos eliminando os conversos da vida social foram promulgados quando da rebelião dos cristãos-velhos de Toledo, em 1449. Esse fato é característico: os estatutos da "pureza do sangue", tão pouco cristãos em seu princípio, foram concebidos e impostos pela opinião pública; o poder estatal conten-

39. *Quinquagenas*, t. I., p. 280, citado por FARINELLI, p. 67. Fernandez de Oviedo foi um glorioso capitão e o primeiro historiador das Índias Ocidentais.

40. Tese *cit.* de SICROFF, p. 357.

41. DOMINGUEZ ORTIZ, apêndice 3 c. (p. 231), de sua monografia *cit.*

tava-se em avalizá-los; a Igreja fez o mesmo, mas não sem opor resistências ocasionais. A evolução semântica reflete a influência progressiva das concepções racistas, com a extensão do termo "cristão-novo" ou converso – que na origem designava meramente o judeu convertido ou o mouro convertido – a todos aqueles que possuíam antepassado judeu. Cumpre dizer de imediato que os descendentes dos muçulmanos, na prática, não tinham quase a sofrer por causa da discriminação: de um lado, eram considerados como sendo de cepa "pagã" e não de judaica; do outro pertenciam em sua grande maioria à classe camponesa e não alimentavam pretensões a honras e cargos (é impossível dizer se cada um desses motivos era suficiente *de per si* ou se a conjunção dos dois era necessário[42]).

Depois do caso de Toledo, muitas corporações decidiram, em todas as cidades, não admitir cristãos-novos em seu seio. Também houve cidades, especialmente na região basca, que os proibiram de residir em seu recinto[43]. O movimento nasceu, portanto, entre a burguesia das cidades; numa época muito próxima das conversões maciças dos judeus, a qualidade de cristão-velho era estabelecida pelos rumores comuns e não exigia ainda nenhum sistema de provas genealógicas. Embora a atitude da nobreza em geral tenha sido mais hesitante, as ordens de cavalaria seguiram o movimento: a partir de 1483, a Ordem de Alcântara introduziu a prova da pureza de sangue para seus membros; a de São Tiago fez o mesmo em 1527, com uma derrogação expressa em favor dos descendentes dos mouros[44]. Também foi instituído o costume de excluir os cristãos-novos dos benefícios das fundações pias e de não admiti-los nos "Colegios Mayores", colégios universitários onde era recrutada a casta dirigente da Espanha. Foi mesmo nesses viveiros de futuros ministros e futuros prelados que o procedimento probatório da pureza de sangue tornou-se a seguir particularmente meticuloso e extravagante. Não faltaram os casos delicados: tais como o Colégio de Santa Maria de Jesus, berço da Universidade de Sevilha, fundado no século XV pelo converso Santaella, sem nenhuma cláusula restritiva, é necessário dizê-lo, para os estudantes provindos da mesma raiz que ele; essa cláusula foi, portanto, acrescentada em 1537, por meio de uma falsificação nas escrituras[45].

No que se refere à Igreja, a situação variava segundo as ordens e as províncias. A Ordem de São Jerônimo foi a primeira, em fins do século XV, a introduzir cláusulas restritivas; os franciscanos fizeram

42. Nos tratados jurídicos da época, com referência às incapacidades, às vezes trata-se de conversos de origem judaica apenas e às vezes de conversos judeus e mouros; também houve tratados que indicavam expressamente que o sangue judeu constitui um impedimento absoluto ao acesso às honras e às dignidades, enquanto que o sangue mouro não é inteiramente incompatível com elas (cf. DOMINGUEZ ORTIZ, *op. cit.*, apêndice III: "Opiniones de Teólogos y Juristas sobre los Statutos").

43. DOMINGUEZ ORTIZ, *op. cit.*, pp. 55-56.

44. *Idem*, p. 60.

45. *Idem*, pp. 58-59.

o mesmo em 1525; entre os dominicanos, cada convento seguia seu uso particular; mais adiante falaremos do caso dos jesuítas. Tratava-se de uma discriminação menos rigorosa do que entre os laicos, e a maioria das ordens admitia conversos saídos de famílias convertidas há quatro gerações. No caso do clero regular, a prática era ainda menos unificada, e, embora houvesse dioceses onde um cristão-novo não podia ser menino de coro, havia outras em que nada os impedia de tornar-se bispos[46]. Esse relativo liberalismo constituía a homenagem prestada ao princípio fundamental do cristianismo ou era devida às posições que os cristãos-novos tinham conquistado na Igreja, no curso das gerações precedentes? Também aqui é impossível dar uma resposta.

Por volta de meados do século XVI os estatutos de pureza do sangue adquiriram força de lei. Já em 1536, uma querela local levou Carlos V a tomar partido a favor dos cristãos-velhos e a dar sua sanção imperial aos estatutos. Mas o episódio definitivo foi a depuração do capítulo de Toledo, em cujo seio os cristãos-novos haviam-se entrincheirado poderosamente.

O homem que lhes declarou guerra, Juan Martinez Siliceo, arcebispo de Toledo, tipificava a mentalidade cristã-velha. Nascera numa família de trabalhadores simples; após uma juventude aventurosa (fugiu de casa aos dezesseis anos), fez estudos de teologia em Paris e, a seguir, foi escolhido para preceptor do Infante D. Filipe (o futuro Imperador Filipe II); em 1544, tornou-se arcebispo de Toledo. Durante toda a vida, votou aos conversos um ódio feroz. Sem dúvida alguma, a humildade de sua origem o predispunha a tanto; de fato, homens como ele, que conseguiram vencer graças a seus méritos e não graças a seu nascimento, e que a aristocracia hereditária continua a tratar de cima para baixo, tendem facilmente a procurar outros títulos de nobreza para sua linhagem. A observação freqüentemente feita a propósito de outros racismos, resume um aspecto essencial do racismo espanhol: se todos os cristãos-velhos não podiam ser *hidalgos*, filhos de alguém, todos, por definição, eram *limpios*, "de sangue puro".

Depois de intrigas que duraram três anos, Siliceo conseguiu ganhar a adesão completa do imperador para seus pontos de vista, fazer com que os estatutos fossem aprovados pelo papa e mandar prender seus principais adversários, os aristocratas judaizados de Toledo. Daí por diante, e embora as polêmicas não se extinguissem tão depressa, os cristãos-novos estavam com a partida definitivamente perdida.

Nada é mais instrutivo do que os argumentos aventados por Siliceo, em favor dos estatutos, em memorial extenso que apresentou a Carlos V. Suas razões escriturais eram tiradas sobretudo do Velho Testamento, como é natural, quer porque lembrasse que o ministério do Templo estava reservado unicamente à tribo dos levitas, quer porque comparava os conversos aos amonitas e aos moabitas excluídos da assembléia do Eterno. Mas soube também encontrar argumentos nos Evangelhos. O próprio advento de Cristo entre os judeus, exclamava

46. *Idem*, pp. 61-73.

Siliceo, mostrava que havia reconhecido a perversidade dos mesmos e que queria levar a cura para lá onde se fazia mais necessária; e citava *Mateus:* "Não necessitam de médico os sãos, mas sim os enfermos" (IX, 12). Esse versículo aplicava-se aos publicanos; mas mesmo a vida dos discípulos de Jesus fornecia a Siliceo argumentos para demonstrar a perversidade congênita da raça judaica: não haviam, todos eles, abandonado o Senhor na véspera da Paixão?* Quanto às origens judias da Mãe de Deus, a teologia de Siliceo as escamoteava pura e simplesmente, e foi por pouco que, prenunciando o "Cristo ariano" da teologia nazista, não chamou Jesus de "cristão-velho". Enfim, contrapunha a pia fé cristã-velha à estéril erudição dos clérigos cristãos-novos de um modo que, também ela, faz pensar em certos lugares-comuns da propaganda anti-semita dos tempos modernos. Fica-se tentado a dizer que o Arcebispo Siliceo foi um grande precursor negligenciado**.

O caso de Toledo foi comentado em toda a Europa. Em Paris, Henri Mauroy, professor de Escritura Santa na Sorbonne, publicou em 1552 um longo tratado onde tomava a defesa dos "descendentes dos patriarcas convertidos à verdadeira fé" e estabelecia facilmente a incompatibilidade entre catolicismo e racismo. Talvez a hispanofobia desse tempo haja contribuído para o êxito de sua *Apologie* que foi reeditada em 1562[47]. Na própria Espanha, o dominicano Domingo Baltanhas teve a ousadia de sustentar uma tese semelhante num panfleto *Sobre a Discórdia das Linhagens* (1556), no qual situava no mesmo plano os descendentes dos gentios e os descendentes dos judeus, "pois uns não diferem dos outros nem em origem nem em culpa pela morte do Filho de Deus". A seguir, enumerava as grandes famílias convertidas, os Santa Maria, os Coronel, os Talavera, e relatava os benefícios de que elas tinham coberto a Espanha. Isso o incriminou: foi processado como herege e condenado, em 1563, à reclusão perpétua[48]. Em 1572, a Inquisição proibiu toda discussão e toda polêmica em torno dos estatutos da pureza de sangue[49]. O único homem que, ainda em vida, conseguiu não levar em consideração o tabu da *limpieza* foi Inácio de Loyola. Seu nascimento elevado, bem como seu gênio missionário imunizaram o fundador da ordem dos jesuítas contra o contágio racista; ele chegou mesmo a exclamar um dia que teria considerado como um grande favor ser do mesmo sangue de Cristo; não levando em conta a opinião de seu tempo, escolheu um converso, Diego de Lainez, como seu sucessor, e outro, Juan de

* Mateus, *XXVI, 56;* Lucas, *XIV, 50.*

** *Também se atribui ao Arcebispo Siliceo a "Correspondência dos judeus da Espanha com os judeus de Constantinopla", uma das armas anti-semitas mais difundidas do século XVI. (Cf. a tese (inédita) de A. SICROFF,* Les Statuts de pureté du sang en Espagne aux XVIe et XVIIe siècles, *Paris, 1955, p. 360.)*

47. "Apologia in duas partes divisa pro iis qui a patriarcharum Abrahae videlicet, Isaac et Jacob, reliquiis sati, de Christe Jesu et fide catholica pie ac sancte sentiunt. . ." (cf. DOMINGUEZ ORTIZ, *op. cit.*, pp. 43-44).

48. *Idem*, p. 43.

49. A. A. SICROFF, *tese cit.*, p. 258.

Polanco, como secretário. Depois de sua morte, apesar de todas as pressões, a Companhia de Jesus manteve essa posição durante mais de trinta anos. Finalmente, ela capitulou em 1592, adotou os estatutos e expulsou todos os cristãos-novos de seu seio, chegando até a falsear, a título póstumo, a genealogia de Diego de Lainez; a partir de então, os jesuítas espanhóis destacaram-se por seu rigor na aplicação dos estatutos[50].

O problema da pureza do sangue agitou demais a Espanha para que a interdição introduzida pela Inquisição fosse plenamente respeitada. Os escritos a favor ou contra continuavam a circular embaixo do pano. Sem nos demorarmos nessa curiosa literatura, limitemo-nos a dizer algumas palavras sobre as teses de Escobar del Corro, o defensor mais extremista dos estatutos. Segundo ele a relação entre corpo e alma era perfeitamente rígida; as qualidades morais transmitiam-se hereditariamente, do mesmo modo que as qualidades físicas; desprezando o livre-arbítrio, esse cristão proclamava que, fizessem o que fizessem, os conversos estavam irremediavelmente maculados. Essa antropologia levava-o a lamentar a infelicidade da Espanha, exposta até o final dos tempos ao contágio judeu, "subjugada pelos sabatizantes e sua progenitura infecta"[51].

Mas como evitar tal contágio? Uma vez tornada artigo de lei a indignidade do sangue judeu, era preciso ainda saber estabelecer legalmente quem era cristão-velho e quem não o era. A gente miúda nesse ponto dispunha da vantagem de não fornecer nenhum elemento de investigação, à falta de registros de estado civil e de interesse por sua ascendência. Quanto à nobreza, seu judaizamento fora posto em evidência no mesmo ano em que Siliceo encetava o seu combate, pelo mui famoso *Tição da Nobreza Espanhola*, panfleto atribuído ao Cardeal Mendoza y Bobadilla, de onde resultava que todas as grandes famílias tinham mestiçagem com judeus; essa crônica escandalosa conheceu, ainda no século XIX, uma dezena de reedições[52].

Seja como for, quanto à exatidão das genealogias do *Tição*, não é preciso dizer que o sangue puro era um mito e que não havia espanhóis que não possuíssem avoengo circuncidado. Sendo reconhecidos como cristãos-velhos aqueles contra os quais não havia elementos incriminatórios ou aqueles cuja genealogia não remontava bastante longe, amiúde o caso assumia o ar de um jogo de quem perde ganha, pois os filhos de pais desconhecidos ganhavam com

50. Sobre a luta dos jesuítas contra os "estatutos" e sua capitulação, ver SICROFF, pp. 504-505 e ORTIZ, pp. 70-73.

51. Sobre as teorias de Escobar del Corro, ver SICROFF, pp. 420-447.

52. ORTIZ, pp. 205-208. FERNAND BRAUDEL (*La Méditerranée... à l'époque de Philippe II*, p. 620) acha que o apelido de "El Tizon" atribuído ao Cardeal Mendoza y Bobadilla não é verdadeiro. Segundo a tradição, o erudito cardeal, ferido pela afronta infligida a seu sobrinho quando uma ordem militar tinha recusado recebê-lo em seu seio, teria procurado vingar-se publicando essa coletânea de informações genealógicas.

certeza*. Na prática, em toda admissão numa ordem ou num colégio, fazia-se uma investigação às custas do postulante, especialmente no lugar onde havia nascido, para estabelecer sua "não-pertença à raça judaica", e, se essa investigação era muito onerosa, era porque se fazia mister pagar não só os investigadores, como também as testemunhas, calar as más línguas e os delatores profissionais. De fato, houve cristãos-velhos que figuraram entre os reprovados; certos Colégios Maiores afastavam até os postulantes vítimas de rumores falsos que, como a mulher de César, não deviam ser suspeitos[53], assim como houve família de origem notoriamente judia que se infiltrou entre os eleitos. O caso mais singular foi o da família Santa Maria, admitida aos benefícios do sangue puro, porque se supunha ser da mesma família da Santa Virgem, como diz expressamente a cédula de dispensa real**.

Estudando o procedimento desses inquéritos, pode-se entrever toda uma atividade de bastidores, pressões sutis e impiedosas extorsões. Não é incidir em erro afirmar que o poder de certos inquisidores, que muitas carreiras ilustres e muitas quedas súbitas estiveram ligadas à detenção de certos documentos ou de certas listas (tais como Marcel Bataillon as descreveu, a propósito dos cristãos-novos de Segóvia[54] e sobre as quais normalmente se evitava a publicidade). Pois muitas coisas permanecem cercadas de uma zona de silêncio abafado. Espécie de nobreza de raça, a *limpieza* era um caso ainda mais sério do que a *hidalgueria* ou nobreza de classe.

Um memorial redigido por volta de 1600 especificava a esse respeito: "Existem na Espanha dois tipos de nobreza: uma maior, que é a fidalguia, e outra menor, que é a *limpieza*... Estima-se mais na Espanha um plebeu *limpio* do que um fidalgo não *limpio*"[55]. É notável constatar que a literatura do Século de Ouro espanhol, que concedia lugar tão amplo aos temas da honra e da "nobreza maior", evitava abordar a questão da "nobreza menor", com exceção dos gêneros cômico e picaresco, nos quais, pelo contrário, abundam as

* *Talvez tenha havido uma relação entre os problemas engendrados pelas investigações sobre a "pureza do sangue" e um costume que o relato de viagem de MME. D'AULNOY descreve assim: "Uma coisa bastante singular... é que as crianças achadas são nobres e gozam do título de fidalgos e de todos os privilégios vinculados à nobreza, mas para isso, é preciso que provem terem sido achadas e terem sido alimentadas e educadas no asilo onde são postas crianças desse tipo" (ed. Paris, 1699, t. III, p. 129).*

53. ORTIZ, p. 58.

** *A cédula em questão foi publicada em 1604 por Filipe III, em benefício de Don Pedro Osorio de Velasco e dos outros descendentes de Don Pablo de Santa Maria. Ela estava baseada "em sua conversão miraculosa... na antiguidade desta... e na nobreza de seu sangue, sendo a tradição recebida que ele descendia na linhagem de Nossa Senhora..." (F. CANTERA BURGOS,* Alvar Garcia de Santa Maria, *Madrid, 1952, p. 280).*

54. MARCEL BATAILLON, "Les Nouveaux Chrétiens de Ségovie en 1510", em *Bulletin Hispanique*, 1956, LVIII, pp. 207 e ss.

55 Esse manuscrito foi publicado por Ortiz no apêndice III, *c*), de sua obra, p. 229.

alusões; o que põe bem em evidência o tabu que envolvia tais questões e o aroma de obscenidade que delas se desprendia[56].

*

* *

Quando, em meados do século XVI os estatutos de limpeza do sangue adquiriram força de lei, os cristãos-novos da Espanha constituíam 4 a 5% da população do país[57] e formavam uma espécie de classe social ou casta, burguesa e letrada, assaz estreitamente ligada à "nobreza maior", às vezes vivendo à sua sombra ou servindo-a, mas a quem toda promoção social era proibida, à falta da "nobreza menor". Por isso, sua existência na Espanha da Renascença era uma tragédia permanente.

> Um sorriso equívoco, um olhar, uma conversa sobre as ordens militares ou os Colégios Maiores, incidentes triviais, freqüentemente involuntários, alimentavam sem cessar o fogo em que se consumiam de rancor e despeito. Homens que tinham o culto da honra, prontos a puxar da espada para vingar a menor afronta, permaneciam impotentes perante o opróbio que pesava sobre eles. Nos dias de hoje, não é fácil imaginar a existência de um fidalgo provinciano com um ponto obscuro em sua genealogia. Uns procuravam refúgio na piedade e na resignação; outros, mais impacientes, obstinavam-se correr nos tirantes, à procura de uma reabilitação que só o tempo e o esquecimento poderiam garantir-lhes.

É assim que a *via crucis* dos conversos é descrita por seu maior historiador, Dominguez Ortiz[58]. Certos escritos antigos fazem ressaltar sua desgraça com ainda maior vigor.

> Na Espanha [escrevia um franciscano em 1586] não há tanta infâmia em ser blasfemador, ladrão, vagabundo, adúltero, sacrílego ou estar infectado por qualquer outro vício quanto em descender da linhagem dos judeus, mesmo que os antepassados se tenham convertido há duzentos ou trezentos anos à santa fé católica...

E mais adiante:

56. M. Bataillon escreveu sobre esse assunto, ao tratar de uma novela de LOPE DE VEGA, *La Desdicha por la "Honra"*: "(Ela) nos apresenta a fatalidade externa da honra encarnada no preconceito da pureza do sangue... Embora aqueles que tratavam da honra espanhola falassem pouco, essa manifestação da *honra* é bem mais tipicamente espanhola do que as vinganças matrimoniais de Calderón: e talvez seja por causa disso que nenhum dramaturgo ousou tratar seriamente desse assunto, escrever tragédias da *limpieza de sangre*, como houve tragédias sobre a honra conjugal. Contudo, o tabu que parece ter pesado sobre um assunto tão espinhoso não se aplicava ao gênero cômico (...) Não só em Cervantes... mas também em Lope de Vega, em Quinones de Benavente... Está claro que só a comédia e o entreato podiam ridicularizar os excessos e os desvios do espírito cristão-velho..." (M. BATAILLON, "La Desdicha por la Honra", *Nueva Revista de Filologia Hispánica*, 1947, I, p. 28.)

57. DOMINGUEZ ORTIZ, p. 141, fala de "um vigésimo da população do país".

58. *Idem*, p. 189.

Quem pode ser cego a tal ponto de não ver que, na Espanha, não há nenhum converso que não preferisse descender do paganismo em vez do judaísmo, e quase todos dariam a metade de suas vidas para possuir essa ascendência. Pois eles têm horror dessa linhagem que lhes vem de seus pais...[59]

Levando em conta o papel cultural de primeiro plano desempenhado pelos cristãos-novos, essa amargura e esses dilaceramentos sem dúvida alguma contribuíram para modelar o semblante da "Espanha trágica". A influência que exerceram encontrou em nossos dias seus historiadores (Marcel Bataillon e Dominguez Ortiz, Américo Castro e Salvador de Madariaga); genealogias de glórias nacionais, tais como Luís de León, Luís Vives e até Cervantes foram traçadas e discutidas*. Porém, uma vez colocada a relação entre o drama racial da Espanha e seu estado atual, o espírito defronta-se com problemas mal conhecidos e de extrema complexidade.

É certo que a obsessão com a pureza do sangue alimentava uma guerra civil larvada, que com palavras encobertas levava Luís de León a comparar "um reino onde uns têm honras demais e os outros afrontas demais" a "um corpo doente, cujos humores combinam mal entre si"[60]. Já no século XIX, o grande Menendez y Pelayo estimava que "essa luta racial interna foi a principal causa da decadência da Península"[61]. Nos nossos dias, Dominguez Ortiz esclarece essa idéia da seguinte maneira:

...As provas de *limpieza* e de fidalguia repousando essencialmente nas declarações das testemunhas, a posição de cada um dependia da opinião dos outros e não de sua riqueza ou de suas qualidades individuais; a insinuação, a injúria, a calúnia podiam causar males tão grandes que deviam ser expiados pela morte; houve teólogos que justificaram o assassinato do caluniador, pois ele ameaçava a *honra*, bem mais precioso que a vida. Dependendo da opinião dos outros, o espanhol (principalmente o fidalgo) vivia num estado de angústia e de excitabilidade que refletia sua insegurança interna; faltava-lhe o tranqüilo

59. "Tratado escrito por um religioso da ordem dos irmãos menores" atribuído ao Frei Francisco de Uceda, citado por ORTIZ (pp. 226-229) e por SICROFF (pp. 266 e ss.).

* *A questão das origens dos grandes espanhóis do Século de Ouro, definitivamente resolvida em alguns casos, em outros, ainda é objeto de certas hipóteses, às vezes arriscadas. Por exemplo, embora a origem conversa de Fernando de Rojas, autor da* Celestina, *ou da grande mística Teresa de Ávila tenham sido claramente estabelecidas, as ascendências judaicas de Cristóvão Colombo ou de Cervantes, sustentadas por Madariaga, foram contestadas por outros autores. Houve influências específicas no "espírito converso"? Bataillon perguntou se "a inspiração religiosa e moral dos Profetas não ressurgia neles, desabrochando em inquietude messiânica". Ortiz teve o mérito de mostrar que "as nuanças comuns, se não em todos, pelo menos um grande número existiram, mas eram emanações de sua condição social e não de um fator racial".*

60. "Diálogo de Sabino e de Juliano", em *Os Nomes de Cristo*, obra-prima de Luis de León. A alusão só foi compreendida por um consultor da Inquisição em 1609, bem depois da morte de Luis de León (cf. M. BATAILLON, *Érasme et l'Espagne*, p. 810).

61. *Historia de los Heterodoxos Espanoles*, ed. Madrid, 1880, t. I, p. 632.

sentimento de seu próprio valor e, levado pela correnteza, atribuía mais valor às aparências do que aos fatos em si[52].

A mania nobiliárquica estendia-se a todas as classes da sociedade, pois todos os espanhóis, com exceção dos conversos, podiam ter pretensões à "nobreza menor" do sangue e não deixavam de fazer soar muito alto essa pretensão. Daí, no seio do povo humilde, o costume que espantava os estrangeiros e sobre os quais os relatos de viagem abundam em detalhes: todos os camponeses diziam ter sangue nobre, os artesãos, em vez de trabalhar, passeavam com a espada na cinta. "Eis sua honra sem proveito, que causa a esterilidade da Espanha", concluía uma dessas testemunhas. Encontramo-nos aqui nas origens da altivez espanhola, do inimitável tipo nacional do *caballero*.

> Não se vê um carpinteiro, um seleiro ou qualquer outro homem de loja que não esteja vestido de veludo e cetim, como o Rei, tendo uma grande espada, um punhal e a guitarra pendurados em sua loja [observava Mme. d'Aulnoy][63].
>
> Os humildes e os homens de ofícios, não podendo proceder de outra maneira senão trabalhar e ganhar sua vida, fazem-no de um modo negligente, tendo normalmente o manto nas costas tanto quanto o permita o ofício... A maior parte do tempo ficam desdenhosamente sentados perto de suas lojas; se chegam a juntar 200 ou 300 reais, ei-los nobres; não há mais encomenda que os leve a fazer algo até que, tendo-os despendido, voltam a trabalhar e a ganhar outros [observava Barthélemy Joly][64].

Pensemos também em tantas personagens de Cervantes, a começar por Sancho Pança, "bem nascido e pelo menos cristão-velho"[65].

Se, em vez de considerar essas questões sob o prisma da psicologia social, nós as abordarmos sob o prisma da história econômica, o fato que ressalta é a concentração dos cristãos-novos em certas ocupações, comércio e artesanato, que foram os de seus ancestrais judeus e que estavam, portanto, rodeadas de um duplo descrédito. Progressivamente, tais ofícios foram desertados, pois os cristãos-novos tendiam a abandoná-los na esperança de levar a esquecer mais facilmente suas origens, enquanto que os cristãos-velhos faziam de tudo para evitá-los. "Quando o comércio era um pecado a nossos olhos, em mãos de quem ele se encontrava? Nas dos judeus!", exclamava a seguir Capmany, o primeiro economista espanhol[66]. No século XVI, os mouriscos e muitos estrangeiros preencheram esse vazio, mas todos os mouriscos foram expulsos, por sua vez, em 1609. Mais adiante veremos como comércio e impureza de sangue acabaram tornando-se sinônimos.

62. *La Sociedad Española en el siglo XVIII*, Madrid, 1955, p. 49.

63. MME D'AULNOY, *Relation du voyage d'Espagne*, Paris, 1699, t. III, p. 129.

64. "Voyage de Barthélemy Joly en Espagne (1603-1604)", *Revue Hispanique*, ed. Barrau-Dihigo, 1909, XX, p. 162.

65. *Dom Quixote*, Cap. XX.

66. *Discurso Político-Económico*, de CAPMANY, citado por ORTIZ, p. 150.

Não é de espantar que um país onde as "artes mecânicas" eram tão pouco consideradas e onde o comércio era um pecado terminasse entrando em decadência. Quando os espanhóis se deram conta disso, era muito tarde. A miragem da prata e do ouro das Américas, espécie de maldição suplementar, não fizera mais do que mascarar o processo de empobrecimento e agravá-lo.

Foi nessas condições que a Península Ibérica ficou à margem da marcha do tempo e do grande surto capitalista. Desse ponto de vista, nada mais impressionante do que o contraste entre a Espanha da Contra-reforma e a Inglaterra e os Países Baixos, calvinistas ou puritanos, sedes da revolução industrial e do mundo moderno. Porém, enquanto toda uma escola de eruditos se lançou ao problema do nascimento do espírito capitalista no perímetro do Mar do Norte, no pólo oposto, a pesquisa histórica continua ainda descurada; ainda não apareceu um Max Weber para aprofundar como mereceria o problema das relações entre a ética do catolicismo ibérico, o culto da pureza do sangue, a ausência de espírito mercantilista ou capitalista e a decadência que daí resultou.

Terceira Parte: A EPOPÉIA MARRANA

12. Os Marranos de Portugal

Se a Inquisição castelhana conseguiu erradicar completamente o judaísmo, a Inquisição de Portugal tornou-se, talvez, em certo sentido, um dos instrumentos de sua conservação. É verdade que, quando foi criada, em 1536, os marranos portugueses estavam singularmente bem equipados para lutar por sua sobrevivência.

Já vimos que, na essência, descendiam dos judeus espanhóis que haviam preferido o exílio à apostasia. Tratava-se, portanto, de uma seleção, cuja importância numérica – mais de 5% da população lusitana – garantia-lhes uma coesão suplementar. Numa época em que o pequeno Portugal torna-se o pioneiro do comércio transoceânico, encontram-se a mão para inserir-se nele e desenvolvê-lo, para tornar-se, ao mesmo tempo que uma casta religiosa que também era uma casta pseudo-racial, uma espécie de guilda mercante com ramificações mundiais. Os diferentes nomes pelos quais eram designados em Portugal refletem bem esses três aspectos: os *cristãos-novos* eram também os *homens de nação* e os *homens de negócio*. Em sua chegada, eram estrangeiros falando uma outra língua e, essa alteridade, obstáculo suplementar para sua fusão com os cristãos, irá doravante acentuar-se: castelhanos em Portugal, serão em seguida portugueses na Espanha, terminarão impondo seu idioma e seus costumes a toda uma parte da Diáspora mediterrânica. Quanto a sua religião, por trás da fachada cristã daí por diante inevitável, ela irá evoluindo até uma espécie de sincretismo que seu historiador Cecil Roth chamou de *religião marrana*[1].

1. Cf. CECIL ROTH, *A History of the Marranos*, Philadelphia, 1947, Cap. VII, pp. 168-194, bem como seu estudo "The Religion of the Marranos", *J.Q.R.*, 1931, pp. 3-31.

Roth informa que certos criptojudeus de Portugal acabaram retendo do judaísmo só a crença de que a salvação (concebida à maneira cristã) era possível através da Lei de Moisés e não pela Lei de Cristo, e que eles tinham santos próprios, "Santa Ester" ou "São Tobias". A teologia da maior parte era menos sumária: contudo, condenados a imitar o gênero de vida cristão, todos os marranos tiveram de renunciar aos sinais aparentes e às manifestações tangíveis do judaísmo e, em primeiro lugar, à circuncisão – os mais encarniçados fazendo-se circuncidar em seu leito de morte[2] – e aos livros hebraicos. Enquanto livro sagrado, não lhes restava senão a Bíblia dos cristãos; embora rejeitassem o *Novo Testamento*, liam atentamente os livros apócrifos e alguns deles conseguiram até encontrar, nesses livros, uma absolvição para sua apostasia, uma espécie de salvo-conduto para adorar ostensivamente os deuses estrangeiros, enquanto permaneciam fiéis ao Deus de Israel no recôndito de seus corações*.

Efetivamente, os marranos portugueses, ao contrário de seus predecessores espanhóis do século XV, conformavam-se fielmente a todos os ritos do catolicismo, iam à missa e confessavam-se, e é a justo título que podiam gabar-se "de viver mui cristãmente"[3]. Chegaram mesmo a impregnar-se tão profundamente desse gênero de vida que, a seguir, nos Países Baixos protestantes, não revelaram sua qualidade de judeus secretos se não quando se viram ameaçados de ser expulsos como católicos[4]. Sua camuflagem era bastante perfeita para que Josel de Rosheim, o "regente" dos judeus da Alemanha, que visitou o grande centro marrano de Antuérpia em 1536, pudesse escrever: "É um país onde não há judeus"[5].

Essa insinceridade fundamental, essa transgressão permanente dos mandamentos do Sinai, bem como da lei de Cristo, contribuía para um sentimento de culpa que se manifestava em freqüentes jejuns e numa espécie de seleção que a tradição marrana, reduzida a um culto familial, operava no ritual e nas festas judaicas.

2. Cf. ORTIZ, *El Proceso Inquisitorial de Juan Nunez de Saravia*, artigo citado (p. 574): "O rico marrano Nunez de Saravia mandara vir, para seu pai que estava à morte em Bordeaux, um circuncisor de Amsterdam, e este depois foi para Bayonne para circuncidar outros marranos".

* A Epístola de Jeremias aos Exilados, *apócrifa, contém o seguinte trecho, que os marranos aplicavam de bom grado a seu próprio caso: "Ora, vereis em Babilônia deuses de prata, de ouro e de madeira, que são transportados nos ombros e que inspiram temor às nações. Tomai, portanto, cuidado para não imitar, também vós, esses estrangeiros, e de não vos deixar apossar pelo temor a esses deuses. Quando virdes uma multidão juntar-se na frente e por trás deles e prestar-lhes homenagem, dizei em vossos corações: 'É a vós, Senhor, que é preciso adorar'" (VI, 3-6).*

3. Assim, num requerimento dos "portugueses" ao Rei Filipe IV, de 1630, falando dos marranos que vivem no estrangeiro: "Y todos viven christianamente" (*R.E.J.*, 1904, 49, p. 64).

4. ROTH, *op. cit.*, p. 241.

5. "Les Mémoires de Josselmann de Rosheim", trad. S. Schwarzfuchs, em *F.S.J.U.*, revista trimestral, Paris, outubro de 1954, p. 23.

Enquanto o dia do Grande Perdão, o Iom Kipur, continuava sendo observado escrupulosamente (transformado em "Dia Puro"), festas como o Ano Novo ou o Pentecostes caíam no esquecimento. De Purim, os marranos só conservaram o jejum de Ester, de que o ritual judeu faz muito pouco caso, mas que se tornou um tema central da fé marrana; compreende-se facilmente por que uma rainha judia, que escondia suas origens até a seu esposo, mas que lhas revelou na hora do perigo, converteu-se na principal heroína dos marranos. Outro texto apócrifo, a "oração de Ester", tornou-se a prece marrana por excelência (é a oração que, em *Esther*, Racine transcreveu de modo bastante fiel:

> . . .Eu, que tu reténs em meio a esses infiéis, sabes como odeio suas festas criminosas. . . essa pompa a que estou condenada, essa faixa com que é preciso que eu pareça ornada, só e em segredo a piso com meus pés. . .*

Como se transmitia, de geração em geração, a tradição marrana? Evidentemente não podia tratar-se de uma revelação desde a infância, enquanto as crianças ainda não tivessem aprendido a segurar a língua. No mais das vezes, era feita na adolescência, e parece até que o rito do Bar-Mitzvá, ou maturidade religiosa, transformou-se numa espécie de mistério de iniciação. Amiúde, estava a cargo da mãe de família e, de um modo geral, o criptojudaísmo perpetuava-se não raro graças às mulheres, que, no fim de contas, tornar-se-ão verdadeiras consagradas, as *sacerdotisas* dos últimos marranos do século XX. Já falamos antes desse papel preponderante das mulheres, que um exilado de 1492 resumiu da seguinte maneira:

> Muitos daqueles que se glorificavam por sua sabedoria, se não quase todos eles, deixaram-se batizar nesse ano amargo, enquanto que as mulheres e as pessoas humildes deram seus bens e sua vida pela Santificação do Nome Divino[6].

Mas, ao mesmo tempo que o marranismo se perpetuava por essa fidelidade obscura dos humildes e das mulheres, perpetuava-se também graças à escolha meditada dos jovens ou de homens maduros cujo protesto ou dúvidas ele refletia. Sua filiação era às vezes muito misturada ou mesmo cristã-velha. É o que nos informam os arquivos da Inquisição, preocupados em estabelecer de modo tão exato quanto possível a genealogia dos acusados, e é isso que também nos informa a tradição marrana, que venèra a memóia de mártires como o monge franciscano Diogo de Assumpção, que só possuía um antepassado

* *Será preciso lembrar que os "apócrifos" são os escritos que não receberam direito de cidadania no cânone judeu do* Antigo Testamento, *mas que figuravam na tradução grega dos* Setenta, *de onde procedem, através da* Vulgata *de São Jerônimo, as traduções católicas da Bíblia que inspiraram Racine escrever* Esther?

6. Citado por H. J. ZIMMELS (*Die Marranen in der rabbinische Litteratur*, Berlim, 1932, p. 20), segundo um tratado do Rabi Yabez editado em Amsterdam em 1781.

judeu, queimado em 1603, ou o Desembargador Gil Vaz Bugalho, cristão-velho que aderiu a uma seita messiânica e foi queimado em 1551[7]. Com maior razão ainda, o marranismo podia ressurgir e propagar-se entre os cristãos-novos de origem pura, por vias das mais variadas: testemunho de fidelidade em alguns, ele podia expressar um conflito de gerações entre outros, o filho judaizante opondo-se ao pai cristão fiel. Lendo sua célebre biografia, parece que foi esse o caso de Uriel da Costa, que deixou sua casa cristã em Portugal para tornar-se judeu em Amsterdam, desviar-se a seguir para uma espécie de religião naturalista e pôr fim a seus dias pelo suicídio. "Qual foi o diabo que me empurrou para os judeus?", interrogava-se ele no fim de seu depoimento[8].

A instabilidade e a desventura marranas manifestavam-se ainda na freqüência dos movimentos messiânicos, nas tentativas de remediar aqui e agora uma situação insustentável; o que correspondia bem, aliás, à tradição política dos judeus da Península, à lembrança dos ministros judeus de outrora. Evoquemos a figura de David Reubeni, aventureiro judeu de origem obscura que, em 1524, se apresentou à corte do Papa Clemente VII como emissário do reino judeu do Oriente e lhe propôs uma aliança contra os muçulmanos. O papa o levou a sério e o enviou ao rei de Portugal, país a que chegou num barco com o pavilhão judeu. Os marranos rejubilaram-se, acreditaram que havia soado a hora da libertação e atacaram de mão armada a prisão inquisitorial de Badajoz: um deles, Diego Pires, tornou-se judeu com o nome de Salomon Molcho, juntou-se a Reubeni e, ambos, entre 1524 e 1532, percorreram a Europa com planos visionários, chegaram até a ser recebidos por Carlos V, mas acabaram, ambos, na fogueira. Tal agitação, com seu aspecto político e nacionalista, parece ser característica da mentalidade dos marranos; mentalidade tão difícil de apreender, pois eles só lograram sobreviver confundindo as pistas, fazendo-se passar pelo que não eram.

Se a situação marrana podia estimular sonhos dessa espécie (sonhos que, como veremos adiante, podiam levar longe), ela era ainda mais propícia ao espírito da aventura comercial. Durante o século XVI, os ousados *homens de negócio* portugueses enxameiam por todas as partes do mundo conhecido e, pioneiros do capitalismo em marcha, tecem uma rede de novas relações mercantis. Eles não se expatriam unicamente para fugir à Inquisição e poder judaizar em paz, conforme imaginou uma historiografia ingênua; mas é igualmente errado, no estudo de seus périplos e de seus empreendimentos, fazer abstração de sua condição e negligenciar suas crenças, como tenta fazer hoje em dia uma erudição demasiado sofisticada. Ao final de contas, o negócio, através de vários desvios, podia alimentar uma fé sem dúvida bastante arrefecida nos corações de numerosos grandes exportadores

7. ROTH, *op. cit.*, p. 153 e p. 148.

8. *Exemplar Humanae Vitae*, de URIEL DA COSTA, trad. de H.-E. Duff e Pierre Kaan, Paris, 1926.

e mercadores. De fato, cumpre não esquecer o papel que desempenhavam na vida comercial de então os vínculos de parentesco e de clã. Ser marrano, era ser também afiliado a uma vasta sociedade secreta de proteção e auxílio mútuo; voltar, mais tarde, a Salonica ou a Amsterdam, ao judaísmo aberto era também agregar-se a um poderoso consórcio comercial, e essas naturalizações *sui generis* podiam ser seguidas de notáveis *revivals* religiosos.

Ser marrano era, acima de tudo, conduzir uma luta permanente contra a Inquisição portuguesa, sobre a qual convém agora dizer algumas palavras.

As negociações entre a cúria romana e a coroa lusa que serviram de prelúdio para o estabelecimento do Santo Ofício em Portugal duraram mais de trinta anos e constituem uma página curiosa sobre os costumes políticos da Renascença. Sua demora pode ser facilmente explicada: nenhuma das partes em causa desejava matar a galinha dos ovos de ouro, e a ameaça de uma Inquisição, bem mais do que uma Inquisição em exercício, permitia fazer cantar os ricos e industriosos *homens de negócio*. Mas uma ameaça não pode ser brandida indefinidamente: pouco a pouco, por pequenas etapas, o aparelho inquisitorial português foi sendo montado. Em 1542, D. João III, que se resignara a estabelecê-la, dava a conhecer ao papa seu ponto de vista sobre toda a questão com franqueza admirável. Ele escrevia que os cristãos-novos constituíam uma parcela importante da população e a parcela mais útil; lembrava que, graças a eles e a seus capitais, o comércio, a indústria e a receita pública estavam crescendo antes que sua perseguição começasse; acrescentava que não tinha nenhuma razão para odiá-los, pois sempre fora servido por eles com zelo e lealdade; e concluía: "Como se pode pretender que eu queira cortar a garganta de minhas próprias ovelhas?"[9]. Tratava-se, portanto, de *tosar* as ovelhas marranas, em vez de degolá-las; e os pretendentes à tosa eram muitos. Em Portugal, o rei nomeia, em 1539, como grande inquisidor, seu próprio irmão, o Infante Dom Henrique. Em Roma, os candidatos à nunciatura mais lucrativa de todas não estavam faltando. Quando o barco que transportava os bens do Núncio Capodiffero, singrando as águas para a Itália, naufragou, o embaixador português rejubilou-se: "Não é sem razão que esse barco, carregado dos despojos do sangue de Nosso Senhor Jesus e dos presentes ofertados por seus inimigos soçobrou no mar"[10].

Em Roma, as tarifas concedidas às personagens influentes eram bem conhecidas[11].

9. A. HERCULANO, *History of the Origin and Establishment of the Inquisitionin Portugal*, trad. do português, Stanford, 1926, p. 453.

10. HERCULANO, *op. cit.*, p. 460, nota 23.

11. O Cardeal Crescentiis "ficaria satisfeito com uma pequena pensão ou ocasionalmente algumas pedras preciosas. . ." Monsenhor Ardinghello, secretário do papa, "ficará contente com ter alguns pares de luvas perfumadas e uma pedra valendo cinqüenta cruzados". Quanto ao papa, ". . .é preciso dar-lhe alguma coisa, bem como a Durante, a Bernaldez de la Cruz e a Julio, camaristas e favo-

Talvez os marranos não se hajam aproveitado o suficiente dessa situação. Infelizmente para eles, um acordo comum nem sempre reinou em suas fileiras. Os mais determinados deixavam Portugal; outros tendiam a solicitar perdões e isenções individuais, para eles e suas famílias, em vez de participar de uma ação coletiva. No fim de contas, os marranos foram traídos por seu próprio agente em Roma, o soldado da fortuna convertido Duarte da Paz; não tendo podido coletar, depois de dez anos de hábeis serviços, as somas que lhe eram devidas, sentiu ter alma de crisão e os denunciou ao papa.

Se eles dizem [escrevia] que não ajo por zelo pela fé, mas por despeito, porque não me pagaram o que me era devido, apelo a Deus que conhece meus motivos, e àqueles que me conhecem. Repito que, por dinheiro, eles se farão matar e que, para conservá-lo, tornar-se-ão os melhores cristãos do mundo. A piedade divina quis que eles tenham agido comigo como fizeram; pois a ingratidão e a má fé tornam maus os homens que foram bons e eu que me tornei mau, espero tornar-me bom pela graça de Jesus Cristo[12].

A seguir, esse antigo protegido do rei de Portugal e cavaleiro da Ordem de Cristo, depois de haver retornado ao judaísmo, partiu para a Turquia, onde abraçou o Islã.

A partir de 1536, a Inquisição começou a grassar em Portugal com crescente furor, perseguindo os infelizes *homens da nação* em cidades e aldeias, florestas e montanhas. As fogueiras começaram a flamejar: as relações dos autos-de-fé amiúde nem sequer permitem saber por que os cristãos-novos morriam, com qual invocação nos lábios... Depois de mandar queimar uma vintena em 14 de outubro de 1542, "sob um esplêndido céu azul", o temível inquisdor de Lisboa elogiava seu valor:

Nada me espantou mais do que ver o Senhor dar tanta firmeza à fraqueza da carne; os filhos assistiam à queima de seus pais e as mulheres à de seus maridos, sem que se lhes ouvisse gritar ou chorar; diziam adeus e os abençoavam como se estivessem separando-se para encontrar-se no dia seguinte[13].

De fato, depois do estabelecimento da Inquisição portuguesa, a função dos marranos permaneceu a mesma que no passado, continuavam alimentando os mesmos circuitos das finanças, através dos alçapões da Inquisição ou através da tesouraria da Santa Sé, que dispensava as graças e os perdões individuais e coletivos.

Os mais ousados viajavam muito por causa de seus negócios, iam aos Países Baixos, à Turquia ou às Índias e voltavam, de modo que uma estreita ligação era mantida com as colônias marranas do estrangeiro. Sempre vigilante, a Inquisição portuguesa vigiava tais movimentos e tais relações e conservava seus fichários em dia com a

ritos do papa. E ao Cardeal Tiotino também, de acordo com a natureza do assunto..." (HERCULANO, p. 515, nota 56, citando os relatórios dos enviados portugueses.)

12. HERCULANO, p. 449.
13. *Idem*, p. 564.

mesma minúcia que sua irmã espanhola. Durante dois séculos, ela se empenhou em manter a contabilidade dos marranos dispersos através do mundo e a registrar seus ofícios, suas riquezas e seus costumes graças aos depoimentos de suas vítimas, de suas testemunhas e de seus espiões; alguns desses relatórios contêm centenas de nomes; os dossiês de quarenta mil processos (cuja maioria ainda espera a curiosidade dos historiadores) foram preservados em seus arquivos, permitindo reconstituir a história das vítimas através dos relatos dos carrascos, anais clássicos das perseguições triunfantes.

Além do mais, no que diz respeito a ela, a Inquisição portuguesa, após a fogueira inicial, em geral evitava os assassinatos inúteis e só queimava moderadamente em comparação com as hecatombes da Espanha.

A essa relativa moderação opunham-se os inexpiáveis ódios do povo português. Os marranos eram ricos, eram perseguidos, eram judeus ou supostamente judeus; e, acima de tudo, esse judaísmo era secreto, esses ritos que se lhes atribuía estavam cercados de inquietante mistério. Raramente tantas condições foram reunidas para levar o ódio a tal paroxismo.

Ao imenso *pogrom* de Lisboa de 1506, muitos outros excessos se seguiram. A agitação nem sempre era levada a seu termo. Assim, em Lamego, em 1532, correu o rumor de que o rei ia estabelecer a Inquisição. Imediatamente os cristãos-velhos rejubilaram-se, dizendo que não mais precisariam construir casas, pois iriam dispor das casas judias. Reuniram-se para dividir equitativamente os despojos esperados, ou para sorteá-los. Um declarou que ia plantar sarmentos para queimar melhor os marranos, outro que ia afiar o sabre para melhor degolá-los. Nessa mesma noite, a multidão dirigiu-se para a rua onde eles moravam, mas foi dispersada no último momento[14]. Dez anos depois, soube-se em Lamego que um tribunal inquisitorial seria estabelecido na cidade. Uma ode de graças devida a um poeta anônimo circulou então na cidade, recopiada em dezenas de exemplares; ela descrevia como os marranos iriam para a fogueira, divididos em dois grupos, sendo que um devia dançar e o outro cantar.

> Agradeçamos a Deus por ver em nossos dias o castigo dessa raça de cães infiéis e heréticos. Elevemos nossas vozes em coro, para agradecer-lhe esse favor; e façamos pilhas de gravetos para que não falte madeira na hora do holocausto[15].

É evidente que, assim como na Espanha, um estatuto de discriminação racial foi estabelecido em Portugal. Na verdade, os *homens da nação* haviam-se tornado uma raça maldita, singularizada pelas perseguições e pelos ódios, a tal ponto que o historiador português Antônio José Saraiva pôde escrever que essa raça era um mito criado pela Inquisição portuguesa[16].

14. *Idem*, p. 318.
15. *Idem*, p. 535.
16. ANTÔNIO JOSÉ SARAIVA, *A Inquisição Portuguesa*, Coleção "Saber", Lisboa.

Certamente, Saraiva foi longe demais, e a gênese daquilo que ele qualifica de "mito marrano" remonta, como vimos, às gloriosas *aljamas* do passado; mas as masmorras da Inquisição deram a esse mito sua forma definitiva, elas forjaram literalmente a mentalidade marrana durante uma luta secular, uma guerra secreta em que todos os golpes eram permitidos, em nome de uma fé igualmente degradada de ambos os lados, de modo que os dois campos em confronto e suas armas podem suscitar a mesma repugnância, e as vítimas ser julgadas de modo tão severo quanto os algozes.

Mais adiante veremos como e em que condições os marranos fugiam para o estrangeiro. Aqueles que não dispunham dos meios ou da energia permaneciam enterrados nos recônditos mais selvagens de Portugal, onde vestígios do marranismo conservaram-se até hoje. Depois de 1580, numerosos foram os que passaram para a Espanha. Em Sevilha, encruzilhada do comércio das Índias, por volta de 1640 havia quase dois mil "negociantes portugueses"[17]; em Madrid, na mesma época, os mais empreendedores faziam concorrência aos banqueiros genoveses, nas transações financeiras com a corte; através de toda a Espanha, alimentaram intermitentemente, até meados do século XVIII, as fogueiras da Inquisição espanhola.

Quanto àqueles que continuaram a levar em Portugal uma existência secreta, seu nível social e intelectual foi decaindo, fato que os inquisidores não deixavam de constatar. Por ocasião de um auto-de-fé de 1705, um arcebispo bradava assim contra eles:

> Miseráveis relíquias do judaísmo! Infortunados fragmentos da sinagoga! Últimos vestígios da Judéia! Escândalo para os católicos, objeto de riso para os próprios judeus!. . . Vós sois o riso dos judeus, pois nem mesmo sabeis observar a lei sob a qual viveis[18].

Ao longo das gerações, o marranismo começou a esvaziar-se de sua substância dramática; a emigração para os países protestantes prosseguia, drenando para fora do país as naturezas fortes: entre a massa, a rejeição do cristianismo transformava-se num anticlericalismo secreto e pacífico. Em 1773, o Marquês de Pombal, enérgico reformador de Portugal, suprimiu com uma penada todas as distinções legais entre cristãos-velhos e novos*; a Inquisição, perdendo sua principal razão de ser, entrou em rápida decadência e foi suprimida em

17. H. GIRARD, *Le Commerce français à Séville au temps des Habsbourg*, Bordeaux, 1932, pp. 39-40.

18. CECIL ROTH, *A History of the Marranos*, *op. cit.*, p. 347.

* *Como não citar a tal propósito este lendário apólogo: ". . .O rei de Portugal D. José I ordenara que todo português que tivesse algum grau de ascendência judaica usasse um chapéu amarelo. Alguns dias depois, o Marquês de Pombal surgiu na corte com três desses chapéus sob o braço. O rei, espantado, disse-lhe: 'Que quereis fazer com tudo isso?' Pombal respondeu que queria obedecer às ordens do rei. 'Mas por que tendes três chapéus?' '– Tenho um para mim', replicou o marquês, 'um para o grande inquisidor e um para o caso de que Vossa Majestade queira usá-lo' ".*

1821. Mas nem por isso a religião marrana desapareceu. Ela continuou a vegetar na sombra, conjugando as observâncias cristãs públicas e as observâncias judaicas secretas e, enquanto que ao longo de todo o século XIX, os judeus de além-Pireneus estimavam que todo traço do judaísmo havia desaparecido na Península, os marranos portugueses, de sua parte, tinham a opinião de que eram os últimos e únicos judeus do universo. Sua redescoberta ocorreu no século XX, após Primeira Guerra Mundial, e soube-se então que estavam divididos em dois grupos (não sem analogias com a situação que reinou desde a Renascença): uns, fiéis cristãos, eram entretanto, considerados judeus pelo resto da população; outros, menos numerosos, consideravam-se eles próprios judeus; sob o impulso de suas velhas *sacerdotisas*, continuavam observando certas festas judaicas, recitando em português antigas orações e recusavam, em privado, o Cristo cuja divindade celebravam nas igrejas. Somando alguns milhares, viviam principalmente no interior do Portugal setentrional e, humildes artesãos ou camponeses, eram analfabetos em sua maioria. Por volta de 1925, as grandes organizações judaicas da França e da Inglaterra interessaram-se por essa tribo perdida do glorioso judaísmo sefardita e tentaram implantar em Portugal uma espécie de missão judaica. Mas os reencontros não foram muito calorosos, e o esforço não deu resultados. Seria por que eles "imaginavam que esse Deus não podia ser adorado de outro modo exceto clandestinamente e consideravam uma profissão de fé pública como uma espécie de profanação?" (Cecil Roth). Os descendentes dos marranos forçados ter-se-iam tornado – a exemplo dos *Deunméh* de Salonica que serão objeto de nosso exame mais adiante – marranos propositais e deliberados? Ainda hoje existem os que judaízam à sua maneira em Portugal; sabe-se muito pouco a seu respeito; assinalemos a curiosa maneira de interpretarem a designação de "judeus" que se lhes aplica: "Chamam-nos de *judeus*", dizem eles, "porque nós nos *ajudamos* mutuamente"[19].

19. *Idem*, p. 400, nota 5.

13. A Dispersão Marrana

A expulsão de 1492, que levou várias dezenas de milhares de judeus espanhóis para a Berbéria, para a Turquia e para os raros territórios cristãos onde conseguiam ser admitidos, foi seguida, durante dois séculos, pela lenta e contínua emigração dos marranos. Em Portugal, essas partidas, ora autorizadas, ora clandestinas, eram geralmente objeto de transações financeiras. Na Espanha, elas sempre foram perigosas, pois agravavam a suspeita de judaísmo. Mas certas circunstâncias podiam facilitar a emigração clandestina. Assim, em 1609-1614, por ocasião da expulsão dos mouriscos, um determinado número de criptojudeus portugueses e de conversos espanhóis infiltraram-se nas fileiras daqueles e cruzaram os Pireneus; é interessante assinalar que a entrada dos mouriscos em França foi negociada pelo marrano Lopez, futuro confidente de Richelieu; pouco tempo antes, estivera em pauta a questão de uma permissão para que se estabelecessem na França cinqüenta mil famílias de marranos portugueses, "pessoas avisadas e industriosas"[1].

1. Parece que nenhum historiador judeu se deteve nesse afluxo de marranos para a França por ocasião da expulsão dos mouriscos. Contudo, estes, em seu "memorial dirigido a Henrique IV", depois de enumerarem as "casas" com que o rei podia contar na Espanha, falavam "de outras nações que existem na Espanha, que são da religião de Cristo e de outras da religião de Moisés (que) se colocarão do lado da França, e estas são muitas. . ." (*Mémoires du duc de la Force*, Paris, 1843, t. I, p. 345). Segundo FRANCISQUE MICHEL (*Histoire des races maudites de la France e de l'Espagne*, Paris, 1847), "em 1610, chegaram e entraram na França, em diversas ocasiões, tanto por mar quanto por terra, naus de 150 000 mouriscos. . . uma grande multidão de judeus havia juntado-se a eles. . ." "os quais, não tendo recursos para ir para a África, ter-se-iam instalado sob a

O país de acolhida por excelência dos marranos era a Turquia, que vinha procurando atrair os judeus ibéricos desde a conquista de Constantinopla. Segundo o Rabino Moisés Capsali, o Sultão Mohamed II mandou então proclamar o seguinte apelo: "Escutai, descendentes dos hebreus, que viveis em meu país. Que cada um que o deseje venha a Constantinopla e que os restos de vosso povo encontrem aqui seu abrigo". E (continua o cronista) "tropéis de judeus afluíram para Constantinopla de todos os horizontes, onde o Sultão punha à sua disposição moradias, e eles ali se instalaram"... Após a expulsão da Espanha, o Sultão Bajazet, dizem, teria exclamado: "Vós chamais Fernando de um rei sábio, ele que empobreceu seu país e que enriqueceu o nosso!"[2] De acordo com o embaixador francês D'Aramon (1547), "Constantinopla é habitada principalmente por turcos, depois por infinitos judeus, a saber, por marranos que foram expulsos da Espanha, Portugal e Alemanha; os quais ensinaram aos turcos todo artifício de mão; e a maioria das lojas são de judeus". Seu contemporâneo e compatriota Nicolas de Nicolay especifica:

(Os judeus) têm entre eles trabalhadores em todas as artes e manufaturas muito excelentes, especialmente marranos não faz muito tempo banidos e

máscara de cristãos na França, particularmente em Auvergne" (pp. 71 e 94). Contudo, depois de pesquisas recentes de Henri Lapeyre, apenas 50 000 mouriscos teriam entrado na França.

Mesmo que as cifras não sejam exatas, o fato de que passou para o território francês, quando do êxodo dos mouriscos, um contingente de marranos portugueses não parece poder ser posto em dúvida. Sob o reinado tolerante de Henrique IV, a atmosfera era propícia.

O embaixador Philippe Canaye, depois de informar o rei, em 1601, das negociações financeiras entre os "marranos de Portugal" e a corte de Espanha, acrescentava: "Um dos principais judeus que foi empregado nessa composição disse-me que, se Vossa Majestade quisesse permitir que sua nação habitasse na França, ela tiraria vantagens disso e povoaria seu reino com mais de 50 000 famílias de pessoas instruídas e trabalhadoras..." (*Lettres et Ambassade de Messire Philippe Champagne*, Paris, 1635, p. 62).

Pesquisas mais aprofundadas poderiam lançar luz sobre essa imigração, para a França, de marranos camuflados ou não de mouriscos. Segundo Henri Baraude, Afonso Lopez, agente do Duque de Richelieu, judeu português nascido em Aragão, foi sob Henrique IV o embaixador dos mouriscos e "seu defensor em seu impressionante êxodo através da França". Segundo o mesmo autor, "durante todo o século XVIII, houve uma infiltração constante de judeus sob o nome de mouriscos, freqüentemente confundidos com eles..." (H. BARAUDE, *Lopez...*, Paris, 1933, p. 11, 33).

Segundo Leon Brunschwicg, "nos primeiros anos do século XVII, portugueses em número bastante grande vieram instalar-se em Nantes, não sem levantar protestos... Henrique IV tomou os refugiados sob sua proteção e pretendia mantê-los em Nantes contra todos..." (L. BRUNSCHWICG, *Les Juifs de Nantes et du pays nantais*, Nantes, 1890, pp. 12 e ss.).

Sabe-se que a família de Spinoza, entre outras, fazia parte desses "portugueses".

2. Cf. DUBNOV, V, p. 479, e GRAETZ, p. 363, bem como o anexo 7 ("Glücklicher Zustand der Juden in der Türkei; Mose Kapsali"). O apelo do sultão Mohammed II também foi mencionado pelo cronista italiano Angiolello (por volta de 1468). (Cf. G. WALTER, *La Ruine de Byzance*, Paris, 1958. Apêndice, p. 343, nota 3.)

expulsos da Espanha e Portugal, os quais, em grande detrimento e prejuízo da cristandade, ensinaram aos turcos muitas invenções, artifícios e máquinas de guerra, como fazer artilharia, arcabuzes, pólvora de canhão, balas e outras armas. Parece que ali montaram uma imprensa, antes jamais vista nessas regiões[3].

Porém, ainda mais do que Constantinopla, é Salónica que se tornou, no século XVI, o grande centro judeu do Levante e a principal cidade de acolhida dos marranos. Os rabinos recomendavam que eles fossem ajudados, a qualquer preço, a tornar-se de novo bons judeus; uma consulta do célebre Samuel de Medina chegava mesmo a justificar as trapaças e os abusos cometidos por esse piedoso motivo*; outros doutores não hesitavam em proclamar os marranos arrependidos como melhores judeus do que os mais pios dos judeus; quando, em 1556, uma vintena de marranos foi queimada em Ancona, os judeus da Turquia replicaram ao fato com uma tentativa de estabelecer um boicote internacional. Mas a rejudaização nem sempre era fácil; o judeu comum via o marrano com maus olhos e o tratava, injúria suprema, de *Kistanios***; mesmo em terras do Islã, onde agora era mais cômodo ser judeu do que ser cristão, a ambigüidade marrana não era facilmente superada. Segundo J. Nehama, o historiador da Salónica judia, a cidade "fervilhava com famílias em situação religiosa imprecisa, meio-cristãs, meio-judias... Houve gente que não sabendo o que era por não ter podido incrustar-se numa doutrina desde a infância, ia errando de uma fé para outra, com a alma contundida... Houve mesmo aqueles que, depois de efetuar o retorno à religião ancestral, eram tomados de nostalgia pelo catolicismo, e regressavam a ele...", e esse autor cita curiosos exemplos de semelhante marranismo às avessas[4]. Esses eram, portanto, exteriormente judeus, internamente cristãos; houve também descrentes que adotaram *pro forma* o Islã; alguns fizeram gloriosas carreiras militares a serviço do sultão[5].

3. *Le Voyage de Monsieur d'Aramon, ambassadeur du Roy au Levant*, Paris, 1887, p. 31; NICOLAS DE NICOLAV, *Les Navigations, Pérégrinations et Voyages faits en la Turquie*, Anvers, 1576, p. 245.

* *O caso era o seguinte: "Rubens", marrano retornado ao judaísmo, incitava seu amigo "Simão" a seguir seu exemplo e a vir juntar-se a ele na Turquia. Prometeu emprestar-lhe 2 000 florins quando chegasse e adiantou-lhe 300; foi combinado que essa soma ficaria para "Simão" se "Rubens" não mantivesse a promessa. "Simão" veio para a Turquia. "Rubens" recusou-lhe os 1 700 florins restantes e exigiu a devolução do adiantamento. O caso foi levado perante Samuel de Medina. Este condenou "Simão" a reembolsar os 300 florins a "Rubens" que agira "para salvá-lo do inferno e trazê-lo para a proteção das asas da Schekina". (Cf. H. J. ZIMMELS,* Die Marranen in der rabbinischen Literatur, *Berlim, 1932, p. 52).*

** *De* Kistanios *e não de* Kristianos, *a fim de evitar pronunciar o nome de Cristo.*

4. JOS. NEHAMA, *Histoire des Israélites de Salonique*, t. V, *(1593-1669)*, Paris, 1959, p. 20.

5. Cf. o verbete "Marranos" da *Enciclopedia Judaica Castellana* (vol. VII, pp. 289 e ss.), onde são citados alguns dos nomes desses convertidos ao Islã.

Adiante iremos descrever no que deu essa situação confusa. Deve-se ainda notar que os anais dos judeus do Império Otomano não assinalam nem perseguições populares, nem perseguições governamentais. Sua condição de "nação", não raro exposta ao reino do arbítrio, continuou sendo o que era na Idade Média, e já dissemos bastante a esse respeito no começo deste volume. Econômica e intelectualmente, essa condição refletia a estagnação geral do mundo muçulmano, até o século XX.

Numerosos também foram os marranos que se instalaram na África do Norte, na proximidade da Península Ibérica. As autoridades espanholas e portuguesas esforçavam-se para impedir que eles passassem para os "turcos", para o inimigo hereditário, e alguns levaram longos anos para chegar ao Levante ou à Berbéria, através de imensos desvios, fazendo escalas prolongadas na Itália ou em Flandres. Outros jamais chegaram ao destino, quer porque foram interceptados pela Inquisição, quer porque foram seduzidos, no meio do caminho, pelas possibilidades e perspectivas locais.

É que as peregrinações marranas eram regidas por fatores múltiplos, dentre os quais as leis e os jogos do comércio situavam-se em primeiro plano. "São" – dirão mais tarde os negociantes de Paris – "partículas de dinheiro vivo que correm, que se perdem e que, ao menor declive, juntam-se num só bloco."[6] Lá onde os místicos agiam como místicos, os mercadores agiam como mercadores; se alguns se dirigiam às regiões onde podiam judaizar livremente, outros eram atraídos pelos grandes centros de negócios; e foi assim que, seguindo a conjuntura do momento, os marranos foram instalar-se, no século XVI, em Antuérpia, Veneza, Ancona, Salonica, Bordéus, e, no século XVII, em Amsterdam, Hamburgo e Londres, ao mesmo tempo que se dispersavam continuamente pelo Novo Mundo. Todos os governos cristãos (excetuando-se apenas aqueles de seu país de origem) aprenderam a conhecer os lucros financeiros que podiam extrair disso, recebiam-nos de braços abertos e davam-lhes múltiplos privilégios. A Santa Sé dera o exemplo, acolhendo-os em 1525 em Ancona, porta do Oriente. Não havia porto de alguma importância onde eles não estivessem estabelecidos e, na qualidade de guilda internacional de comércio marítimo, contaram em suas colônias mesmo com marranos que eram bons católicos. O relatório de um espia da Inquisição, enviado em 1632 à França para investigá-los, fornece alguns detalhes precisos sobre esse curioso assunto: em Bordéus, eram católicos um padre marrano, seus irmãos e mais duas ou três pessoas; em Ruão, "de 24 ou 26 casas, 8 a 10 são católicas"; em Antuérpia, "há de tudo"; mas em Amsterdam, existia apenas um só marrano católico, ajudado pelos de Ruão[7]. Já assinalamos o caso de marranismo às avessas em

6. Citado por H. MONIN, "Les Juifs de Paris à la fin de l'Ancien Régime", *R.E.J.*, 1891, 23, p. 90.

7. Cf. o artigo *cit.* de DOMINGUEZ ORTIZ, "El Proceso Inquisitorial de Juan Nuñez de Saravia", *Hispania*, 1955, XV, p. 377.

terras do Islã, onde houve, numa correspondência exata aos ressurgimentos de judaísmo entre os conversos portugueses ou espanhóis, ressurgimentos cristãos na terceira ou quarta geração entre os judeus de linhagem marrana.

Mas, fossem eles judeus, cristãos, ou livres-pensadores, os marranos, através de todas as suas atribulações, permaneciam singularmente espanhóis; como se, suspeitados e questionados por todos os lados, eles tivessem procurado manter assim sua identidade duradoura e profunda. Uma Espanha judia perpetuava-se fora da Espanha. Era o castelhano (ou o português) que se ouvia nas ruas de Salonica, de Livorno ou de Amsterdam; era em castelhano, escrito em caracteres latinos ou em caracteres hebraicos, que os marranos mantinham correspondência entre si e que publicavam suas obras. O abandono da máscara cristã nada mudou desse costume. Essa fidelidade secular à língua espanhola, que se tornou o *ladino* dos *sefarditas*, não é a única testemunha de sua profunda hispanidade, nem a mais impressionante. Em 1601, por ocasião de um litígio comercial, os judeus de Veneza declararam que, "expulsos da Espanha, não se consideravam menos súditos do Rei Católico"[8]. Astúcia de mercadores sem fé nem lei? Mas foram os marranos de Ruão que, em 1641, socorreram os prisioneiros espanhóis depois de Rocroi[9]; foram outros ex-marranos que, em 1578, em Fez, mostraram-se humanos em relação aos cativos portugueses, ruínas de um exército invasor vencido[10].

Em 1736, depois que uma guarnição espanhola deixara Livorno, o agente francês enviava a Paris o que segue:

> A nação judaica perde muito ao perder os espanhóis, não sendo críveis os bons tratamentos que ela recebeu e a justiça desinteressada que estes lhe deram, nas ocasiões que se apresentaram, para confusão da gente do país que esperava que, como na Espanha, eles seriam aqui o flagelo desta nação. E os espanhóis dizem em alto e bom som que não encontraram neste país outros exceto os judeus que os tenham tratado bem e servido fielmente[11].

O que demonstra como, no estrangeiro, os judeus espanhóis e os soldados espanhóis, isto é, tanto uns, quanto os outros exilados, podiam reconhecer-se como compatriotas; nota humana que lembra que as relações entre espanhóis e marranos não eram feitas unicamente

8. Cf. FERNAND BRAUDEL, *La Méditerranée et le monde méditerranéen à l'époque de Philippe II*, citando um relatório de Frei de Vera a Filipe II, de 1601 (Paris, 1949, p. 707).

9. Cf. CANOVAS DE CASTILLO, *Estudios del Reinado de Felipe IV*, citando Robillard de Beaurepaire: "...É triste constatar que esses prisioneiros não mereceram nenhuma atenção a não ser por parte dos burgueses e circuncidados de Jerusalém, isto é, dos Israelitas domiciliados em Ruão..." (Madrid, 1888, t. II, p. 485.)

10. GRAETZ, VIII, p. 399, citando J. ABOAB, *Nomologia*: "...Esses miseráveis não tinham maior consolação do que ser vendidos como escravos aos judeus, cuja natural piedade eles conheciam" (p. 308).

11. Do agente francês em Livorno, Silva, ao Conde de Maurepas, 19 de março de 1736 (Arq. Nac., A. E., B I, 725, f.º 400).

de perseguições, de um lado e ressentimentos, do outro. Fato de que existem outros exemplos. Assim, documentos publicados recentemente sobre Spinoza estabelecem que existia em Amsterdam uma espécie de círculo ou clube onde os "portugueses" retornados ao judaísmo e os viajantes espanhóis de passagem conversavam amigavelmente e discutiam teologia (fato de que estes prestavam contas à Inquisição depois de voltar à Espanha)[12].

Nessas condições, compreende-se melhor como tantos marranos podiam ir à Espanha para comerciar sob a máscara cristã e como os governos de Madrid ou de Lisboa podiam empregar os marranos como agentes diplomáticos e como cônsules e às vezes até mesmo dar-lhes títulos de nobreza por seus leais serviços[13]. Um certo Cansino, nativo de Oran, ficou bastante rico para poder ir, em 1656, a Madrid, como judeu às claras; "amando muito a Espanha", ofereceu ao rei um empréstimo sem juros de oitocentos mil ducados[14].

Essa profunda hispanidade dos marranos achava muitas outras formas de expressão. Nas perseguições e processos feitos em Amsterdam, a "Jerusalém holandesa", contra os descrentes e os hereges, nas negações humilhantes e nas penitências impostas a alguém como Uriel da Costa, crê-se reconhecer a influência dos costumes inquisitoriais[15]. E o antigo orgulho tribal dos judeus espanhóis persistia através de todas as vicissitudes; eles continuavam, nos séculos XVII e XVIII, reivindicando uma ascendência real que remontava até Davi[16]. O desprezo que dedicavam aos outros judeus, alemães ou poloneses, era proverbial. (Mantidos em suspeição pela sociedade cristã, não encontravam assim gente mais judia do que eles mesmos?) Conservavam-nos cuidadosamente à distância. A Voltaire, que crivava de flechas os judeus e o judaísmo, Isaac de Pinto respondia:

Monsieur de Voltaire não pode ignorar a delicadeza escrupulosa dos judeus espanhóis e portugueses a ponto de não se misturarem, por casamento, aliança

12. Cf. I. REVAH, "Spinoza et les héretiques de la communauté judéo-portugaise d'Amsterdam", *Revue de l'Histoire des Religions*, 1958, 154, pp. 173-218.

13. Cf. CECIL ROTH, *op. cit.*, que apresenta, pp. 303-308, vários exemplos desse "extraordinário fenômeno".

14. Segundo os "Avisos" de BARRIONNEVO, citados em *Historia Social y Económica de España, op. cit.*, t. III, p. 320. Parece que se tratava do projeto de readmissão na Espanha de um grupo de judeus, projeto que não teve seguimento. Os Cansino eram, de pai para filho, intérpretes ou guias reais na possessão espanhola de Oran (cf. GRAETZ, X, anexo 2). Em 1674, depois da expulsão dos judeus de Oran, esse mesmo Cansino, ou talvez seu filho, procurou vingar-se da corte da Espanha e ofereceu, por intermédio do cônsul francês em Livorno, seus serviços a Luís XIV. Ver o interessante relatório do Cônsul Catalendy, de 18 de maio de 1674, Arquivos Nacionais, A.E., B I, 695.

15. Assim GRAETZ, X, p. 128, escrevendo sobre as penitências impostas a Costa: "Os rabis de Amsterdam e o conselho consistorial, composto por marranos, ao fazer isso tomavam como modelo as formas tenebrosas do tribunal inquisitorial".

16. H. J. ZIMMELS, *Ashkenazim and Sephardim, op. cit.*, p. 283.

ou outro meio, com os judeus de outras nações; seu divórcio de seus outros irmãos chega a tal ponto que, se um judeu português, na Holanda e na Inglaterra, casasse com uma judia alemã, perderia de imediato suas prerrogativas e não seria mais reconhecido como membro de sua sinagoga. Foi por meio dessa saudável política que eles conservaram costumes puros e alcançaram uma consideração que, mesmo aos olhos das nações cristãs, tornam-nos distintos dos outros judeus. [Voltaire lhe deu razão.*]

Com efeito, um "português" que viesse a casar-se com uma "tudesca" seria banido da nação, se não anatemizado. Nas grandes sinagogas de Amsterdam e de Londres, os judeus alemães eram obrigados a sentar-se em bancos especiais, separados por barreiras. Em Veneza, os portugueses mandaram expulsar de seu bairro, o *ghetto vecchio*, os judeus alemães e levantinos[17].

Portanto, depois de sua volta ao judaísmo às claras, os marranos preservavam as maneiras e a atitude que lhes haviam servido de máscara, comportando-se como personagens de prol, vestindo-se segundo a moda e portando peruca.

Eles não usam barba [escrevia ainda Pinto] e não afetam nenhuma singularidade em sua vestimenta; os abastados, entre eles, levam o rebuscamento, a elegância e o fasto nesse gênero, tão longe quanto as outras nações da Europa, das quais não diferem salvo pelo culto.

Por isso mesmo puderam ser qualificados de "pioneiros da assimilação". Eis como o Irmão Pregador Labat, maldoso como bom monge que era, descrevia o fasto dos judeus de Livorno:

Eles são livres ali, não trazem nenhuma marca que os diferencie dos cristãos, não estão de modo algum fechados em seus bairros, são ricos, fazem um comércio muito extenso, detêm quase todas os arrendamentos do príncipe e são protegidos de tal modo que existe um provérbio na Toscânia segundo o qual, é melhor bater no grão-duque do que num judeu. Desse modo, são ainda mais odiosos para todo o resto do mundo, mas eles zombam disso, e não creio que haja lugar no mundo onde sejam mais arrogantes e orgulhosos... eles gostam de aparecer, principalmente por ocasião de seus casamentos[18].

E o Irmão Labat estende-se sobre a pompa de um matrimônio judeu, honrado com a presença do grão-duque, num salão de baile "pavimentado de ladrilhos de prata de uma polegada de espessura". Testemunha mais benevolente, o navegante inglês Thomas Coryat ficou surpreendido com a elegância e o requinte dos judeus de Veneza:

* *"As linhas de que vós vos queixais", – respondeu Voltaire – "são violentas e injustas: existem entre vós homens muito instruídos e muito respeitáveis... Continuai judeus pois vós o sois. Vós não degolareis os madianitas. Mas sêde filósofos, é tudo o que vos posso desejar de melhor nesta curta vida." (*Lettres de quelques Juifs à M. de Voltaire, *ed. Abbé Guénée, Paris, 1815, pp. 15 e ss., 42 e ss.)*

17. *Idem*, p. 62.

18. "Rélation de J.-B. Labat", publicado por A. T'SERSTEVENS, em *La Comédie Ecclésiastique*, Paris, 1927, pp. 20 e ss.

> Homens tão limpos e tão cheios de graça que digo a mim mesmo que nosso provérbio inglês: "Ter ar de judeu" não é verdadeiro. Na verdade, observei alguns que eram pessoas muito elegantes e educadas... Vi numerosas mulheres judias das quais algumas eram as mais belas que jamais vi, resplendentes de jóias, correntes de ouro e pedras preciosas, de tal modo que algumas de nossas condessas inglesas teriam dificuldade em igualá-las[19].

Esse esplendor também fazia parte da antiga máscara cristã, máscara que doravante ficara presa ao rosto. Um orgulho todo espanhol, uma fidelidade ao judaísmo que não excluía a nostalgia do cristianismo; as tradições ou as reminiscências da vida secreta; as abrasantes marcas do desprezo cristão: tais foram os estímulos contraditórios que contribuíram para modelar a inapreensível fisionomia marrana. Um poeta português do século XVII, João Pinto Delgado, que, em Amsterdam, retornou ao judaísmo às claras, conseguiu descrever admiravelmente outro traço dessa fisionomia:

> Ali onde a Lusitânia confina com a Andaluzia, encontra-se a terra que foi berço de meu nascimento. Quando cheguei à idade em que pude distinguir o bem do mal, ela foi a moldura humilde e perigosa de meus pensamentos. Humilde porque eu só podia dedicar algumas horas ao exercício das ciências; e perigosa porque meus pais já tinham plantado em mim as árvores da mui santa Lei, cujos frutos tardaram tanto quanto a situação me impedia de colhê-los a mancheias para convertê-los em meu alimento. Esse temor ansioso que abafava meu espírito fazia-me julgar o resto como sendo diferente do que era, dissimulando timidamente as verdades sob aparências enganosas, camuflando os indícios que levavam a pesquisas cujo termo é a perda dos três maiores bens deste mundo: a honra, a vida e a fortuna[20].

"Perda dos três maiores bens deste mundo", daí uma tensão sem tréguas, a todo momento; "julgar todo o resto como sendo diferente do que era", daí a acuidade do pensamento e a busca da verdade que se esconde sob as aparências. Destarte, o tradicional espírito crítico judeu era levado ao pináculo.

Espanhóis abominados pela Espanha; cristãos de fachada, mas atraídos apesar de si mesmos pelas seduções da Igreja; judeus de intenção e de coração, mas curvando-se de má vontade ao jugo da Lei e desprezando seus irmãos de estrita observância mosaica; tais eram as contradições e os dilaceramentos da alma marrana. Gostaríamos de tentar penetrar nela até os seus derradeiros recônditos, mas essa alma é mais insondável do que qualquer outra, fértil em façanhas prodigiosas bem como em vilezas sem nome, rica em virtualidades de heroísmo sublime e de realismo sórdido; resumo da alma humana, mas que resumo! No caso, generalizar seria falsear por definição, pois a condição marrana podia justificar condutas de fidalgo bem como condutas de usurário, pois um marrano era ao mesmo tempo um talmudista

19. *Coryat's crudities*, Londres, 1611. Citado por C. ROTH, *Transcriptions of the Jewish Historical Society of England*, 1924-1927, XI, p. 218.

20. Manuscrito inédito de João Pinto Delgado, citado por J. REVAH em sua introdução à edição do *Poema de la Reina Ester*, Lisboa, 1954, p. XX.

em potencial e um conquistador em potencial, ele estava tão pronto a sucumbir ao delírio messiânico quanto a soçobrar no niilismo total. A única generalização válida é dizer que todas as potencialidades humanas podiam realizar-se e ser vividas com intensidade decuplicada. Por isso mesmo, o melhor a fazer é ilustrar a condição marrana por meio de alguns destinos e algumas aventuras, individuais ou coletivas.

1. O DUQUE DE NAXOS

A história da dispersão marrana no século XVI é dominada pela família, ou melhor, pelo clã dos Mendes. Os dois irmãos Mendes, Francisco e Diogo, o primeiro fixado em Lisboa e o segundo em Antuérpia, criaram uma casa de comércio que se tornou a principal importadora de pimenta na Europa do Norte e que adiantava fundos aos reis, a exemplo dos Fugger e dos Welser. Outra de suas atividades, talvez a mais rendosa, parece ter sido a transferência de capitais e bens marranos de Portugal para Flandres e dali para a Itália, conforme o caso; mas, nessa questão, ficamos reduzidos às conjecturas, quanto ao essencial. Sabe-se, por exemplo, que, em Londres, os agentes da firma muniam os marranos de passagens de trânsito para Antuérpia e que a escala de evasão em Veneza funcionava com o auxílio do célebre impressor de Antuérpia, Daniel Bomberg. Além do mais, os Mendes eram os principais prestamistas do *lobby* marrano em Roma[21].

Após a morte dos dois irmãos, a viúva de Francisco, Beatriz de Luna, tornou-se o verdadeiro chefe da casa. Ela se juntou ao sobrinho Juan Miguez, chamado João Miques. O rapaz, familiar da corte imperial, companheiro e parceiro de esgrima do futuro Imperador Maximiliano, foi enobrecido por Carlos V. Os contemporâneos elogiavam a nobreza de sua vida e a elegância de suas maneiras. "Seu comportamento era humano e digno em todas as coisas, convindo mais a um cristão do que a um judeu", observava um deles; "Existem poucas pessoas de qualidade na Espanha, Itália ou Flandres que não o conheçam pessoalmente", escrevia outro; "E ele o merece, pois era um gentil-homem perito nas armas, que lera muito e era amigo de seus amigos". No entanto, não passava de um judeu, sabendo jogar com perfeição o jogo cristão, mas cujas origens continuavam sendo seu lancinante calcanhar de Aquiles. No curso de operações e lutas das altas finanças, o argumento supremo dos devedores coroados da firma, para obter prazos maiores ou novos créditos, era a chantagem à Inquisição; em 1532, Diogo Mendes, acusado de heresia, teve de passar vários meses na prisão; em 1540, vários de seus amigos e corres-

21. O que se segue foi extraído principalmente de *The House of Nasi* (I: *Doña Gracia*; II: *The Duke of Naxos*) de CECIL ROTH: díptico seguro e elegante, como todas as obras do excelente historiador inglês, mas nalguns lugares por demais apologético, e do pueril *Le Duc de Naxos* de J. RESNICK (Paris, 1936). Embora levando ao máximo a tendência apologética, Resnick às vezes parece entrever melhor do que Roth certos aspectos do caráter de seu herói.

pondentes foram detidos; e, particularmente perturbador para o clã, deve ter sido um projeto de casamento entre Brianda de Luna, a prima e futura esposa de João Miques, e o favorito de Carlos V, Francisco de Aragão. Desse modo, a fortuna da família teria passado às mãos de cristãos-velhos. O imperador e sua irmã, a Rainha Maria da Hungria (aos quais uma honesta comissão de 200 000 ducados fora prometida pelo pretendente) insistiam muito para que o casamento fosse realizado. Foi então que, em 1544, os Mendes decidiram ir embora. As mulheres foram diretamente para Veneza; João Miques juntou-se a elas dois ou três anos mais tarde, depois de ter liquidado a firma de Antuérpia, e acertado novos negócios com a Coroa de França, em Lyon, e com a da Alemanha, em Ratisbona.

As peregrinações do clã ainda não haviam terminado, e no mais das vezes suas razões nos escapam; da Itália, continuavam a dirigir a guerra secreta dos marranos contra a Inquisição e só resolveram abandonar as terras cristãs quando, em 1553, o endurecimento da Contra-reforma tornou sua posição demasiado arriscada. Precedida por João Miques, toda a tribo (umas quarenta pessoas, inclusive os servos) transferiu-se então para Constantinopla, onde o sultão os acolheu de braços abertos. Ela voltou de imediato ao judaísmo: João Miques tornou-se Iosef Nassi, Beatriz de Luna tornou-se Gracia Nassi. E suas atividades mudaram parcialmente de caráter. Comportando-se como rainha viúva, Gracia Nassi dedicou-se às obras pias; rodeada de rabinos, velava pela defesa e ilustração do judaísmo. Iosef Nassi, cuja qualidade dominante não era a piedade, ganhou o favor dos sultões e tornou-se uma potência política que toda a Europa precisou levar em conta.

Mas uma potência que jogava o jogo de quem? Seus alicerces podem ser facilmente postos em evidência: graças à rede internacional dos marranos e às relações pessoais daquele que fora João Miques, Iosef Nassi, durante uma quinzena de anos foi o homem melhor informado da Europa, e suas informações, somadas a seus presentes, permitia que ele constituísse sozinho um "grupo de pressão", que desviasse a política estrangeira otomana, que decidisse até mesmo as declarações de guerra e os tratados de paz. Mas o que é impossível de determinar, é saber em proveito de *quem* o homem trabalhava a cada momento dado. Algumas coordenadas, entretanto, são bastante nítidas.

Iosef Nassi, que fora introduzido na corte otomana pelo embaixador da França, De Lansac, tornou-se um inimigo fidagal da França depois de um litígio acerca de cento e cinqüenta mil ducados que, por volta de 1549, havia emprestado a Henrique II. Segundo os representantes franceses, podia-se deixar de pagar um débito a um marrano, "pois as leis do reino não permitem que os judeus, como o referido Iosef Nassi, possam aí negociar nem traficar, mas ordenam que tudo o que eles tenham aí lhes seja confiscado"[22]. O raciocínio, portanto,

22. Do embaixador francês De Pétremol a Carlos IX, 11 de agosto de 1564 (cf. CHARRIÈRE, *Négociations de la France dans le Levant*, II, pp. 735 e ss.).

era: para enganador, enganador e meio; uma vez que você nos enrolou ocultando sua qualidade de judeu, nós o enrolaremos não o reembolsando; raciocínio, deve-se convir, que apresentava elementos para exasperar o credor marrano. Depois de muitas peripécias, Nassi acabou por conhecer uma desforra triunfante em 1568, fazendo com que o sultão confiscasse as mercadorias transportadas para o Levante sob pavilhão francês, até o montante da dívida. Daí um conflito passageiro entre a França e a Sublime Porta, que foi ajustado pelo tratado de outubro de 1569; tratado cujo original estava redigido em língua hebraica; quem sabe se esse detalhe insólito não reflete um vexame suplementar que o judeu procurou infligir ao Rei Mui Cristão?[23] Como conseqüência, os diplomatas franceses lhe votaram redobrado rancor, e tentaram derrubá-lo, e "pôr Miques a pique", "fazê-lo perder a cabeça e vingar Sua Majestade", revelando suas traições ao sultão, mandando "apreender em seu gabinete... uma infinidade de cartas que ele escreve diariamente ao papa, ao rei da Espanha, ao Duque de Florença"[24]. Mas a trama, na qual se acumpliciara um secretário judeu de Nassi, foi facilmente desfeita por esse virtuose das intrigas otomanas.

Tão constante quanto sua hostilidade para com a França parece ter sido sua simpatia pela causa dos protestantes rebeldes de Flandres. Os conselhos e encorajamentos que enviava aos calvinistas de Antuérpia, dentre os quais contava com muitos velhos amigos, desempenharam seu papel nos acontecimentos que levaram à missão do Duque de Alba e à insurreição dos *guit* (indigentes) dos Países Baixos.

> No que concerne aos flamengos, [escrevia o velho historiador Strada] as cartas e persuasões de Miques não tiveram pouco poder sobre eles; cada um diante desta nova levantou sua coragem; e foi resolvido no consistório de Antuérpia que, já que se tinha uma tão boa ocasião para fortificar o partido, levantar-se-ia tanto dinheiro quanto fosse possível... etc.[25].

Mais de uma vez, durante as lutas religiosas do século XVI, os calvinistas foram ajudados pelos judeus, e o próprio Guilherme de Orange procurou sua assistência; de resto, em 1566, entre os chefes da resistência flamenga figuravam os influentes marranos Marcus Peres, Martin Lopez e Ferdinando Bernuy[26].

Bem mais complexas parecem ter sido as relações de Iosef Nassi com a Coroa da Espanha. Filipe II chamava-o de "personagem que

23. Ver o texto do tratado de 18 de outubro de 1569 e a discussão de suas diferentes versões em RESNICK, *op. cit.*, pp. 167-180.

24. Do embaixador francês Grandchamp a Carlos IX, 3 de outubro de 1569 (cf. CHARRIÈRE, *op. cit.*, II, pp. 80 e ss.).

25. PÈRE F. STRADA, *Histoire de la Guerre de Flandre*, trad. Du Ryer, Paris, 1644, pp. 272 e ss.

26. Cf. J.-A. GORIS, *Étude sur les colonies marchandes méridionales à Anvers*, Louvain, 1925, Cap. VI: "Le rôle politico-religieux des colonies méridionales", e J.-H. PRINS, "Guilherme de Orange e os Judeus" (em hebraico), *Zion*, Jerusalém, 1950, XV, pp. 93-105.

contribui ao máximo para os empreendimentos que se fazem em prejuízo da cristandade e que os anima"; em suma, de regente da orquestra invisível de uma conspiração anticristã. Mas, quando os agentes secretos espanhóis em Constantinopla, o Comandante Juan Barelli e o patriarca grego, quiseram raptá-lo e levá-lo para a Espanha vivo ou morto, Filipe II proibiu que o matassem. A esses escrúpulos, quaisquer que fossem suas razões, correspondem certos manejos de Nassi, que se empenhou em dissuadir o sultão de lançar-se contra a Espanha, quando da rebelião dos mouriscos de 1570 e, ao invés, sugeriu-lhe atacar as possessões venezianas. Talvez ele fosse estipendiado por Filipe II; é o que não cessavam de afirmar os agentes franceses, lembrando que, afinal de contas, se tratava de um "espanhol natural". É certo que ele manteve uma correspondência secreta com o rei de Espanha; porém muitas coisas continuam obscuras nesse caso. O fato é que, em fins de 1570, Nassi pediu a Filipe II um salvo-conduto para ele e seu séquito, "setenta pessoas, tanto hebreus quanto turcos", para ir até a Espanha; implorava "para ser perdoado por ter, durante algum tempo, usado e praticado a lei hebraica, tendo sido constrangido e forçado a isso". A intenção era séria ou fingimento? Ele não esquecia de pedir franquias alfandegárias para as mercadorias que queria importar. Filipe II estava disposto a aceitar essa extraordinária *reconciliação*. Por ainda dois ou três anos isso foi tratado nos despachos secretos espanhóis; mas, por razões que mais uma vez não se conhecem, ela jamais ocorreu[27].

Em favor de quem, portanto, trabalhava, esse grande aventureiro? Em favor de si mesmo, por certo, ao mesmo tempo que servia seu senhor, o sultão; mas tudo leva a crer que, assim procedendo, perseguia um plano visionário de sua própria lavra. Seu grande desígnio parece ter sido dar o *quinau* em seus companheiros de infância, lavar todas as afrontas sofridas por sua linhagem, cingindo uma coroa judaica. Tornar-se rei era sua ambição patente. Basear seu poder, não nos favores de um sultão que ele precisava adular, mas no valor de um exército sob seu comando: devia ser esse seu sonho de poder.

Repetidas vezes e sob várias formas, erigira-se como protetor dos judeus. Em 1556, o Papa Paulo IV mandou queimar vinte e cinco marranos em Ancona; Gracia Nassi e ele tentaram então levar a Santa Sé à resipiscência, organizando um boicote internacional ao porto de Ancona. A tentativa malogrou, em condições que seria muito demoradas relatar aqui; ela marca a vontade de remediar a condição marrana à maneira forte, isto é, à maneira cristã. Anteriormente, por ocasião de sua estada na Itália, havia solicitado a Veneza que uma ilha fosse posta à disposição dos *heimatlos* marranos; Strada escreveu que a recusa sofrida o transformou em inimigo mortal dos venezianos. Em 1561, o sultão presenteou-o com a cidade de Tiberíades e terras vizinhas, para ali criar uma espécie de centro ou refúgio judeu; ele se dedi-

27. Segundo os documentos publicados por A. ARCE, sob o título "Espionaje y última aventura de José Nasi (1569-1574)", *Sefardd*, 1953, XII-2, pp. 257 e ss.

cou a restaurar a cidade, rodeou-a de uma muralha, tentou implantar indústrias, apesar dos protestos do delegado apostólico na Palestina, Bonifácio de Ragusa, contra "a chegada dessas víboras, piores do que as que rondam as ruínas da cidade". Segundo o embaixador francês De Pétremol, foi esse mesmo empreendimento oneroso que o impeliu a reclamar o que lhe era devido pela França:

> Miques [escreveu ele] teve permissão de construir uma cidade às margens do Lago de Tiberíades, na qual não poderão morar outros, além dos judeus, e de fato ele se propõe, com essa renovação, fazer sua obra-prima, tendo o intuito, pelo que se julga, de tornar-se rei dos judeus. É por isso que ele pede com tanta insistência dinheiro ao rei da França[28].

Mas esse projeto tampouco deu certo por falta da adesão espontânea das massas judias a esse "sionismo político precoce". Poucos judeus vieram instalar-se em Tiberíades.

> Poucos encorajamentos práticos podiam vir dos rabinos, mergulhados em sua casuística; ou dos místicos, convictos de que a Redenção não podia ser apressada a não ser por meio de permutações e combinações do Nome Divino; ou mesmo dos marranos fugitivos, por demais felizes quando conseguiam simplesmente salvar suas peles [Cecil Roth].

Homem político e grão-senhor, Iosef Nassi não tinha nada de um Messias.

Nem por isso ele parou de tecer seus planos. Em 1566, o novo sultão, Selim II deu-lhe de presente a Ilha de Naxos e o fez duque, mas era apenas um feudo, não um reino. Quando, em 1570, incentivou Selim a guerrear contra Veneza, o empreendimento começou pela conquista de Chipre, de onde ele esperava tornar-se rei; sabe-se que a grande ilha é a plataforma geográfica da Palestina. Mas a tomada de Chipre provocou a aliança entre Veneza, a Santa Sé e a Espanha, e levou à grande derrota naval turca de Lepanto; como conseqüência, Nassi caiu em meia-desgraça. Nem por isso perdeu a esperança; no verão de 1572, ainda, acreditou estar a ponto de ser nomeado governador da ilha. Mas sua estrela declinara. Outros favoritos judeus o suplantaram na graça do sultão. Iosef Nassi morreu em 1579, rico e influente, mas distante dos grandes negócios.

Seu nome, que durante quinze anos não cessou de surgir na correspondência diplomática européia, por muito tempo ainda depois de sua morte alimentou a imaginação das pessoas. Ele concorreu, através do *Judeu de Malta* de Marlowe, para a cristalização da imagem de Shylock, o mercador de Veneza, e passou por outras transposições cênicas; para ressaltar alguns de seus traços, talvez fosse preciso um Shakespeare. Conhece-se a célebre tirada do mercador veneziano, que tem relações de igual para igual com os cristãos, ao mesmo tempo em que é anátema para eles:

28. De Pétremol a Carlos IX (cf. CHARRIÈRE, *op. cit.*, II, pp. 735 e ss.).

. . .Eu sou judeu. Um judeu então não tem olhos? Um judeu então não tem mãos, órgãos, senso, emoções, paixões?. . . Se nos dais uma picada, nós não sangramos? Se nos fazeis cócegas, nós não rimos? Se vós nos envenenais, nós não morremos? E se vós nos fazeis mal, nós não nos vingamos?. . .

De fato, essa deve ser sido uma das molas da alma de nossa personagem.

Por outro lado, a historiografia israelense não está errada quando faz de Iosef Nassi o grande precursor do sionismo. Mas o desenraizamento dos marranos não podia ainda levar a uma aventura coletiva, na qual cada participante tivesse tomado a decisão de mudar seu destino em nome de um ideal puramente terreno. Colonizar a Palestina sem o auxílio do Messias era um plano absurdo e quase sacrílego aos olhos da tradição rabínica. Os judeus continuaram indo à Palestina para ali morrer, não para viver. A aspiração dos marranos à libertação, tomou no século seguinte a forma de um vigoroso movimento messiânico, que arrastou o judaísmo inteiro em seu turbilhão e que conduziu, entre outras seqüelas, a uma dramática recaída: a instalação de certos marranos num marranismo deliberado e voluntário.

2. OS SABATAÍSTAS

Em Safed, na Palestina, não longe de Tiberíades onde Iosef Nassi tentara criar uma entidade territorial judia, constituíra-se na mesma época, um cenáculo de cabalistas, também eles na maioria exilados da Espanha, que procuravam apressar a redenção do universo com o auxílio da prece, do estudo e do jejum. Suas esperanças e seus conceitos místicos propagaram-se por todos os países da Dispersão e, de geração em geração, a vinda do Messias parecia mais próxima e mais certa aos judeus; as condições necessárias encontraram-se finalmente reunidas para que um Messias se manifestasse.

Em 1625 ou 1626, o mercador judeu-espanhol de Esmirna, Mordechai Tzvi, teve um filho, nascido em 9 de Ab (dia em que, segundo a tradição, devia nascer o Messias). O jovem Sabatai parece ter sofrido de perturbações psíquicas, de uma espécie de dupla personalidade, à maneira do Dr. Jekyll e Mr. Hyde; em seu segundo estado, cometia profanações que lamentava e não mais compreendia em seu primeiro estado; no dizer de um de seus íntimos, "ele voltava a ser então um homem normal, e lamentava as coisas estranhas que havia feito, pois não compreendia mais a razão delas, mas ele a compreendia quando cometia esses atos"[29]. Em 1648, ano em que, segundo o *Zohar*, os mortos

29. O que se segue foi extraído principalmente do capítulo dedicado à heresia sabataísta por G.-G. Scholem em sua obra principal *Les Grands courants de la mystique juive*, Paris, 1950 [trad. bras.: *As Grandes Correntes da Mística Judaica*, São Paulo, Perspectiva, 1972, Estudos 12]; bem como das pesquisas de Graetz, logo centenárias, mas que continuam sendo insubstituíveis nesse ponto como em tantos outros. No que se refere aos *deunméh* de Salonica, ver o recente estudo de Ben Tzvi, em *Les Tribus dispersées*, Paris, 1959.

deviam ressuscitar e começar a era messiânica, Sabatai cometeu, na sinagoga de Esmirna, a transgressão suprema, proferindo em voz alta o tetragrama sagrado, o nome inefável de Deus. Foi excomungado, seguindo-se anos errantes; finalmente, chegou a Jerusalém, onde outro vidente, Natã de Gaza, o convenceu a proclamar-se Messias, lá onde rabinos poloneses teriam procurado exorcismar o *dibuk* que se apoderara dele. Sua mente lesada não pedia outra coisa senão que a convencessem; de resto, ele tinha o físico necessário ao papel, a estatura augusta, a unção e as maneiras, mas acima de tudo parece que era uma marionete cujos fios eram movidos por outros falsos profetas. Logo ele teve ricos adoradores, e a boa nova difundiu-se de boca em boca, encontrando muitos crédulos, transfigurando sobretudo os marranos de fé mal firmada. Quanto mais Sabatai espezinhava a Lei de Moisés, mais eles se sentiam convencidos, "pois [argumentava Natã de Gaza] se não fosse o Redentor, esses desvios não lhe ocorreriam; quando Deus faz brilhar sobre ele Sua Luz, realiza muitos atos que são estranhos aos olhos do mundo, e essa é a prova de sua verdade"[30]. É, portanto, o *credo quia absurdum* dos antigos teólogos; por outro lado, cumpre observar que as excentricidades de Sabatai e de seus imitadores, que pecavam em nome de uma espécie de desafio místico, acabavam em atos ou transgressões da mesma natureza que aqueles que continuavam a atormentar as consciências dos marranos.

Por isso mesmo a messianidade de Sabatai, que acabou tornando-se um fato incontestável para numerosos judeus de todos os países, provocou os maiores fervores nas colônias marranas ou ex-marranas. Geralmente, concordava-se em que o ano de redenção seria 1666, em conformidade, aliás, com uma concepção milenarista cuja origem era cristã. De fato, muitos protestantes, principalmente na Inglaterra, compartilhavam da crença em Sabatai. Em dezembro de 1665, o sábio Oldenburg escrevia de Londres a seu amigo Spinoza: "Todos as pessoas falam aqui do rumor sobre a volta a sua pátria dos israelitas dispersos faz mais de dois mil anos. Poucos acreditam nisso, mas muitos o desejam... Se a nova se confirmasse, isso levaria a uma mudança em todas as coisas". É preciso lembrar-se de que os financistas, como de costume, mostravam-se menos céticos do que os filósofos, pois na bolsa de Londres apostava-se, dez contra um, que Sabatai seria rei de Jerusalém dentro de dois anos. Quanto aos principais interessados, os futuros súditos judeus desse rei, em Hamburgo, a comunidade portuguesa proibiu-os de apostar a favor ou contra seu reino iminente, pois apostar seria ainda duvidar. Ora, não era mais admitido duvidar. O delírio propagava-se cada vez mais e, com exceção da Polônia, a maioria dos rabinos aderiram a Sabatai; os céticos eram perseguidos, o sangue correu em muitos lugares. Através de toda a dispersão marrana, de Amsterdam a Livorno, e de Salonica a Fez, ricos e pobres, com a aproximação da data fatídica começaram a liquidar seus bens e apres-

30. G.-G. SCHOLEM, *op. cit.*, p. 332.

tavam-se a partir para a Terra Prometida; e por toda a Europa os fervores místicos judeus esmoreciam o grande comércio internacional[31].

Quanto ao próprio Sabatai – que introduzira certo número de novas festas e começara, de acordo com as predições do *Zohar*, a desligar seus adeptos das observâncias judaicas – fretou, no começo de 1666, um barco para ir a Constantinopla e, anunciava ele, fazer com que o sultão Ibrahim lhe cedesse o trono. A tragicomédia que se seguiu é bem conhecida: o sultão mandou prendê-lo e, para cortar pela raiz toda a agitação, forçou-o a abraçar o Islã, sob pena de ser queimado vivo. Sabatai obedeceu e, pouco depois, mandou a seus fiéis de Esmirna a seguinte mensagem: "Deus me fez muçulmano; Ele o ordenou, e está feito, o nono dia de meu novo nascimento" (isto é, de seu advento).

Quer dizer que ele não tinha em absoluto renunciado a sua messianidade. Os recursos dialéticos da Cabala permitiam, de fato, interpretar misticamente sua apostasia, apresentar essa traição suprema como sua suprema prova de Messias, como a indizível Paixão de um Redentor que, para melhor expiar os pecados de seu povo, havia ele mesmo cometido o pecado capital da abjuração. Assim, a mentira tornava-se seu martírio e sua grande proeza. Os versículos do profeta Isaías sobre "o homem da dor", cujo sofrimento traz paz à humanidade, que os cristãos aplicam a Cristo, foram aplicados a Sabatai Tzvi pelos que o rodeavam. O marrano Abraão Cardozo chegava mesmo a ensinar que, por causa de seus pecados, todos os judeus estavam espiritualmente destinados a tornar-se marranos, mas que a graça de Deus, para salvá-los de um destino tão terrível, infligira esse supremo sacrifício ao Messias, único a ter uma alma bastante forte para suportar sem danos semelhante destino. É fácil compreender até que ponto a situação histórica dos marranos ajudava a torná-los receptivos a essa tese. "A idéia de um Messias apóstata podia apresentar-se a eles como a glorificação do próprio ato que continuava a atormentar sua própria consciência" (Gerschom Scholem).

Entretanto, quando a nova da apostasia de Sabatai Tzvi propagou-se pela Dispersão, a febre messiânica baixou e a maioria dos judeus, desiludidos, retornou a suas antigas ocupações. Outros continuaram adorando em segredo o Messias Sabatai, enquanto se comportavam como bons judeus. "Essas escolas moderadas do sabataísmo [escreve Scholem] realizaram o milagre de viver no perpétuo paradoxo de cumprir devotamente a Lei, ao mesmo tempo que acreditavam na aproximação iminente de uma nova era onde essa conduta não teria mais significado." Em suma, para eles, os tempos haviam chegado, sem que houvessem chegado; e Scholem deixa entrever a ligação entre a grande espera meio decepcionada, o abandono provisório da Lei de Moisés, e a laicização da esperança messiânica que a seguir irá caracterizar as grandes correntes ideológicas da vida judaica, no tempo da

31. GRAETZ, X, pp. 207-210; H. KELLENBENZ, *Sephardim an der unteren Elbe*, Wiesbaden, 1958, p. 51, 83.

Emancipação. Mas é a "ala radical" do sabataísmo que nos interessa aqui, como um dos termos possíveis da aventura marrana.

O *radicalismo* sabataísta consistia na imitação do Messias Sabatai em todas as coisas e, em primeiro lugar, no abandono das observâncias do judaísmo. O próprio Sabatai Tzvi, bem como seus fiéis que (segundo a expressão consagrada) tinham "vestido o turbante", foram exilados, após várias peripécias, para a Albânia, onde o falso Messias morreu em 1676. Sua messianidade que, de início, tornou-se uma espécie de bem de família, foi atribuída a seu genro Jacob Querido, que se proclamou ao mesmo tempo seu filho e sua reencarnação. A propaganda deste entre os sabataístas de Salonica foi bastante eficaz para que um milhar deles tomasse coletivamente o turbante em 1683. Daí o nascimento de uma seita de marranos voluntários, os *deunméh* (apóstatas, em turco); duplos apóstatas, pois o eram tanto para o Islã quanto para o judaísmo e, conseqüentemente, igualmente desprezados por ambos os lados. Aos dez mandamentos de Moisés, a seita substituiu as dezoito regras de Sabatai Tzvi. A segunda regra ordenava crer em Sabatai ("que é o verdadeiro Redentor; não há salvador fora dele"); a décima sexta e a décima sétima, que era preciso seguir em tudo os costumes do Islã ("toda coisa que se vê de fora é preciso cumprir"), mas que não se devia contrair nem casamento nem aliança com os turcos ("pois eles são uma abominação, e suas mulheres são répteis"). O segundo advento de Sabatai e o final dos tempos eram anunciados nos seguintes termos:

> Essas dezoito regras foram prescritas por mim porque o trono ainda não está firme a ponto de que Israel possa vingar-se de Satã e de suas legiões. Nessa época, tudo ficará igual; não haverá mais proibições e não haverá mais coisas permitidas, não haverá mais impureza e não haverá mais pureza, e todos me reconhecerão, desde o pequeno até o grande[32].

Tais regras eram recitadas em ladino nas assembléias secretas da seita, bem como o *Cântico dos Cânticos*, seu hino principal, e suas outras preces e salmos; o castelhano foi, portanto, sua língua sagrada. O Messias e suas reencarnações sucessivas levavam o nome de *Santo Señor*.

A oitava regra, um pouco ambígua, prescrevia: "Que a fornicação não reine entre vós; embora esse seja um preceito para a criatura, é preciso, contudo, ser reservado, nesse ponto, por causa dos ladrões (judeus)". Parece, portanto, que por temor dos judeus de Salonica, Jacob Querido não havia ainda tirado certas conseqüências a que conduz o marranismo voluntário. Ele morreu durante uma peregrinação a Meca e sua seita dividiu-se em duas, depois em três subseitas, sendo que cada uma tinha seus aspectos e costumes distintivos. A dos *kapanjis* ou *cavaglieros*, composta principalmente por negociantes ricos, parece que foi mais longe, instituindo saturnais místicas

32. Cf. os documentos publicados por A. DANON, "Une secte judéo-musulmane en Turquie", *R.E.J.*, 1897, 35, pp. 264 e ss.

para celebrar, a partir da transgressão da Lei, a santidade do pecado; na festa anual do Cordeiro, espécie de ceia onde só as pessoas casadas eram admitidas, os maridos, depois de apagadas as luzes, trocavam de mulheres; as crianças concebidas desse modo eram reputadas santas. Afora isso, os "cavaleiros", assim como as outras seitas *deunméh*, distinguiam-se por seus costumes excelentes, por sua caridade e sua solidariedade.

Em meados do século XVIII, um broto da seita floresceu na Polônia. Jacob Frank, charlatão de temperamento dominador e sádico, havia passado sua juventude na Turquia, onde fora iniciado no culto dos *deunméh**. Voltando à Polônia, declarou ser a reencarnação de Sabatai Tzvi e Deus-Messias e levou a doutrina a suas últimas conseqüências. Sua teologia proclamava que, para redimir o mundo, era preciso combater as forças do mal com o mal, única arma eficaz (concepção cujos germes encontram-se em muitos cabalistas); preconizava, portanto, multiplicar os pecados e os falsos testemunhos, mentir, roubar e fornicar, prejudicar o próximo, adotar sucessivamente todas as religiões existentes e ridicularizá-las, para chegar assim à liberdade total do reino do Messias. A doutrina desse gênio do mal apresentava certas analogias com o gnosticismo antigo e implicava necessariamente "num anti-semitismo metafísico sob sua forma mais profunda e mais ativa" (Scholem). Frank recrutou algumas centenas de adoradores dentre os sabataístas poloneses; a seita, combatida pelos judeus, contra-atacou pondo em dúvida o *Talmud* e propagando as lendas do assassinato ritual; seus membros foram batizados coletivamente por volta de 1760 e a seita parecia destinada a um futuro interessante; mas os rabinos conseguiram finalmente demonstrar aos bispos que o Messias que os frankistas pretendiam adorar sob o nome de Cristo não era, na realidade, senão o próprio Santo Señor Jacob Frank. Então foi a vez da Igreja perseguir os frankistas, que, após muitos avatares, acabaram fundindo-se com o catolicismo; certas famílias polonesas ilustres, especialmente a de Adam Mickiewicz, provêm dessa linhagem.

Quanto aos *deunméh* da Turquia, levaram uma existência mais tranqüila, chegando mesmo a crescer e multiplicar-se, já que seu número era avaliado em um milhar em fins do século XVII, em quatro mil em meados do século XIX e em mais de dez mil no começo do século XX. Os *deunméh* desempenharam um papel importante na vida de Salonica e participaram ativamente da revolução dos Jovens Turcos: um deles, Mohamed Djavid Bey, tornou-se primeiro-ministro da Turquia nas vésperas da Primeira Guerra Mundial. Depois desta, foram instalar-se na Turquia, assim como os outros muçulmanos da Trácia, conforme o Tratado de Lausanne sobre a troca de populações. Desde então torna-se difícil seguir o destino da seita. Existe ainda? Ainda há crentes a rezar nas praias da Turquia para implorar a volta de Sabatai, para lançar ao Messias o apelo ritual: *Sabatai Tzvi, espe-*

* *Seu verdadeiro nome era Jankiew Leibowicz; recebeu o sobrenome de Frank na Turquia, porque originário dos "países francos" estrangeiros.*

ramos a ti? Antes da última guerra, travavam-se às vezes polêmicas a esse respeito nos jornais turcos. O escritor Alah Adhi Govsa, que publicou um livro sobre a sabataísmo, afirmava que a seita continuava levando sua vida subterrânea e fornecia certos detalhes perturbadores para apoiar sua tese. Um publicista ex-*deunméh*, Zadeh Mohammed Ruchdi, garantia que não era nada disso e apresentava seus argumentos em sentido contrário. Assim viu-se renovado, na Turquia kemalista, o antigo debate entre o Inquisidor e o marrano, durante o qual o acusado sempre joga para perder, pois seu discurso, quer ele diga a verdade como muçulmano ou minta como *deunméh*, tem o mesmo conteúdo e não poderia prevalecer sobre a convicção de seus ouvintes. . .

De fato, parece que Sabatai Tzvi não tem mais ninguém a fim de zelar por ele, exceto alguns velhos, mas que os *deunméh*, ligados entre si, à falta de uma fé, pela lembrança dessa fé secreta, ainda constituem uma espécie de casta sobrevivente, não despida de influência na Turquia; fenômeno sociológico cuja persistência, conforme ensinam certos casos paralelos, fica limitada a duas ou três gerações.

3. SPINOZA

No século XVII, Amsterdam, a metrópole comercial do Ocidente, tornou-se sede da mais importante comunidade marrana da Europa. Sem ter desempenhado o papel decisivo que às vezes lhe é atribuído no impulso econômico dos Países Baixos, os "portugueses" eram excelentes em certos ramos de atividade, tais como a importação do açúcar colonial, especiarias, tabaco e o comércio de pedras preciosas. Mantinham laços particularmente estreitos com o Novo Mundo, quer com as colônias holandesas, quer mesmo com as possessões espanholas, onde tantos de seus irmãos de destino tentavam na época fazer-se esquecer. Na própria Amsterdam, tinham criado uma indústria do livro judeu sem rival na Dispersão e publicavam traduções da Bíblia para uso dos protestantes. A partir de 1675, veio à luz um jornal judaico, a *Gazeta de Amsterdam*, de uma maneira característica para seus leitores, esse jornal abordava todos os assuntos, com exceção daqueles de interesse judeu. Já dissemos que os "portugueses" tratavam muito de cima para baixo os humildes judeus tedescos, vindos instalar-se em Amsterdam, na cidade daqueles, e evitavam misturar-se a eles. Estes, em compensação, punham em dúvida a ciência e piedade daqueles, e um deles chegava mesmo a garantir "que era mais fácil para um sefardita ficar doente, manco ou cego, do que tornar-se um judeu erudito"[33]. Decerto exagerava e excelentes doutores da Lei foram formados na "Jerusalém holandesa"; mas os ex-marranos levaram gerações para rejudaizar-se completamente.

33. Cf. HERBERT J. BLOOM, *The Economic Activities of the Jews of Amsterdam in the Seventeenth and Eighteenth Centuries*, Williamsport (EUA), 1937, especialmente pp. 111 e 208.

O problema crucial era provocado pela própria dialética do retorno ao judaísmo. Se, de um lado, a apostasia dos marranos foi para eles uma fonte de remorsos e de mal-estar, de outro, não lhes era fácil retornar sob o jogo da Lei, curvar-se, depois de um hiato de várias gerações, às observâncias ancestrais. Daí os conflitos que surgem na vida de suas comunidades, preocupadas com a boa conduta de seus membros, tanto por zelo religioso quanto por mera prudência, para não dar ensejo à perigosa acusação de impiedade, face às autoridades cristãs. Já vimos como as contradições da existência dos marranos levaram alguns à heresia sabataísta e à glorificação de sua apostasia; outros, porém, tomando emprestado a cada uma das duas teologias, a judaica e a cristã, o questionamento de sua rival, desembocavam na dúvida e na descrença; e isso de modo tanto mais fácil quanto a lembrança da tradição cética dos judeus espanhóis não se perdera, através de todas as vicissitudes, e vinha estimular as polêmicas e embates de idéias que não cessavam de agitar sua desarraigada posteridade.

Qual é a verdadeira natureza de Deus? E o que é o próprio homem? O que se deve entender por alma? Existe um além? Talvez não tenha existido nenhum grupo humano em toda a história que procurasse o absoluto com tanto ardor quanto a *intelligentsia* marrana. Essas discussões não faziam alto diante das portas das sinagogas; e talvez não tenha havido adolescente a quem tanto fascinassem quanto ao jovem Baruch Spinoza, estudante da escola rabínica "Etz Haim" de Amsterdam.

Nada, entretanto, parecia predestinar o jovem talmudista a abalar os fundamentos de todas as crenças tradicionais e a tornar-se o protótipo dos "desmistificadores judeus" dos tempos modernos. Ele nasceu em Amsterdam em 1633, em um quadro familial semelhante a tantos outros; seu pai havia praticado o catolicismo em Nantes antes de vir instalar-se na "Jerusalém holandesa", onde voltou ao judaísmo e fundou uma casa de comércio. Diz-se amiúde que Spinoza assistiu quando criança à humilhante punição de Uriel da Costa na sinagoga; mas não se sabe nada de preciso a esse respeito. Sua família era abastada e respeitada; chegando à idade da razão, o jovem Baruch auxiliou seu pai nos negócios e tomou mesmo parte na direção da firma, depois da morte daquele em 1654. Ainda em 1655, Baruch fez uma doação aos pobres da sinagoga. Conforme demonstram seus escritos, sua formação judaica foi de primeira ordem; para dizer a verdade, as informações de que se dispõe sobre sua juventude continuam sendo quase inexistentes, mas sabe-se agora como eclodiu a grande crise de sua vida, depois, sem dúvida alguma, de uma lenta maturação à sombra da escola rabínica.

Por volta de 1655, uma personagem sedutora apareceu em Amsterdam, "intrépido nas palavras, amigo das novidades, insensato em seus raciocínios, provocador de paradoxos e, o que é pior, abominável em seus costumes", como tantos semelhantes[34]. Esse homem, o Dr. Juan

34. "Epístola invectiva" de Orobio de Castro, citada por J. REVAH em seu estudo *Spinoza et Juan de Prado*, Paris, 1959, p. 25. Revah demonstrou que

de Prado, nascido em Córdova e formado nas universidades espanholas, havia retornado ao judaísmo nos Países Baixos em 1638 e, depois, levou uma vida errante e instável, durante a qual se comprazia em semear a dúvida filosófica nos espíritos dos jovens judeus; isso não o impedia de receber subsídios das comunidades. A de Amsterdam, ameaçando cortar-lhes os víveres, exigiu que ele se retratasse publicamente, o que o flexível marrano fez de boa vontade, para a seguir reincidir; de modo que se tratou mesmo de expedi-lo para as colônias, "ajudando-o com muita generosidade".

Decerto, Juan de Prado não foi o iniciador filosófico de Spinoza, mas este ficou envolvido no escândalo assim suscitado, e o espírito do jovem Baruch era de outra têmpera que a de seu sedutor. Recusando qualquer acomodação, desdenhando a pensão que lhe ofereciam para "desviá-lo do caminho errado", deixou-se anatemizar por contumácia, foi "cortado do povo de Israel" e teve de romper com sua família e seu meio*. Vemo-lo então seguir, como ouvinte livre, os cursos da Universidade de Leyden e freqüentar, "na casa de Dom Iosef Guerra, um cavalheiro das Canárias que vivia em Amsterdam para curar sua lepra", uma sociedade bastante misturada de judeus mais ou menos libertinos e de espanhóis embriagados pelo ar da Holanda livre. Dois destes, voltando a Madrid, relataram à Inquisição alguns detalhes sobre Spinoza, bem como palavras por ele proferidas. Lamentava não conhecer a Espanha e dizia que sentia vontade de visitá-la. Contudo, Prado e ele "lastimavam a falta das esmolas que lhes eram dadas na sinagoga e a comunicação com os outros judeus". O que não os impedia "de estar contentes por cometerem o erro do ateísmo, pois pensavam que não havia Deus se não em termos filosóficos e que as almas morriam junto com os corpos e que assim eles não tinham necessidade de fé". Foi nessa época que Spinoza deve ter escrito sua *Apologia*, hoje perdida, plena de ataques contra os judeus e o judaísmo (ele inseriu certos trechos desta em seu *Tratado Teológico-Político*). Mas, acima de tudo, completou sua instrução, assimilando todo o saber do tempo, desde os clássicos da Antiguidade até Descartes, com quem poderia ter-se cruzado quando criança nas ruas de Amsterdam.

Um incidente que permanece obscuro: uma facada, parece, que em 1660 foi desferida contra ele por um judeu fanático, incitou-o a deixar Amsterdam e a retirar-se, primeiro para os arredores de Leyden e depois para Voorsburg, perto de Haia. Daí por diante viveu na socie-

Castro referia-se a um amigo de Juan de Prado e não ao próprio Prado, como pensava C. Gebhardt.

* *A excomunhão de Spinoza ocorreu em 27 de julho de 1656. Deve-se admitir que ele deu provas de bastante prudência e não começou a espalhar estrondosamente suas opiniões heterodoxas, se não depois que a liquidação do negócio familiar, em março de 1656, o deixou a salvo das pressões de seus correligionários e talvez lhe tenha mesmo garantido modesta independência econômica. Sobre a excomunhão de Spinoza, cf. "Le Cas Spinoza", de JACOB GORDIN,* Évidences, *n.º 42, Paris, 1954. Para os detalhes biográficos dessa parte da vida do filósofo, ver* Spinoza et Juan de Prado, *de I. REVAH, Paris, 1959.*

dade de alguns amigos e admiradores holandeses, bem como de estrangeiros de passagem, atraídos por sua crescentee reputação de erudito e sábio. Leibniz, depois de tê-lo visitado, chamou-o de "judeu de Haia que anuncia a revolução que cresce na Europa"; o Príncipe de Condé, general-chefe do exército francês, convidou-o para seu acampamento. A julgar pelas altas amizades e proteções que conseguiu arrumar, a irradiação e o encanto de sua personalidade deviam ser irresistíveis. Uma pensão paga pelo ilustre Jean de Witt, bem como alguns legados, permitiam-lhe prosseguir nas meditações sem passar necessidades; de resto, seus gostos eram modestos. De conformidade com os princípios do *Talmud*, aprendeu um ofício e passava as horas de lazer polindo óculos. Seu gênero de vida e suas virtudes foram, no essencial, conformes à sabedoria de seus antepassados*. Mas Spinoza não se casou (assim como tantos outros gênios filosóficos, de Pascal a Kierkegaard) e não se conhece qualquer ligação dele com mulher. Seu dom de concentração filosófica e seu amor pelo conhecimento puro tornavam leve para ele o peso da solidão.

Para a ordem tradicional da época, seu apelo às "luzes naturais da razão" era dinamite, a despeito de todas as precauções que adotava para dissimular as implicações últimas. *Caute* (prudência) era seu lema: a única obra notável que publicou em vida, sem o nome do autor, o *Tratado Teológico-Político*, uma defesa da liberdade do pensamento, provocou-lhe muitos dissabores. No dizer de seus detratores, a obra "fora fabricada no inferno por um judeu renegado". E, de fato, seu destino não foi viver na encruzilhada de todas as culturas, judaísmo e cristianismo, Espanha e Países Baixos, mas também de todos os fanatismos, o dos inquisidores encarniçando-se contra sua linhagem, bem como o de seus irmãos que o maldisseram?

Atacado de tuberculose, Baruch Spinoza morreu em 1677, com quarenta e quatro anos. Pouco antes de sua morte, jogou no fogo uma tradução do *Antigo Testamento* sobre a qual estava trabalhando, como se fosse um empreendimento insensato. Suas outras obras, e, especialmente, a *Ética* foram publicadas a título póstumo, sem o nome do autor, às expensas de um admirador desconhecido.

O sistema filosófico de Spinoza permanece vivo e continua a conquistar adeptos enquanto "edifício conceitual dos mais imponentes jamais elaborado por um cérebro humano"[35]. Historicamente,

* *Esse fato foi destacado pelo spinozista Dunin-Borkowski nos seguintes termos: "Prudência no trato com os homens e amor pela paz, sobriedade e domínio dos instintos, consideração pelos outros e amor pelo próximo, desconfiança pelos aduladores, grande estima pelo estudo e o saber, bem como pelo trabalho manual, resignação face às eternas leis da natureza, são esses os aspectos mais salientes do caráter do filósofo que são citados por todos os seus biógrafos. Se agora reunirmos os mais belos preceitos éticos do* Talmud *e dos* midraschim, *vemo-nos diante exatamente do mesmo ideal de virtude". (ST. VON DUNIN--BORKOWSKI,* Der junge Spinoza, *Münster, 1910, p. 132).*

35. WILHELM WINDELBAND, *Die Geschichte der neueren Philosophie*, Leipzig, 1919, t. I, p. 239.

sua grandeza é de ter revelado à Europa esclarecida do século XVII, sob uma forma adaptada ao entendimento do tempo, a "sabedoria judaica", isto é, a ciência moral e a filosofia religiosa do *Talmud*, desenvolvidas pelos teólogos judeus da Idade Média. Seu golpe de gênio pedagógico foi dar a essa mensagem a forma de uma demonstração geométrica, mesmo que, na verdade, se tratasse de um leito de Procusto. Ele assinou essa revelação com seu nome e assim se tornou imortal; é verdade que, se reconhecesse sua dívida para com os rabinos, garante, dos mais contestáveis para o auditório de Spinoza, teria desacreditado o seu empreendimento (o único de quem falou em termos elogiosos foi Crescas[36]). A ciência da vida moral permanece a parte mais viva de sua *Ética**. Também, no *Tratado Teológico-Político*, onde ele abala os fundamentos do monoteísmo revelado, não há quase observação ou crítica das contradições da Santa Escritura que não tenha tomado a Abraão ibn Ezra, a Raschi ou àquele Maimônides que servia de alvo para sua ironia. Por outro lado, quando ataca, nessa obra, a idéia da Eleição de Israel, ele se situa na mesma linha dos antigos livres pensadores judeus (tais como Hayawaih de Balkh, que Spinoza deve ter conhecido através das polêmicas dos talmudistas). Com toda evidência, a espantosa prerrogativa dada pela tradição judio-cristã ao "Povo Eleito" choca-o e irrita-o. São os judeus seus contemporâneos que ele tem em mente quando escreve: "A alegria que se sente quando se pensa ser superior, se não é inteiramente infantil, só pode nascer da inveja e de um mau coração" (e, mais adiante: "Quem, portanto, alegra-se com isso, alegra-se com o mal de outrem, é invejoso e mau e não conhece nem a verdadeira sabedoria nem a tranqüilidade da verdadeira vida"). Cabe observar que se trata justamente de um

36. Numa carta a seu amigo Louis Meyer, Spinoza referia-se a Crescas da seguinte maneira:

"Os peripatéticos modernos compreenderam mal, em minha opinião, uma demonstração feita pelos peripatéticos antigos para tentar estabelecer a existência de Deus. Tal como a encontro efetivamente num filósofo judeu, Rab Gasdai, ela é assim enunciada. . ."

* *Segundo H. A. Wolfson, Spinoza foi um continuador da filosofia medieval, antes de tudo judaica: "Se pudéssemos recortar em pedaços de papel toda a literatura filosófica à disposição de Spinoza, jogar os pedaços no ar e deixá-los cair no chão, poderíamos, com a ajuda desses fragmentos espalhados, reconstituir a* Ética*". Wolfson acrescenta que a concisão muito talmúdica do estilo do filósofo nalguns lugares é fonte de obscuridade e mal-entendidos e facilitou as interpretações das mais divergentes que faz três séculos vêm sendo feitas de seu pensamento. (H. A. WOLFSON,* The Philosophy of Spinoza, *Cambridge, 1932, pp. 3 e ss.).*

Eis como outro especialista, P. L. Couchoud, caracterizava esse aspecto do pensamento do filósofo:

"Seu gênio é primeiramente de síntese. A função própria de seu pensamento parece ser condensar. Ele condensa os livros e as observações estrangeiras, ele se condensa e a si mesmo sem cessar. Ele inventa pouco, e é sempre com grande esforço. Ele antes combina elementos estranhos." (P. L. COUCHOUD, Spinoza, *Paris, 1902, p. 315.)*

ponto que lhe diz respeito de modo vital: o denegrimento de sua própria linhagem, levando a um anti-semitismo virulento, parece ter sido o calcanhar de Aquiles do grande filósofo.

Basta ler os diferentes trechos do *Tratado*, onde, de um modo arbitrário (pois de modo algum comandada pela construção da obra), inverte os termos e torna os judeus responsáveis pelo ódio que os cristãos lhes votam (ele que escrevia na *Ética: quem imaginar que um outro está tomado de ódio por ele o odiará por seu turno*):

> Quanto à longa existência dos judeus como nação dispersa não formando mais um Estado, nada tem de surpreendente, os judeus tendo vivido à margem de todas as nações a ponto de atrair o ódio universal, e isso não apenas pela observância de ritos opostos aos das outras nações, como também pelo signo da circuncisão a que estão religiosamente vinculados (Cap. III).
>
> O amor dos hebreus por sua pátria era, portanto, mais do que amor, era um fervor religioso, provocado e mantido – ao mesmo tempo que o ódio pelos outros povos – pelo culto quotidiano. E esse patriotismo tornava-se uma verdadeira segunda natureza... um ódio permanente pelo estrangeiro, ancorado mais profundamente nos corações do que qualquer outro sentimento. Existe algo de mais violento, de mais tenaz, do que um ódio inspirado por uma fervente devoção e considerada ela mesma como fervorosa? A causa ordinária com que aumenta indefinidamente o ódio não deixava, por outro lado, de agir aqui: a saber, o ódio, semelhante e implacável, que os outros povos retribuíam aos hebreus (Cap. XVII).

São "os inimigos do gênero humano" de Tácito, a quem Spinoza se refere em outro trecho do mesmo capítulo, para dar a entender que os judeus estão marcados por uma espécie de maldição sobrenatural. Nesse campo, ele adere a uma certa historiografia que remonta ao gnosticismo antigo, que opõe o Jeová cruel dos judeus ao Redentor do Evangelho. Por isso mesmo, o filósofo, no capítulo XIX baseia-se na autoridade do *Novo Testamento* (na opinião: "Vós aprendestes que foi dito: *Ama teu próximo, mas detesta teu inimigo*", que Mateus atribui a Jesus) para afirmar que a Lei de Moisés ensinava o ódio pelos não-judeus. (Nesse tempo, nos Países Baixos, a seita dos socinianos, falseando o sentido dos textos, citava o *Antigo Testamento* em apoio a uma tese dessas; o filólogo de primeira linha que era Spinoza, sem chegar a tanto, multiplicava as ambigüidades e as aproximações para demonstrá-lo.)

Se se olhar mais de perto, esse tema antijudaico recorrente no *Tratado* corresponde a uma arte do contraponto que implica diversas leituras, em níveis diferentes. Em primeiro lugar, parece evidente que Spinoza concentrava seus ataques contra os judeus e contra o *Antigo Testamento*, assim como Voltaire o fará mais tarde, porque eram os elos taticamente mais fracos da corrente das crenças tradicionais. Num segundo nível, Spinoza, como talmudista sutil, fala ao mesmo tempo que sua linguagem explícita, uma segunda linguagem esotérica; "ele finge querer demonstrar uma idéia, mas consegue utilizar esses argumentos e citar esses textos de modo que o leitor descobre sozinho uma idéia bem diferente, uma conseqüência bem diferente; e é essa segunda idéia que Spinoza queria demonstrar na realidade"[37]. É (nos termos do filósofo Wolfson) o Baruch implícito, isto é, o judeu descrente, dissimulado por trás do Benedito explícito, isto é, o marrano admirador de Jesus. Ainda mais profundamente, a linguagem de Spinoza é a de um amor não saciado ou desiludido; nela pode-se entrever o ressentimento para com a sinagoga que o rejeitou. Admite-se geralmente que os trechos antijudeus do *Tratado*, citados acima, foram tomados de empréstimo por Spinoza à *Apologia* redigida depois da excomunhão, e isso mostra bem que essa polêmica situa-se à margem da pesquisa das verdades eternas, da busca das beatitudes do divino entendimento. Sua incorporação no *Tratado* foi um empreendimento adventício, mas sem dúvida subjetivamente necessário. Mas, ao fazê-lo, o Sábio que afirmou: *se nos servimos bem de nossa razão, não podemos odiar coisa alguma, nem sentir aversão por ela*, em vez de seguir esse preceito, deixou-se guiar por um sentimento perturbador que ele descreveu assim na *Ética:*

> Se se começa a odiar a coisa que se ama, um número muito maior de nossos apetites são contrariados do que se não a tivéssemos amado... além da tristeza que foi causa do ódio, nasce outra pelo fato de que amamos a coisa; e, por conseqüência, consideraremos a coisa amada com um sentimento de tristeza ainda maior, isto é, sentiremos por ela um ódio maior do que se não a tivéssemos amado e tanto maior quanto maior tiver sido o amor.

Essa ambivalência corresponde bem à situação de um homem que, depois de haver rompido com a comunidade judaica, continuava sendo judeu aos olhos do mundo e não podia deixar de ser judeu para si mesmo, mesmo se falava dos "hebreus" na terceira pessoa; e essa situação contraditória enevoava seu entendimento a ponto de impedi-lo de perceber as coisas "senão através de uma nuvem". Esse dilaceramento e intolerância para com sua própria linhagem, que reaparece em tantos ilustres pensadores judeus dos tempos modernos, vemo-lo ilustrados aqui pela primeira vez – e com que estardalhaço! – pelo solitário de Haia, que um dia Nietzsche apostrofou nos seguintes termos (em seu poema *Para Spinoza*):

> Voltado amorosamente para "o um no todo"
> "Amore dei", ele foi bem-aventurado pela razão.
> Descalcemo-nos! É solo três vezes abençado!
> Mas sob esse amor espreitava
> Um secreto incêndio de vingança,
> O ódio pelos judeus roía o Deus judeu...
> Adivinhei-te, eremita?

Em outro local, Nietzsche não hesitava em comparar Spinoza a Jesus[38]. Há poucos espíritos ilustres a quem a posteridade, princi-

37. Robert Misrahi, na edição de la Pléiade das *Oeuvres complètes* de SPINOZA, p. 1447, nota 21.

38. Eis o trecho em questão, onde Nietzsche resume seu ponto de vista sobre os judeus: "Todo povo e todo homem possuem propriedades desagradáveis e perigosas; é cruel exigir dos judeus que eles sejam uma exceção. Talvez, neles, essas propriedades sejam particularmente desagradáveis e perigosas; e talvez o jovem pequeno operador de Bolsa judeu seja a invenção mais repugnante do gênero humano. Contudo, gostaria de saber como se apresentaria o

palmente na Alemanha, haja votado um tal culto quanto ao homem "que poliu os óculos através dos quais a idade moderna se contempla". E há poucos, na história das idéias, que tenham contribuído tanto a legitimar o anti-semitismo metafísico para gerações inteiras de pensadores e teólogos. Tudo se passa como se a consciência européia se tivesse entregado no caso a uma dicotomia sumária, admirando o legado judeu através de uma figura de proa, a mesma que lhe serviu de caução para o denegrimento do judaísmo. Spinoza continua sendo o arauto da nova fé no homem, encarna "o partido da paz e da justiça" que, segundo Alain, "vós evitareis de chamar de partido judeu, mas que não deixa de ser esse partido"[39]; mas, por efeito de um ressentimento invencível, não conseguiu fazer justiça em relação ao povo do qual ele mesmo saíra. Sua polêmica antijudaica abriu caminho para o anti-semitismo racionalista ou laico dos tempos modernos, talvez o mais temível de todos. Fato que autorizava Hermann Cohen a acentuar a "ironia demoníaca" de Spinoza, resultante "do caráter trágico de sua existência. . . da contradição em que ele se situa face às fontes espirituais e morais onde se enraizava sua força criadora"[40]. Carl Gebhardt, o maior editor e biógrafo moderno do filósofo, falava do "desdobramento da consciência marrana, do qual saiu a consciência moderna" e, a título de epitáfio, atribuía aos marranos "que tentaram procurar o sentido do mundo no mundo, e não em Deus. . . a missão histórica de produzir um Uriel da Costa e um Spinoza"[41].

balanço final do povo que, não que não haja culpa nossa, teve a história mais dolorosa de todos os povos e a quem estamos em débito pelo homem mais nobre (Cristo), e sábio mais puro (Spinoza), o livro mais poderoso e a lei moral mais atuante que existem no mundo".

39. ALAIN (E. Chartier), *Spinoza*, Paris, 1949, Prefácio, p. VII.

40. "Spinoza über Staat und Religion, Judentum und Christentum", em *Hermann Cohens jüdische Schriften*, Berlim, 1924, t. III, p. 333. (Cf. também a resenha feita por H. COHEN da *Biographie de Spinoza* de J. FREUDENTHAL.)

41. Carl Gebhardt, em sua introdução aos escritos de Uriel da Costa, *Die Schriften des Uriel da Costa*, Amsterdam-Heidelberg, 1922, pp. XXIII e XI.

Conclusão: A ESPANHA MODERNA

1. *LIMPIEZA*, ANTI-SEMITISMO E INQUISIÇÃO

No começo do século XVII, a *despoblación* tornou-se um dos principais problemas da Espanha. "Em que terra estamos? Que rei governa este reino, e por que todas essas cidades estão tão despovoadas?" era o que Tirso de Molina fazia então uma de suas personagens exclamar do alto dos Pireneus[1]. O drama do declínio espanhol inseria-se na crise econômica geral do século XVII, mas já de início adotou formas irremediáveis; e o despovoamento dos campos foi acompanhado pelo espetáculo transtornante de um reino que dispunha de todo o ouro das Américas, mas que empobrecia a olhos vistos. Face a um tal prodígio, um contemporâneo, Cellorigo, escrevia em 1600:

> Se não se acha moeda de ouro e de prata na Espanha, é porque o país as possui, e é sua riqueza que faz sua miséria, o que é uma verdadeira contradição. . . Dir-se-ia realmente que se procurou transformar este Estado em um país de homens encantados, que vivem fora da ordem natural[2].

Se é verdade, como disse Jean Cassou, "que o absurdo é uma criação da Espanha", aí está, datada de 1600, a tomada de consciência; pouco depois, Cervantes dava um nome e um rosto ao protótipo do "homem encantado", o imortal Cavaleiro da Triste Figura.

Povoada por uns sete milhões de habitantes[3], a Espanha contava então mais de meio milhão de nobres, rodeados de domésticos,

1. Cf. *Historia Social y Económica de España, op. cit.*, t. III, p. 252.
2. *Idem*, p. 162.
3. Os dados estatísticos abaixo foram extraídos da obra *Historia Social. . .*, t. III.

mesmo se eram miseráveis, pois era mais honroso servir do que trabalhar; "por uma singular bizarria, o emprego doméstico na Espanha parece menos desonroso do que uma profissão qualquer" (de Laborde)[4]. Igualmente improdutivos do ponto de vista econômico eram os membros do clero, em número de duzentos mil aproximadamente. Os mendigos profissionais e a malta de todo tipo que inspiraram tantos "romances picarescos" eram quase tão numerosos, e as ordens mendicantes serviam-lhes de augusto exemplo*. "Quando pedem esmola, é com um ar imperioso e dominador" (Mme d'Aulnoy)[4]. "Eles mais parecem estar vos fazendo favor quando vos pedem esmola" (Irmão Labat)[4]. Quanto àqueles cujo estado obrigava a trabalhar com as mãos, reduziam essa desonra ao mínimo; sobre isso, os relatos dos viajantes da época abundam em observações pitorescas, das quais já mencionamos algumas, e os historiadores espanhóis não dizem coisa diferente hoje em dia: "O culto superlativo da honra; o conceito pejorativo do trabalho, 'desonra legal', e, por conseqüência, da poupança e do emprego produtivo do capital podem resumir o impacto da mentalidade aristocrática no contexto social da Espanha do século XVII"[5]. Por isso o comércio e o artesanato em grande parte caiu em mãos de estrangeiros, sobretudo franceses, com a exceção unicamente da Catalunha, e o embaixador francês De Villars dava a razão disso: "Os habitantes são aí muito laboriosos, o que faz com que haja poucos franceses"[6]. A moral da Espanha católica desembocava na santificação do ócio na mesma época em que a moral calvinista levava à santificação do trabalho. Na medida em que a Inquisição extirpava os últimos vestígios de seu judaísmo, os conversos espanhóis tornavam seus esses costumes e dentre eles os que tinham juntado dinheiro apressavam-se em aplicá-lo em bens fundiários improdutivos[7].

Os únicos espanhóis que ficavam à margem desse fato eram os mouriscos: em número de meio milhão, laboriosos e sóbrios, torna-

4. DE LABORDE, *Itinéraire descriptif de l'Espagne*, Paris, 1808, introdução, p. XLIV; AULNOV, *Relation du voyage d'Espagne*, Paris, 1699, t. III, p. 220; J. B. LABAT, *La Comédie ecclésiastique*, ed. A. t'Serstevens, Paris, 1926, p. 81.

* *Sobre esse assunto, o autor de um projeto de reformas espanholas, Bernard Ward, fazia no século XVIII a sutil observação que se segue:*

*"A humildade de um religioso que, podendo ter seu bem-estar, sujeita-se a viver de esmolas sem dúvida alguma é um grande exemplo e digno de estima; mas quando a criança vê que sua mãe, ao dar a esmola, beija a mão do irmão, o fato de ver unidas mendicidade e veneração engendra no espírito, desde a idade mais tenra, uma impressão que, nas gentes simples, incapazes de distinguir a pobreza religiosa da mendicância culpada, inclina-se imperceptivelmente para a vida preguiçosa." (*Proyecto económico, *Madrid, 1782; citado por JEAN SARRAILH,* L'Espagne éclairée de la seconde moitié du XVIIIe siècle.*)*

5. *Historia Social y Económica de España, op. cit.*, t. III, p. 304.

6. *Idem*, p. 260. No século XVII, o número de estrangeiros vivendo na Espanha era calculado em 150 000.

7. *Idem*, pp. 35, 102.

ram-se no século XVI as forças vivas da economia espanhola, enriqueceram e atraíram ódios; não foi preciso mais nada para fazê-los compartilhar da sorte dos judeus; em 1609-1614, foram expulsos, por sua vez, para o maior triunfo de uma fé agora totalmente unificada. Fernand Braudel disse que eles estavam "condenados a ser ricos" em Castela[8]; também se pode dizer que, à falta de judeus, eles estavam condenados a desempenhar ali a função de judeus, e sobre esse assunto remetemos o leitor ao capítulo em anexo dedicado a eles. Assim como no caso dos judeus, a população espanhola foi unânime em aclamar "a memorável expulsão e mui justo exílio dos mouriscos" (Fray de Guadalajara), "heróica resolução do grande Filipe III" (Cervantes), "feito seguido de paz, de segurança e de todas as felicidades" (Bleda)[9].

Eram assim os costumes de um século que seguia o princípio *cujus regio, ejus religio*, e Luís XIV não fez outra coisa quando revogou o Edito de Nantes; mas, no caso da Espanha, a preocupação com a unificação religiosa não pode ser dissociada da obsessão com a pureza do sangue e a obsessão com os judeus. Tais paixões parecem não ser mais do que uma espécie de tema folclórico, um cenário de teatro sem qualquer relação com a história real, um bom pitéu quando muito para os amantes das curiosidades do passado ou para as boas almas a quem o racismo preocupa. Mas obsessões desse tipo precipitam a maturação das grandes crises históricas e até deformam seu curso. As interpretações raciais da história, que conheceram no século passado uma singular fortuna, não passaram de uma obsessão do mesmo gênero que a *limpieza*: desembocaram numa cruzada racista, e a guerra hitlerista é impensável sem esse cimento; sua lembrança ainda paira sobre nosso mundo atual, com sua ONU, sua descolonização acelerada e seus múltiplos problemas dos "países subdesenvolvidos".

Quanto a isso, como se pode deixar de ressaltar algumas analogias entre os últimos racistas brancos de nossa época e os espanhóis do Barroco? A África do Sul não sendo a Península Ibérica, e o século XX não sendo o século XVII, essas analogias são tanto mais impressionantes.

> Os boers [resume H. Arendt] foram o primeiro grupo de europeus a alienar-se completamente do orgulho que sentia o homem ocidental por viver num mundo criado e fabricado por ele mesmo. Tratavam os indígenas como matéria-prima e viviam deles, como se pode viver de frutos selvagens. Preguiçosos e improdutivos, consentiam em vegetar num nível sensivelmente igual ao das tribos negras (. . .). Os "pobres brancos" da África do Sul. . . pediam e recebiam a caridade como um direito reservado a sua pele branca e perderam toda consciência do fato de que normalmente os homens não ganham a vida por meio da cor de sua pele. . .
>
> Os boers negavam simplesmente a doutrina cristã da origem comum de todos os homens e transformaram os trechos do Antigo Testamento que não

8. F. BRAUDEL, *La Méditerranée et le Monde Méditerranéen à l'Époque de Philippe II*, Paris, 1949, p. 589.

9. HENRI LAPEYRE, *Géographie de l'Espagne morisque*, Paris, 1959, pp. 1, 49, 149.

haviam transcendido os limites da antiga religião nacional israelita numa superstição que não pode nem mesmo ser chamada de heresia. Como os judeus, acreditavam firmemente que eram o povo eleito, com a diferença essencial de que tinham sido eleitos, não para a salvação divina da humanidde, mas para exercer uma preguiçosa dominação sobre as outras raças humanas. . .

Quer o racismo surja como conseqüência natural de uma catástrofe, quer se torne um instrumento consciente, está sempre intimamente ligado ao desprezo pelo trabalho, ao ódio pelas limitações territoriais, a um desenraizamento generalizado e a uma fé ativista em sua própria eleição[10].

Abstenhamo-nos de simplificar e esquematizar demais; de resto, os trechos que acabamos de citar fazem ressaltar por si mesmos as dessemelhanças ao mesmo tempo que as analogias. Por isso, o século XVII espanhol é também o Século de Ouro da literatura e das artes (de modo surpreendente para alguns defensores do materialismo histórico) e a idéia da eleição espanhola provocou notável floração de teólogos e pensadores políticos. Sanchez-Albornoz escreve que o problema judeu excitou a sensibilidade religiosa e acentuou o catolicismo:

Nenhum outro povo estava tão tristemente dotado para enfrentar os tormentos religiosos da era moderna nascente.

Segundo Juan Regla,

a luta deu à Espanha e a seu clero a consciência absoluta de sua superioridade espiritual. Para mantê-la, a Espanha não hesitou em decapitar os elementos não conformistas e em acentuar o rigor para consigo mesma, começando pelas provas da pureza do sangue e acabando pelo zelo com que o Santo Ofício vigiava o menor desvio[11].

Voltemos, portanto, a esses problemas espanhóis essenciais. No século XVII, a obsessão com a *limpieza de sangre* alcançou o paroxismo. É a época em que

as estradas da Espanha eram cortadas em todos os sentidos pelos comissários encarregados das informações, em que os arquivos locais eram consultados repetidamente e os "antigos" das cidades tinham oportunidade de pôr à prova sua memória e seu conhecimento dos vínculos de parentesco.

Por volta de 1635, o polemista Jerônimo de Zevallos indignava-se com "o número infindo de pessoas ocupadas em dar informações, procuradores da honra e devoradores das fortunas, esbanjando um dinheiro que poderia ter sido melhor utilizado para o trabalho dos campos", enquanto que

homens que deveriam ocupar-se de seus filhos e deixar-lhes alguns bens consomem por essas pretensões a fortuna que deveriam legar àqueles, de onde vem em grande parte o despovoamento da Espanha, pois, numa família notada como impura, os filhos tornam-se padres ou monges, e as filhas, religiosas. . .;

10. HANNAH ARENDT, *The Origins of Totalitarianism*, New York, 1951, pp. 194-197.

11. *Historia Social y Económica de España*, t. IV, pp. 90, 118.

ele acusava enfim

os homens de baixa extração que querem não só igualar mas superar (as pessoas de qualidade) graças a um *acto de limpieza*, que obtêm facilmente, porque ninguém os conhece, o que os enche de tal vaidade e de tal soberba que não existe nobre *caballero* nem senhor a que não hesitem em desacreditar e cobrir de infâmia, como *non limpio*.

Na mesma época, um escritor anônimo deplorava

os inúmeros falsos testemunhos de pessoas que, quer por afeição e amizade, quer por medo ou interesse, dizem o que as partes querem que digam, e há pessoas que tiram sua subsistência e tornam profissão dar uma palavra em todas as informações, e se não são pagos fazem tal estrago que nos dias de hoje todos compram sua honra, tanto aqueles que são *limpios* quanto aqueles que não o são, estes para obtê-la e aqueles para não perder[12].

Não se tratava de exagero de polemistas compactuados com as famílias "notadas". Uma curiosa correspondência entre o bispo de Cuzco, no Peru, Dom Fernando de Vera, e seu sobrinho Jacinto permite-nos penetrar mais na vida quotidiana. Coronel de cavalaria, Jacinto solicitou, em 1636, sua admissão na Ordem de São João; tais assuntos eram questão de honra familiar. Do Peru, o tio, como prelado experiente, explicava ao sobrinho como agir a fim de estabelecer a limpeza de seu sangue, de que maneira recrutar as testemunhas, subornar os investigadores, comprar as cauções. Enviava-lhe mil ducados para "negociar" esse assunto delicado. Concluía a carta da seguinte maneira: "Nosso sangue é por certo um sangue incensurável, mas isso não basta, cumpre prová-lo sem tropeçar"[13]. Não bastava ser, era preciso parecer! Daí por diante, a vida espanhola conheceu o tipo do *linajudo*, ou farejador de linhagens que, seja por uma paixão doentia, seja por espírito de lucro, colecionava as genealogias e fazia tremer os que o rodeavam; "*linajudo* de colégio, de chapéu grande e grande bico, que passa em informações toda a sua vida", cantava uma romança[14]. Em 1655, uma companhia de *linajudos* de Sevilha, cujo chefe era o "nobre e ilustre cavalheiro" Dom Fernando de Leiba, teve uma disputa com a justiça; "eles eram entre trinta e seis e quarenta pessoas, com seu escrevente, seu procurador e outros ministros. . . e quem não se lhes dirigisse, eles o transformavam em sobrinho de Gazalla, de Lutero e até de Maomé", relata Barrionuevo em seus *Avisos*[15]. As coletâneas e listas de famílias judaizadas, ao modelo do *Tição da Espanha*, normalmente chamadas *Livros Verdes*, multiplicavam-se, apesar de todas as proibições, e o termo *Libros Verdes* acabou designando, na Espanha moderna, não só os livros genealó-

12. DOMINGUEZ ORTIZ, *op. cit.*, pp. 240, 246.

13. As cartas de Dom Fernando de Vera foram publicadas em *Memorial Histórico Español*, Madrid, 1864, t. XVIII, pp. XI-XXIX.

14. *Idem*, p. 18, nota 15.

15. *Idem*, p. 209.

gicos, mas também os difamadores[16]. A severidade das *provas* tornava-se cada vez mais inverossímil, ao mesmo tempo que a desconfiança para com o sangue infiel; a tal ponto que, procurando a *mácula* de um herege e não a encontrando em sua ascendência, um inquisidor abateu-se, somos informados, sobre a ama que o aleitara e conseguiu provar que ela possuía antepassados judeus, o que "lhe deu muito a refletir" e assegurou-lhe sem dúvida alguma sua tranqüilidade intelectual[17].

Não é de espantar então que o autor que relata esse fato, o Irmão Jeronimo de la Cruz, lançasse este apelo em 1637 a Filipe IV: "Expulsai então da Espanha os nomes dos judeus e dos mouros, pois hoje em dia só seu nome faz mais mal do que, outrora, sua presença!". Um inquisidor anônimo afirmava, num memorial dirigido ao rei, que, entre dez processos civis ou criminais que eram movidos na Espanha, nove tinham como origem uma disputa referente à pureza do sangue. Outro peticionário anônimo lembrava que "os mercadores, vendo que não gozam da *honra* de que se beneficiam em outros reinos, vão para o estrangeiro e para lá trazem seus parentes e seus amigos"[18]. Mas todas essas súplicas ficavam sem efeito; para exorcismar o mito da *limpieza*, teria sido necessário atingir certos princípios de base que regiam agora a vida espanhola, e é característico que as falsas genealogias e as falsas crônicas propagadas pelos cristãos-novos para demonstrar que sua instalação na Espanha datava de antes da Crucifixão e que descendiam em linha direta dos patriarcas bíblicos foram escamoteadas, em proveito próprio, pelas famílias de cristãos-velhos*.

16. Cf. *Enciclopedia Universal Ilustrada*, t. 30, p. 533, que também fornece o sentido: "El inmoral y obsceno".

17. SICROFF, p. 469. Em 1681, o grande inquisidor Valladares erguia-se contra o uso de amas-de-leite de origem cristã-nova em certas casas aristocráticas, pois "elas corrompem as crianças com seu leite" (LEA, *Spanische Inquisition...*, II, pp. 357-358). O que deve ser comparado com o seguinte *memorandum*, encontrado nos arquivos do Ministério da Justiça do III Reich:

"Depois do nascimento de seu filho, uma judia de puro sangue vendeu seu leite materno a um pediatra, ocultando que era judia. Bebês de sangue alemão foram alimentados com esse leite em uma maternidade. A acusada será processada por falsidade. Os compradores do leite foram lesados, pois o leite de uma judia não pode ser considerado como alimento para crianças alemãs. A atitude impudente da acusada constitui, ao mesmo tempo, uma injúria grave; contudo a instrução do caso foi suspensa a fim de não perturbar os pais, que ignoram os fatos. Eu irei discutir com o Ministro da Saúde os aspectos higiênicos e raciais da questão" (cf. L. POLIAKOV, *Bréviaire de la Haine*, Paris, 1951, p. 69).

18. SICROFF, p. 3; ORTIZ, pp. 232, 235.

* *A tradição dos séculos XVI e XVII designava como fundador da raça espanhola a Tubal, filho de Jafé, que se teria refugiado na Espanha depois do Dilúvio, e algumas vezes ela remontava ainda mais longe. "Se pertenceis à família de Cristo, como a do Duque de Luna, então possuis os maiores títulos de nobreza que podem existir. Mas também podeis descender dos judeus que não foram deicidas e assim pertencer à raça dos eleitos, porque eles acreditam num único Deus, em vez de serem politeístas. Para isso era preciso ser um fidalgo e, além do mais, é preciso não esquecer esta característica: ser originário do Vale de Montana (província de Santander) e, por extensão, do norte da Espanha: Astúrias, Navarra etc., que foram povoadas depois do Dilúvio por Tubal, seus*

Já dissemos que essas questões estavam envoltas em um tabu que os autores da época não ousavam tocar, exceto quando revestidos de uma máscara cômica. Suas obras estão pontilhadas de flechas e alusões algumas vezes muito claras e outras vezes obscuras. É assim que, na novela *O Licenciado de Vidro*, Cervantes posta seu herói à porta de uma igreja: "(O licenciado) viu entrar nela um camponês, daqueles que se orgulham da pureza do sangue; atrás dele, vinha um de quem não se tinha uma opinião tão boa; o licenciado gritou ao primeiro: '*Domingo*, deixai passar *Sábado*!' " Igualmente claro parece ser outro trecho da mesma novela, onde o licenciado interpela uma roupavelheira com estas palavras, tiradas do Evangelho: "Filhas de Jerusalém, chorai por vós...", a roupavelheira sendo um ofício vil por excelência. Mais discutível é o sentido da novela *O Retábulo das Maravilhas*, onde vemos os saltimbancos Chafalla e Chirinos convidar o público a contemplar maravilhas que só podem ser percebidas por pessoas cujo sangue é puro e o nascimento legítimo, de modo que ninguém tem a coragem de confessar que não viu nada, lá onde não havia nada para ver, e todos os espectadores competem para ver quem se extasia mais. É, portanto, o tema do *Rei Nu* de Andersen, mas sem a intervenção da criança que diz a verdade. O sutil Cervantes teria querido zombar assim do nada hipócrita sobre o qual repousava todo o sistema da *limpieza*? Isso já foi dito, e é muito possível. Alusões como essas e traços como esses também são freqüentes em outros autores, podem ser encontrados em Lope de Vega, bem como em Tirso de Molina e em Quiñones de Benavente, mas sempre limitados ao gênero cômico e satírico[19].

> Essa manifestação da *honra* [escreveu Marcel Bataillon sobre o tema da *limpieza*] é muito mais tipicamente espanhola do que as vinganças matrimoniais de Calderón: e talvez seja por isso que nenhum dramaturgo ousou tratar esse tema de maneira séria, a escrever tragédias de *limpieza de sangre* como existem tragédias sobre a honra conjugal[20].

A seguir, os filósofos franceses do Século das Luzes não deixaram de ridicularizar o complexo racial espanhol, como paladinos costumeiros do bom senso e da razão.

> Aqueles que vivem no continente da Espanha e de Portugal [escrevia Montesquieu na septuagésima oitava carta persa] sentem o coração muito leve

companheiros e seus descendentes, e que fizeram a Espanha conhecer o monoteísmo. Daí por que as famílias abastadas tinham pretensões de descender de Enoque, isto é, ter uma descendência judaica mais pura do que a maioria dos judeus atuais!" (Elementos comunicados amavelmente por Ignacio Olagüe.) Durante toda a primeira metade do século XVIII, os carmelitas espanhóis brigaram com os jesuítas, que negavam a pretensão daqueles de terem tido Enoque como fundador de sua ordem. (Cf. LEA, Chapters from the Religious History of Spain, *p. 75, nota 2.)*

19. *Idem*, p. 198.

20. MARCEL BATAILLON, "La Desdicha por la honra: genesis y sentido de una novela de Lope", *Nueva Revista de Filologia Hispánica*, 1947, p. 28.

quando são o que se chama de cristãos-velhos, isto é, quando não são da mesma origem daqueles que a Inquisição persuadiu, nestes últimos séculos, a abraçar a religião cristã. Aqueles que estão nas Índias não ficam menos cheios de si quando consideram que têm o mérito sublime de ser, como dizem, homens de carne branca. Jamais existiu, no serralho do grão-senhor, sultão tão orgulhoso de sua beleza quanto o mais velho e o mais feio tratante que se orgulha pela brancura cor de oliva de sua pele, quando está numa cidade do México, sentado na soleira de sua porta, de braços cruzados. Um homem dessa importância, uma criatura tão perfeita, não trabalharia por todos os tesouros do mundo e jamais resolver-se-ia, por uma indústria vil e mecânica, a comprometer a honra e a dignidade de sua pele.

*
* *

Quando Montesquieu escrevia essas linhas, os estatutos da pureza de sangue entravam em sua última fase, talvez a mais paradoxal de sua existência. Ao longo de todo o século XVII, a Inquisição dera mostra de uma atividade transbordante, e as chamas de suas fogueiras contribuíam para esclarecer os traços da infeliz classe social dos cristãos-novos; os próprios esforços frenéticos que eles empreendiam a fim de escapar de sua infâmia contribuíam para chamar a atenção da opinião pública. No século XVIII, as fogueiras espaçaram-se, por falta de judaizantes e de hereges, os limites entre cristãos-novos e velhos ficaram borrados a tal ponto que *limpio* acabou designando aquele que não exercia profissão vil, e a distinção entre "nobreza maior" e "nobreza menor" desapareceu; na fala do povo, *cristiano nuevo* tornou-se sinônimo de cigano; mas as nomeações e as promoções continuavam ligadas ao longo e oneroso procedimento das "provas". Homens de Estado como Carvajal e Floridablanca foram impotentes para suprimir esse uso (este indignava-se com "*la nota* indecente e mesmo infame aposta nos convertidos e em seus descendentes; de modo que a ação mais santa do homem, que é sua conversão a nossa santa fé, é castigada com a mesma pena que a apostasia, que é o pior crime!"). Uma lei de 1772 dispunha que um certificado de *limpieza* se fazia necessário para se obter o título de advogado, o de mestre-escola e até mesmo o de *escribano*. Em certas localidades, como Villena, era preciso apresentar o referido certificado para poder fixar residência[21]. A Inquisição acabou desaparecendo, a tempestade napoleônica passou por lá, mas os estatutos continuaram em vigor. Foi só em 1835 que eles foram suprimidos nos estabelecimentos de ensino subordinados ao Ministério do Interior, dado que

os sentimentos nobres e generosos dos espanhóis recusam-se a revelar fatos que podem privar homens inocentes, e algumas vezes de grandes méritos, dos meios que lhes oferece para sua subsistência o estudo das ciências e das profissões artísticas e, também, dado que os custos que acarretam as informações constituem um sacrifício que as fortunas modestas de muitas famílias não podem suportar.

21. ORTIZ, pp. 56, 129; *Historia Social*. . . , t. IV, p. 116.

Enfim, uma lei de 1865 suprimiu definitivamente e de um modo geral as "informações", tanto para contrair matrimônio, quanto para entrar na carreira de funcionário do Estado[22].

As leis são impotentes contra os costumes. Na Espanha propriamente dita, a antiga discriminação acabou caindo no esquecimento; mas o mesmo não ocorreu nas Ilhas Baleares. Ainda existem em Palma de Mallorca algumas centenas de espanhóis que levam o apelido de *chuetas* (fatias de banha), porque descendem pressupostamente de judeus. Assim como seus supostos antepassados, eles são artesãos e comerciantes; um deles, Juan March, é, conforme garantem, o homem mais rico da Espanha e foi banqueiro de Franco. O fervor católico dos *chuetas* está acima de qualquer suspeita; desde 1691 não houve mais autos-de-fé na ilha; leis promulgadas em 1773, 1785 e 1788 destinaram-se a suavizar a sorte desses párias, ficando proibido, sob pena de prisão, que fossem chamados de *judios*; mas elas ficaram sem efeito: ainda em 1911, Blasco Ibáñez descreveu a sorte lamentável daqueles em seu romance *Los Muertos Mandan*. Desde então, tendo por lá passado revoluções e guerras civis, o ostracismo suavizou-se e eles são admitidos no exército, bem como nos conventos; mas, nas escolas de Mallorca, os pequenos *chuetas* ainda são objeto de riso de seus colegas. Por isso, as ilhas sempre foram a última reserva das espécies animais e das singularidades humanas do passado[23]. No presente, uma lembrança tão lancinante do judaísmo leva de tempos em tempos os mallorcanos a converter-se à Lei de Moisés[24].

É notável constatar que o racismo espanhol, tão violento na Península Ibérica, mostrou-se bem mais atenuado no continente americano, onde os conquistadores não hesitaram em casar com as filhas dos chefes indígenas, e onde a Inquisição, que queimava os cristãos-

22. Ordem real de 31 de janeiro de 1835 (ORTIZ, p. 137); lei de 16 de maio de 1865.

23. ORTIZ, pp. 131-136; B. BRAUNSTEIN, *The Chuetas of Mallorca*, New York, 1936; R. GRAVES, "A Dead Branch on the Tree of Israel, the Xuetas of Mallorca", *Commentary*, fevereiro de 1957.

24. Eis outro exemplo dessas conversões ao judaísmo, como era relatada por uma agência de notícias em maio de 1960:

"Uma dama da nobreza espanhola, dizendo-se descendente de marranos convertidos ao cristianismo pela Inquisição do século XV, retornou ao judaísmo e foi reconhecida judia pelo tribunal rabínico de Rehovot, de Israel.

"A Srta. Isabelle Monios, de cinqüenta e cinco anos, da Ilha de Mallorca, retomou seu antigo nome de família, Yamin Oz.

"Ela é filha de um ex-general do exército de Franco e diz que grande parte do estado maior do exército espanhol consiste em descendentes de Marranos. . .

"A Srta. Monios diz que já faz vários anos decidiu retornar ao judaísmo, pois seu pai pedia a toda a família que se reconvertesse no momento em que isso fosse possível.

"Ela declara: 'Pretendo voltar a Mallorca para criar ali uma sinagoga e mandar vir de Israel professores de religião para levar os marranos de volta ao judaísmo'."

(Boletim da Agência telegráfica judaica, Londres, 27 de maio de 1960.)

-novos judaizantes e outros hereges de origem européia, deixava em paz os índios mal batizados. A barreira racial se ergueu aí de maneira muito lenta e jamais se tornou tão insuperável quanto na América do Norte; a discriminação social visava principalmente aos mestiços, desclassificados por excelência, conforme o saboroso dito colonial: "Deus fez o leite e fez o café, mas não fez o café com leite"[25]. O que permite dizer que os espanhóis foram primeiro antijudeus e depois racistas.

Nada de mais instrutivo do que esse anti-semitismo sem judeus, pois permite estudar essa paixão no estado puro, continuando a alimentar-se de si mesma, sem ser reanimada pela consciência pesada de uns e pelo ressentimento de outros. Nessas condições, ela se tornava uma espécie de atitude ritual. É ainda Cervantes, que, numa frase curta, nos informa como um espanhol, para ter consciência tranqüila e ser bem-visto, devia fazer profissão de odiar os judeus. Ele nos mostra Sancho Pança com medo de que um bacharel o calunie na crônica que está escrevendo e põe em seus lábios a seguinte profissão de fé:

> E se não houvesse mais do que a crença que eu tenho, sempre firme e verdadeira, em Deus e em tudo o que a santa Igreja católica e romana mantém e crê, além do fato de que eu sou um inimigo mortal dos judeus, os historiadores deveriam ter pena de mim e tratar-me bem em seus escritos.

Essa é a atitude da personagem. Vejamos agora a do autor. Nos romances de Cervantes cuja ação transcorre fora da Espanha, em Roma ou entre os "turcos", figuram alguns judeus, e os infortúnios a que ele submete esses fantoches, as farsas cruéis que ele lhes inflige, não suscitam de sua parte qualquer comiseração. Se eles são maltratados e envilecidos, a culpa só cabe a eles próprios, a sua teimosia inconcebível. Suas figuras ridículas não apresentam qualquer consistência. Com muito mais requinte e profundidade, o pai de Dom Quixote conseguiu evocar a tragédia dos mouriscos, a fidelidade que o pobre "Ricota" guarda para a Espanha e a humilde resignação com que aceita o exílio![26]

Embora Cervantes apenas reflita os costumes de sua época, Francisco de Quevedo contribuiu para modelar os dos séculos futuros. Esse satírico genial, que não temia nada nem ninguém, caíra em desgraça junto ao poderoso ministro Conde-Duque Olivares e lhe guardara rancor. Tendo ouvido falar de negociações financeiras que este desenvolvia com um grupo de judeus ricos (judeus de Salonica, dizia a voz corrente; mas, com maior probabilidade, judeus de Amsterdam), por volta de 1639 redigiu uma sátira violenta, *A Ilha dos Monopantas*, dirigida ao mesmo tempo contra o Conde-Duque e os que o rodea-

25. *Historia Social. . .*, t. III, p. 504.

26. Cf. A. CASTRO, *El Pensamiento de Cervantes*, Madrid, 1924, pp. 292 e ss., e principalmente pp. 304-305. A profissão de fé anti-semita de Sancho Pança encontra-se na segunda parte, Cap. VIII, de *Dom Quixote*.

vam ("os monopantas") e contra os judeus. Utilizando todos os velhos mitos e lendas propagados durante os séculos anteriores pelos teólogos *anticonversos* e pelos "fiscais" da Inquisição, mas laicizando-os a fim de lhes dar uma feição mais moderna, descrevia como os judeus, ajudados pelos "monopantas" (os futuros "franco-maçons"), conspiram para conseguir, graças a seu ouro, dominar o mundo.

"Rabi Saadias", o líder dos judeus, tendo reunido em Salonica os delegados de todas as judiarias mundiais, de Ruão e Oran, de Constantinopla e Amsterdam, declara, entre outros:

> Nós temos sinagogas nos Estados de todos os príncipes, onde formamos o elemento principal da discórdia. Nós somos em Ruão a bolsa da França contra a Espanha e, ao mesmo tempo, da Espanha contra a França; e, na Espanha, sob um hábito que oculta nossa circuncisão, nós socorremos o monarca com a riqueza que possuímos em Amsterdam, no país de seus inimigos mortais. . .
>
> Fazemos o mesmo na Alemanha, na Itália, em Constantinopla. Criamos todas essas intrigas cegas e essas fontes de guerra, tirando o socorro dado a cada um do bolso de seu maior adversário, pois nós socorremos como o banqueiro que dá, a juros altos, dinheiro a quem joga e perde, para que ele perca mais ainda. . .

Além disso, Saadias preconiza basear o triunfo dos judeus na "ruína de todos". É característico que outro conspirador, "Pacas Mazo", cite Nicolau Maquiavel, "que descreveu o contraponto de nosso cantochão". Pois a trama de *A Ilha dos Monopantas*, que depois Quevedo incorporou em sua obra-prima, *A Hora de Todos*, transmitida através de obras tão diversas quanto o *Diálogo nos Infernos de Maquiavel e de Montesquieu* de Maurice Joly e o *Nach Sedan* de Hermann Goedsche, no século XX serviu de fundamento aos autores dos *Protocolos dos Sábios de Sião* para a redação da versão contemporânea[27].

Sem dúvida alguma, Quevedo estava à frente de seu tempo. Pois, em sua época, a literatura anti-semita em geral se atinha às divagações antigas, e as queixas fabulosas que os panfletários continuavam copiando uns dos outros eram mais medievais do que modernas ou, se se preferir, mais religiosas do que políticas. Como a bibliografia é muito extensa, bastará dizer que o número dessas obras testemunha a necessidade a que correspondiam, e contentar-se com um ou dois exemplos.

Inspirando-se em dois autores de sucesso, o português Costa Mattos e o castelhano Diego Simancas, o Padre F. de Torrejoncillo, em sua *Sentinela contra os Judeus*, depois de enumerar inúmeros pecados, vícios, taras hereditárias e crimes dos judeus, especificava:

> E para que seja assim geração após geração, como se fosse um pecado original ser inimigo dos cristãos e de Cristo, não é necessário ter pai e mãe judeus;

27. Cf. J. A. VAN PRAAG, "Los protocolos de los Sabios de Sion y la Isla de los Monopantos de Quevedo", em *Bulletin Hispanique*, 1949, LI, pp. 169-173. Foi esse hispanicista que conseguiu identificar o panfleto de Quevedo enquanto "elo faltante" entre as lendas medievais e os *Protocolos*. Para a tradução dos textos de Quevedo, segui a edição de JEAN CAMP de *L'Heure de tous*, Paris, 1934, Cap. XXXVIII, p. 211 e ss.

basta apenas um deles; pouco importa que o pai não o seja, basta que a mãe o seja, pouco importa que ela mesma não seja inteiramente judia, uma metade é suficiente; e até menos, um quarto é suficiente, e um oitavo é suficiente, e nos dias de hoje a Santa Inquisição descobriu que se judaizava na vigésima primeira geração.

O Padre Torrejoncillo descrevia depois o louvável costume observado no Colégio de Santa Cruz de Valladolid. Todas as sextas-feiras santas depois da Ceia, os membros do colégio reuniam-se para discutir a culpa dos judeus na Crucifixão. A seguir, o decano perguntava qual era a opinião de cada um sobre os judeus:

A começar do mais velho, cada um é obrigado a falar e relatar o caso de uma família *notada*, o local onde ela se encontra e como todos se mantêm afastados; e assim, todos os membros do colégio tendo tomado a palavra para dizer o que sabiam e tendo ridicularizado os judeus, eles põem fim à reunião e deixam o refeitório[28].

Vê-se como a obsessão com a pureza do sangue alimentava o horror pelo judeu, o qual, por sua vez, justificava a manutenção das leis raciais. Torrejoncillo escrevia para uso de todo o povo cristão; eis, porém, num comentário jurídico publicado em 1729-1732, o *Senatus Consulta Hispaniae* de Arredondo Carmona, obra para uso dos especialistas, uma breve menção dos judeus:

Depois da morte de Cristo, os judeus tornaram-se escravos. Os escravos podem ser mortos, vendidos e também podem ser expulsos e exterminados. Os judeus são infames, abjetos, oprimidos e de uma condição muito vil. Os judeus são pessoas obscenas e que cheiram mal. Os judeus são odiosos mesmo para aqueles que ignoram Cristo. Os judeus são como os cães e os lobos. A malícia dos judeus supera a iniqüidade dos demônios[29].

Além dos escritos desse tipo, uma variedade inimaginável de lembranças e relíquias de todo gênero perpetuava o ódio sagrado pelos judeus, tais como os trinta dinheiros autênticos de Judas que um cônego fez Casanova admirar num monastério[30]. Acreditava-se ver a mão deles em tudo: segundo o testemunho de um embaixador do Marrocos que veio à Espanha em 1690, era-lhes atribuída até mesmo a expulsão dos mouriscos![31]

É claro que sempre existiram homens de espírito liberal, personagens situadas em posições elevadas, como Olivares ou Floridablanca,

28. SICROFF, pp. 308-313.

29. Esse texto é citado por DOMINGUEZ ORTIZ em sua obra *La Sociedad Española en el siglo XVIII*, Madrid, 1955, p. 229, nota 25.

30. CASANOVA, *Mémoires*, t. XI, p. 49.

31. "Os cristãos", escrevia esse embaixador, "por causa do conselho dado por um ministro para fazer sair toda essa gente (os mouriscos). . . acusaram-no de judaísmo; segundo aqueles, ele não deu um conselho conforme sua religião ao fazer sair um número tão grande de habitantes, depois destes terem sido considerados como cristãos" (*Voyage en Espagne d'un ambassadeur marocain*, trad. H. Sauvaire, Paris, 1884, p. 115).

que não compartilhavam dessas opiniões. Chegamos agora aos representantes da "Espanha esclarecida", da qual um dos chefes no século XVIII era o beneditino Benito Feyjoo. Esse erudito de competência universal não desdenhava ocasionalmente, como Voltaire, manter correspondência com os judeus. Um destes tendo-lhe escrito de Bayonne para se queixar do ódio que os espanhóis dedicavam aos judeus, Feyjoo respondeu-lhe numa carta de trinta páginas em que, embora protestando que os espanhóis não eram piores do que as outras nações, dizia que a queixa era justificada; mas que as superstições em questão eram unicamente assunto da plebe, do "vulgo"; que, de sua parte, ele sempre se erguera contra as fábulas segundo as quais os judeus tinham rabo e espalhavam um cheiro mefítico; que não era verdade que os médicos judeus matavam os doentes cristãos; que a própria acusação de assassinato ritual estava sujeita a cuidados; depois do que, acrescentava este parágrafo significativo:

> Há dezessete séculos que a nação hebraica vive sob a opressão mais miserável, dispersa pelo mundo, sem poder formar a menor República, detestada e desprezada como povo mui vil, ignominiosamente expulsa de uma região depois da outra, acusada das piores malversações. Uma calamidade tão longa e tão funesta é particular aos judeus, pois não se encontra outro exemplo em nenhuma outra nação; portanto, pode-se julgar que intervém nisso, de parte da Providência, um motivo muito particular referente aos judeus. E qual pode ser esse motivo se não um crime muito particular dos judeus, de que jamais foi culpada qualquer outra nação: a saber, a morte de Cristo?[32]

Ao mesmo tempo que se libertava dos sem-número de aluviões a que dezessete séculos de fé cristã haviam envolto os dogmas, Feyjoo continuava fiel, portanto, a sua substância tradicional; além disso, negava o sistema de Copérnico e sustentava que o sol gira em torno de uma terra imóvel (é verdade que, se afirmasse o contrário, poderia incorrer nas fúrias inquisitoriais)[33].

De geração em geração, os judeus continuavam a ser, para a Espanha, o próprio símbolo da subversão e da blasfêmia, e não apenas remanesciam rigorosamente banidos da Península, como também foram expulsos de Oran, em 1667, cabeça-de-ponte espanhola na África do Norte. Já falamos dos projetos de Olivares, que queria autorizar alguns judeus a instalar-se em Madrid para tomar em mãos as finanças espanholas; face à indignação da opinião pública e à oposição da Inquisição, o plano não foi adiante. A seguir, os tratados de paz de fins do século XVII isentaram os grandes comerciantes ingleses e holandeses da jurisdição inquisitorial, e esses hereges privilegiados foram a partir de então tolerados no solo espanhol, mas com a condição de não serem judeus. No século seguinte, a tolerância estendeu-se aos

32. *Cartas eruditas y curiosas... por el muy ilustre Señor D. Fr. Benito Geronymo Feyjoo y Montenegro*, Madrid, 1774, t. III, carta VIII, p. 85 e ss., p. 115.

33. Cf. JEAN SARRAILH, *L'Espagne éclairée de la seconde moitié du XVIIIe siècle*, Paris, 1954, p. 493.

artesãos e aos trabalhadores não-católicos, mas sempre com exceção dos judeus, "gentes que provocam horror no puro e imaculado catolicismo dos espanhóis", dizia um edito real de 1797, prescrevendo a conservação do isolamento no que lhes dizia respeito; esse edito foi renovado em 1800, em 1802 e, pela última vez, em 1816[34]. Se tais interdições foram amiúde renovadas, se, em 1804, Carlos IV ameaçava "com o rigor de sua indignação real e soberana" aos que subtraíssem um judeu à vigilância do Santo Ofício, é que sempre houve aventurosos fiéis de Moisés que não os respeitavam e penetravam, mediante fraude, no território espanhol. Assinalemos um dos últimos casos desse gênero, o de um comerciante de Bayonne, perseguido em 1804 pela Inquisição de Santander; Beurnouville, embaixador da França, precisou empenhar-se muito para tirá-lo do apuro, inaugurando, assim, no século XIX, a ação da França em favor dos judeus, de que esse incidente constituiu o primeiro exemplo. Mesmo depois de abolida a Inquisição em 1835, o cordão sanitário foi preservado em 1854, as tentativas de um rabino alemão para suprimi-lo mostraram-se vãs; ele só foi levantado pela Constituição espanhola de 1869[35].

Atualmente, quase três mil judeus vivem na Espanha; a comunidade mais numerosa encontra-se em Barcelona. O anti-semitismo espanhol, sem ter desaparecido completamente, viu-se repelido para duas franjas extremas: de um lado, nos campos remotos, o povo inculto ainda fantasia os judeus com atributos corporais que os aparentam ao diabo; do outro, entre os homens do pensamento, existem nostálgicos do passado que continuam denegrindo os judeus para melhor embranquecer a história da nação e suas figuras de proa.

*
* *

Chegamos agora ao último painel do tríptico do anti-semitismo espanhol. Nos capítulos anteriores, dissemos bastante sobre a Inquisição para que não seja mais necessário descrevê-la, mas cumpre insistir ainda em sua popularidade e no caráter edificante dos autos-de-fé, essas grandes festas públicas que foram, para a Espanha da época moderna, o que eram os mistérios da Paixão para a cristandade medieval: as cidades paravam de trabalhar; as corporações reuniam-se para desfilar; que lição para inculcar no povo o temor e o ódio aos inimigos de Cristo!

Os pregadores não deixavam de martelar esse tema:

> É muito justo que os homens dediquem ao menos um dia para vingar Deus das ofensas que lhe são feitas. Existem pecadores mais inimigos de Deus

34. DOMINGUEZ ORTIZ, pp. 127-128, bem como *La Sociedad Española en el siglo XVIII*, do mesmo autor, p. 233.

35. DESDEVISES DU DEZERT, "Notes sur l'Inquisition espagnole au XVIIIe siècle", *Revue Hispanique*, 1899, VI, p. 489; H. C. LEA, *Geschichte der Spanischen Inquisition*, Leipzig, 1912, t. II, p. 365.

e mais dignos de castigo que do que os seguidores da Lei de Moisés? (*Sermão no Auto-de-Fé de Madrid*, 1680).

Um asiático que chegasse em Madrid no dia de uma dessas execuções [escrevia Voltaire] não saberia se é um dia de júbilo ou uma festa religiosa, um sacrifício ou uma carnificina, e é tudo isso junto... Censurava-se Montezuma por imolar cativos a seus deuses: o que teria dito ele se vivesse um auto-de-fé?

É verdade que outros autores estrangeiros desse tempo julgavam a questão de outra maneira e tinham a Inquisição em alta estima. É o caso do Abade Vayrac:

A política tanto do Conselho Supremo quanto dos outros tribunais da Inquisição é admirável. De uma certa maneira, lamento não poder fazer meus compatriotas admitirem que a circunspeção, a sabedoria, a justiça e a integridade são as virtudes que caracterizam os inquisidores.

(Por isso também houve, na França do século XVIII, um caso Calas; e os falidos eram aí enforcados em efígie.) A título de opinião da média, citemos a do Padre François de Tours que, em 1699, assistiu um grande auto-de-fé em Coimbra, durante o qual seis cristãos-novos foram queimados vivos. Após descrever longamente a cerimônia, ele concluía:

Eis a maneira como se faz o ato de fé da Inquisição. Muitos acusam um tribunal assim; por isso não quiseram recebê-lo na França, mas existem prós e contras[36].

Já dissemos como os autos-de-fé foram espaçando-se com o decorrer do tempo. Um último grande incendimento de fogueiras ocorreu em 1721-1727, depois da descoberta, em Madrid, de um conventículo de portugueses, suficientemente temerários para escolher um rabino e enviá-lo a Livorno para estudar; todos os tribunais inquisitoriais foram então postos em ação a fim de rastrear os judaizantes, descobrindo-se oitocentos e vinte em toda a Espanha; setenta e cinco foram executados em pessoa e setenta e quatro em efígie; a maioria era de idade avançada. Depois desse morticínio, o zelo da Inquisição enfraqueceu, seja por falta de hereges, seja porque os tempos haviam mudado, e, em meados do século, o viajante inglês Edward Clarke podia escrever: "Os espanhóis não são queimadores como os portugueses... Hoje em dia não se vêem na Espanha autos-de-fé sangüinários e me dizem que não houve nenhuma delas faz mais de doze anos". Não porque a Inquisição tivesse cessado de pôr-se em marcha à primeira suspeita de judaísmo. Na mesma época em que Clarke visitou a Espanha, o tribunal inquisitorial de Toledo estava às voltas com o caso de um certo Manuel de Corral, denunciado em confissão por

36. DU PEYRON, *Nouveau voyage en Espagne*, Paris, 1782, t. III, pp. 181, 186, e VOLTAIRE, *Essai sur les moeurs et l'esprit des nations*, t. II, p. 351; Abade DE VAYRAC, *État présent de l'Espagne*, Paris, 1718, t. I, p. 47; "Voyage du Père François de Tours en Espagne", *Revue Hispanique*, ed. Barrau-Dihigo, 1921, LIII, p. 37.

seu filho – de oito anos! – fato que seu confessor se apressou em comunicar ao Santo Ofício. Dando provas de sadia prudência, o tribunal decidiu tomar um caminho tortuoso e processar Corral, não por crime de heresia, mas como tutor de seu turbulento herdeiro que havia maltratado uma menina de vinte e dois meses, e ver o que acontecia em seguida, ao mesmo tempo que mandava vigiar os vizinhos do suspeito pelo cura da paróquia. Os arquivos permanecem silenciosos quanto ao epílogo desse caso que diz tanto sobre os costumes da Inquisição numa época em que ela estava em vias de perder o direito de vida e morte sobre seus jurisdicionados[37].

Ela se empenhava tanto mais a cercar a existência destes em uma rede de vigilâncias policiais. Eis o que notava a este propósito um bravo mercador protestante de Estrasburgo, vindo em 1718 a Cádiz a negócios:

> O número de espiões da Inquisição é considerável em Cádiz, e eles vigiam ativamente os estrangeiros bem como os reinícolas e, quando constatam um ato ou palavra suspeita, advertem imediatamente o inquisidor. Um desses espiões veio visitar-me também, em meu quarto, e me inundou de toda espécie de palavras amáveis, sem que eu soubesse quem estava à minha frente. Ele pegou meu livro de orações trazido na viagem e começou a folheá-lo. Mas nele também havia cartas, itinerários e várias outras informações úteis a um comerciante vindo do estrangeiro, e como ele não conhecia alemão (conversava comigo num francês excelente), eu lhe disse que era um *Guia de Viagem* e ele se contentou com essa resposta. Eu mencionei essa visita ao propiretário de meus alojamentos, que me garantiu que meu interlocutor era um dos agentes privilegiados da Inquisição e, como repetidas vezes eu tivesse ficado a manhã toda em meu quarto, ele me aconselhou vivamente a sair doravante todas as manhãs, visto que havia indivíduos encarregados de controlar os estrangeiros e verificar se eles iam à missa[38].

Foi desse modo que, durante todo o século XVIII, a Inquisição em declínio travou um encarniçado combate de retardamento contra as idéias perigosas e seus supostos portadores. Já vimos que, desde a Renascença, ela havia proibido a leitura da Bíblia; a seguir, passou a proceder com os livros heréticos como procedia com as pessoas, queimando-os com grande pompa depois de ter feito essas publicações desfilarem em procissão pelas ruas; ocorria até que a multidão, não sabendo bem se se tratava de um escrito ou de um homem, gritava: "Morte aos judeus!" de passagem, tal como aconteceu em Madrid em 1634, quando da incineração de um panfleto antijesuíta[39]. A censura dos inquisidores era de uma minúcia e de um rigor sem par. Considerando que o *Index Librorum Prohibitorum* da Santa Sé era demasiado indulgente, criaram desde cedo seu próprio *Index*; mas mesmo obras

37. H. C. LEA, *Geschichte der Spanischen Inquisition, op. cit.*, t. II, pp. 360 e ss.; E. CLARKE, *État présent de l'Espagne*, Paris, 1770, t. I, pp. 100 e 139; DESDEVISES DU DÉZERT, *Notes sur l'Inquisition espagnole, cit.*, p. 470.

38. *Un voyage d'affaire en Europe*, memórias de JEAN-VEREARD ZETNER, ed. Reuss, Strasburg, 1907, p. 43.

39. H. C. LEA, *Chapters from the Religious History of Spain*, Philidelphia, 1890, pp. 204-205.

que não entravam nele eram consideradas subversivas, quer fossem de Galileu ou Newton, de Descartes ou Leibniz. Em 1768, o Conde de Penaflorida fazia ironia sobre isso:

> Quem pode fazer caso de cães hereges, de ateus e de judeus como Newton, que foi um terrível herege; um Descartes, que, no tocante aos animais, é materialista; um Leibniz, que foi Deus sabe quem!, um Galileu, que, como seu nome o prova, deve ter sido algum arquijudeu ou proto-hebreu, e outros cujos simples nomes provocam horror!

A leitura de outros pensadores não menos ilustres poderia ter conseqüências muito graves: em 1778, o magistrado sevilhano Pablo Olavide, que possuía em casa obras de Hobbes, Spinoza, Montesquieu e Voltaire e as dera a ler aos amigos, foi demitido de todos os seus cargos e condenado a oito anos de reclusão num convento; seus bens foram confiscados e seus descendentes declarados incapazes de ocupar qualquer função até a quinta geração. Segundo outro espanhol esclarecido da época, até mesmo o estudo das ciências exatas era perigoso:

> O mero fato de ouvir alguém falar de oscilação, de coesão de partes, de percussão e de fibras elásticas ou outros termos semelhantes de física, basta para que ele seja formalmente declarado herege e votado ao inferno[40].

Já vimos que a leitura do *Antigo Testamento* em espanhol foi autorizada em 1789. Treze dias antes da promulgação do edito em questão, a Inquisição tinha publicado outro, ordenando o exame estrito de todos os livros, cartas e papéis vindos da França, que pudessem transmitir idéias perigosas. O cordão de isolamento contra a Revolução tornou-se o grande caso da polícia do pensamento, a ponto de negar pura e simplesmente sua existência: era proibido tratar em livros e jornais de assuntos franceses ou fazer a menor alusão a eles, mesmo desfavorável (assim uma brochura que tratava das perseguições ao clero na França foi confiscada); em suma, a Inquisição, tal como o Ministério da Verdade de George Orwell, decidira reescrever a história contemporânea a sua maneira. Ela nada perdera da minúcia burocrática de outrora; suas instruções e editos eram comunicados e aplicados desde o México às Ilhas Filipinas, e Lea cita o caso do cura de uma pequena paróquia do Yucatán que, depois da missa, acautelava suas ovelhas astecas contra determinada obra filosófica surgida em Paris ou em Filadélfia. Deve-se crer que sua popularidade na Espanha continuava solidamente fundamentada, pois as "juntas patrióticas" que, em 1811, puseram os franceses fora da Espanha, apressaram-se, província após província, em restabelecê-la[41].

40. JEAN SARRAILH, *L'Espagne éclairée. . .*, *op. cit.*, pp. 240, 302, 382. Entre outros tópicos da acusação feita pela Inquisição contra Olavide, figurava o de ensinar que a Terra gira em torno do Sol (cf. o panfleto de DIDEROT, *Don Pablo Olavide, précis historique*).

41. H. C. LEA, *Chapters from the Religious History of Spain*, *op. cit.*, pp. 73, 167 e ss.; *Enciclopedia Universal Ilustrada*, t. 64, verbete "Tribunal" (La Inquisición española); ". . .en general la Inquisición era respectada y amada

Depois da tormenta napoleônica, a Inquisição retomou a luta contra as idéias perigosas, sobre o pano de fundo de uma instabilidade política agora crônica e entrecortada de guerras civis. Um edito de 1824 ordenava à população espanhola que entregasse todas as obras surgidas recentemente aos curas, para um controle geral. O *Index* dos livros proibidos enriqueceu-se com títulos como *Paulo e Virgínia* de Bernardin de Saint-Pierre. Finalmente, 1834, a Inquisição foi suprimida.

Ainda hoje ela é objeto de polêmicas apaixonadas. Para uns, importa demonstrar seus malefícios, estabelecer uma ligação direta entre sua opressão e o atual estado da Espanha; aos olhos de outros, para quem tal estado nada deixa a desejar, sua ação foi boa e salutar, mas tanto uns quanto outros reduzem a um simples vínculo de causa e efeito todo um percurso histórico de extrema originalidade e complexidade. Tentamos reconstituir alguns meandros desse percurso. Esperamos que outros pesquisadores se dediquem a precisar seu curso. Essas questões podem fazer refletir sobre o modo lento mas seguro pelo qual, através dos séculos, as crenças modelam os costumes a ponto de dar origem a instituições que, petrificando-se, contribuem para congelar as atitudes mentais de onde saíram. Mas trata-se do caso da Espanha e, antes de tentar extrair alguma conclusão geral, importa lembrar que a história jamais se repete, ou jamais se repete da mesma maneira.

Resta a infinita variedade de seus caminhos. O que acabamos de descrever não é o menos estranho: não nos levou ele, a partir dos costumes islâmicos e da condição que o Islã proporcionou aos judeus, através da emancipação judaico-árabe e suas grandes figuras, através também da influência judaica sobre a vida espanhola, à crise religiosa da Espanha do século XV e à ação dos Reis Católicos e, daí, através do sistema inquisitorial e da obsessão com a pureza do sangue, à altaneira, trágica e triste Espanha de nosso tempo!

en toda España; por lo que Juntas patrióticas la fueron restableciendo allí donde podían hacerlo, como en Cataluña, Galicia, Cuenca y Murcia. . .", p. 372.

APÊNDICES

1. Os Judeus da Santa Sé

A história dos judeus da Santa Sé, ou seja, essencialmente a da comunidade judaica de Roma, é notável sob vários aspectos.

Através dos séculos, o papado esforçou-se para fazer com que os governos cristãos respeitassem os ensinamentos dos Padres da Igreja relativos aos judeus, ensinamentos de duas faces, sendo uma a necessária conservação dos restos do judaísmo e a outra seu não menos necessário rebaixamento. Repetidas vezes, os soberanos pontífices ergueram-se com energia contra as chacinas e as perseguições dos judeus, mas igualmente constantes foram os chamados de alerta aos cristãos contra os judeus e contra sua influência, apelos dos quais inúmeros corações cristãos tiraram conclusões sangrentas. Sumariamente, o papel da Santa Sé poderia ser comparado ao de um regulador, hostil aos judeus quando sua condição igualava ou mesmo superava a dos cristãos (por exemplo, durante a alta Idade Média e, de maneira mais nuançada, no século XIX) e favorável quando essa condição se agravava além da medida e tornava-se infernal (por exemplo, em fins da Idade Média ou durante as perseguições hitleristas).

Dentro dos limites de seu poder temporal, isto é, os Estados da Igreja, o papado, durante toda a Idade Média, empenhou-se muito pouco em aplicar seus próprios decretos, para maior júbilo dos judeus; mas, a partir da Contra-reforma, a Igreja começou a levar esses decretos a sério e instituiu, em seus Estados, uma espécie de judiaria modelo. Roma, a única cidade grande da Europa de onde os judeus jamais foram expulsos, permaneceu para eles um oásis de paz, mas, daí por diante, ela o foi ao preço de um rebaixamento sem igual. Voltamos a encontrar aqui o papel de regulador, por trás do qual se perfila o de uma certa conservação. Excepcional sob esses aspectos, o caso dos judeus da Santa Sé merece interesse também sob outro aspecto.

A influência do papado no destino dos judeus esteve ligada ao sonho de fundar na terra a cidade ideal cristã, na qual eles seriam colocados *sub ecclesia*, apesar de seu estado *extra ecclesiam*. Esse projeto que, embora sem lograr êxito, teve inúmeras conseqüências de toda ordem, repercutiu, em primeiro lugar, talvez apenas pela proximidade geográfica, na condição dos judeus dos outros Estados italianos, mesmo se, na aparência, essa condição nada tinha em comum com a dos judeus romanos. Ora, tomados em conjunto, os judeus da Itália constituem, na Europa, um caso à parte. Na Idade Média, sua história não é um "Vale de Lágrimas"; nos tempos modernos, não houve na Itália um "problema judeu", mas sim judeus por religião harmoniosamente integrados com seus compatriotas, e, hoje em dia, o judeu é aí, para o homem comum, em Roma ou outro lugar, no máximo um excêntrico digno de apreço, que ainda espera a vinda do Messias. No quadro do presente estudo, não se trata de passar em revista os vários fatores que contribuíram para uma evolução tão excepcional e tão feliz que contrasta com a tragédia espanhola; se a ação da Santa Sé faz parte desses fatores, não se pode afirmar com certeza que os papas sempre tenham querido isso. Mas importa levar em conta o jogo de interferências entre a condição dos judeus pontificiais e a dos outros principados ou repúblicas italianas, com a leitura das páginas que se seguem.

*

* *

Não se sabe em que época os primeiros judeus vieram instalar-se em Roma, mas esse estabelecimento foi bem anterior à era cristã, o que permitia aos judeus romanos – e depois velhos autores italianos – afirmar que não haviam participado da Crucifixão. Segundo uma tradição talmúdica, o Messias iria nascer e crescer em Roma; segundo outra tradição, muito corrente, o Império Romano era o quarto reino profetizado por Daniel, o que "devorará toda a terra e a romperá"; muitos outros trechos do *Talmud* refletem o fascínio que a cidade eterna exercia sobre os antigos rabinos. A seguir, no seio da comunidade judaica de Roma, nasceram outras lendas, familiares e às vezes afetuosas. Uma delas relatava a história de Elkanan-André, menino judeu raptado dos pais, que subiu ao trono de São Pedro, ao mesmo tempo que continuava judeu fiel; uma outra atribuía esse papel de refém ao próprio Apóstolo Pedro, que teria fingido ser cristão e teria penetrado no próprio coração da Igreja, a fim de velar, a partir daí, pela salvação dos judeus. Esse papel de sublime arquimarrano atribuído aos papas reflete, por trás da ingenuidade das fabulações populares, a esperança confiante que o gueto depositava em seus suseranos, os bispos de Roma, e talvez, mais para além, uma secreta compreensão, um piscar de olhos furtivo de reconhecimento entre o judaísmo e os soberanos pontífices*.

* *Em hebraico, o papa tradicionalmente é designado pelo vocábulo* Afifor, *cuja procedência é incerta, e provocou muitas discussões eruditas. A eti-*

Não se sabe muita coisa sobre as atribulações da comunidade judaica de Roma sob os primeiros imperadores cristãos, na época em que a doutrina dos Padres da Igreja penetrava nos códigos de Teodósio e de Justiniano. Em fins do século VI, o Papa Gregório, o Grande, que procurava converter os judeus por meios suaves, estabeleceu que nada devia ser tirado dos direitos que lhes haviam sido concedidos pela legislação cristã, mas que nada devia ser acrescentado, e essa fórmula (*Sicut Judeis*) tornou-se a regra áurea pontificial no assunto. Subindo ao trono de São Pedro, a maioria dos papas da Idade Média reproduziam-na palavra por palavra e a acompanhavam por comentários cujo sentido era de que o culto dos judeus devia ser respeitado e suas vidas protegidas. Outras bulas de proteção intervinham em circunstâncias especiais, excessos das Cruzadas ou acusações de assassinato ritual: delegações judaicas acorriam a Roma para solicitá-las (mediante presentes, sem dúvida; mas esse argumento tão necessário não era o argumento decisivo), e talvez o judaísmo não pudesse ter sobrevivido sem essa proteção de parte do vigário de Cristo. Porém mais freqüentes ainda eram as investidas pontificiais *contra* os judeus, os alertas contra sua influência e suas usuras, o cuidado com impor uma separação entre cristãos e judeus, em nome da servidão eterna do povo decaído da graça.

Coisa singular à primeira vista: quer o dispositivo das bulas fosse favorável aos judeus, quer lhes fosse hostil, elas se baseavam aproximadamente nos mesmos motivos.

Tome-se por exemplo o século XIII, quando a influência da Santa Sé atingiu o zênite[1]. Ao publicar a bula de proteção *Sicut Judeis*, o glorioso Inocêncio III precedia-a do seguinte preâmbulo:

> Embora a infidelidade dos judeus seja infinitamente condenável, não obstante eles não devem ser perseguidos demais pelos fiéis. Pois o salmista disse: *Não os mates de medo que meu povo não esqueça*; em outras palavras, não se deve destruir completamente os judeus para que os cristãos não corram o risco de esquecer a Lei, que (esses judeus) ininteligentes trazem em seus livros inteligentes...

Alguns anos mais tarde, Inocêncio III, dirigindo-se ao Conde de Nevers, lançava uma diatribe terrível contra as superstições e as usuras judaicas, contra o proveito que daí tiravam os barões, contra o costume de comprar dos judeus o vinho e servi-lo durante a liturgia cristã. Eis o preâmbulo:

> Deus fez de Caim um errante e um fugitivo na terra, mas pôs sua marca nele, fazendo tremer sua cabeça, a fim de que ele não fosse morto. Da mesma forma os judeus, contra quem clama o sangue de Cristo, embora não devam ser mortos para que o povo cristão não esqueça a Lei de Deus, devem permanecer errantes na terra, até que seu coração se encha de vergonha e procurem

mologia Avi – *ou* Abi – Pior *(Pai Pedro ou Abade Pedro) proposta pelo Rabino Berliner, o historiador dos Judeus de Roma, é verossímil.*

1. O que se segue foi extraído da coleção de bulas pontifícias e decretos conciliares reunidos e comentados por SALOMON GRAYZEL, em sua tese *The Church and the Jews in the XIIIth Century*, Philadelphia, 1933.

o nome de Nosso Senhor Jesus Cristo. É por isso que os blasfemos do nome cristão não devem ser ajudados pelos príncipes cristãos a oprimir os servos de Deus.

Alguns outros textos referentes aos judeus contêm matizes interessantes: alguns deixam até entender que o judaísmo seria uma espécie de semicristianismo desviado. Eis como Honório III, sucessor imediato de Inocêncio III, motivava a proteção que dispensava a Isaac Benveniste, favorito do rei de Aragão:

> Embora a infidelidade dos judeus, condenados à servidão perpétua em conseqüência do brado com que conjuraram maliciosamente, sobre eles mesmos e sobre seus filhos, o sangue de Cristo, tenha-os tornado indignos da consolação do trono apostólico... nós cedemos às súplicas do bem-amado filho em Cristo, o ilustre Rei Tiago de Aragão, porque sabemos que vós (Isaac Benveniste) vos comportais segundo a Lei de Moisés e não criais problemas com ninguém, e que solicitais, em razão de uma certa piedade, nossa ajuda e nossa proteção...

Tais entonações são ainda mais nítidas numa exortação que Gregório IX dirigiu, em 1233, a todos os bispos franceses:

> Embora a infidelidade judaica deva ser condenada, suas relações com os cristãos são úteis e mesmo necessárias: pois eles trazem a imagem de nosso Salvador e foram criados pelo Criador do gênero humano. A Deus não agrada que eles sejam destruídos por suas criaturas, por mais perversa que seja sua posição média; seus pais foram amigos de Deus e seus restos serão salvos...

Mas essa solicitude não deve fazer esquecer que uma função dos judeus era a de simbolizar a vileza e o opróbrio. A idéia chega a surgir a propósito de uma questão que não lhes diz respeito de modo algum. Assim, em 1234, houve uma querela entre a ordem cisteriana e os bispos alemães; crendo-se perseguidos, os monges apelaram para Gregório IX, e este, manifestando-se em favor deles, escreveu que os cisterianos "encontravam-se numa situação pior do que a dos judeus que estão condenados por seu erro à servidão perpétua e que são recebidos entre nós apenas por piedade e misericórdia cristãs".

É verossímil que uma das razões da condição privilegiada dos judeus de Roma na Idade Média tenha sido seu papel de intermediários natural entre a corte pontifícia e as judiarias estrangeiras, papel que não devia estar isento de proveitos. Nos séculos XI e XII, houve judeus que assumiram altas funções na cúria, e, também depois, o médico judeu do papa, ou seu conselheiro financeiro judeu, continuaram sendo figuras tradicionais da vida romana. Benjamim de Tudela, que visitou Roma em 1160, ali encontrou "duzentas famílias judias que são respeitadas e que não pagam taxas a ninguém. Muitos são funcionários do Papa Alexandre, o grande bispo que é o chefe da Igreja cristã. Existem grandes sábios à frente dos judeus de Roma: Rabi Daniel e Rabi Iehiel, funcionários do papa. Este é um jovem agradável e prudente, que freqüenta o papa, cuja casa e fortuna administra". O ministro ou conselheiro judeu do papa, que corresponde ao dos Reis da Espanha, sem dúvida era mais seguro do que um ministro cristão, não estando afiliado, nesses tempos atribulados, a nenhuma das facções ou famílias romanas. É preciso também levar em conta, lembrando a aprazível prosperidade dos judeus de Roma, a condição relativamente boa que eles gozavam em toda a Itália. O porte da insígnia só foi efetivamente imposto os judeus de Roma em fins do século XIII, sendo muitas vezes negligenciado no século seguinte; os médicos dos papas, bem como outros dignitários judeus, normalmente estavam isentos de usá-la. No condado venessino, os judeus ainda puderam ficar ainda mais à vontade com a insígnia de infâmia*. Sabe-se que essa terra pontifícia foi a única província da França de onde os judeus nunca foram expulsos; deve-se assinalar um caderno de queixas redigido em 1532 pelos deputados do condado, sob o título *Privilégios concedidos aos hebreus pelos Papas em ódio dos Cristãos*. Esses judeus eram bem os "judeus do papa": em 1510, por ocasião de um conflito com Júlio II, o governador da Provença tomou represálias contra eles e contra o clero, com exclusão de todos os demais habitantes de Avignon.

Como o governo dos judeus era uma questão que tocava de perto aos artigos da fé, os papas podiam permitir-se em suas terras liberdades que condenavam nos outros príncipes. Sem dúvida alguma, o dinheiro judeu fazia o resto. A esse respeito, importa assinalar que os judeus de Roma e dos outros países italianos não se especializaram no empréstimo a juros senão durante o século XIV, ou seja, bem mais tarde do que em todas as outras partes da Europa, e em condições bem diferentes: os escritórios de empréstimos judeus eram instituições municipais *sui generis*, funcionando por toda a Itália sob licença dada em boa e devida forma pela Santa Sé. Esse curioso estado de coisas merece um exame atento; de resto, temos a intenção de voltar a ele num trabalho de caráter mais técnico[2].

Sem dúvida alguma, não houve dogma que provocasse através dos séculos tanta discussão e lutas quanto a interdição canônica do empréstimo a juros. Ela se fundamentava em muitas passagens do Antigo e do Novo Testamento, especialmente no "Emprestai sem nada esperar" do Sermão da Montanha, aos quais veio somar-se a máxima de Aristóteles: "O dinheiro não engendra dinheiro". Um versículo do *Deuteronômio* (XXIII, 20: "Do estrangeiro poderás exigir juros; porém do teu irmão não os exigirás") permitia que os doutores de ambas as religiões justificassem o empréstimo de dinheiro dos judeus aos cristãos e vice-versa, sem transgredir a moral. Ainda assim, a concordância estava longe de ser unânime: na enorme selva consagrada a essas questões, houve teólogos, bem como rabinos, que se ergueram contra esse compromisso, por razões variadas

* *Segundo um breve pontifício de 1494, os homens no condado venessino levavam um círculo de linha branca, quase imperceptível; quanto às mulheres, os estatutos da cidade de Avignon prescreviam que deviam usar brincos nas orelhas, se eram casadas. Sobre os judeus do condado venessino, ver DE MAULDE,* Les Juifs dans les États Français du Saint-Siège au Moyen Age, *Paris, 1886.*

2. O que se segue foi baseado principalmente, de um lado, nos diversos trabalhos que o excelente erudito Attilio Milano publicou durante os últimos trinta anos, quer sob forma de monografias, quer de artigos publicados em *La Rassegna mensile di Israel*; e, de outro, nas pesquisas que fiz, de 1955 a 1957, no Archivio di Stato de Roma, em preparação para uma tese de doutoramento.

e facilmente contraditórias; assim, para alguns escolásticos, o prestamista judeu era um transgressor da Lei de Moisés, um herético do judaísmo e devia ser processado como tal; para outros, o cristão que tomava emprestado era liberado *ex officio* da promessa de restituir, pois lavrara contrato com um inimigo da fé cristã ("Fides non servanda est ei qui frangit fidem"). Por seu lado, certos rabinos contrários à usura faziam referência a um trecho do *Talmud* (*Baba Mezia*, 70 b) para dizer que não se devia emprestar a juros, a fim de não se rebaixar aos usos dos *goim*.

Como regra geral, a usura dos judeus era um expediente, uma acomodação às exigências da vida real. Elas foram particularmente precoces e imperiosas na Itália, berço da vida econômica medieval. Ao contrário do desenvolvimento característico dos países de além-Alpes, os judeus jamais desempenharam um papel preponderante no comércio italiano. Os pioneiros desse comércio, os grandes mercadores das cidades da Itália do Norte, dedicavam-se ao mesmo tempo ao empréstimo a juros, desprezando as condenações eclesiásticas, às vezes contornando-as por meio de estratagemas técnicos de toda ordem; sabe-se que eles se espalharam desde cedo, sob nome genérico de "lombardos" ou "caorsinos", por toda a Europa. Na própria Itália, os judeus jamais tiveram envergadura para fazer-lhes concorrência e, até o começo do século XIV, concentravam-se sobretudo no artesanato e no pequeno comércio. Por isso, Santo Tomás de Aquino, tratando das "usuras judias", citava o exemplo da Itália como sendo o país onde os judeus trabalham com as mãos. Dante, descrevendo na *Divina Comédia* os agiotas que gemem no sétimo círculo do inferno, evoca as grandes famílias florentinas de seu tempo, mas não menciona os judeus, e é fácil multiplicar as indicações literárias desse gênero, os mais seguros que existem, sobre as usuras cristãs na Itália do *Trecento* (como numa *novelette* de Franco Sachetti, onde um padre, para atrair muita gente à sua prédica, anuncia que irá demonstrar que a usura não é um pecado).

É evidente que, observada ao pé da letra, a proibição de emprestar a juros tornaria impossível todo crédito e, conseqüentemente, todo comércio de alguma envergadura. Por isso, a Igreja, impotente para opor-se ao desenvolvimento da vida econômica, resignou-se a compromisso com ela. Os teólogos matizaram suas doutrinas, admitiram derrogações em número crescente e acabaram por reconhecer a utilidade dos negócios. Como resultado, efetuou-se uma diferenciação: com exceção da usura clara e patente, as atividades comerciais e financeiras de todo tipo adquiriram um selo de perfeita respeitabilidade. Lá onde os pais, principalmente na Itália, haviam enriquecido graças à usura e fundado as grandes dinastias financeiras que Dante votava às chamas eternas, os filhos abandonaram esse campo de atividade, para limitar-se aos tráficos lícitos e honrados; os outros mercadores, mesmo de envergadura média, tenderam a seguir seu exemplo.

Porém, na economia medieval (como em toda economia "subdesenvolvida", pobre em meios de produção e pobre em numerário), o empréstimo para o consumo continuava indispensável (ou parecia sê-lo, o que talvez venha a dar no mesmo); na Itália da Idade Média, o escritório de empréstimos tornou-se uma instituição nacional, assim como é a casa lotérica na Itália de hoje. Do ponto de vista cristão, era preferível, em boa teologia, que fosse mantido pelos judeus; do ponto de vista judeu, o opróbrio que se lhe vinculava era bem menor. Ademais, no século XIV a Itália tornou-se o principal país a acolher os judeus expulsos da França e dos países alemães, tradicionalmente especializados no empréstimo a juros (cf. os nomes de família como Luzzato (Lausitz), Ottolenghi (Oettlingen), Morpurgo (Marburg), Trèves (Trier), Provenzzali, Tedesco etc.). Preocupadas com as necessidades de seus cidadãos, durante o século XIV as cidades italianas adotaram o costume de confiar aos judeus a gestão das agências de empréstimos e, através desse mesmo meio, moderar as excessivas usuras clandestinas dos cristãos. Segundo A. Milano, os dois principais centros de origem dos prestamistas teriam sido a Alemanha, para a Itália do Norte, e Roma, para a Itália Central. A fim de se premunir contra os raios eclesiásticos, solicitava-se previamente o assentimento pontificial, que era obtido, com base em vários motivos: "a fim de evitar grandes danos à população" (Nicolau V ao Duque de Este, 1449); "ob imminentes necessitates pauperibus" (Inocêncio VIII aos magistrados de Siena, 1489). Ao mesmo tempo, a Santa Sé entregava aos prestamistas judeus uma concessão, na boa e devida forma, que lhes servia de insígnia e proteção (os prestamistas judeus de Lorena também recorreram a ela) e recebia deles em contrapartida uma determinada taxa. À medida que os papas, cuja tesouraria fora outrora alimentada por toda a cristandade, tiveram de se cingir às rendas que extraíam de seu próprio Estado, à venda de ofícios etc., o papel desse recurso crescia de importância. Se se pôde falar da "usura a serviço da Igreja" (G. Le Bras), aqui está, portanto, correlativamente, os usurários pontificiais.

É verdade que essa usura judaica achava-se estritamente regulamentada. Suas modalidades estavam estipuladas num documento chamado *condotta*, carta ou contrato passado entre a cidade ou o principado e/ou os usurários judeus. A *condotta* fixava os dias e horas de abertura dos escritórios, a natureza das cauções (era proibido tomar como penhor os objetos de culto, as armas do soldado, os livros do estudante; no mais das vezes, a garantia era uma peça de vestuário*) e sobretudo a taxa de juros (em geral entre 15 e 30% ao ano); ela concedia ao prestamista o direito de residência, isentava-o amiúde do uso da rodela e convertia-o numa espécie de funcionário municipal, indispensável e impopular. Com a única exceção da altaneira Gênova, no século XV não existiu cidade italiana, grande ou pequena, que não possuísse uma ou mais agências de empréstimos judeus.

A taxa de juros e suas variações, ou seja, o aluguel do dinheiro, eram naturalmente determinadas pelas condições econômicas locais; tal como eram, pareciam insuportáveis ao homem pobre que, "para poder comprar o pão de hoje, tinha de empenhar a roupa de ontem e a colheita de amanhã" (A. Milano). Essa usura era um flagelo da vida quotidiana. Assim, as ordens mendicantes, nostálgicas da pureza evangélica e ciosas dos interesses dos pobres, sobretudo os irmãos menores franciscanos, empreenderam no começo do século XV uma campanha contra o empréstimo a juros. Pregavam pelas cidades e campos, denunciando essa conspiração anticristã, "latindo", ao menosprezo das interdições e mesmo das excomunhões pontifícias, contra "os agiotas judeus que degolam os pobres e se alimentam de sua substância". Essa cruzada, que provocou alguns excessos antijudeus e algumas expulsões, não teve conseqüências duradouras e nem podia tê-las, face a um uso inextirpável. Franciscanos de espírito realista resolveram então reformar a instituição em vez de reformar os costumes e lançarem-se à tarefa, na segunda metade do século XV, de socializar o crédito a curto prazo, fundando os montepios. De resto, a idéia estava no ar: desde 1447, Bonefoy de Châlons, financista judeu estabelecido no Piemonte, havia proposto aos edis de Turim a fundação de semelhante "monte de empréstimos".

Segundo a historiografia corrente, os montepios foram criados para combater as usuras judaicas e lhes puseram fim. Não foi bem assim que as coisas se passaram, e a questão não deixa de apresentar um interesse permanente, pois, no fundo, se tratava do eterno problema do aperfeiçoamento da sociedade humana. Os monges mendicantes vituperavam contra os judeus, assim como os comunistas de hoje atacam os "capitalistas" e, com eles, os monges, quando, passaram do sonho à realidade, tiveram de entrar em acordo com eles, recorrer aos especialistas na manipulação do dinheiro e a suas técnicas e, afinal de contas, transformar-se eles mesmos em prestamistas a juros e banqueiros. Os primeiros montepios foram criados a partir de 1462 graças a coletas públicas e emprestavam a título puramente gratuito; por isso periclitaram rapidamente. Seus animadores apelaram então para a experiência dos prestamistas judeus e para seus fundos, por meio de empréstimos forçados; os montepios só passaram a ter uma existência estável a partir do momento em que seus empréstimos foram gravados dos juros indispensáveis para enfrentar as despesas de gestão e as even-

* *Os artigos não desempenhados eram vendidos, depois de consertados e reformados quando necessário. Daí uma especialização dos judeus em cerzir e costurar, que sem dúvida alguma contribuiu para que eles se concentrassem, fato que persiste até agora, nas indústrias do vestuário.*

tualidades de toda natureza. Sendo as coisas humanas o que são, a maioria dos montepios, preocupados com a frutificação e aumento de seus capitais, transformou-se então em bancos de negócios. Daí as campanhas encarniçadas dos dominicanos, velhos rivais dos franciscanos, contra essas instituições cristãs de caráter usurário, esses *montes impietates*, campanhas que só cessaram quando Leão X e depois o Concílio de Trento aprovaram o princípio da percepção de juros. A partir de então, os montepios espalharam-se pelas cidades italianas, bem como pelos países de onde os judeus não tinham sido expulsos, praticamente na esteira deles por assim dizer: existiram na Alemanha, não existiram na Espanha, Inglaterra e França (em Paris, o primeiro montepio surgiu em 1777). Na própria Itália, montepios e bancas de empréstimos judeus coexistiram durante mais de dois séculos, uns recebendo juros mais baixos, outros reservando aos clientes um atendimento mais cortês, mais discreto e apresentando muitas outras vantagens; a comparação, devida a Attilio Milano, com os serviços prestados pela assistência pública e os das clínicas particulares é, no caso, tão sugestiva quanto justa e houve entre os dois setores relações estreitas de toda ordem.

Mas, a longo prazo, o setor socializado acabou expulsando completamente o setor privado. Em Roma, o montepio, após um começo difícil, tornou-se no século XVII um poderoso banco de depósitos, com várias filiais; emprestando aos Reis por suas jóias, às ordens monásticas por seus bens e aos próprios soberanos pontífices; por volta de 1675, o volume de negócios anuais superou o limite dos cem mil e ultrapassou o número de habitantes (o que diz muito do papel social do empréstimo a penhor); os *banchi* judeus, em número de uns cinqüenta, nem por isso perderam sua clientela, pertencente às classes mais abastadas, para quem o montepio representava uma espécie de degradação; mas a amplidão de suas operações foi diminuindo. Nessas condições, no pontificado de Inocêncio XI (1676-1689) a supressão dos *banchi*, que emprestavam a 12%, passou à ordem do dia. A compreensível preocupação da Câmara Apostólica era a de não adotar uma medida apressada, em detrimento do equilíbrio financeiro do Estado pontifício; mas, no dizer de um polemista anônimo, ela estava errada "em tomar o gueto como seu Peru". Efetivamente, o gueto encontrava-se então em um estado bastante miserável, como será visto mais adiante. O aspecto moral da questão tampouco foi negligenciado, e o governo da Santa Sé reuniu uma congregação especial, a "Congregatio de Usuris" para examiná-la. As bancas de agiotagem tiveram seus defensòres, que apresentavam argumentos variados, dentre os quais ressalta o da *vergogna* que era enunciado como segue: "Roma é uma cidade de estrangeiros, onde se pode encontrar pessoas laicas e eclesiásticos de todos os graus e condições, os quais têm vergonha de penhorar nos montepios; portanto, as usuras do gueto são necessárias". Mas a maioria opinou pelo fechamento "dessa abominação, parecida ao santuário profanado de que fala Daniel, e Roma, que é um santuário, porque cidade sacerdotal, governada pelo vigário de Cristo, mantém a abominação!", no dizer de um dos teólogos consultados. Segundo outro, o tempo dos prestamistas judeus estava terminado, e quem veste um sobretudo em janeiro não tem mais motivos para guardá-lo em julho; tratava-se de aparar os argumentos tirados da tradição em favor das usuras judaicas, e o versículo do *Eclesiastes*, "tudo depende do tempo e das circunstâncias", era citado em apoio. Mais notável, a nossos olhos de modernos, era o conselho de autorizar os judeus a exercer ofícios úteis, o que permitiria fechar os *banchi* sem arruinar completamente o gueto.

Mas esse conselho não foi seguido. Em 1684, Inocêncio XI suprimiu as bancas de empréstimos, mas sem permitir aos judeus o exercício de ofícios diversos dos tradicionais, de comerciantes de roupas e objetos de segunda mão. Daí a decadência total do gueto de Roma nos séculos seguintes. Nas outras cidades italianas, as últimas bancas de empréstimos judeus desapareceram durante o século XVIII.

Sob os papas da Renascença, o relaxamento dos costumes romanos foi benéfico para a condição dos judeus:

> Em nenhum outro lugar, a rede de regulamentos antijudaicos, elaborada pelos Concílios de Latrão e enunciados nas bulas pontifícias subseqüentes, foi menos levada em consideração ou negligenciada de modo mais sistemático; em nenhum outro lugar, a comunidade judaica foi mais livre de corpo e de espírito (Cecil Roth).

Roma tornou-se uma cidade de asilo para os judeus espanhóis expulsos, bem como muitos marranos. Ibn Verga assegura que os judeus de Roma teriam oferecido ao Papa Alexandre Bórgia mil ducados para que ele não deixasse entrar esses estrangeiros indesejáveis e que o papa, não levando em conta a oferta, ter-lhes-ia aplicado uma multa de dois mil ducados a fim de puni-los pela falta de hospitalidade. Seus sucessores rodeavam-se de médicos e humanistas judeus e recebiam-nos em sua mesa, na qualidade de "familiares e comensais" ("In nostrum familiarem, continuum commensalem recipimus", como era dito no diploma entregue por Clemente VII a Isaac Zarfati em 1530). Vasari conta que, aos sábados, os judeus, atravessando o Tibre, iam meditar perante a estátua de Moisés, recentemente erigida por Michelangelo. . .

Se existe um setor do governo da Igreja onde a Contra-reforma teve grandes conseqüências imediatas, foi o regime dos judeus pontificiais. Uma das primeiras iniciativas de Inácio de Loyola, durante sua longa estada em Roma, foi a fundação de uma missão judaica e de uma hospedaria de catecúmenos, mantida inicialmente graças aos donativos voluntários de cristãos ricos. Foi dos círculos dos primeiros neófitos que partiu o clássico levantamento de acusação contra o *Talmud*, na mesma época em que o intransigente Cardeal Caraffa, o futuro Papa Paulo IV, era posto à testa da Inquisição romana renovada. Em 1553, começaram os autos-de-fé de livros judeus; em 1554, a manutenção da hospedaria dos catecúmenos, que já contava com mais de uma centena de pensionistas, foi atribuída aos judeus que permaneceram fiéis à Lei de Moisés. Em 1555, Paulo IV, quando de sua eleição ao trono de São Pedro, proclamava em sua bula *Cum nimis absurdum* que era absurdo permitir que os judeus morassem nos melhores bairros da cidade, empregassem domésticos cristãos e abusassem em geral da bondade cristã; por isso, decretava o papa em relação a eles medidas implacáveis; em primeiro lugar, a concentração atrás dos muros de um gueto insalubre e estreito, às margens do Tibre, e a proibição de qualquer comércio, com exceção do comércio de roupas velhas. No essencial, tais disposições eram apenas um resumo da legislação canônica dos séculos passados, mas o inflexível Paulo IV, ao contrário de todos os predecessores, iria aplicá-las ao pé da letra. Todos os judeus tiveram de mudar-se para seu "serralho" (*seraglio*) e o papa mandou queimar uma vintena de marranos portugueses na cidade de Ancona. "Vendo que ele só estava procurando uma ocasião para aniquilá-los, muitos resignaram-se a abjurar; Israel ficou então como o cabrito montês encurralado pelos cães. . ." (Vale de Lágrimas). Com a morte do octogenário Paulo IV, outro contemporâneo exclamou: "Que Deus nos dê outro papa, bondoso para Israel e que pense em nossas feridas. . .". Mas, fosse qual fosse o papa que tivessem, o destino dos judeus de Roma seguia doravante seu curso. Pio V expulsou-os de todas as cidades do Estado pontifício, com exceção de Roma e de Ancona; Gregório XIII introduziu a *predica coattiva*, o sermão hebdomadário obrigatório, durante o qual os ouvintes desatentos eram punidos com golpes de vara; e mesmo Sixto V, que no fim do século XVI, foi favorável a eles e se rodeava de conselheiros judeus, não mudou muita coisa do novo regime a que estavam submetidos.

Um aspecto notável desse regime era o esforço desenvolvido a fim de converter os judeus. Além da *predica coattiva*, cujo efeito exasperante é fácil imaginar, foram tomadas medidas mais realistas: prêmio de cem escudos aos novos convertidos, apadrinhamento destes por altos prelados ou pelo próprio papa, rede de proteção tecida em torno dos neófitos, a quem era proibido penetrar no gueto e freqüentar judeus. É preciso também dizer que a Inquisição romana dava provas de algum respeito pelos mistérios do livre-arbítrio e às vezes ela mandava de volta ao gueto crianças que parentes colaterais ou outras pessoas bem intencionadas queriam levar ao batismo. Por outro lado, às vezes ela queimava alguns conversos relapsos ou algum monge que julgara oportuno abraçar o judaímo; mas era extremamente raro. No fim de contas, por ano, uma quinzena de judeus em média aceitava o batismo; contando o gueto cerca de três mil habitantes, fica-se tentado a dizer que essa era uma medida sábia e até providencial, não ameaçando a existênia do gueto-padrão, mas ilustrando os misteriosos atrativos da graça e da solicitude dos pontífices. Um certo número de judeus da província, italianos ou estrangeiros, também vinha converter-se em Roma e alguns lá permaneciam, de modo que esses conversos acabaram constituindo um bairro próprio, nas vizinhanças do gueto; em 1724, uma testemunha, que sem dúvida alguma exagerava, avaliava seu número em cinco mil, "habitando cinco ou seis ruelas, mas sem um muro em volta". Muitas grandes famílias romanas e muitos prelados ilustres saíram dessa reserva, "rosas perfumadas surgidas dentre os espinhos da raça", segundo a expressão outrora célebre.

Durante mais de três séculos, os judeus de Roma vegetaram por trás dos muros de seu gueto; até 1684, umas cinqüenta famílias privilegiadas puderam exercer o ofício de prestamistas, mas Inocêncio XI revogou suas concessões; portanto essa fonte de rendas foi extinta, e a própria comunidade, "a universidade" dos judeus, carregada de dívidas, acaba sendo declarada falida; enquanto devedora insolúvel, ela foi então gerida por seu credor principal, a Câmara Apostólica, cujas finanças, aliás, estavam quase tão confusas. A miséria do gueto provocava muita preocupação ao governo pontifício. Um dos teólogos consultados sobre a questão do fechamento das bancas de empréstimos era de opinião que os judeus deviam ser autorizados a exercer outros ofícios:

> Que seja permitido a eles [escrevia] que se dediquem a outras artes e tráficos como se faz em Florença e outras partes e que aqui lhes são proibidos por leis humanas, que são leis voluntárias, enquanto que a lei divina sobre a interdição da usura é uma lei necessária. . .

Mas, embora inclinando-se perante *a lei divina*, nem Inocêncio XI nem seus sucessores pensaram em ab-rogar as *leis humanas* em apreço. As roupas usadas e os objetos de segunda mão, únicas ocupações permitidas ao gueto, tornaram-se suas bases econômicas essenciais. Os comerciantes judeus de quinquilharias percorriam da manhã à noite as ruas da Cidade Eterna, lançando seus pregões característicos (*aéo*!); no gueto, alfaiates e costureiros de proverbial habilidade reformavam roupas e consertavam colchões, e, bem ou mal restaurada, essa mercadoria heteróclita era recolocada no circuito comercial.

O médico Ramazzini, que em 1700 escreveu um notável tratado sobre doenças profissionais, *De morbis artificium*, dedicou um capítulo de seu livro às doenças do gueto.

> É por engano [escrevia esse precursor] que se considera o mau cheiro como natural e endêmico entre os judeus; o cheiro que espalham os mais humildes dentre eles deve-se à exigüidade de suas casas e à pobreza... Suas mulheres e filhas ganham a vida com trabalhos de agulhas; elas não sabem nem fiar, nem cardar, nem fazer tecidos, nem qualquer arte de Minerva, que não seja a costura. Elas são tão hábeis nesse ofício que fazem roupas de pano, de seda e qualquer outro pano, de modo que não se percebam as costuras. Em Roma, esse talento é chamado de *rinacciare*. Elas confeccionam para os jovens, roupas de vários retalhos costurados numa peça, e vivem por meio desse artifício. Esse labor exige uma grande aplicação dos olhos; assim as judias que o fazem dia e noite, com a luz fraca de uma lâmpada sepulcral, sofrem não apenas dos males ligados à vida sedentária, mas estão ainda sujeitas, com o decorrer do tempo, às fraquezas da vista, a ponto de que, aos quarenta anos, ficam vesgas e míopes... Os homens, ocupados o dia inteiro em suas lojas, costurando sentados ou atendendo de pé os fregueses para vender suas roupas velhas, são quase todos caquéticos, melancólicos, feios de ver e amiúde sarnentos...

A coleta e reforma das sobras do guarda-roupa dos romanos tornaram-se, portanto, o principal ganha-pão do gueto, que abrigava 3 a 4% da população da cidade; é verdade que se tratava da cidade mais rica do mundo, mas seu gueto era o mais miserável do mundo. A isso, é preciso acrescentar outros recursos, tais como o aluguel de camas aos soldados pontifícios e a instalação dos palácios dos senhores estrangeiros de passagem, bem como o contrabando, para as naturezas mais audaciosas. Ademais, o montante dos aluguéis fora estabilizado desde fins do século XVI e a expulsão dos locatários judeus impossibilitada para os proprietários cristãos; daí (assim como na Paris de hoje) um aumento vertiginoso de "passagens de ponto"; os titulares dos baixos de casas decrépitas, os beneficiários desse *jus gazzaga*, tornaram-se os verdadeiros plutocratas do gueto.

Este, aos olhos dos estrangeiros de passagem, tornou-se uma das atrações turísticas da Cidade Eterna, que não se devia deixar de visitar. Montaigne percorreu-o em 1581: assistiu a uma circuncisão, "a mais antiga cerimônia religiosa existente entre os homens", e foi escutar um sermão obrigatório, feito por um "rabino renegado" (ver seu *Journal de voyage*); mas, como homem prudente, por cima, filho de uma marrana, ele se mostrou avaro em comentários. Em fins do século XVII, François Deseine descrevia o gueto nestes termos vigorosos:

Chama-se *Il ghetto* o bairro dos judeus, que está rodeado por muralhas e fechado por portas, a fim de que, de noite, essa pérfida nação não tenha qualquer comunicação com os cristãos, e, como eles não podem morar em outro lugar nem ampliar seu bairro e porque são em número muito grande, multiplicando-se essa canalha extremamente, isso é causa para que várias famílias morem num mesmo quarto, o que dá um mau cheiro perpétuo e insuportável em todo o bairro. . .

Cem anos mais tarde, o Cavaleiro Dupaty constatava a mesma miséria, mas, como bom filho do Século das Luzes, chegava a conclusões bem diferentes:

Pensa-se realmente que os judeus em Roma estão na maior miséria; sua miséria toca, imediatamente, de um lado, à conversão e, do outro, à morte. Coisa estranha! Persegue-se os judeus para que abracem o cristianismo, a fim de aumentá-lo; e, se a perseguição lograsse êxito, o cristianismo seria destruído. A fé do cristão precisa da incredulidade do judeu. Pergunta-se: Então quando os judeus irão converter-se ao cristianismo? Eu pergunto: Então quando os cristãos irão converter-se à tolerância?

Mas a conclusão predominante entre os franceses curiosos que visitavam o gueto pode ser resumida na opinião lacônica do Presidente de Brosses: "O bairro judeu é uma arqui-imundície. . ."

Sem dúvida alguma, impressões como essa eram reforçadas por uma *estilização* desejada pelo governo da Igreja, a fim de enfatizar a miséria e o rebaixamento dos judeus. Se desde sempre as homenagens devidas pelos católicos ao vigário de Cristo fossem sublinhadas por uma encenação grandiosa, as exigidas dos judeus tinham seu próprio selo. Urbano VIII (1623-1644) proibiu-os de lhe beijar os pés; em vez disso, deviam beijar o lugar onde a mula do papa havia descansado. Clemente IV, em 1668, fez-lhes um benefício, suprimindo a corrida de judeus no carnaval, apreciada pelos romanos, e substituiu-a por um tributo anual a ser pago ao conservador da Cidade Eterna; este punha o pé em cima da nuca do porta-voz dos judeus, prosternado, e o mandava embora, exclamando: "*Andate*!" ("Ide!"). Os humildes vocativos dos judeus do gueto ao soberano da Santa Sé superavam de longe, em obsequiosidade, tudo o que os estilistas das demais cortes européias podiam inventar.

Todo esse aparato, que não podia deixar de impressionar a imaginação dos cristãos, espantava bem menos os raros visitantes judeus da Cidade Eterna, em especial os provenientes da Alemanha, encouraçados contra o espetáculo das humilhações por um costume secular. Um deles, o alemão Abraham Levi, de Horn, deixou uma descrição do gueto, em 1724, bem diferente das anteriores. Segundo ele, três quartos dos judeus de Roma eram alfaiates e um quarto tinha outras ocupações, tais como a instalação dos palácios dos príncipes estrangeiros. "Por causa de seu excelente trabalho, são bem vistos por muitos cardeais." Essa testemunha não se estende sobre a miséria dos judeus. Elogia a beleza e até a riqueza de sua sinagoga. O ponto de vista do judeu alemão decerto não era o mesmo dos senhores franceses! Ele acrescenta:

Esqueci de relatar apenas uma coisa: a liberdade que os judeus gozam aqui é em suma bastante suportável. Só que os cristãos levam muito a peito tirar-lhes a fé, às vezes os forçam a isso e os prendem com laços tão diabólicas que os judeus se vêem presos. Em primeiro lugar, o papa dá cem escudos a quem apostasia, mesmo se se trata de uma criança. Mas se algum deles já tiver feito muito mal, mesmo que mereça a forca dez vezes, no momento em que abandona a fé judaica está liberado. Mas tenta-se também apanhá-los nas armadilhas de muitas outras maneiras.

E é isso principalmente que preocupa nosso homem, é a isso que ele dedica a segunda metade de seu longo relato: os "laços diabólicos", ou seja, as pressões de toda ordem, de que ele fornece muitos exemplos, frisando a violência franca e às claras, mediante a qual os recrutados eram conduzidos à hospedaria dos catecúmenos. Ele conclui:

Eu digo para mim mesmo, quando vejo isso, que eis cumprida a palavra de Moisés: "Teus filhos e tuas filhas serão entregues a um outro povo, e teus olhos o verão". Pois isso acontece com freqüência em Roma: pais ou mães, às vezes pais e mães*, são separados de seus filhos pela violência.

A exemplo da Santa Sé, o uso dos sermões obrigatórios foi introduzido em outros países, especialmente na Áustria. Porém, de um modo geral, o papado não dispunha mais, quanto ao destino dos judeus estrangeiros, da mesma influência que na Idade Média; de resto, as únicas grandes regiões católicas que ainda os toleravam nessa época eram a Itália, a Áustria e a Polônia. Assinalemos o grande memorial preparado sobre a lenda do assassinato ritual, a pedido dos judeus poloneses, pelo Cardeal Ganganalli, o futuro Papa Clemente XIV (1769-1774); esse monumento da ciência teológica e rabínica, que mais uma vez demonstrava a falsidade da lenda, não impediu que continuassem os processos por assassinato ritual na Polônia e outros lugares, porém, sem a tomada de posição pontificial, esses processos teriam sido sem dúvida mais numerosos e mais cruéis ainda.

No curso do século XVIII, a sorte dos judeus do Estado pontifício não sofreu nenhuma modificação. Em 1798, as tropas francesas entravam em Roma: o General Saint-Cyr apressou-se a abolir o porte da rodela, com o que os judeus ficaram encantados, mas a seguir ele quis que os alfaiates do gueto trabalhassem para sua intendência todos

* *Esse giro singular de frase explica-se pelo fato de que, quando só um dos pais decidia converter-se, ele podia mandar batizar seus filhos, arrancados assim ao outro genitor. O caso da separação simultânea dos dois pais era bem mais raro, mas não desconhecido. Em assuntos como esse, com o auxílio do direito canônico, todo tipo de situação podia surgir.*

Pouco depois da viagem de Abraham Levi a Roma, Stella Bondi, uma judia do gueto, anunciou à hospedaria dos catecúmenos que pretendia batizar e ofereceu seus cinco filhos, dos quais três haviam alcançado a "idade da razão". Não tendo essa mulher perseverado em sua resolução, a Inquisição romana mandou pô-los em liberdade, e eles puderam voltar ao gueto junto com a mãe; em compensação, ela mandou batizar as outras duas filhas, de menos de sete anos.

Cumpre ainda assinalar, para ilustrar o relato de Abraham Levi, a expressão corrente entre os jovens do gueto: "Por Deus! eu vou te degolar e vou me tornar cristão!" De fato, o batismo era considerado um meio para escapar dos processos criminais.

os dias, inclusive os sábados, fato que os alegrou bem menos, e lembrou-lhes de que é complicado ser judeu. As coisas se arranjaram, os direitos cívicos foram concedidos aos judeus e o gueto não guardou má lembrança da ocupação francesa. Não parece que tenha ficado desmesuradamente aflito com a volta de Pio VII, que demonstrou ser um príncipe bondoso. Mas seu sucessor, Leão XII, pôs de novo em vigor todas as práticas dos séculos passados, com exceção apenas da insígnia, e os judeus de Roma tiveram de recomeçar a pagar a pensão de seus apóstatas, enquanto que os Rothschild de Londres, convertidos em banqueiros oficiais dos Estados da Igreja, tomavam a seu cargo os indigentes do gueto; tais podem ser os circuitos da finança, quando um banqueiro judeu empresta dinheiro a um papa. Se o Estado pontifício era o Estado mais arcaico da Europa, o gueto era a singularidade mais arcaica desse Estado. Sob a influência de novas idéias, a Itália entrava em ebulição, aproximava-se a era do *Risorgimento*; mas o gueto não tomou a menor parte na luta, pois, os Manin, os companheiros judeus de Garibaldi, vinham de Veneza ou do Piemonte, e o papa podia com razão louvar a sabedoria de seus leais súditos de Roma. Foi a maneira de pronunciar a semivogal *cheva* que, entre 1826 e 1845, constituiu a principal preocupação intelectual do gueto, provocando polêmicas encarniçadas e até tumultos. Coube a um padre católico, o Abade Ambrosoli (cujo nome merece menos olvido), em Roma, lançar, no começo de 1848, o primeiro apelo em prol da libertação dos judeus.

> Eu sou talvez o primeiro [exclamava ele, do púlpito de Santa Maria de Trastevere] a tratar em lugar consagrado, perante o tribunal de Cristo, de uma causa que até agora só tem sido pleiteada à barra da razão civil... De quem é a culpa, se os pobres semblantes dos judeus estão maculados e endurecidos por sua longa existência suberrânea? De quem é a culpa, se esse povo, privado dos direitos civis, mantido à margem de toda atividade elevada, escolheu o único caminho que podia permitir-lhe obter alguma consideração, o do dinheiro? De quem é a culpa, se, excluído das ocupações honestas, ele se rebaixou às operações usurárias e nem sempre conseguiu lavar-se da acusação de avidez e desonestidade? Não é culpa nossa?

Em abril de 1848, por ordem de Pio IX, os muros do gueto foram derrubados. Em novembro, explodia a revolução romana e o papa tomava o caminho do exílio; quando voltou, absteve-se de qualquer nova reforma. Até o final de seu longo pontificado, os judeus "as únicas ruínas viventes de Roma", segundo o medievalista Gregorovius, continuaram obrigados a morar em seu bairro sórdido, a cingir-se a seus antigos ofícios e pagar a manutenção dos catecúmenos. Em 1858, os batismos fraudulentos de crianças judias transformaram-se em escândalo internacional por ocasião do caso de Edgar Mortara*, menino

* *O caso Mortara não foi o único. Em 1864, Fortunato Cohen, de dez anos, foi batizado em circunstâncias semelhantes. Em* Rome contemporaine, *Edmond Abqut ridicularizava outro caso da seguinte maneira: "O Sr. Padova, negociante israelita de Cento, tinha mulher e dois filhos. Um caixeiro católico seduziu a Sra. Padova. Surpreendido e expulso pelo patrão, ele fugiu para Bolo-*

de seis anos que, em Bolonha, fora batizado em segredo pela doméstica católica da família, sendo a seguir raptado de seus pais pela polícia da Inquisição e consagrado ao sacerdócio. Todas as comunidades judaicas da Europa se comoveram, a imprensa de todo o mundo se apoderou do incidente, as grandes potências fizeram representações a Roma; os únicos judeus a deplorar a agitação foram os judeus romanos. Seus delegados foram recebidos por Pio IX e acolhidos com as seguintes palavras:

> Aqui estão portanto as provas de vosso reconhecimento pelos benefícios com que vos cumulei. Vêde, eu posso fazer-vos muito mal, e fechar-vos todos de novo em vosso bairro. Porém minha bondade é tão grande, e minha piedade por vós era tão forte, que eu vos perdôo!

O porta-voz dos judeus irrompeu em lágrimas, jurou que o gueto nada tinha de ver com as campanhas da imprensa e relembrou sua fidelidade durante o período revolucionário de 1848-1849. O Santo Padre acalmou-se. "Podia eu pois repelir a criança que queria tornar-se cristã?", exclamou ele. "Além do mais, se os Mortara não tivessem tido uma empregada católica, tudo isso não teria acontecido." (Então era culpa do judeu! No final da audiência, o porta-voz judeu declarou: "Se soubésseis, Vossa Santidade, como deploramos essas polêmicas cheias de peçonha, nas quais podemos reconhecer muito bem a realização das paixões políticas!" Satisfeito, Pio IX permitiu que os delegados beijassem sua mão. Ele já tinha dado ordens à polícia para que tomasse providências a fim de impedir que empregadas domésticas cristãs trabalhassem em lares judeus; por outro lado, ordenara que o menino Mortara fosse levado a passear pelo gueto romano em companhia de um padre[3].

O estado do gueto às vésperas de sua abolição ressalta de uma súplica que a comunidade dirigia ao soberano pontífice no começo de 1870 a fim de obter uma ampliação do bairro e a derrogação dos interditos que continuavam pesando sobre seus habitantes. "Há muito pouco ar e luz, e, em algumas de nossas ruas, o sol penetra apenas raramente ou nunca." Quanto aos moradores dessas ruas, "eles são moços de fretes, trapeiros, vendedores de fósforos, meninos de recados, compradores de solas gastas, aguadeiros e nunca outra coisa".

nha. A Sra. Padova o seguiu, levando com ela os filhos. O marido correu para Bolonha e pediu que ao menos os filhos lhe fossem devolvidos. A autoridade respondeu-lhe que os filhos estavam batizados, assim como a mãe, e que existia um abismo entre ele e sua família. Contudo, foi-lhe reconhecido o direito de pagar uma pensão, com a qual viviam todos, inclusive o amante da Sra. Padova. Alguns meses mais tarde, pôde assistir ao casamento de sua mulher legítima com o caixeiro que a seduzira. O oficiante era Sua Eminência, o Cardeal Opprizoni, arcebispo de Bolonha".

3. O texto do sermão do Abade Ambrosoli foi publicado por A. BERLINER, *Geschichte der Juden in Rom*, Frankfurt, 1893, III, pp. 205-208. O relato da conversa de Pio IX com os delegados judeus e os demais detalhes sobre o caso Mortara encontram-se às pp. 153-158.

Após descrever a miséria e a promiscuidade do gueto, os signatários da petição, "habituados a bendizer Vosso Nome com o coração palpitante e os olhos marejados de lágrimas", exclamam: "Ouvi-nos, Santo Padre, e que os filhos de Israel conheçam novamente os efeitos de vossa generosidade, já ligada a Vosso Nome imortal!"

Alguns meses depois, as tropas de Vittorio Emmanuele entravam em Roma e os Estados da Igreja eram riscados da superfície do globo. O gueto ainda se manteve por uns quinze anos, até que as autoridades sanitárias da cidade conseguissem a transferência de seus habitantes e a demolição de seus pardieiros. Nos dias de hoje, o turista pode visitar os vestígios do gueto, percorrer, à beira do Tibre, pitorescas ruas de comércio onde ainda predominam as lojas judias, espantar-se com o espetáculo, desconhecido no resto da Europa, de pequenos pedintes judeus nos degraus da sinagoga. . .

Para o período de 1788 a 1887, existem estatísticas precisas sobre o movimento da população no gueto. Durante esses cem anos, houve 13 771 nascimentos e 9 994 mortes, e a população, entre os dois recenseamentos de 1809 e 1882, passou de 3 076 a 5 429 pessoas. No século XIX, nenhuma outra comunidade da Itália conheceu semelhante aumento: o gueto, sede da miséria judaica, deu provas de uma vitalidade bem maior do que os outros centros antigos, Veneza e Livorno, Florença e Trieste*. É evidente que, em assuntos desse gênero, é preciso levar em conta as condições locais, o crescimento ou declínio das cidades, bem como os movimentos migratórios judeus; além do mais, em todos os países do mundo, as judiarias pobres sempre foram mais prolíficas do que as judiarias ricas, assim como, em nossos dias, os países subdesenvolvidos o são mais do que os países ricos. Em matéria tão vasta, guardemo-nos pois de conclusões simplistas; permanece o fato de que, na Itália, assim como nos outros países do Ocidente, os judeus autóctones, emancipados e aburguesados, caíam no malthusianismo e começavam a declinar em número, na mesma época em que, na antiquada teocracia cristã de Roma, eles cresciam e multiplicavam-se na servidão. Fato de onde cada qual pode tirar as conclusões que quiser.

* *Para a Itália inteira, a população judaica, de 1840-1850 a 1938, aumentou em 45%; só para Roma, em 137%. Cidade por cidade, aqui estão algumas outras cifras:*

	Por volta de 1845	1938
Ancona	*1 800*	*830*
Ferrara	*1 500*	*600*
Florença	*1 500*	*2 800*
Livorno	*4 800*	*1 750*
Milão	*?*	*8 000*
Roma	*3 700*	*13 700*
Turim	*1500*	*3 700*
Trieste	*4 000*	*5 000*
Veneza	*2 500*	*2 000*

2. Os Mouriscos e sua Expulsão

Chamava-se mouriscos o último grupo de espanhóis que permaneceram fiéis à lei de Maomé, depois que a dominação cristã se estendeu por toda a Península. No tempo do glorioso califado de Córdova, o Islã fora a religião dominante da Espanha, mas, no século XVI, os mouriscos não passavam de 10% da população do país; de geração em geração, a atração do cristianismo, que crescia com os progressos da *Reconquista*, incitava os muçulmanos a converter-se em massa, na tolerante Espanha das Três Religiões. A política dos Reis Católicos assegurou ao Islã um atrativo de gênero bem diferente, mas não menos poderoso: aquele com que reveste, aos olhos de seus fiéis, as crenças perseguidas e insuflou-lhe, na Península Ibérica, nova vida; de modo que, depois de um século de lutas, os mouriscos, segundo os autores espanhóis da época, cresceram em número e começavam a ficar no calcanhar da cristandade. Eles foram então declarados inassimiláveis e tiveram de seguir os judeus espanhóis no exílio. Foi esse o reverso da *unificação da fé* espanhola.

Quando foi conquistada em 1492, a população do reino de Granada representava uns 5% da população total da Península; uma percentagem quase igual de *mudejares* ou mouros submissos viviam pacificamente no resto da Espanha, sobretudo no reino de Valência, cujos senhores extraíam desses agricultores hábeis o melhor de suas rendas. Na véspera de sua entrada em Granada, Isabel e Fernando haviam-se solenemente obrigado, por uma capitulação com cinqüenta e cinco itens, contra-assinada e confirmada pela fina flor da nobreza espanhola, a garantir aos muçulmanos o livre exercício de seu culto e o respeito por seus antigos costumes. O item 38 dessa capitulação, estendia-o aos judeus de Granada; esse item foi descumprido quatro meses depois, pois esses judeus foram incluídos na expulsão geral do verão de 1492. Durante alguns anos, os demais itens foram mais ou menos respeitados; conta-se que o inquisidor-mor Torquemada foi o primeiro a opor-se aos batismos à força*. O Arcebispo de Granada, Hernando de Talavera, esforçava-se para ganhar os corações muçulmanos por meio da doçura e algumas vezes conseguia; sua popularidade entre os mouriscos era certa. Mas essa evangelização não ia bastante depressa aos olhos do impetuoso Cardeal Cisneros, o favorito dos Reis Católicos, que veio instalar-se em Granada em 1499, para aplicar procedimentos missionários mais conformes aos costumes daqueles anos exaltados. Ele pegou Mahamed el-Zegri, o pregador muçulmano mais influente da cidade, mandou pô-lo a ferros e fê-lo jejuar até que se declarasse cristão. Seguiram-se outros excessos do mesmo gênero; o próprio el-Zegri teve de atear fogo a uma fogueira onde tinham sido empilhados todos os manuscritos do *Corão* e outros livros árabes que foram encontrados em Granada. Uma revolta dos mouriscos acabou estourando, sendo afogada em sangue; seguiram-se tratativas das quais tomou parte o sultão do Egito, que ameaçava tomar represálias contra os cristãos que viviam em seu país. Desse modo, instituiu-se uma tradição de resistência, bem como a do apelo à ajuda estrangeira: aos olhos dos monarcas espanhóis, incessantemente em guerra com os turcos, essa era uma consideração nada desprezível e às vezes um freio. Finalmente, os mouriscos submeteram-se e, com exceção dos que puderam emigrar, aceitaram um batismo coletivo, mediante a promessa de que a Inquisição não seria estabelecida em Granada durante quarenta anos. Mas que confiança podiam depositar nessa promessa, eles que tinham visto a solene capitulação de 1492 espezinhada e desde então nutriam um ressentimento feroz contra a traição cristã? Para Isabel, a Católica, contudo, os mouriscos de Granada, depois dessa mascarada, eram cristãos iguais a seus outros súditos católicos, e seu coração devoto sentia pressa em trazer para a verdadeira fé os de Castela. A fim de incitá-los a isso, ela decretou sua expulsão em 20 de fevereiro de 1502, para revogar o edito depois que eles, por sua vez, aceitaram o batismo. Os considerandos desse edito valem a pena ser citados. Dizia-se aí que constituía grande escândalo tolerar no país os muçulmanos, depois da conversão global dos mouriscos de Granada. A seguir, censurava-se os de Castela por se empenharem em trazer de volta ao erro os recém-conversos, e reconhecia-se aí o argumento empregado em relação aos judeus, quando de sua expulsão dez anos antes. Enfim, afirmava-se que era melhor prevenir do que castigar, e que é justo punir os pequenos pelos crimes dos grandes[1].

* *Segundo o dominicano Jaime Bleda, "o mui sábio doutor (Tomás de Torquemada) considerava o menor dos males deixar os mouros meramente infiéis do que torná-los apóstatas, pois eles deviam continuar em poder de seus pais e expostos ao perigo manifesto de recair no erro. . ." (*Crónica de los moros de España, *Valência, 1618.) Bleda era um adversário encarniçado dos mouriscos.*

1. Cf. a análise do edito de 20 de fevereiro de 1502 feita por A. DE CIRCOURT, *Histoire des Mores mudéjares et des Morisques*, Paris, 1846, t. II, pp. 103 e ss.

Assim, dez anos depois da tomada de Granada, Castela era integralmente cristã de nome. Adaptando-se à situação que lhes era imposta, os mouriscos seguiram o exemplo dos judeus e passaram a praticar sua religião em segredo, tanto mais quanto a Inquisição, como regra geral, deixava-os e paz, quer porque eram menos ricos, quer porque lhes fora prometida imunidade. Um curioso documento nos informa como eles regularizavam a questão perante sua própria consciência e se iniciavam na arte das reservas mentais (*la taqiyya*). Trata-se do conselho de um sábio *mufti* da Argélia que, de Oran, os encorajava a manter-se firmes e a enganar seus opressores.

> Sabei [escrevia ele] que os *ídolos* não passam de madeira dourada e pedra talhada: elas não vos servirão para nada, eles vos serão inúteis: a realeza é de Deus: ele não engendra filhos, ele não tem esposa.

Entrando a seguir em detalhes, o mencionado pastor especificava:

> Se alguém vos faz dizer à força uma palavra de renegação, se for possível fazei-o em sentido contrário com palavras secretas; se não, dizei como ele vos diz, e que vossos corações permaneçam ainda mais firmes na religião do Islã, rejeitando e negando com todo o coração aquilo que vos fizerem dizer (. . .). Se eles vos disserem que Jesus morreu na cruz (como eles mentem!), tende a intenção de que foi para dar-lhe mais perfeição e honra, e que o Altíssimo o arrebatou para as alturas dos céus a fim de glorificá-lo e tirá-lo do meio de um povo perverso*.

O texto dessa consulta está em espanhol, escrito em caracteres árabes, indicação preciosa quanto ao estado cultural dos mouriscos. Sua conclusão informa-nos sobre o que podiam ser suas esperanças políticas:

> Por mim, eu rezaria ao Altíssimo para que faça virar o curso do destino em favor do Islã, até que possais adorar Deus publicamente sem censura, nem qualquer temor, *graças à aliança dos turcos*[2].

Tais eram os extremos a que estavam reduzidos, dez anos depois da queda de Granada, os mouriscos de Castela. Os de Aragão foram melhor defendidos: em 1510, seus senhores arrancaram de Fernando, o Católico, um compromisso com as Cortes de Monzon, estipulando que "os mouros do reino de Valência não serão nem expulsos nem forçados a batizar-se", que Carlos V confirmou por juramento solene quando chegou à Espanha em 1518. Um tal estado de coisas provocava o furor do baixo clero e do povo, e todas as calamidades eram atribuídas a sua presença: uma inundação ocorrida em 1517, bem como

* *Cf.* o Corão, *Surata IV, 156: "Eles disseram: 'Nós fizemos morrer Jesus, o Messias, filho de Maria, enviado por Deus.' Eles não o mataram. Eles não o crucificaram. Um corpo fantástico enganou a barbárie deles. . . Deus elevou-o até si porque ele é poderoso e sábio".*

2. J. CANTINEAU, "Lettre du Moufti d'Oran aux Musulmans d'Andalousie", *Journal Asiatique*, t. CCX, janeiro-março de 1927.

a queda de um cometa e a aparição de um leão horrível[3]. Em 1520, uma agitação contra o imperador "flamengo" e os nobres que eram seus conselheiros tomou os mouriscos como alvo: a revolta que se seguiu foi desencadeada por um massacre perpetrado em Valência, sob o pretexto de que eles haviam assassinado uma criança cristã. No verão de 1520, a guerra civil dos *agermanados* causou danos em Valência e Aragão, contrapondo os insurretos cristãos aos senhores secundados por seus mouriscos. Onde os rebeldes venciam, ofereciam a seus adversários a escolha entre o batismo e a morte. Em Gandia, a população inteira foi batizada "com o auxílio de vassouras e galhos mergulhados numa vala". Na aldeia de Polope, os mouriscos aquartelados num castelo renderam-se, depois que lhes prometeram poupar a vida; mas depois que o sacramento lhes foi administrado, eles foram chacinados aos gritos de: "mandemos suas almas ao céu e seus escudos a nossas bolsas!" O número total de conversos foi avaliado em dezesseis mil; milhares de outros fugiram para a África do Norte[4].

Uma vez restabelecida a ordem, Carlos V reuniu uma junta para examinar a validade desses batismos. Previamente, tomara a precaução de fazer com que o papa o desligasse de seu juramento de 1518, sem dúvida para poder julgar com maior liberdade. Com a maioria de 21 votos a um, os teólogos foram da opinião que, dado o fato de os mouriscos não terem gritado *Nolo* (não quero) no momento crucial, e de que não estavam loucos, nem bêbados, haviam aquiescido com conhecimento de causa, e deviam suportar as conseqüências desse ato. Além do mais, observava o bispo de Segóvia, se houve violência, ela fora "purgada" por aqueles mouriscos que tinham assistido missas (essa teologia feroz deve ser comparada com aquela, bem mais atenuada, de 1391 e dos anos seguintes). Comissários foram enviados às províncias para melhor cristianizar os novos cristãos e para transformar as mesquitas em igrejas. Depois do que Carlos V reiterou novamente a ordem de se tornarem cristãos, embora a seus olhos eles já o fossem; mas, nesse ponto, o imperador e seus teólogos não estavam quase em contradição.

> Desejando dar salvação a vossas almas e tirar-vos do erro e da mentira em que viveis, nós pedimos, exortamos e ordenamos que vos torneis todos cristãos e recebais a água do santo batismo. Se o fizerdes, mandaremos que vos sejam dadas todas as liberdades e franquias a que tereis direito como cristãos, segundo as leis do reino. Se não o fizerdes, seremos forçados a recorrer a outros meios.

Dois meses depois, um edito fixando aos infelizes mouriscos de Valência sua nova linha de conduta, os ritos cristãos que deviam seguir e os costumes muçulmanos a evitar, prescrevia que deviam trazer em seus chapéus uma meia-lua de tecido azul, a antiga insígnia

3. P. BORONAT Y BARRACHINA, *Los Moriscos españoles y su expulsión*, Valência, 1901, t. I, p. 130.

4. A. DE CIRCOURT, *op. cit.*, t. II, pp. 168 e ss.

reservada aos infiéis. A taça estava cheia até a borda, os mouriscos revoltaram-se, massacraram seus padres e profanaram as igrejas. O legado do papa pregava uma cruzada; quanto ao imperador, depois de ter recorrido a suas tropas alemãs, acabou lançando mão de uma transação muito característica. Uma pragmática de dezembro de 1526 suprimia definitivamente o islamismo em toda a Espanha, junto com todas as suas manifestações externas, tais como o porte da roupa, o uso da língua árabe e até os banhos; mas, "sendo tal o seu bel-prazer", Carlos V suspendia seu efeito por quarenta anos. É preciso acrescentar que os mouriscos ofertaram ao imperador, sempre com falta de dinheiro, um presente de oitenta mil ducados, e, segundo Menendez y Pelayo, "ele foi vencido pelo ouro mourisco"; também é preciso dizer que os senhores continuaram trabalhando ativamente em favor daqueles. Em 1540, o Grande Almirante Sancho de Carona, um dos maiores senhores de Aragão, foi perseguido pela Inquisição porque, não contente com instalar uma mesquita para seus mouriscos, vituperava em voz alta os eclesiásticos que os oprimiam: propusera até que se escrevesse ao Concílio de Trento a fim de chamar a atenção para a sorte deplorável deles e, coisa ainda mais grave, ao "grande turco", para levá-lo a brandir a ameaça das represálias. Fautor de heresia e culpado de entender-se com o inimigo, esse grande senhor foi condenado a penas relativamente leves: dois mil ducados de multa, penitência e reclusão, "até que seja outra sua disposição". Outros senhores não menores, tais como Rodrigo de Beaumont, da família dos condestáveis de Navarra, e Dom Gaspar Sanz foram implicados em processos semelhantes, especialmente por terem ajudado famílias mouriscas a passar para a Berbéria. Nem é preciso dizer que eles se permitiam ser largamente remunerados por serviços desse tipo[5].

A partir dessa época, vê-se os mouriscos espanhóis adotar comportamentos *sui generis* impostos por sua condição, e duplicar, na Espanha inquisitorial, a função dos judeus, tanto no nível das estruturas econômicas quanto ao da consciência coletiva cristã. Um estilo de vida especifica-se: os mouriscos dão provas de um ardor no trabalho e de uma frugalidade que lhes garantem a prosperidade; o dinheiro lhes serve para proteger-se das chicanas dos esbirros e dos padres, para comprar os senhores e os Reis, face ao principal argumento político. Tornam-se cautelosos, dissimulados, ferozmente solidários entre si; eles constituem, segundo seu maior historiador, Caro Baroja, "uma imensa associação semi-secreta, pois o doutor da Lei deve dissimular seu ministério, o rico exibir sua pobreza, o fanático fingir ocasionalmente sentimentos de piedade cristã"[6]. Essa associação vive da lembrança da fé traída, da capitulação achincalhada de 1492

5. Ver as obras citadas de A. de Circourt e de Boronat; este publicou, na *Colección diplomática* anexada ao vol. I, os processos de Sancho de Cardona e de Rodrigo de Beaumont, pp. 443 e ss., 473 e ss.

6. J. CARO BAROJA, *Los Moriscos del Reino de Granada*, Madrid, 1957, p. 102.

e das desgraças que se seguiram; ela é agitada por esperanças messiânicas que são esperanças de desforra, está plena de *jofores* ou profecias que anunciam o restabelecimento, com a ajuda do "Grão Turco", do glorioso império de outrora. Mas, se as perseguições e humilhações alimentam a fé dos mouriscos e lhes tornam mais caros seus antigos costumes, ao mesmo tempo essa fé evolui para aproximar-se efetivamente em certos pontos do cristianismo, até dar origem a uma espécie de culto sincretista*. Além do mais, uma certa proporção de mouriscos acabaram tornando-se bons cristãos, mas nem por isso deixaram de ser expulsos de sua pátria, como veremos mais adiante.

Se as analogias são evidentes, certas diferenças entre o estilo dos mouriscos e o dos judeus não são menos patentes. Em primeiro lugar, a resistência a mão armada tornou-se sua *ultima ratio*, e quão eficaz; de mais a mais, eles podem contar com algum auxílio estrangeiro: embora normalmente o "Grão Turco" se contente comumente com promessas verbais, os corsários barbarescos vêm constantemente dar-lhes mão forte ou evacuá-los para a África, ao mesmo tempo que saqueiam os costas espanholas (sob esse ponto de vista, os mouriscos constituíam para Madrid um lancinante problema político). Jamais dispondo de aliados externos desse gênero, os judeus voltavam-se para sua sublime pátria interna, a do *Talmud*, e, em última análise, foi a cultura talmúdica que assegurou ao judaísmo ibérico uma coesão e vitalidade bem maiores do que as do islamismo. Por seu lado, a Inquisição não se comportava da mesma maneira com judeus e mouriscos, sendo que foram relativamente raros os processos individuais destes. A seus olhos, cada judeu era um adversário temível, porque letrado, e tentador, por causa da fortuna que lhe era atribuída. Com relação aos mouriscos, ela se contentava com espécies de *razzias* religiosas, controlando de vez em quando os costumes de um burgo ou de uma aldeia povoada por conversos que os padres catequizavam brutalmente e mal. Nessas condições, pode-se dizer que a promessa de Carlos V de isentá-los da Inquisição durante quarenta anos foi mantida no conjunto.

A atitude de seu sucessor, Filipe II, nessa questão esteve de acordo com sua reputação de soberano escrupuloso e de soberano devoto. Ele respeitou o prazo e esperou o fim do ano de 1566 para reunir uma junta que elaborou uma nova pragmática, publicada em 1.º de janeiro de 1567. Essa ordenação regulamentava detalhadamente a existência dos "cristãos-novos" mouriscos, que deviam demolir seus *hammams***, destruir as roupas e véus de suas mulheres, manter

* *"Mouriscos instruídos... amalgamavam as leis de Cristo e de Maomé para formar uma crença especial, divulgada por obras como* El Atafria, *de Ibn Chalab, traduzida ao castelhano e parafraseada:* A Disputa dos Muçulmanos e dos Cristãos, *destinada a fazer crer que o judeu Paulo havia corrompido a doutrina evangélica primitiva, e o* Hadit do Nascimento de Jesus, *relatando como os judeus mataram, em lugar do Salvador, uma pessoa que era parecida com ele." (P. BORONAT,* Los Moriscos españoles, *Valência, 1901, t. 1, p. 383.)*

** *"...os apologistas da expulsão dos mouriscos, bem como outros autores, falam-nos do uso dos banhos como sendo algo terrível, e o historiador*

as portas de suas casas abertas três dias por semana e esquecer em três anos a língua árabe, para utilizar unicàmente o castelhano. Ao mesmo tempo, a catequização foi reforçada. Acerca do caráter com que ela podia revestir-se, lança alguma luz uma curiosa carta do embaixador espanhol na França, de 1569. Depois de deplorar os costumes dissolutos do clero e as exações de uma administração que se sentia como num país conquistador, esse embaixador, Frances de Alava, descrevia uma missa à qual assistira em Granada e em cujo transcurso o padre, no momento da consagração, entre a hóstia e o cálice, gritava injúrias obscenas a suas ovelhas, "coisa tão contrária ao serviço de Deus que eu tremia em toda minha carne...", concluía esse gentil-homem[7]. Outro documento da mesma época, queixa de um mourisco desconhecido, descrevia à sua maneira a catequização:

Eles nos chamam com um sino para adorar o ídolo, mandam-nos ir prontamente a seu conciliábulo diabólico e, quando estamos reunidos na igreja, levanta-se um pregador com voz de coruja que fala em vinho e porco; e o ofício é feito com vinho... A cada quatro meses, o padre, nosso inimigo, vai até as casas suspeitas pedir as cartas de passaporte. Ele vai de um lugar a outro com seu papel, sua pena e sua tinta, e quem não tem carta lhe paga um *dirhem* de multa. Os inimigos decidiram que os vivos pagariam pelos mortos. Que Deus esteja com aquele que não pode pagar!

Mais adiante, a Inquisição é descrita assim:

Eles põem (o acusado) num palácio assustador, onde ele fica por muito tempo, e abrem perante ele mil fossos de onde nem um bom nadador conseguiria sair, pois é um mar que não se atravessa. De lá, eles o levam à câmara de tormentos, e o amarram para fazê-lo sofrer a tortura, e prosseguem com ela até que tenham queimado seus ossos. A seguir, eles se juntam na praça e, ali, erguem um cadafalso. Eles mesmos comparam esse dia ao do Juízo Final. Quem escapa disso é vestido de uma roupa amarela, e eles jogam os outros no fogo com estátuas e figuras horríveis. O inimigo atormentou-nos grandemente de todas as maneiras, ele nos rodeou com um círculo de fogo; estamos sob uma opressão que não podemos mais suportar[8].

Esse lamento caiu em mãos dos espanhóis após a interceptação de um pedido de ajuda que os mouriscos de Granada enviavam à África do Norte. Depois de contemporizar durante dois anos, perderam as esperanças na eloqüência de suas súplicas e seus presentes, e rebelaram-se, contando com as promessas de apoio recebidas de Argel e de Constantinopla. Abu-Omaya, rebento da antiga linhagem dos Omíadas, foi eleito rei e chefe da rebelião. A guerra civil que se seguiu durou cerca de dois anos, prenunciando as revoluções e lutas de guerrilha andaluzas, marcada por incessantes mortandades, estupros e profanações: os dois campos competiam em crueldade, "todas as mãos

de Granada, Bermudez de Pedraza, diz com candura, como se fosse uma espécie de loucura: "Eles se lavavam, embora estivéssemos em dezembro!" (J. CARO BAROJA, Los Moriscos del Reino de Granada, *Madrid, 1957, p. 128.)*

7. Citado por F. BRAUDEL, *La Méditerranée... cit.*, p. 580.
8. DE CIRCOURT, *op. cit.*, t. II, p. 481.

estavam vermelhas de sangue". Mas Argel mandou apenas dois canhões e algumas centenas de voluntários, ao passo que o Sultão Selim II, que entrementes havia concluído a paz com a Espanha, preferiu empregar sua frota a fim de conquistar Chipre, para o desespero dos mouriscos. "Se nos perdermos, serão pedidas contas de nós a Sua Alteza, e no dia da ressurreição a sentença de julgamento será dada pela eternidade...", eles lhe escreviam[9]. Finalmente, Dom Juan de Áustria, meio-irmão de Filipe II, acabou com a revolta. Madrid decretou então a deportação geral dos mouriscos de Granada, que, em 1570, tiveram de abandonar suas casas e foram dispersos através de todo o reino de Castela, com o cortejo de sofrimento e miséria que sempre acompanha esse gênero de operação.

Durante todo esse tempo, os mouriscos de Valência não se mexeram, entregando-se aos métodos comprovados da diplomacia e da corrupção, e essa paciência foi recompensada: em fins de 1571, uma *concordia* promulgada pelo imperador dispunha que eles seriam tratados com piedade e clemência e que ficariam isentos dos confiscos inquisitoriais, inclusive seus *alfaquis*, seus circuncisores e os relapsos, mediante uma subvenção anual de cinqüenta mil *sueldos* à Inquisição.

Cosme Abenamir, o homem que, com o apoio dos senhores valencianos, levou essa negociação a termo, faz pensar, sob muitos aspectos (tal como se chega a conhecê-lo hoje através de seu dossiê da Inquisição), nos grandes judeus da corte espanhola de outrora. Dom Cosme e seus dois irmãos, Dom Fernando e Dom Juan, haviam herdado do pai imensa fortuna em ouro e prata ("e a conferência dessa prata durou dois dias inteiros", assegurava uma testemunha). Ele fora batizado ao nascer e conhecia o *Pater Noster* e a *Ave Maria*, mas não sabia o *Credo*, o *Salve* e outras orações católicas. Sua mãe o instruíra no Islã quando era uma criança de onze ou doze anos, e ele sempre acreditara no Islã, "até que fui preso pelo Santo Ofício", depôs ele mesmo. Segundo a ata de acusação, era "o principal pilar do Islã no reino de Valência e o principal conselheiro de todos os mouriscos", que beijavam sua mão e suas roupas e o chamavam de Amet ou Ibrahim. Esse grande caíde tinha, vinculados a sua pessoa, três escravos negros "que teriam sofrido mil mortes antes de dizer uma palavra que pudesse prejudicar seu amo", bem como uma empregada, cristã-velha, Angela Aleman, que participava dos ritos muçulmanos familiares e acabara islamizando-se por completo. De resto, ele não temia sustentar perante seus amigos cristãos-velhos a superioridade da lei de Maomé sobre a de Jesus. É que, segundo a opinião geral dos mouriscos, "o Duque de Segorbia, o almirante e os demais senhores e barões consentem e querem que sejamos muçulmanos". Contando com tal apoio, Dom Cosme fazia freqüentes viagens a Madrid e ligou-se ao inquisidor Miranda, "comissário de Sua Majestade para

9. *Idem*, t. III, p. 235.

os mouriscos deste reino", que concedeu a ele e a seus irmãos o direito de portar armas e a preciosa familiatura do Santo Ofício. Nessas condições, foi em vão que, em 1567, a Inquisição de Valência tentou processá-lo; com a intervenção da *Suprema* de Madrid, que lhe garantiu "o perdão de Sua Majestade", foi posto em liberdade após alguns meses de detenção, mediante a caução de dois mil ducados, sem que seu processo chegasse a ser instruído[10].

Cabe acrescentar que, dez anos mais tarde, seu esplendor baixara bastante, quer porque a fortuna paterna tivesse sido engolida pela Inquisição, quer porque ele tivesse feito maus negócios. Em 1578, segundo o próprio Dom Cosme, ele é *un pobre caballero*; sua caução não passa de quinhentos ducados; seu processo é regularmente instruído e parece até que chegou a ser torturado. "Eu fui perdoado, paguei sete mil ducados e hoje não tenho mais com que pagar as mentiras das testemunhas", exclama então. Não se sabe o resultado desse segundo processo, já que o dossiê está incompleto; concluamos com a reflexão que fez H. C. Lea a esse respeito: "Ou os irmãos conseguiram reunir bastante dinheiro para satisfazer a *Suprema*, ou foram considerados pobres demais para justificar a continuação do processo".

Através de todo esse caso, surge como uma filigrana o espantoso papel dos senhores valencianos, transformados em campeões zelosos da lei de Maomé, em nome ao mesmo tempo da afeição paternal que dedicavam aos seus mouriscos e da exploração escravagista destes que um tal estado de coisas tornara possível. Os observadores estrangeiros não deixaram de perceber uma situação tão curiosa. "Os mouriscos são os favoritos de todos os senhores deste país porque é deles que tiram quase todos os seus recursos", notava o embaixador veneziano Serrano[11]. Os prelados espanhóis mostravam-se mais prudentes. Respondendo a um pedido de conselhos sobre as causas do *endurecimento* dos mouriscos, um deles, o bispo de Orihuela, apresentava prudentemente o exemplo da Suécia:

> ...Na terra da Lapônia, que está situada no reino da Suécia e está sujeita ao arcebispo de Upsala, existe uma infinidade de pagãos, cuja conversão a nossa santa fé é impedida por seus senhores, que temem perder seus tributos e suas rendas; pode ser que essa mesma causa deva ser tomada em consideração na conversão dessa gente (os mouriscos).

Nessas condições, nada ou quase nada era feito para torná-los bons cristãos; o primeiro catecismo impresso especialmente destinado a eles só apareceu em 1595 (isto é, quando o princípio de sua expulsão já estava firmado); no mesmo ano, uma petição dos mouriscos de Valência queixava-se de que sua instrução era confiada "a pessoas idiotas", "padres simplórios, sem letras, estrangeiros e franceses jovens

10. O processo de Cosme Abedamir foi publicado por BORONAT, I, pp. 542-569. Ver também LEA, *Spanische Inquisition*, II, p. 401.

11. F. BRAUDEL, *op. cit.*, p. 578.

demais"; quanto a suas igrejas, "assim como estão hoje", escrevia o Padre Crysnelo, "elas são mais adequadas para fazer perder a fé vacilante do que para provocá-la naqueles que não a têm"[12].

Voltemos aos mouriscos expulsos de Granada em 1570. As diversas conseqüências dessa expulsão foram perfeitamente resumidas por Caro Baroja, o etnólogo espanhol, que escreve:

Desarraigado de seu solo, o mourisco de Granada assumiu o ar um pouco equívoco que tomam os membros de comunidades submetidas a uma operação dessas. Ele procurava as bases de sua existência e de sua família nesse próprio desenraizamento. Ele se entregou a misteres que precisavam poucos bens imóveis e grande mobilidade. Os mais característicos foram os de muleteiro e carroceiro, que permitem ver muitas coisas e eventualmente fazer espionagem.

Por outro lado, enquanto artesão tradicionalmente hábil, ou trabalhador resistente e sem grandes exigências, o mourisco, mais uma vez, constituía um problema para a sociedade cristã. De uma parte, essa sociedade o explorava, mas, de outra, ela se lamentava da situação em que colocava as classes inferiores. O mourisco colocava um problema que continua muito atual: o da concorrência entre um grupo acostumado a um nível de vida muito baixo e um outro grupo de nível mais elevado. Ontem como hoje, o segundo grupo, se detém o poder, elimina sem hesitação o primeiro.

E Baroja lembra a esse respeito que

as normas de comportamento geralmente aceitas sofrem, em casos semelhantes, interpretações especiosas, segundo as quais aquilo que, em abstrato é julgado bom e apreciado no interior de seu próprio grupo, é abominado quando se trata do grupo concorrente ou inimigo. . . a laboriosidade é atribuída à mesquinhez, a frugalidade torna-se avareza, a fecundidade se faz luxúria[13].

É preciso lembrar ainda que, na Espanha dessa época, o fervor pelo trabalho estava longe de ser uma virtude cardeal. É nessas condições que essa Espanha era unânime em queixar-se da "invasão mourisca". Em 1588, o sevilhano Alonzo Gutierrez dirigia a Madrid as seguintes reclamações:

Essa gente multiplica-se muito, o que não é o caso dos cristãos-velhos, que vão para a Itália, para Flandres ou para as Índias. Esses mouriscos possuem grandes riquezas, embora em geral não o demonstrem, porque são mesquinhos e não sabem trocar um real quando lhes caia nas mãos. Aqui em Sevilha e na Andaluzia, eles compram e vendem gêneros alimentícios e a maioria dos tecidos, comércios que enriquecem muito. Exercem o ofício de cordoaria, espartaria e outros que são de grandes rendas, e essa riqueza que é deles é suspeita e muito odiosa.

De Valência, o bispo de Segorbia, Martin de Salvatierra, enviava informações ainda mais alarmantes:

O número dessas pessoas multiplicou-se e dobrou, elas se enraizaram nas melhores províncias da Espanha onde, na qualidade de inimigos domésticos,

12. BORONAT, I, n.os 29 (§ 45) e 30; II, p. 498.
13. CARO BAROJA, *op.cit.*, pp. 217-219.

conhecem todas as falhas e todos os defeitos, entregando-se aos ofícios baixos e mecânicos. É para suas mãos que vai o principal dinheiro do país, eles privam os cristãos-velhos de seu ganha-pão, obrigando-os a cultivar a terra ou partir para as Índias ou para a guerra; a experiência ensina que, em diversas partes de Castela, mouriscos que vieram de Granada ficaram tão ricos que arrendam rendas e impostos... alguns têm mais de cem mil ducados. Se não se puser fim a isso, eles logo se multiplicarão de tal forma que superarão os cristãos-velhos em número e em fortuna, principalmente em ouro e prata, pois eles açambarcam sem gastar, uma vez que não comem, não bebem, não se vestem e não se calçam[14].

Não é preciso acrescentar que, nesses casos, o olhar do observador, cego pela paixão, só vê aquilo que quer, e que, ao lado dos mouriscos ricos, existia uma maioria de mouriscos miseráveis, tais como os que eram descritos, por exemplo, pelo olho menos preconceituoso do francês Barthélemy Joly, "trabalhando o arroz, com água até o meio das pernas... Se fossem cristãos, dariam pena de ver"[15]. Mas também Jimenez de Reinoso, um inquisidor de Valência, constatava que, "normalmente, sabe-se por experiência, uma família de cristãos-velhos precisa para viver tanto quanto duas famílias mouriscas"[16].

O conjunto das queixas que a Espanha cristã nutria em relação aos mouriscos foi resumido por Cervantes, com sua verve habitual, no *Colóquio dos Cães*.

Ah! Cipião, meu amigo, que coisas e quais coisas eu teria para te dizer sobre essa ralé mourisca, se não temesse não poder parar antes de quinze dias. E se eu tivesse de entrar em detalhes, não acabaria nem em dois meses. Apesar disso, vou dizer-te algumas palavras. Então ouve o que eu vi em geral e observei em particular sobre essa boa gente. É uma grande maravilha se se pode encontrar um entre tantos que creia retamente na santa lei cristã; todos os seus cuidados são para ganhar dinheiro e guardar o dinheiro ganho; para tanto, eles trabalham e privam-se de comer; o menor real que cai em suas mãos, se for apenas duplo, eles o condenam à prisão perpétua e a uma eterna escuridão. De modo que, ganhando sempre e jamais gastando, juntam e acumulam a maior quantidade de dinheiro que existe na Espanha. Eles são seu mealheiro, sua traça, suas pegas e suas doninhas: eles saqueiam tudo, escondem tudo, engolem tudo. Temos de considerar que são muitos e que cada dia ganham e escondem como podem, e que uma lenta febre maligna acaba com a vida. E, como eles vão crescendo, seus meios de açambarcar aumentam até o infinito, como demonstra a experiência. Não existe castidade entre eles, nem homens nem mulheres entram para a religião, eles se casam todos e se multiplicam, pois uma vida sóbria aumenta as causas de geração. A guerra não os consome, nem nenhum exercício que os fadigue demais. Eles nos despojam sem molhar os pés e, com os frutos de nossas próprias heranças, que nos revendem, eles ficam ricos. Não têm empregados, sendo todos eles empregados; não gastam nada para os estudos de seus filhos, pois não têm outra ciência senão roubar-nos. Dos doze filhos de Jacó que ouvi dizer que entraram no Egito, seiscentos mil rapazes sem mulheres nem crianças saíram quando Moisés os tirou daquele cativeiro; daí poderás calcular quanto puderam multiplicar-se estes aqui, que, sem comparação, são em muito maior número.

14. BORONAT, I, pp. 626, 635.

15. "Voyage de Barthélemy Joly en Espagne (1603-1604)", *Revue Hispanique*, 1909, XX, p. 70.

16. BORONAT, I, p. 596.

As queixas antimouriscas eram, portanto, ao mesmo tempo de ordem econômica (*eles nos despojam sem molhar os pés, eles ficam ricos*) e de ordem religiosa (*é uma grande maravilha quando se pode encontrar um que creia na santa lei cristã*). Digamos algumas palavras sobre estas últimas.

No dizer do anjo exterminador dos mouriscos, o beato Juan de Ribera, arcebispo de Valência, que de 1569 a 1609 militou por sua expulsão, um mourisco era congenitamente incapaz de ser bom cristão, e esse pessimismo reaparece sob outras penas, por exemplo, a do franciscano Pedro Arias: "Essa casta ruim tem como tronco a Ismael, irmão de Isaac, o patriarca; assim como esse Ismael aborrecia e perseguia Isaac, hoje em dia os mouros aborrecem os cristãos. . ."; de onde o Irmão Arias concluía que a "perseguição será eterna e sem fim"[17].

Em seu longo memorial, o Bispo de Segorbia, Salvatierra, desenvolvia considerações muito curiosas a esse respeito. Entre outras, constatava que a dispersão dos mouriscos de Granada só havia agravado as coisas, transformando-os de camponeses em citadinos, e tornando mais difícil vigiá-los; sabe-se, de fato, que os cultos perseguidos encontram vantagens em esconder-se nas cidades. Mas, acima de tudo, ele entrevia a principal raiz do mal no parentesco íntimo entre a lei de Maomé e a de Moisés:

> Está provado e concluído que esse abominável povo mourisco é cego e rebelde em sua infidelidade e em sua malícia, como o eram e são os judeus, pois a seita de Maomé participa e é semelhante à Lei de Moisés no que diz respeito à circuncisão. Deus lhes permite perseverar em sua rebelião, enquanto discípulos e filhos adotivos da sinagoga e da Lei de Moisés. . . cumpre acreditar que Deus os castiga, permitindo que eles permaneçam nessa rebelião até o fim do mundo, assim como os judeus; vemos bem que os idólatras das Índias recebem fácil e suavemente a lei de Jesus Cristo, porque não fazem uso da circuncisão, da Lei de Moisés, nem de outras cerimônias.

E o bispo resumia como segue os erros e os crimes dos mouriscos:

> Eles conservam e guardam, com uma incorrigível e abominável obstinação, a Lei de Moisés, vivendo e perseverando na lei de Moamé; eles são os espiões do Turco, os perturbadores da paz pública, assassinos e bandidos, praticando infinitas usuras e tráficos ilícitos[18].

Assim, portanto, para o bispo de Segorbia, assim como para a grande maioria dos espanhóis de seu tempo, os infelizes mouriscos tinham acabado por tornar-se uma espécie de sucedâneo dos judeus, de quem assumiam de fato as várias funções no seio da sociedade espanhola. Mas não se deve levar o paralelo longe demais. Em especial, os mouriscos não tiveram o tempo ou o gênio de adquirir a grandiosa dimensão particular ao judaísmo que consiste em escrutar incansavelmente o significado da derrota e das perseguições, até o ponto de

17. *Idem*, II, p. 591.
18. *Idem*, I, n.º 27 da *Colección*, pp. 627-628, 630.

identificar-se de uma certa maneira com elas, e assim coletar uma memória histórica prodigiosa. Não houve mourisco nenhum a escrever sua própria história, e suas atribulações teriam afundado no esquecimento, assim como as de tantos outros povos desaparecidos, se não houvesse, entre os séculos XVI e XX, numerosos espanhóis que se interessassem por eles. O que conhecemos, devemos em primeiro lugar a seus perseguidores. É ainda o bispo de Segorbia que nos informa que, velhos ou jovens, os mouriscos eram todos circuncidados; quando ele "examinou" os pais a esse respeito, estes lhe disseram que os filhos "haviam nascido assim naturalmente". Na mesma medida em que se atinham à circuncisão, temiam a água batismal e procuravam poupar os filhos recém-nascidos de seus efeitos. O Arcebispo Juan de Ribera informa que, nas aldeias, os mouriscos durante meses apresentavam a mesma criança em vários batismos consecutivos a fim de poupar o malefício aos outros; se por acaso o padre acabava espantando-se com o tamanho do bebê, respondiam-lhe "que ele nasceu muito grande"[19]. Tais espertezas ingênuas também fazem pensar em certas práticas judaico-marranas. . .

Assim como uma parte dos judeus da Espanha, uma parte dos mouriscos tornou-se, durante o século XVI, bons cristãos e fundiram-se completamente com a massa do povo espanhol. Talvez tenha sido esse o caso da maioria. De fato, para 1492, as estimativas mais sérias calculam um total de um milhão de mouriscos; para 1609-1614, os anos de expulsão, essas estimativas são de trezentos mil; onde, no lapso de um século, foram os outros? Uma parte deve ter emigrado; mas, comparativamente, deve-se levar em conta a elevada natalidade dos mouriscos, esse "pululamento" que inquietava tanto os cristãos-velhos.

Observemos ainda que, dentre os depoimentos da época, cumpre saber escolher. O olho febril dos espanhóis divisava mouriscos por toda parte, tanto mais que as idas e vindas desses carroceiros e bufarinheiros eram muito aparentes (outra analogia com o caso dos judeus). Em compensação, os que se assimilavam completamente não eram visíveis justamente por isso. Esse óbvio ululante merecia ser dito: os historiadores antigos não nos falam disso e os modernos, como Braudel ou Lapeyre, por vezes tendem a seguir o exemplo daqueles.

Ao lado dos mouriscos completamente hispanizados, houve os que se tornaram cristãos fervorosos, mas sem que por isso se fundissem na massa do povo espanhol; houve destes até nas fileiras dos expulsos, como veremos mais adiante. Deve-se acrescentar, enfim, que houve espanhóis, membros do clero ou leigos, que conseguiram superar os preconceitos da época e lutaram pela impopular causa mourisca.

*

* *

19. *Idem*, p. 620 ("naturalmente asi nascieron"); II, p. 254 ("nacido muy grande").

É certo que, dentre as várias queixas erguidas contra os mouriscos, havia uma que não estava isenta de fundamento: a saber, a de procurar pôr fim à sua opressão, favorecendo os desígnios dos inimigos da Espanha e colocando-se à disposição destes. Mesmo antes que Henrique IV subisse ao trono de França, alguns deles mantiveram contatos com o pequeno rei de Navarra; já mencionamos seus apelos de ajuda aos turcos. Outros, sem preocupar-se com projetos tão vastos, formaram bandos de foras-da-lei e davam mão forte aos corsários barbarescos. Os mouriscos propunham portanto um problema político real, mesmo que a amplidão desse problema fosse decuplicada pelas imaginações permanentemente febris e por uma "espionite" crônica.

Nessas condições, a decisão de livrar o solo espanhol deles foi tomada logo; já no verão de 1582, parece, quando uma junta reunida em Madrid estabeleceu o princípio de sua expulsão e decidiu que ela iria começar pelos de Valência[20]. Ainda era preciso superar a oposição dos senhores e achar um momento favorável, aquele em que a Espanha não estivesse em guerra e em que a frota estivesse disponível para proteger as costas, na hipótese de uma rebelião. Daí um atraso de mais de um quarto de século, durante o qual uma infinidade de projetos da "solução da questão mourisca" surgiram. Esses projetos, amiúde emanados de altos prelados e de homens de Estado, são interessantes por mais de um motivo: eles nos fazem saber como, durante um século, a mentalidade espanhola progrediu nas vias totalitárias e apresentam mais de uma analogia com os procedimentos e modos de pensar hitlerianos, conquanto se cumulem de motivos teológicos por vezes desconcertantes para nosso entendimento.

Estando firmado o princípio de uma *solução definitiva*, como fazer com que os mouriscos desaparecessem? Segundo uma opinião corrente, tal como a relatava um advogado da Inquisição de Valladolid, era simplesmente preciso queimar todos. Ninguém menos que o cardeal de Toledo preconizava essa solução, em 1482, como uma das possíveis.

> O segundo caminho que me parece ser conveniente [escrevia ele ao Arcebispo Ribera] é que sua Majestade ordene fazer vastas execuções de justiça contra eles, nomeando funcionários do Santo Ofício que só se ocupariam deles. Do modo como perseveram em sua heresia, sabemos que sua culpa é tão notória que todos eles poderão ser executados (*relajados*) sem outras provas. . .

O Doutor Fidalgo, antigo prior da Ordem de Calatrava, "grande teólogo e servo de Deus" propunha, por seu lado, enfiá-los todos, homens, mulheres e crianças, sem exceção, em barcos que fizessem água (*barrenados*), sem remos, timões ou velas, e expedi-los para a África[21].

O Doutor Gutierrez, de Sevilha, pedia que os homens fossem castrados, "o que se faz nas Índias com os escravos, na primeira opor-

20. *Idem*, I, p. 300.
21. *Idem*, I, pp. 366, 604; II, p. 24.

tunidade; não digo isso como opinião, mas como conselho". O Bispo Salvatierra dava a mesma sugestão, estendendo-a às mulheres[22]. Entramos assim no caminho das soluções de extermínio lento, de "genocídio diferido" em termos modernos. O toledano Gomez d'Avila propunha "enviá-los para as várias partes do mundo; os homens para um lado, as mulheres para o outro, meio graças ao qual seria definitivamente extinta a maldita descendência dos agareus, por falta de comunicação entre eles". Algumas dessas propostas, segundo seus autores, não tinham outros móveis senão a caridade. Foi assim que o Bispo Juan Bautista Perez (luz da história espanhola e grande ornamento da Igreja, escrevia Menendez y Pelayo) erguia-se contra o exílio dos mouriscos para a Berbéria, onde esses apóstatas confessos seriam obrigados a apostasiar de novo, e acabariam perdendo definitivamente suas almas; ele propunha então "mandá-los para as terras da Guiné, onde vivem os pagãos, ou para as ilhas setentrionais, onde não terão ocasião para serem mouros". *Una ysla desplobada* era igualmente uma das soluções possíveis previstas pelo cardeal de Granada[23].

Podia-se também, segundo a opinião do cardeal de Guerrava, membro do Conselho de Estado, "declará-los rebeldes, inimigos comuns de Deus e Sua Majestade, e usá-los nas galeras, nas minas e outros lugares", no que diz respeito aos homens (sendo as mulheres, as crianças e os velhos "repartidos" na própria Espanha). Era, explicava ele, efetuar um ato de caridade cristã, de obra pia e agradável a Deus; de fato, não se podia, *sin escrupulo grande*, expulsá-los para a Berbéria onde iriam renegar a fé que professaram quando foram batizados[24]. Para terminar, citemos o projeto do mencionado inquisidor de Valladolid, Dom Gonzalez de Celorigo, de sabor mais racionalista e moderno, pois tratava-se de "matriculá-los" depois de tê-los dispersado entre os cristãos-velhos:

> Que eles vivam separados uns dos outros, que se mantenham listas deles por diocese para saber quantos são em cada bispado; que sejam matriculados enquanto cristãos batizados, que devem viver e morrer em nossa Santa Fé; que aqueles que não concordarem tenham permissão para deixar o reino e sejam obrigados a isso, que lhes seja proibida a língua árabe e que eles não a ensinem a seus filhos sob pena de morte; que sejam proibidos de ser muleteiros e todo outro gênero de tráfico, por mais humilde e baixo que seja[25].

É importante dizer que houve uma minoria de eclesiásticos para salvar a honra cristã, erguendo-se contra tais excessos. O Padre Sobrino, de Valência, negava que todos os mouriscos fossem hereges notórios e, apontando a raiz do mal, descrevia a terrível exploração a que se entregavam esses mesmos senhores que "amavam mais um mourisco do que dez cristãos-velhos... Que infelicidade que a preocupação

22. *Idem*, I, pp. 634, 637.
23. *Idem*, II, p. 62; I, pp. 365, 606.
24. *Idem*, II, p. 22.
25. *Idem*, I, p. 367.

com interesses tão vis se oponha ao bem comum, pois, se os mouriscos se convertessem, este Estado e estas terras saberiam o que é segurança". O Bispo Figueroa lembrava "a obra heróica e meritória dos Reis do Passado" e incentivava "a confirmar e aperfeiçoar os cristãos-novos na religião cristã, por meio da doutrina e de uma coação moderada, sem armar tropas, nem derramar sangue". Por isso, durante os trinta anos em que a sorte dos mouriscos ficou em suspenso, foram criados seminários especialmente para eles e foram introduzidos vários melhoramentos em sua instrução[26].

Sem dúvida alguma, foi entre os mouriscos assim cristianizados e instruídos que germinou um projeto curioso, destinado a desviar as ameaças que pairavam sobre suas cabeças, projeto que terminou no célebre *caso dos chumbos*. Em 1588-1597, uma vintena de caixas de chumbo foram descobertas na região de Granada, contendo relíquias como um osso de Santo Estevão e o lenço com que a Santa Virgem secou as lágrimas, bem como escritos de São João e São Tiago. Tais escritos profetizavam que os árabes iriam tornar-se o povo eleito, "os homens mais belos, eleitos por Deus para salvar sua Lei no final dos tempos" e procuravam definir a pessoa de Cristo de um modo satisfatório quer para o *Novo Testamento*, quer para o *Corão*; por outro lado, confirmavam a Imaculada Conceição e davam espantosos detalhes sobre o apostolado na Espanha de São Tiago: teses vitais para o clero espanhol da época. Infelizmente para os mouriscos autores da fraude, a glorificação dos árabes e do *Corão* passou despercebida e não deu os resultados esperados por eles, que eram os de emendar os ensinamentos da Igreja espanhola nesse ponto e chegar, assim, a uma espécie de fusão, ao mesmo tempo nacional e religiosa, entre mouriscos e cristãos-velhos. Nem por isso esses mitos deixaram de conhecer inicialmente um destino triunfal. Uma junta de dezoito teólogos reunidos em Madrid reconheceu sua autenticidade; salvas de artilharia, peregrinações e cultos se seguiram; tratou-se até de incluí-los no *Novo Testamento*. Roma foi mais cética e, em 1641, condenou-os severamente, enquanto "ficções humanas fabricadas para arruinar a fé católica, contendo erros condenados pela Igreja, vícios de maometismo e reminiscências do *Corão*"; mas, até fins do século XVIII, muitos eclesiásticos espanhóis batalharam em seu favor (as polêmicas em torno dos *chumbos* só tiveram fim em 1777, quando os escritos dessa natureza foram incluídos no *Índex*[27].

*

* *

Incessantemente discutida nos Conselhos de Estado, incessantemente reclamada pela opinião pública, a *solução final da questão*

26. *Idem*, II, pp. 137, 147, 149, 13-20.

27. H. C. LEA, *Chapters from the Religious History of Spain*, pp. 108-118; MENENDEZ Y PELAYO, *Historia de los Heterodoxos Españoles*, Madrid, 1928, t. II, pp. 343-348.

mourisca foi enfim decidida em 1608, sob o reinado de Filipe III, pelo todo-poderoso Ministro Lerma. A conjuntura internacional era favorável: a Espanha firmara a paz com a Inglaterra, uma trégua com os Países Baixos, o que deixava disponíveis a frota e os exércitos; ademais, a Turquia estava a braços com uma guerra contra os persas. Restava vencer a oposição dos senhores valencianos: para ressarci-los, Lerma propôs o expediente simplérrimo de distribuir entre eles os bens móveis e imóveis dos mouriscos, o que, aliás, combinava com os interesses dele próprio como grande proprietário do reino de Valência. Nessas condições, os grandes senhores curvaram-se sem excessivas dificuldades[28].

A operação foi cuidadosamente preparada. Muitos problemas tinham de ser resolvidos. Como os mouriscos eram expulsos na qualidade de hereges, o que se faria com seus filhos, a quem não se podia censurar nada, pois não haviam chegado à idade da razão e cujas almas era importante salvar? Arrancá-los de seus pais e guardá-los na Espanha seria a única solução teologicamente correta: mas se os pais se opusessem? Consultados sobre esse ponto, os teólogos do Arcebispo Ribera perguntavam-se *se o melhor meio era deixar partir as crianças ou matar os pais* e respondiam *que, sem dúvida alguma, tem-se o direito de matar os pais e as mães se se opõem ao direito das crianças batizadas serem educadas na religião cristã.* Porém, à medida que se aproximava a hora da expulsão, tornava-se evidente que um banho de sangue não a iria facilitar em nada; assim, decidiu-se, no caso dos mouriscos de Valência expulsos em primeiro lugar, considerar a partida das crianças com o menor dos males e permitiu-se que elas partissem. Com os mouriscos de Castela, menos perigosos porque viviam dispersos entre os cristãos-velhos, procedeu-se a seguir de outra maneira: os filhos só eram deixados com eles sob a condição de que consentissem em ser deportados para países cristãos, Itália ou França. Destarte, a moral ficava salva[29].

A expulsão, esse "conselho mais ousado e mais bárbaro de todos os tempos", segundo o Cardeal Richelieu, estendeu-se por cinco anos (1609-1614). Para levar a bom termo a dos mouriscos de Valência, efetuaram-se vastos preparativos no outono de 1609, a frota e os exércitos foram reunidos em grande segredo, a fim de abafar no nascedouro toda tentativa de rebelião e de não permitir que o prestígio espanhol fosse maculado (de evitar "que corra a voz em Constantinopla e em outros lugares que essa gente revoltou-se nas *sierras* da Espanha", como foi especificado pelo Conselho de Estado; tratava-se, portanto, arriscando uma comparação moderna, de evitar todo e qualquer "golpe de Budapest"). Efetivamente, a maior parte dos mouriscos foi evacuada sem dificuldades, e só alguns sobreviventes formaram uma resistência em novembro de 1609, quando se filtraram as primeiras

28. BORONAT, II, pp. 115-119, p. 178.

29. *Idem*, II, p. 530; HENRI LAPEYRE, *Géographie de l'Espagne morisque*, Paris, 1959, pp. 153 e ss.

notícias sobre o destino deplorável dos deportados. A expulsão dos mouriscos de Aragão e de Castela, em compensação, foi revestida do caráter de uma simples operação policial e não suscitou problemas. A maioria dos mouriscos foi evacuada por mar para Oran, cabeça-de--ponte espanhola na África do Norte, e dispersos a partir daí através dos principados muçulmanos vizinhos. Alguns foram afogados no caminho pelos tripulantes dos barcos; outros foram chacinados por bandidos árabes; quase todos foram abundantemente saqueados. Outras caravanas de mouriscos foram encaminhadas por terra para a França, onde Henrique IV havia dado a ordem de "que se usasse de humanidade para com eles, para recolhê-los em suas regiões e Estados", primeiro exemplo, parece, da tradição de asilo da França; alguns estabeleceram-se no sudoeste francês, outros seguiram caminho para os países muçulmanos; em termos globais, sua sorte foi bem melhor. Segundo a estimativa mais recente e mais minuciosa, a de Henri Lapeyre, o número total de mouriscos expulsos foi de duzentos e setenta e cinco mil, sendo que quase cinqüenta mil tiveram o privilégio de ir para a França[30].

Abstraindo-se o caso especial das crianças de tenra idade, as normas gerais da expulsão foram as do racismo totalitário: um mourisco era deportado em razão do que ele era e não em razão do que fazia ou acreditava. Não houve nem sequer exceções, de favor, para os "cônjuges de casamentos mistos", também eles deportados. Em Valência, o Arcebispo Ribera mostrou-se implacável. Foi em vão que um padre lhe suplicou que abrisse exceção para os dois cunhados do padre, cristãos impecáveis, garantia ele, dos quais um tinha dois filhos,

> um destinando-se ao estado de sacerdócio, o outro, ainda de tenra idade, estando ainda tão longe de saber o que é um mouro que, tendo ouvido essa palavra, perguntou com a simplicidade de uma criança que interroga sua mãe: "Que cosa era moro, y si eran hombres y de que color. . ." Foi em vão que o Bispo Sobrino elogiou a virtude de [irmã] Maria Vicente, que anos antes da expulsão abandonara seu marido e seus pais por amor a Cristo: "uma mulher de vinte e quatro anos, bela e culta, que veio para o patriarca [Ribera] e desde então tem sempre perseverado nos exercícios da vida espiritual, vivendo no seminário como uma Santa Pelágia. E outra moça do mesmo seminário. . . vestida de ouro e prata por seus pais, a quem deixou por amor a Jesus. Essas e outras como elas foram postas nos barcos. . . e Deus está aflito por ter sido privado de semelhantes esposas"[31].

Houve ainda menos exceções em casos coletivos. Em Castela e Andaluzia, existiam grupos compactos de mouriscos, principalmente de origem *mudejare*, que, segundo todas as aparências, havia gerações, levavam uma vida muito cristã. Mas foram as listas de *cristianos nuevos* de origem mourisca conservadas pela Inquisição que serviram de critério, e as delações fizeram o resto. Em Granada, o governador local assinalava o caso de "homens honrados, expostos ao terror de que um inimigo qualquer diga que eles são mouriscos". Com respeito

30. LAPEYRE, *op. cit.*, pp. 1, 66 e todo o primeiro capítulo da obra.
31. BORONAT, II, pp. 244, 538.

aos mouriscos da região de Múrcia, num total de alguns milhares, as autoridades de Madrid hesitaram durante algum tempo. No começo de 1612, o Rei enviou para lá um inquiridor especial, o Irmão Juan de Pereda. Este constatou que

nenhum se veste à mourisca, a maioria bebe vinho e come banha. Quase todas as testemunhas afirmam calorosamente que, no tocante ao cristianismo, esses *mudejares* são muito diferentes [dos outros mouriscos], e os que falam deles do modo mais caloroso são seus confessores. Em todos os atos positivos do cristianismo, procedem como os cristãos-velhos, sem diferençar-se deles...

O inquiridor descrevia a seguir as comoventes orações e procissões dos mouriscos de Múrcia, suplicando a Deus e aos homens que o exílio lhes fosse poupado: veladas nas igrejas, procissões diurnas e noturnas com grandes exibições de bandeiras e hábitos de penitentes; meninas em túnicas brancas, pés descalços, cabelos esparsos, o rosto velado, levando cruzes pesadas... Não obstante, em abril de 1614, os mouriscos de Múrcia também foram deportados. Parece que o único grupo importante de mouriscos que foi poupado, graças à proteção eficaz de seu bispo, foi o de Tortosa, compreendendo perto de quatrocentas famílias[32].

Os empreendimentos desse gênero possuem uma lógica própria e provocam, através dos tempos, os mesmos incidentes ou os mesmos expedientes. No caso dos mouriscos, foram as tentativas de última hora para escapar de seu destino, refugiando-se nos conventos ou contraindo às pressas casamento com cristãos-velhos, na vã esperança de assim evitar a deportação; foram cargas humanas errando através dos mares e rejeitadas em todas as praias, não podendo desembarcar em lugar nenhum; foram, em desespero de causa, os retornos clandestinos e o envio às galeras. Esses regressos foram numerosos, conforme atesta, entre outros, o célebre episódio do mourisco Ricota em *Dom Quixote*, e, quando tais vagabundos protestavam que eram cristãos, respondiam-lhes que deviam ir professá-lo na Itália ou na França[33]. A nota particular do caso dos mouriscos é dada pelos dilemas em que se emaranhavam os teólogos, e vemos o Arcebispo Ribera prenunciar ousadamente o ato mais horripilante aos olhos da teologia espanhola, um segundo batismo das crianças deixadas na Espanha, pela simples razão de que era impossível saber (ver p. 281) se o primeiro batismo fora realmente feito[34]...

A expulsão provocou o júbilo geral, e a Espanha passou alegremente por cima dos sofrimentos e das devastações que ela causava, do empobrecimento do país, da extinção da superfície da terra de dezenas de pequenas cidades.

32. LAPEYRE, pp. 181, 191 e ss., 106-107, 273.
33. *Idem*, pp. 185, 278.
34. BORONAT, II, p. 252.

> Sofreremos muitos inconvenientes [escrevia o secretário do rei às vésperas da expulsão] mas a pobreza na alegria, devido ao fato de que tantos blasfemos terão tido um fim, será uma riqueza muito grande.

Por isso ocorreram inúmeras procissões de graças, foram instituídas festas comemorativas, compostos cânticos e hinos em grande número[35]. Nada rende melhor testemunho da perfeita tranqüilidade de consciência da opinião pública espanhola na matéria do que o interesse que ela dedicava às pias listas dos martirológios daqueles entre os mouriscos deportados para a África que não quiseram renegar a fé cristã. Seus títulos são eloqüentes: "Verdadeira relação dos mouriscos que renegaram a fé católica na cidade de Alarache na Berbéria, e do martírio dos cinco que não quiseram renegá-la, nativos de Córdova" (Saragoça, 1610); "carta que Antonio de Ocania, mourisco expulso da Espanha, nativo de Madrid, enviou a um amigo. . ." (Sevilha, 1618); "martírio que os mouros de Tetuán fizeram sofrer a Francisca Trijo, mourisca, nativa de Ávila, uma daquelas que foram expulsas quando da expulsão geral. . ." (Madrid, 1623). O conteúdo não é menos eloqüente:

> Haviam erguido para ela (Francisca Trijo) um cadafalso. A amazona cristã subiu os degraus com a paciência de um Santo Jó, a coragem de Santo Estevão; ela serviu de exemplo para muitos renegados que talvez só tenham renegado por medo. . . Ela nos disse (continua o narrador, um prisioneiro cristão libertado): "Eu vos peço, se algum de vós passar por minha cidade de Ávila, que relate como eu morro confessando a santa fé católica"[36].

Nenhum desses autores lamenta ou se espanta que espanhóis tão admiráveis tenham sido expulsos de seu país. No máximo, fatos como esses contribuíram para a tendência "mourófila" que se manifesta na literatura espanhola a partir dessa época. Tal estado de espírito persistiu, mesmo após o desaparecimento da Inquisição, entre os historiadores católicos que polemizavam sobre o tema da expulsão dos mouriscos com os da Espanha anticlerical. É apenas no século XX que se pode ver alguém como Boronat, que julgava a expulsão salutar e boa, derramar "uma lágrima de compaixão em memória daqueles (dos deportados) que, sendo cristãos, eram inocentes. . ."; ele reserva sua piedade para os senhores privados de seus servos, "cujo exemplo parecia ressuscitar, na memorável época da expulsão, a lealdade cavaleiresca e sublime dos lendários heróis de nossa Idade Média"[37].

35. *Idem*, II, pp. 235, 264 e ss.

36. A. DE CIRCOURT, *op. cit.*, t. III, anexo IX, p. 300.

37. BORONAT, *op. cit.*, II, pp. 197 e 363. Uma compaixão tão mal colocada é característica de uma sensibilidade habituada a diferençar entre os homens "de sangue puro" e "de sangue impuro", ou seja, entre os homens de muito valor e os de pouco valor. De um modo muito mais ultrajante, a sensibilidade nazista, a de um racismo levado ao extremo, preocupava-se com as tensões e provações a que estavam sujeitos os matadores dos comandos de exterminação e dos campos de morte, para quem ela reservava toda a sua comiseração, com exclusão das vítimas, os "sub-homens" judeus. (Cf. POLIAKOV, *Bréviaire de la Haine*, Paris, 1951.)

Ainda aqui Cervantes é um espelho de sua época. Já assinalamos o episódio do mourisco Ricota, que voltou a entrar clandestinamente na Espanha, ao qual o leitor pode reportar-se: num romance pouco conhecido, *Persila e Sigismundo* (a última tradução francesa é de 1738), o autor de *Dom Quixote* vai mais longe. Ele faz com que os mouriscos Jarife e Rafaela amaldiçoem sua própria raça: "Eu nasci mourisco [exclama Jarife] e quisesse Deus que eu o pudesse negar! Mas nem por isso sou um cristão menos bom, porque Deus dá suas graças a quem lhe apraz". Por isso, ele trai seus irmãos e suplica ao Rei que livre o país "de minha raça ímpia,. que suja a Espanha com suas profanações e que a cumula de males com seus roubos e suas rapinas. . . que carregue as galeras com o peso inútil da geração dos agareus". Dir-se-ia que um tema desses apresentava, para Cervantes, uma atração particular. Mas, na procura dessas situações tragicamente paradoxais que, não se deve esquecer, refletem as infernais tensões da Espanha, presa dos demônios da *limpieza de sangre* e da *hidalguería*, ele foi superado por Lope de Vega. Este, em *La Desdicha por la Honra* ("A infelicidade pela honra"), apresenta o orgulhoso Felisardo, descendente dos abenceragas que ignora suas origens, que é chamado para altos destinos na Espanha católica. Mas quando Felisardo fica sabendo que é de origem mourisca, sua honra de espanhol cristão incita-o a seguir os mouriscos no exílio, apesar de todas as súplicas de amigos e protetores, pois as exigências dessa honra não têm limites[38].

Resta-nos agora dizer algumas palavras sobre a sorte dos mouriscos expulsos. Na França, onde o Lago Mouriscot, perto de Biarritz, perpetua sua memória, foram assimilados bem depressa. Tudo sendo paradoxal em sua história, eles conservaram bem mais na África do Norte numerosos vestígios de sua hispanidade. Hoje em dia ainda certas famílias de Tetuán e de Túnis sabem que são de linhagem mourisca, e algumas ainda conservam as chaves de suas antigas casas na Espanha. Na Tunísia, o bairro "Haumat al-Andalus" foi fundado por eles na capital, bem como as cidades de Teburba, Testur, El Ariana e Kalaat al-Andalus. Esses trabalhadores incansáveis plantaram hortas e jardins, construíram estradas e criaram indústrias, como as da *chechia* (fez). Reaprenderam o árabe e esqueceram o espanhol; mas sua fala particular conserva algumas palavras de origem hispânica, tais como *corran* (curral), *barguil* (pomar) ou *olla* (panela). Ainda no começo do século XX, eram representadas em Testur peças de Lope de Vega, numa língua que os atores assim como o público mal compreendiam. Vê-se, portanto, que os últimos mouriscos continuaram cultivando a lembrança de sua pátria ingrata, sem que essa fidelidade possa ser comparada à dos judeus espanhóis. Já dissemos bastante em diferentes passagens desta obra para que o leitor compreenda por que isso aconteceu assim[39].

38. "La Desdicha por la honra: genesis y sentido de una novela de Lope de Vega", *Nueva Revista de Filologia Hispánica*, I, 1947, pp. 13 e ss.

39. CARO BAROJA, *Los Moriscos del Reino de Granada*, *op. cit.*, pp. 254-257;. FERNANDO VALDERRAMA, *Les "Moriscos" de Tunisie, Informations Unesco*, n.º 341, 5 de outubro de 1959.

COLEÇÃO ESTUDOS

1. *Introdução à Cibernética*, W. Ross Ashby.
2. *Mimesis*, Erich Auerbach.
3. *A Criação Científica*, Abraham Moles.
4. *Homo Ludens*, Johan Huizinga.
5. *A Lingüística Estrutural*, Giulio C. Lepschy.
6. *A Estrutura Ausente*, Umberto Eco.
7. *Comportamento*, Donald Broadbent.
8. *Nordeste 1817*, Carlos Guilherme Mota.
9. *Cristãos-Novos na Bahia*, Anita Novinsky.
10. *A Inteligência Humana*, H. J. Butcher.
11. *João Caetano*, Décio de Almeida Prado.
12. *As Grandes Correntes da Mística Judaica*, Gershom G. Scholem.
13. *Vida e Valores do Povo Judeu*, Cecil Roth e outros.
14. *A Lógica da Criação Literária*, Käte Hamburger.
15. *Sociodinâmica da Cultura*, Abraham Moles.
16. *Gramatologia*, Jacques Derrida.
17. *Estampagem e Aprendizagem Inicial*, W. Sluckin.
18. *Estudos Afro-Brasileiros*, Roger Bastide.
19. *Morfologia do Macunaíma*, Haroldo de Campos.
20. *A Economia das Trocas Simbólicas*, Pierre Bourdieu.
21. *A Realidade Figurativa*, Pierre Francastel.
22. *Humberto Mauro*, Cataguases, Cinearte, Paulo Emílio Salles Gomes.
23. *História e Historiografia do Povo Judeu*, Salo W. Baron.
24. *Fernando Pessoa ou o Poetodrama*, José Augusto Seabra.

25. *As Formas do Conteúdo*, Umberto Eco.
26. *Filosofia da Nova Música*, Theodor Adorno.
27. *Por uma Arquitetura*, Le Corbusier.
28. *Percepção e Experiência*, M. D. Vernon.
29. *Filosofia do Estilo*, G. G. Granger.
30. *A Tradição do Novo*, Harold Rosenberg.
31. *Introdução à Gramática Gerativa*, Nicolas Ruwet.
32. *Sociologia da Cultura*, Karl Mannheim.
33. *Tarsila – sua Obra e seu Tempo* (2 vols.), Aracy Amaral.
34. *O Mito Ariano*, Léon Poliakov.
35. *Lógica do Sentido*, Gilles Delleuze.
36. *Mestres do Teatro I*, John Gassner.
37. *O Regionalismo Gaúcho*, Joseph L. Love.
38. *Sociedade, Mudança e Política*, Hélio Jaguaribe.
39. *Desenvolvimento Político*, Hélio Jaguaribe.
40. *Crises e Alternativas da América Latina*, Hélio Jaguaribe.
41. *De Geração a Geração*, S. N. Eisenstadt.
42. *Política Econômica e Desenvolvimento do Brasil*, Nathanael H. Leff.
43. *Prolegômenos a uma Teoria da Linguagem*, Louis Hjelmslev.
44. *Sentimento e Forma*, Susanne K. Langer.
45. *A Política e o Conhecimento Sociológico*, F. G. Castles.
46. *Semiótica*, Charles S. Peirce.
47. *Ensaios de Sociologia*, Marcel Mauss.
48. *Mestres do Teatro II*, John Gassner.
49. *Uma Poética para Antonio Machado*, Ricardo Gullón.
50. *Burocracia e Sociedade no Brasil Colonial*, Stuart B. Schwartz.
51. *A Visão Existenciadora*, Evaldo Coutinho.
52. *América Latina em sua Literatura*, Unesco.
53. *Os Nuer*, E. E. Evans-Pritchard.
54. *Introdução à Textologia*, Roger Laufer.
55. *O Lugar de Todos os Lugares*, Evaldo Coutinho.
56. *Sociedade Israelense*, S. N. Eisenstadt.
57. *Das Arcadas do Bacharelismo*, Alberto Venancio Filho.
58. *Artaud e o Teatro*, Alain Virmaux.
59. *O Espaço da Arquitetura*, Evaldo Coutinho.
60. *Antropologia Aplicada*, Roger Bastide.
61. *História da Loucura*, Michel Foucault.
62. *Improvisação para o Teatro*, Viola Spolin.
63. *De Cristo aos Judeus da Corte*, Léon Poliakov.
64. *De Maomé aos Marranos*, Léon Poliakov.
65. *De Voltaire a Wagner*, Léon Poliakov.
66. *A Europa Suicida*, Léon Poliakov.
67. *O Urbanismo*, Françoise Choay.
68. *Pedagogia Institucional*, A. Vasquez e F. Oury.
69. *Pessoa e Personagem*, Michel Zeraffa.
70. *O Convívio Alegórico*, Evaldo Coutinho.
71. *O Convênio do Café*, Celso Lafer.
72. *A Linguagem*, Edward Sapir.
73. *Tratado Geral de Semiótica*, Umberto Eco.
74. *Ser e Estar em Nós*, Evaldo Coutinho.

75. *Estrutura da Teoria Psicanalítica*, David Rapaport.
76. *Jogo, Teatro & Pensamento*, Richard Courtney.
77. *Teoria Crítica I*, Max Horkheimer.
78. *A Subordinação ao Nosso Existir*, Evaldo Coutinho.
79. *A Estratégia dos Signos*, Lucrécia D'Aléssio Ferrara.
80. *Teatro: Leste & Oeste*, Leonard C. Pronko.
81. *Freud: a Trama dos Conceitos*, Renato Mezan.
82. *Vanguarda e Cosmopolitismo*, Jorge Schwartz.
83. *O Livro dIsso*, Georg Groddeck.
84. *A Testemunha Participante*, Evaldo Coutinho.
85. *Como se Faz uma Tese*, Umberto Eco.
86. *Uma Atriz: Cacilda Becker*, Nanci Fernandes e Maria Thereza Vargas (org.).
87. *Jesus e Israel*, Jules Isaac.
88. *A Regra e o Modelo*, Françoise Choay.
89. *Lector in Fabula*, Umberto Eco.
90. *TBC: Crônica de um Sonho*, Alberto Guzik.
91. *Os Processos Criativos de Robert Wilson*, Luiz Roberto Galizia.
92. *Poética em Ação*, Roman Jakobson.
93. *Tradução Intersemiótica*, Julio Plaza.
94. *Futurismo: uma Poética da Modernidade*, Annateresa Fabris.
95. *Melanie Klein I*, Jean-Michel Petot.
96. *Melanie Klein II*, Jean-Michel Petot.
97. *A Artisticidade do Ser*, Evaldo Coutinho.
98. *Nelson Rodrigues: Dramaturgia e Encenações*, Sábato Magaldi.
99. *O Homem e seu Isso*, Georg Groddeck.
100. *José de Alencar e o Teatro*, João Roberto Faria.
101. *Fernando de Azevedo: Educação e Transformação*, Maria Luiza Penna.
102. *Dilthey: um Conceito de Vida e uma Pedagogia*, Mª Nazaré de Camargo Pacheco Amaral.
103. *Sobre o Trabalho do Ator*, Mauro Meiches e Silvia Fernandes.
104. *Zumbi, Tiradentes*, Cláudia de Arruda Campos.
105. *Um Outro Mundo: a Infância*, Marie-José Chombart de Lauwe.
106. *Tempo e Religião*, Walter I. Rehfeld.
107. *Arthur Azevedo: a Palavra e o Riso*, Antonio Martins.
108. *Arte, Privilégio e Distinção*, José Carlos Durand.
109. *A Imagem Inconsciente do Corpo*, Françoise Dolto.
110. *Acoplagem no Espaço*, Oswaldino Marques.
111. *O Texto no Teatro*, Sábato Magaldi.
112. *Portinari, Pintor Social*, Annateresa Fabris.
113. *Teatro da Militância*, Silvana Garcia.
114. *A Religião de Israel*, Yehezkel Kaufmann.
115. *Que é Literatura Comparada?*, Brunel, Pichois, Rousseau.
116. *A Revolução Psicanalítica*, Marthe Robert.
117. *Brecht: um Jogo de Aprendizagem*, Ingrid Dormien Koudela.
118. *Arquitetura Pós-Industrial*, Raffaele Raja.
119. *O Ator no Século XX*, Odette Aslan.
120. *Estudos Psicanalíticos sobre Psicossomática*, Georg Groddeck.
121. *O Signo de Três*, Umberto Eco e Thomas A. Sebeok.
122. *Zeami: Cena e Pensamento Nô*, Sakae M. Giroux.
123. *Cidades do Amanhã*, Peter Hall.

124. *A Causalidade Diabólica I*, Léon Poliakov.
125. *A Causalidade Diabólica II*, Léon Poliakov.
126. *A Imagem no Ensino da Arte*, Ana Mae Barbosa.
127. *Um Teatro da Mulher*, Elza Cunha de Vicenzo.
128. *Fala Gestual*, Ana Claudia de Oliveira.
129. *O Livro de São Cipriano: uma Legenda de Massas*, Jerusa Pires Ferreira.
130. *Kósmos Noetós*, Ivo Assad Ibri.
131. *Concerto Barroco às Óperas do Judeu*, Francisco Maciel Silveira.
132. *Sérgio Milliet, Crítico de Arte*, Lisbeth Rebollo Gonçalves.
133. *Os Teatros Bunraku e Kabuki: Uma Visada Barroca*, Darci Kusano.
134. *O Ídiche e seu Significado*, Benjamin Harshav.
135. *O Limite da Interpretação*, Umberto Eco.
136. *O Teatro Realista no Brasil: 1855-1865*, João Roberto Faria.
137. *A República de Hemingway*, Giselle Beiguelman-Messina.
138. *O Futurismo Paulista*, Annateresa Fabris.
139. *Em Espelho Crítico*, Robert Alter.
140. *Antunes Filho e a Dimensão Utópica*, Sebastião Milaré.
141. *Sabatai Tzvi: O Messias Místico I, II, III*, Gershom Scholem.
142. *História e Narração em Walter Benjamin*, Jeanne Marie Gagnebin.
143. *Bakhtin*, Katerina Clark e Michael Holquist.
144. *Os Direitos Humanos como Tema Global*, J. A. Lindgren.
145. *O Truque e a Alma*, Angelo Maria Ripellino.
146. *Os Espirituais Franciscanos*, Nachman Falbel.
147. *A Imagem Autônoma*, Evaldo Coutinho
148. *A Procura da Lucidez em Artaud*, Vera Lúcia Gonçalves Felício
149. *Memória e Invenção: Gerald Thomas em Cena*, Sílvia Fernandes Telesi
150. *Nos Jardins de Burle Marx*, Jacques Leenhardt
151. *O* Inspetor Geral *de Gógol/Meyerhold*, Arlete Cavalière

Impressão:
Gráfica Palas Athena